中国软科学研究丛书

丛书主编：张来武

"十一五"国家重点
国家软科学研究计划资助出版项目

中国煤炭富集区发展战略新模式

张洪潮 等 著

科学出版社
北 京

内 容 简 介

　　本书依托战略管理学、区域经济学、产业经济学等学科理论，运用定性与定量、归纳与演绎等方法，利用计量经济学、新空间经济学、运筹学、战略管理学等相关技术工具，围绕我国煤炭富集区发展现状及趋势、我国煤炭富集区发展战略典型模式（煤炭企业集团化、煤炭产业集群化、煤炭主体功能区）和我国煤炭富集区生态知识型煤炭产业集群模式设计共三个主要方面，分十章内容进行了系统研究。

　　本书立足于当前我国能源工业、煤炭工业发展的新态势与新要求，聚焦我国煤炭富集区发展战略这一重大问题，既有规范性和系统化的理论分析，也有实证性和具体化的案例研究。本书不仅适合煤炭企业中高层管理人员、煤炭行业管理人员、煤炭富集地区政府人员、国家资源管理人员等专业性读者，也可供能源经济、能源管理、战略管理、区域经济等研究领域的相关人员参考使用。

图书在版编目（CIP）数据

中国煤炭富集区发展战略新模式/张洪潮等著. —北京：科学出版社，2017.12
（中国软科学研究丛书）
　ISBN 978-7-03-054405-6

　Ⅰ. ①中… 　Ⅱ. ①张… 　Ⅲ. ①煤炭资源–发展战略–研究–中国
Ⅳ. ①F426.21

　中国版本图书馆 CIP 数据核字（2017）第 218408 号

丛书策划：林　鹏　胡升华　侯俊琳
责任编辑：杨婵娟　乔艳茹／责任校对：孙婷婷
责任印制：徐晓晨／封面设计：黄华斌　陈　敬
编辑部电话：010-640355853
E-mail：houjunlin@mail.sciencep.com

科 学 出 版 社 出版
北京东黄城根北街 16 号
邮政编码：100717
http://www.sciencep.com

北京虎彩文化传播有限公司 印刷
科学出版社发行　各地新华书店经销
*
2017 年 12 月第 一 版　开本：720×1000　B5
2019 年 9 月第二次印刷　印张：19 1/2
字数：393 000
定价：118.00 元
（如有印装质量问题，我社负责调换）

"中国软科学研究丛书"编委会

总 序

软科学是综合运用现代各学科理论、方法，研究政治、经济、科技及社会发展中的各种复杂问题，为决策科学化、民卞化服务的科学。软科学研究是以实现决策科学化和管理现代化为宗旨，以推动经济、科技、社会的持续协调发展为目标，针对决策和管理实践中提出的复杂性、系统性课题，综合运用自然科学、社会科学和工程技术的多门类多学科知识，运用定性和定量相结合的系统分析和论证手段，进行的一种跨学科、多层次的科研活动。

1986 年 7 月，全国软科学研究工作座谈会首次在北京召开，开启了我国软科学勃兴的动力阀门。从此，中国软科学积极参与到改革开放和现代化建设的大潮之中。为加强对软科学研究的指导，国家于 1988 年和 1994 年分别成立国家软科学指导委员会和中国软科学研究会。随后，国家软科学研究计划正式启动，对软科学事业的稳定发展发挥了重要的作用。

20 多年来，我国软科学事业发展紧紧围绕重大决策问题，开展了多学科、多领域、多层次的研究工作，取得了一大批优秀成果。京九铁路、三峡工程、南水北调、青藏铁路乃至国家中长期科学和技术发展规划战略研究，软科学都功不可没。从总体上看，我国软科学研究已经进入各级政府的决策中，成为决策和政策制定的重要依据，发挥了战略性、前瞻性的作用，为解决经济社会发展的重大决策问题做出了重要贡献，为科学把握宏观形势、明确发展战略方向发挥了重要作用。

20 多年来，我国软科学事业凝聚优秀人才，形成了一支具有一定实力、知识结构较为合理、学科体系比较完整的优秀研究队伍。据不完全统计，目前我国已有软科学研究机构 2000 多家，研究人员近 4 万人，每年开展软科学研究项目 1 万多项。

为了进一步发挥国家软科学研究计划在我国软科学事业发展中的导向作用，促进软科学研究成果的推广应用，科学技术部决定从 2007 年起，在国家软科学研究计划框架下启动软科学优秀研究成果出版资助工作，形成"中国软科学研究丛书"。

"中国软科学研究丛书"因其具有良好的学术价值和社会价值，已被列入国家新闻出版总署"'十一五'国家重点图书出版规划项目"。我希望并相信，丛书的出版对软科学研究优秀成果的推广应用将起到很大的推动作用，对提升软科学研究的社会影响力、促进软科学事业的蓬勃发展意义重大。

2008 年 12 月

进入 21 世纪以来，信息技术、计算机技术、"互联网+"、大数据、人工智能等领域科学技术的指数化增长，极大地促进了人类世界由工业社会向知识和信息社会的转型发展，深刻影响着当代社会生产生活方式的转变调整，人类文明步入了一个崭新的时代，技术创新成了时代的主旋律和推动发展的第一动力。

能源作为人类生存与发展的基础资源，其生产及消费方式始终伴随着人类社会经济发展而不断调整、变革与进步。在知识经济、信息经济、生态经济为主流的新纪元，在低碳生活、绿色生活为主导的新时代，能源工业清洁化、绿色化、智能化革命势在必行，能源技术创新刻不容缓。

煤炭不仅是人类最早开发利用的能源，而且迄今为止仍是全球探明储量最多、生产消费量最大的能源，在人类生产生活中不可或缺，这一格局在未来二三十年仍不会改变。但不得不注意的是，当前煤炭的生产消费方式面临着巨大而严峻的挑战，"高投入、高风险、高污染、低效益"的传统粗放型增长模式和"高消耗、高排放、高污染、低环保"的传统消费模式，与低碳清洁和绿色环保的时代要求相距甚远，矛盾日益凸显。加快煤炭科技创新，实施煤炭创新驱动战略，是我国煤炭工业面临的突出现实问题，意义重大，影响深远。

煤炭科技创新是能源科技创新的重要组成部分，党和国家历来重视煤炭工业发展和煤炭科技创新工作。"十二五"以来，在党和政府的亲切关怀和大力支持下，煤炭资源勘探、矿井建设、煤炭开采、煤机装备、煤矿安全、矿区生态修复等方向的煤炭科技创新成果丰富，科技创新迈上新台阶，在低透气性煤层瓦斯抽采、采煤采气一体化开发、年产千万吨级综采成套设备、年产 2000 万吨级大型露天矿国产化成套设备、智能化工作面、国产化大型选煤技术和装备、百万吨级煤制油和 60 万吨煤制烯烃等方面取得了一系列的新进展和新突破，为煤炭工业转型发展提供了有力支撑。

作为一名煤炭科技工作者，我在为煤炭科技创新不断取得新成绩而欢欣鼓舞的同时，也深知任务依然繁重，困难矛盾依然突出。我主要从事煤矿岩层控制技术研究工作，时常接触煤矿生产第一线，对我国煤炭行业和煤炭科技创新现状有一定的了解。我国煤炭工业虽然技术创新取得了显著进步，但创新意识还不够强、创新投入还不够足、创新成果还不够多、创新水平还不够高、创新内容还不够全。仅就创新内容而言，我们往往把煤炭工程技术创新等同于煤炭科技创新，偏重于生产技术创新，而忽视了管理技术创新。

令人欣喜的是，煤炭管理技术创新也在悄然发生着转变。不久前，我看到了张洪潮教授的新著《中国煤炭富集区发展战略新模式》。虽然其研究领域和方向与我不同，但我深感该著作的选题重大。该书从战略发展高度，系统研究论证了我国煤炭主产区的发展方向、发展路径、发展模式等一系列问题，研究范式严谨，方法工具先进，提出的生态知识型煤炭产业集群的建议与构想，具有良好的创新性。

愿所有从事煤炭领域科学研究的同仁，勠力同心，共同开拓煤炭科技创新的新天地。

煤炭科学研究总院

2017 年 6 月

在知识经济、低碳经济、绿色经济、创新经济的时代背景下，适应我国能源革命、煤炭体制机制改革、煤炭工业"三去一降"的新态势与新环境，探索建立煤炭工业低碳转型和煤炭主产区"低碳、绿色、和谐、可持续"发展的新思路、新模式，是关系我国社会经济中长期科学发展的重大战略问题。

不久前我有机会翻看了张洪潮教授所著《中国煤炭富集区发展战略新模式》一书，几度沉思，感触良多。身处民族复兴的伟大时代，身处煤炭改革转型的十字路口，思索煤炭工业的未来，投身煤炭转型发展的实践，是每一位煤炭人都应有的责任与义务，作为煤炭人的我也感同身受。

张洪潮教授长期从事煤炭经济管理领域的科学研究，近年承担了多个与煤炭相关的国家级和省部级重大重点项目。其所著的《中国煤炭富集区发展战略新模式》一书，紧扣我国煤炭主产区发展战略这一主题，研究结构合理，思路逻辑严密，研究结论有很好的理论与应用价值，体现了作者高水平的科研工作素质与能力。该书具有以下几个特点。

一是时代感强。该书立足于我国"十三五"期间的国际国内现实环境，紧扣煤炭工业、煤炭富集区转型发展这一核心问题，及时准确吸收了《煤炭工业发展"十二五"规划》《煤炭工业发展"十三五"规划》《全国矿产资源规划（2016—2020年）》《能源发展"十三五"规划》《能源发展战略行动计划（2014—2020年）》

《中国矿产资源报告（2016）》《BP 世界能源统计年鉴（2016）》（中文版）等的内容精神，研究依据公信度高，数据时效性强，显著提升了研究成果的理论与应用价值。

二是创新点多。该书创新可以归纳为概念创新、方法创新和理论创新三个类型，其中"煤基产业、煤炭主体功能区、煤炭富集区、煤炭经济生态圈、煤炭产业集群、生态知识型煤炭产业集群"等都是创新性概念，"进化博弈法"在煤炭企业集团化与煤炭产业集群化比较研究中的应用、"QSPM 战略选择法"在煤炭富集区三种典型战略模式比较研究中的应用等都是方法创新，煤炭产业集群和生态知识型煤炭产业集群系统研究则体现了理论创新。

三是适用面广。课题研究的具体对象由小到大、由低及高包括了"煤炭企业、煤炭产业、煤炭富集区"三个层次，研究内容既有理论分析，也有实证研究。因此，该著作研究成果可以广泛应用于煤炭企业集团、煤炭行业、金融机构、科研机构、煤炭管理及相关机构及国家政府部门，也适用于煤炭企业集团管理人员、煤炭行业管理人员、金融机构相关人员、科研人员、政府机构相关人员等多个领域的群体。

四是价值量高。该书针对煤炭产业集群和煤炭主体功能区的理论研究，丰富和拓展了既有的相关理论体系，为今后煤炭工业改革创新和转型发展提供了新的理论支撑；更为可贵的是，研究所阐明的煤炭企业集团化、产业集群化的动力来源、生命周期、演化路径、系统构成等方法手段，将会有力地助推煤炭企业当前转型发展的改革实践，产生显著的经济价值和社会效益。

时世变迁，任重道远！期盼所有煤炭人众志成城，砥砺前行，为我国煤炭工业更加美好光明的未来而共同努力！

山西省煤炭工业协会理事长

王宇祯

2017 年 6 月

20世纪以来，能源问题已由一个单纯的经济课题逐渐演化为国家政治和国家安全的焦点问题。煤炭既是世界分布最广、储量最多的能源，也是人类最早开发利用的能源。煤炭开发利用成就了人类的工业文明，还将在推进人类生态文明的进程中继续扮演重要角色。

我国是世界煤炭资源储备大国，也是世界煤炭生产消费大国。我国"富煤缺油少气"的资源禀赋特征，决定了我国以煤炭为主的能源生产和消费结构短期内不会改变。煤炭在我国能源结构中占据着主要地位，在我国一次性能源生产和消费中的比重一直保持在 67%以上。根据《煤炭工业发展"十三五"规划》，2015年我国煤炭产量已达 37.5亿吨，比 2010年增长 3.2亿吨。

毋庸置疑，目前我国煤炭工业的粗放型发展模式尚未得到根本改变，煤炭产业集中度低，安全基础薄弱，煤炭生产与生态环境的矛盾日益尖锐，煤炭产业与区域非煤产业协同度低、煤炭产业强势与煤炭富集区弱势的矛盾尚未有效解决等问题依然突出。

我国"富煤缺油少气"的资源格局和工业化初期阶段的生产力发展水平，决定了煤炭在未来二三十年仍将是保障我国能源安全的主体性能源，煤炭产业仍是我国未来二三十年能源供应的主要承载者，煤炭富集区仍是我国社会经济发展的重要地理空间。从知识经济、信息经济、低碳经济和生态经济的时代背景出发，面对创新驱动和能源革命的现实要求，遵循科学发展观、可持续发展和新型工业化等科学理论，按照创新发展、绿色发展、协调发展、开放发展和共享发展五大理念，科学谋划煤炭富集区发展战略新模式，在资源与环境合理承载的前提下，促进煤炭产业与煤炭富集地区和谐共进，促进煤炭富集区从资源依赖型产业功能区向生态知识型煤炭主体功能区转化，实现产业与区域协调发展，实现资源优势向经济优势、生态强势的科学转化，促进煤炭产业低碳转型、煤炭富集区和谐发展和保障国家能源安全，具有重大的现实与战略意义。

张洪潮

2017 年 6 月

目　录 CONTENTS

第一章

绪　论

第一节　问 题 提 出

一 区域发展问题

中华人民共和国成立以来，党和政府高度重视区域发展，近年来，在深刻总结改革开放以来我国实施效率优先导向的区域非均衡发展战略、缩小差距的区域协调发展战略及以科学发展观为指导的区域统筹发展战略的具体实践和历史经验的基础上，做出了鼓励东部地区率先发展、实施西部大开发、振兴东北地区等老工业基地、促进中部地区崛起等重大决策和部署，初步形成了区域协调发展的新格局。与此同时，我国区域经济发展也积累了一些问题与矛盾，突出表现为区域发展差距扩大（优先发展与均衡发展问题）、区域特色优势不足（整体发展与特色建设问题）、空间开发失序（区域之间宏观衔接问题）、资源和要素空间配置效率低下（计划经济体制与市场经济体制关系问题）及生态环境恶化（社会经济发展与自然环境保护问题）等。

二 煤炭富集区问题

煤炭富集区是我国国土空间格局的重要组成部分，是我国社会经济发展的"能量稳定器"。20世纪末以来，我国GDP持续增长，能源需求不断扩大，煤炭消费量节节攀升。在国家能源安全战略和西部大开发战略等多重因素推动下，山西、陕西、内蒙古、贵州、新疆、宁夏等煤炭富集区，依托煤炭资源禀赋优势和域内煤炭产业的高速发展，实现了区域经济反弹上扬。但随着近年来世界经济复苏乏力、国内经济下行、人口红利减弱、自然生态环境恶化等压力不断增强，煤炭富集区经济发展持续走低，再次进入了低位徘徊。特别值得关注的是，区域主导产业——煤炭产业不仅自身面临产能过剩、库存加大、成本提高等突出问题，而且其资源依赖型增长模式给煤炭富集区造成了日益严重的生态、环境、安全、社会及经济等一系列问题，主要表现在以下几个方面。

（一）生态环境破坏加剧

我国煤炭富集区煤炭资源长期高强度开采，造成了采煤区沉陷、地下水污染、地下水系破坏、大气污染、生物物种减损及生物链断裂等大量严重的生态环境问题，在历史沉淀和当前规模开发的双重作用下，生态危机愈加严重。

（二）安全形势依然严峻

尽管近年来我国煤炭安全生产的监督管理体制机制得到了有效完善，但煤炭资源逐步转入深层开采，地质环境条件愈发复杂和难以预控，瓦斯爆炸、煤尘爆炸、顶板塌陷及工作面突水等煤矿安全事故依然不断。

（三）社会纠纷日益增加

煤炭资源开发导致的采煤区沉陷、地下水断流等一系列环境问题，给煤炭富集区的正常社会生产生活秩序带来越来越严重的影响，人员搬迁、经济补偿、新型城镇化建设等工作导致民企纠纷、政企矛盾及民政矛盾持续发生。

（四）产业结构调整进程缓慢

从微观层面分析，现行以国有大型煤炭企业集团为主导的煤炭资源开发模式，对煤炭富集区非煤产业的拉动效应甚微，优化区域产业结构的作用不明显；从产业层面看，煤炭产业作为煤炭富集区的主导产业，"三去一降"现实任务艰巨，清洁、高效、安全转型发展迫在眉睫；从宏观环境分析，国内经济下行压力不断增大，环境刚性约束日益增强。在当前背景下，煤炭富集区要转变"一煤独大"的区域产业结构现状，推动"调结构、稳增长、促改革、惠民生"协调共进，困难较多，阻力较大。

三 煤炭产业问题

煤炭产业是煤炭富集区的主导产业和支柱产业，是煤炭富集区可持续发展的关键基石。"十一五"以来，我国煤炭工业大力推进大型煤炭企业集团化发展战略，煤炭工业发展水平明显提高，有力保障了我国社会经济的持续高速发展，但发展过程中不平衡、不协调、不可持续等问题依然突出，主要体现在以下几个方面。

（一）资源保障能力弱化

我国煤炭人均可采储量少，仅为世界平均水平的2/3，开发规模大，储采比不足世界平均水平的 1/3。当前，我国大多数地区的煤炭资源开采已转向深埋煤层，已探明 1000 米以浅的煤炭可采储量严重不足。

（二）先进技术研发应用能力不足

煤炭基础理论研究薄弱，共性关键技术研发能力不强；煤炭科技研发投入不足，企业创新主体地位和主导作用有待加强，科技创新对行业发展的贡献率低；生产技术装备自动化、信息化、可靠性程度低，采煤机械化程度与先进产煤国家仍有较大差距，生产效率远低于先进产煤国家。1/3 产能的煤矿急需生产安全技术改造，1/3 产能的煤矿需要逐步淘汰。

（三）安全问题依然突出

当前我国大部分地区煤炭资源开采已转向深埋煤层，该层地质条件复杂，开采难度大，重大特大事故时有发生，煤矿安全生产问题依然突出。近些年，煤矿安全事故发生的概率正在下降,百万吨死亡率从 2003 年的 3.74% 降至 2013 年的 0.29%，尽管事故死亡人数在下降，但绝对数量仍较为庞大。

（四）环境压力日益增强

煤炭开采引发的水资源破坏、瓦斯排放、煤矸石堆存、地表沉陷等，对煤炭富集区生态环境破坏严重，且恢复治理滞后。今后相当长的一段时间内，煤炭富集区生态环境恶化的"三期叠加"效应会更加凸显，同时，煤炭消费的非清洁利用也是环境恶化的重要推手，推动煤炭需求侧改革应尽早提上政府工作日程。

（五）产业区域协同不足

多元利益主体无序开发，资源开发秩序混乱，大型整装煤田被不合理分割；大型煤炭企业集团对煤炭富集区非煤产业的拉动效应不足，优化区域产业结构的作用不明显；部分煤炭富集区片面强调以转化项目为条件配置资源，一些大型煤炭企业资源接续困难。

综上所述，从当前国际、国内经济发展态势和煤炭工业实际情况出发，顺应知识经济、信息经济、生态经济及低碳经济的发展趋势，以我国煤炭富集区战略发展中的典型问题为导向，深入研究、系统设计我国煤炭富集区发展战略新模式，促进煤炭产业转型发展、煤炭富集区科学发展、产业区域协同发展，塑造独具中国特色的绿色能源"增长极"，具有重要的现实和理论意义。

第二节 前沿动态

本书围绕煤炭富集区发展战略这一核心问题，选用中国知网（CNKI）、万方、Springer Link、Elsevier SDOL、Elsevier Science Direct 等电子期刊全文数据库作为数据源，以资源型区域发展战略、资源型产业发展战略、产业与区域协调发展等作为关键词，对相关研究文献进行检索，检索结果如表 1-1 所示。

表 1-1 关键词检索结果 单位：篇

数据库	年限	检索词		
		资源型区域发展战略	资源型产业发展战略	产业与区域协调发展
CNKI	1980～2015	76	258	45
万方	1980～2015	2	54	11
Springer Link	1980～2015	32	0	0
Elsevier SDOL	1980～2015	11	8	5
Elsevier Science Direct	1980～2015	20	2	0

一 关于资源型区域规划的研究

资源型区域发展难题多，诸如产业结构单一、资源损耗较大、生态环境破坏等，导致区域被牢牢锁定在资源开发依赖度高的"资源优势陷阱"，出现"问题区域"。这引起了学术界的关注，使其在理论与实践上加大了对资源型区域转型发展战略及规划的探索，并取得了丰富成果。

（一）资源型区域的经济增长问题

Corden 和 Neary（1982）的"荷兰病模型"是人们早期对资源型区域经济增长问题的代表性认识，很多学者由此开始关注资源对经济增长的抑制作用。Sachs 和 Warner（1995）开创了 S-W 分析框架，率先通过实证方法证明资源和经济的关系，他们的研究证明了资源出口占 GDP 比重较高的国家经济增长往往相对缓慢，在对收入、政府行为、贸易政策等重要变量加以控制的情况下结论仍然如此。这一结论与沙特阿拉伯、尼日利亚、委内瑞拉等资源大国的实际情况是相符的。20 世纪 90 年代之后，围绕"资源诅咒"的实证研究大量涌现。Sachs 和 Warner（1997a/b，2001）、Gylfason（2001）、Stevens（2003）、Arezki（2007）等更换不同的指标来反映资源丰度，但资源丰度与经济增长之间的相关关系则是比较稳定的。Burka（1996）则研究了网络经济环境下资源与经济的关系。在众多的研究成果中，一种"条件资源诅咒"的观点也涌现出来，代表人物包括 Isham 等（2005）、Murshed（2004）和 Stijns（2006）等。顾名思义，"条件资源诅咒"是指"资源诅咒"是在一定条件下出现的，因此不能简单地认为"诅咒"存在还是不存在。但即便如此，多数研究仍然证明了类似于矿产、能源等集中度较高的资源，对经济增长的抑制效应是相当稳定的。

国内对资源型区域的研究起步较晚，且主要集中在实证检验上，其中研究较多的一类便是资源和经济增长之间的关系。陈林生和李刚（2004）利用 2001 年我国 30 个省份的能源数据进行分析，得出了能源资源丰富的地区经济增长反而落后的结论。徐康宁和韩剑（2005）在控制了制度、资本存量、地区开发程度等一系列变量后，证明了 1978～2003 年我国资源富集地区的经济增长较其他地区慢，"资源诅咒"现象在中国的省域层面存在。胡援成和肖德勇（2007）通过一个省际面板模型也得到了类似的结论。张菲菲等（2007）分析了省域经济增长与水、耕地、森林、矿产、能源五种资源的关联性，得出除水资源外其他资源都存在"资源诅咒"效应，且我国遭遇的"资源诅咒"多位于东北和西北地区。陈仲常和章翔（2008）更直观地将石油、煤炭、天然气作为反映资源状况的因素，再次论证了我国在静态、动态两个层面存在着"资源诅咒"，但同时也说明了资源状况并非造成区域间经济差异的唯一因素。邵帅和杨莉莉（2010）将"资源丰度"和"资源依赖程度"两个概念区分开来，并通过实验研究得出资源丰裕对经济增长有利，但资源依赖对区域经济增长则有明显的负作用。傅利平和王中亚（2010）证明了"资源诅咒"现象在我国地级市层面存在。张复明（2011）提出在资源型地区，发展难题的破解不仅需要建立一套与资源收益相关的推进机制，还需要健全相关制度，实行产业规划和政府监管，防止掉入"资源优势"陷阱，防止出现"荷兰病"和"资源诅咒"现象，有效推动资源型经济的规避和转型。

（二）资源型区域的生态问题

在过去的几十年里，人类的资源开发行为与生态环境保护之间发生了激烈冲突，很多学者对此进行了实证研究。Atkinson（2003）结合多个国家的实例，说明资源丰裕往往伴随着生态环境的退化；Goodman 和 Worth（2008）分析了澳大利亚矿业繁荣背后的生态环境问题；Adekoya（2009）指出非洲尼日尔地区的石油开发带来了严重的环境破坏；杜凯等（2009）、张亮亮（2009）、鲁金萍（2009）等阐明了中国部分地区的资源开发的确伴随着明显的生态恶化；柳博会和严金明（2010）指出煤炭开采使得大量的塌陷地出现，大大影响了当地居民的正常生活；2009 年中国绿色节能环保网发布了《中国生态文明地区差异研究》，在生态文明最差的区域中，我国主要资源型区域均榜上有名，其中，资源丰度最高的山西排在倒数第一位；孙毅（2012）指出产业的锁定效应带来产业结构单一化、生产中的外部负效应，带来经济增长方式粗放化，要素的挤出效应带来要素结构初级化，这些都是对资源生态环境的破坏因素。

（三）资源型区域战略规划

Bradbury 和 St-Martin（1983）针对资源型区域所面临的问题提出了解决之道，包括进行财政援助、建立资源预警系统、提供再就业培训、多样化地区产业结构、建立专项赔偿基金和保险制度等。Drakakis-Smith（1990）认为只有将环境成本纳入发展经济的考虑范畴之中，才能让工业生产走向资源节省和生态和谐的可持续之路。Platt（2004）提出了用生态学指引城市发展的路径，指出人们应适时调整发展计划以适应资源和生态的需要。Stark（2009）等研究了澳大利亚的转型案例后发现，只有通过行政性的政策扶持，并加强教育、卫生、居住及社会保障体系才能实现区域的可持续发展。

国内对资源型区域转型路径的探讨围绕工业综合发展、空间重构、产业结构的调整优化、经济生态和谐等方面展开。齐建珍和白翎（1987）通过分析阜新、抚顺的具体案例，认为严重的经济、就业、社会和环境问题要求资源型地区走综合发展之路。沈镭（1998）将资源型区域的经济转型归纳为"替代、再生、互补、延长、挖潜"五种方式；赵景海和俞滨洋（1999）提出资源型城市空间布局具有松散性的特点，应当实施空间重组战略；张米尔和武春友（2001）指出处于不同资源产业发展阶段的区域其经济转型的策略是不同的；王广凤等（2004）强调了技术进步在经济转型中的作用，指出新技术与产业结构之间的匹配是转型成功的关键；王诚（2005）提出循环经济模式能够实现资源型区域经济、资源、环境的共赢，是区域实现可持续发展的重要路径；李晓利和王泽江（2014）认为要实现资源的可持续利用和经济的可持续发展，生态化是资源富集区发展的必然选择；张洪潮和李苏（2014）提出鉴于煤炭的不可持续性和煤炭富集区未来主体经济转型的必然性，煤炭主体功能区内的若干区域必然形成独有的运行模式和变动规律。

二 关于资源型产业发展的研究

在 CNKI 知识搜索中查询"资源型产业发展战略"的英文翻译，当前国际上应用最为广泛的是"resources industrial strategy"，在 Elsevier SDOL 电子期刊全文数据库中模糊搜索只得到 8 篇相关结果，在 Elsevier Science Direct 电子期刊全文数据库中搜索只有 2 篇结果，搜索结果多为研究人力资源战略和市场战略，而没有关于资源型产业发展战略的文献。

国内学者对资源型产业发展战略的广泛研究是在 2000 年之后。在现有的关于资源型产业发展战略的研究中，从研究对象看，主要是关于矿产资源型产业和能源产业；从研究角度来看，主要从产业集群角度、组织生态学角度和循环经济角度研究了资源型产业发展的战略问题；从研究范围和区域分布来看，研究西部地区和东北部地区资源型产业的最多。

王岩和初春霞（2006）以内蒙古蒙西高新技术集团公司作为分析案例，指出建立矿产资源型产业生态体系，建立共生关系链条，实现体系内企业生产废弃物的循环利用，可以同时获得经济效益和生态效益。高新才和何苑（2007）对我国西部资源型产业发展现状进行分析，提出西部地区发展资源型特色优势产业的五种发展模式：资源集约型发展模式、技术领先型发展模式、市场导向型发展模式、产业集群发展模式和效益综合型发展模式。梁剑和谢巧华（2008）认为资源型产业现行的产业结构与资源、能源和环境之间存在很大矛盾，必须调整资源型产业结构和经济发展策略，实施生态经济一体化战略，发展高新技术产业和再生资源产业。张伟（2008）为西部资源型产业探寻了一种与资源、环境相协调的产业发展模式，即资源型产业可持续发展战略，提出要对资源型产业重新定位，并树立新的均衡协调发展观。李永胜（2009）认为资源型产业发展循环经济应同时处理好三方面的关系：企业集聚与产业布局合理性的关系、资源与废弃物的关系、兼顾"循环"与"经济"的关系。聂华林和李光全（2010）认为新时期西部资源型城市产业结构战略调整应立足于产业的特色资源和特殊条件，实现产业结构生态化、特色化、品牌化和现代化，形成有效的产业链机制，建立"公司+园区+矿山"的产业组织发展模式。张洪潮（2011）基于系统科学视角，界定了煤炭经济生态圈的概念、要素组成、结构层次与基本特征，探索了其运行机制与动力机制，认为其符合国家大型煤炭基地和煤炭富集区技术创新与低碳经济发展的要求，是煤炭产业低碳转型和可持续发展的重要途径。张洪潮（2011）认为大型集团化和产业集群化作为当前实现资源优化配置的两种主流组织模式，是提升煤炭富集区域及煤炭产业核心竞争力的有效手段。他提出了构建低碳型煤炭产业集群模式的途径，即通过建立低碳型煤炭循环工业园区，依托能源技术、管理体制和金融体制等关键因素创新，打造低碳型煤炭产业集群。

三 关于产业与区域协调发展的研究

国外的研究方向主要在人力资源和市场，而鲜有关于资源型产业和资源型区域协调发展研究的文献。

国内的研究大部分是关于从产业转型、产业集群等方面实现产业与区域的可持续协调发展的。宋梅和刘海滨（2006）借鉴德国鲁尔区转型的成功经验，分析了辽中南地区资源型产业进行结构调整的优势和劣势，认为应充分利用地域资源优势发展产业集群，并针对已衰退的资源型产业，培育和发展替代产业，以促进其转型。关源良（2010）认为要实现资源型城市的转型应大力发展第三产业，加大交通运输、商业流通、科技研发、投融资体制等领域的改革，按照"企业集中布局、产业集群发展、功能集合构建"的发展思路，打造生产性服务园区、信息服务园区、创意文化园区、区域物流中心等第三产业集聚区。刘那日苏（2013）认为要实现资源优势转化为经济优势，实现资源型区域的可持续发展，应通过加快转变经济发展方式、调整和优化升级产业结构、大力扶持制造业等衰退产业、大力支持技术创新、强化政治体制改革等途径避免"资源诅咒"，进而实现长期经济增长。张洪潮和李苏（2013）提出对产业集群和区域经济耦合效应的评价，有助于促进产业集群和区域经济的合理匹配和良性耦合，充分发挥产业集群竞争优势，推动产业与区域经济协调可持续发展。张静萍（2014）认为资源型城市正面临城镇化与产业转型两大重任，将新型城镇化作为产业结构转型升级的重要抓手是解决这一难题的关键所在。

四 国家、能源及煤炭工业的相关规划

（一）国民经济和社会发展"十二五"规划

《国民经济和社会发展第十二个五年规划纲要》（简称"十二五"规划纲要）提出优化格局，促进区域协调发展和城镇化健康发展；实施区域发展总体战略和主体功能区战略，构筑区域经济优势互补、主体功能定位清晰、国土空间高效利用、人与自然和谐相处的区域发展格局，逐步实现不同区域基本公共服务均等化；坚持走中国特色城镇化道路，科学制定城镇化发展规划，促进城镇化健康发展。

1. 实施区域发展总体战略

（1）推进新一轮西部大开发

坚持把深入实施西部大开发战略放在区域发展总体战略优先位置，给予特殊政策支持。发挥资源优势，实施以市场为导向的优势资源转化战略，在资源富集地区布局一批资源开发及深加工项目，建设国家重要能源、战略资源接续地和产业集聚区，发展特色农业、旅游业等优势产业。

（2）全面振兴东北地区等老工业基地

促进资源枯竭地区转型发展，增强资源型城市可持续发展能力。统筹推进全国老工业基地调整改造。重点推进辽宁沿海经济带和沈阳经济区、长吉图经

济区、哈大齐和牡绥地区等区域发展。

（3）大力促进中部地区崛起

发挥承东启西的区位优势，壮大优势产业，发展现代产业体系，巩固提升全国重要粮食生产基地、能源原材料基地、现代装备制造及高技术产业基地和综合交通运输枢纽地位。改善投资环境，有序承接东部地区和国际产业转移。提高资源利用效率和循环经济发展水平。进一步细化和落实中部地区崛起的相关举措，比照实施振兴东北地区等老工业基地和西部大开发的有关政策。

（4）积极支持东部地区率先发展

着力增强可持续发展能力，进一步提高能源、土地、海域等资源利用效率，加大环境污染治理力度，化解资源环境瓶颈制约。

2. 实施主体功能区战略

（1）优化国土空间开发格局

统筹谋划人口分布、经济布局、国土利用和城镇化格局，引导人口和经济向适宜开发的区域集聚，保护农业和生态发展空间，促进人口、经济与资源环境相协调。对人口密集、开发强度偏高、资源环境负荷过重的部分城市化地区要优化开发。对资源环境承载能力较强、集聚人口和经济条件较好的城市化地区要重点开发。

（2）实施分类管理的区域政策

修改、完善现行产业指导目录，明确不同主体功能区的鼓励、限制和禁止类产业。实行差别化的土地管理政策，科学确定各类用地规模，严格土地用途管制。对不同主体功能区实行不同的污染物排放总量控制和环境标准。相应完善农业、人口、民族、应对气候变化等政策。

（3）实行各有侧重的绩效评价

在强化对各类地区提供基本公共服务、增强可持续发展能力等方面评价的基础上，按照不同区域的主体功能定位，实行差别化的评价考核。

（4）发挥全国主体功能区规划在国土空间开发方面的战略性、基础性和约束性作用

按照推进形成主体功能区的要求，完善区域规划编制，做好专项规划、重大项目布局与主体功能区规划的衔接协调。推进市县空间规划工作，落实区域主体功能定位，明确功能区布局。研究制定各类主体功能区开发强度、环境容量等约束性指标并分解落实。完善覆盖全国、统一协调、更新及时的国土空间动态监测管理系统，开展主体功能区建设的跟踪评估。

（二）能源发展"十二五"规划

"十二五"时期，要加快能源生产和利用方式变革，强化节能优先战略，

全面提高能源开发转化和利用效率，合理控制能源消费总量，构建安全、稳定、经济、清洁的现代能源产业体系。重点任务是：①加强国内资源勘探开发。安全、高效开发煤炭和常规油气资源，加强页岩气和煤层气勘探开发，积极有序发展水电和风能、太阳能等可再生能源。②推动能源的高效清洁转化。高效清洁发展煤电，推进煤炭洗选和深加工，集约化发展炼油加工产业，有序发展天然气发电。③推动能源供应方式变革。大力发展分布式能源，推进智能电网建设，加强新能源汽车供能设施建设。④加快能源储运设施建设，提升储备应急保障能力。⑤实施能源民生工程，推进城乡能源基本公共服务均等化。⑥合理控制能源消费总量。全面推进节能提效，加强用能管理。⑦推进电力、煤炭、石油、天然气等重点领域改革，理顺能源价格形成机制，鼓励民间资本进入能源领域。推动技术进步，提高科技装备水平。深化国际合作，维护能源安全。

（三）煤炭工业"十二五"规划

1. 煤炭产量消费量目标为 39 亿吨

《煤炭工业发展"十二五"规划》（简称《规划》）指出，到 2015 年煤炭产量控制在 39 亿吨左右，煤炭生产能力控制在每年 41 亿吨以内，严格控制项目审批，新矿 5 年内不准提升核定能力。政府实施总量控制，有助于减轻产能过剩压力。

2. 鼓励跨行业、跨所有制兼并重组

《规划》指出，"十二五"期间以建设大型煤炭基地、大型煤炭企业、大型现代化煤矿为主。鼓励通过兼并重组，到 2015 年形成 10 个亿吨级、10 个 5000 万吨级大型煤炭企业，全国煤矿企业数量控制在 4000 家内，平均规模提高到每年 100 万吨以上。

《规划》提出，遵循市场规律，鼓励各类所有制煤矿企业及电力、冶金、化工等行业企业，以产权为纽带、以股权制为主要形式参与兼并重组。

3. 煤炭开采将向西部倾斜

《规划》提出，"十二五"期间，我国煤炭开发总体布局是控制东部、稳定中部、发展西部，将按照上大压小、产能置换的原则，合理控制煤炭新增规模。这意味着在项目核准、铁路建设、配套转化、财税政策等方面将侧重于西部地区。

依据《规划》制定的建设布局，"十二五"时期我国新开工煤矿建设规模 7.4 亿吨/年，内蒙古、陕西、山西、甘肃、宁夏、新疆被作为重点建设省（自治区），新开工规模达到 6.5 亿吨/年，占全国的 87%，成为主要的煤炭增长点。到"十二五"末，东部的煤炭产量控制在 5 亿吨/年以内，中部煤炭产量占 35%左右，西部煤炭产量增量占 65%。届时，"北煤南运、西煤东调"的规模进一步扩大。

4. 运输"瓶颈"有望得到解决

《规划》指出，从铁路运输看，到 2015 年，全国煤炭铁路运输需求 26 亿吨。考虑铁路和港口的生产、消费等环节的不均衡性，需要铁路运力 28 亿~30 亿吨。铁路规划煤炭运力 30 亿吨，可基本满足煤炭运输需要。"十二五"期间，国家将解决煤炭运输，尤其是新疆、甘肃、内蒙古等地区的煤炭运输问题放在重要位置。

5. 境外投资专项基金浮出水面

《规划》指出，支持优势煤炭企业参与境外煤炭资产并购，加大境外煤炭资源勘查开发力度，提高境外权益煤炭产能，并研究设立煤炭境外投资专项基金，对国家鼓励的境外煤炭重点投资项目给予支持，并鼓励金融机构通过出口信贷、项目融资等多种方式，改进和完善对企业境外煤炭投资项目金融服务等。

我国煤炭企业明显加快"走出去"的步伐。2011 年的能源矿产资源收购中，海外煤炭并购案数额仅位于石油之后的第 2 位。加快"走出去"将提高优势煤炭企业的资源储备量，提高其煤炭资源中海外市场的份额，同时能够降低我国煤炭资源国际贸易顺差的比例，达到改变我国煤炭资源过度依赖进口、优化能源结构的目的。

6. 新型煤化工准入门槛提高

新型煤化工属于资金、技术密集型行业，并实行严格的准入政策，具有较高的竞争壁垒。《规划》指出，"十二五"期间，在山西、陕西、内蒙古、云南、贵州和新疆地区开展煤制油、煤制烯烃、煤制天然气、煤制乙二醇等升级示范工程。在内蒙古、陕西、山西、云南、贵州、新疆等地选择煤种适宜、水资源相对丰富的地区，重点布局煤化工项目基地。

第三节 主 要 概 念

本书研究过程中，借鉴与本研究相关的国内外成果，主要界定和使用了煤炭富集区、煤炭主体功能区、煤炭产业集群、煤炭经济生态圈、煤基产业及生态知识型煤炭产业集群等概念。

一 煤炭富集区

本书认为，煤炭富集区是指煤炭资源丰度（煤炭资源基础储量）高、赋存地质条件完整性强及煤炭产业相对发达的行政区域或特定地理空间。

按照这一定义，我国煤炭富集区界定可以分为两种标准与方法：一种是以煤炭资源赋存地质条件完整性和煤炭产业发达度作为评价标准，以我国国土的特定地理空间作为研究单元，进行界定划分；另一种是以煤炭资源丰度和煤炭产业发达度作为关键衡量指标，以我国现行省级行政区作为研究单元，进行界定划分。

（一）基于煤炭资源赋存地质条件完整性和煤炭产业发达度的界定

我国煤炭资源分布呈现北多南少、西多东少的特点，集中分布在沁水煤田、宁武煤田、霍西煤田、河东煤田、胜利煤田、准格尔煤田等大型煤田。根据煤炭资源赋存地质条件完整性和煤炭产业发达度，考虑到特定区域煤炭资源分布特点和生态环境承载能力，我国煤炭富集区主要分布于晋北、晋中、晋东、陕北、宁东、鲁西、冀中、豫西、豫北、蒙东、新东等特定国土地理空间。从煤炭工业"十二五"规划来看，我国规划建设的 14 个大型煤炭基地与上述描述高度吻合。

（二）基于煤炭资源丰度和煤炭产业发达度的界定

我国多数省（自治区、直辖市）都有煤炭资源分布，但中华人民共和国成立以来特别是 20 世纪末期以后，煤炭开始大规模开采与开发，目前煤炭资源主要集中在中部的山西和西部的内蒙古、陕西、贵州等省份。

2015 年，全国煤炭基础储量位于前五位的行政区分别是山西、内蒙古、新疆、陕西、贵州，这五个行政区的煤炭基础储量占全国煤炭基础储量的 73.81%，据此可以将这五个行政区划分为主要煤炭富集区。

本书选取山西、内蒙古、新疆、陕西、贵州五个主要煤炭富集区作为具体研究对象，开展相关研究。

二 煤炭主体功能区

（一）煤炭主体功能区概念

煤炭主体功能区是依据煤炭富集区的自然地理条件、煤炭产业发展水平、煤炭资源储量、经济发展水平、资源环境承载力及区域发展潜力，结合国家发展目标、战略布局和政策支持力度，以煤炭主产区煤炭产业结构科学合理化和区域协调发展为主要出发点，以煤炭产业作为该区域的主导和优势产业，在区域经济结构和产业结构中起主要支撑作用的特定地域空间，是基于煤炭资源国土空间分布的非均质性、稀缺性、地域根植性等基本特征进行划分的地理经济空间单元。

根据上述标准，从行政区划角度分析，我国煤炭主体功能区主要是指山西、内蒙古、陕西、河南、贵州、新疆、宁夏等煤炭资源富集且煤炭产业较发达的地区，更广泛地说，主要包括煤炭工业"十二五"规划中所涉及的 14 个国家级大型煤炭基地。

（二）煤炭主体功能区内涵

较主体功能区的一般定义而言，煤炭主体功能区这一概念突出了功能区规划建设的主导因素是经济因素；较其他类型的主体功能区（如农业、纺织业主体功能区）而言，煤炭主体功能区突出了在所属的区域空间内，经济增长主要依靠煤炭产业及其附属产业增长所产生的带动作用。

以煤炭经济为主体的煤炭主产区是我国能源供给的主要区域，如山西、内蒙古、陕西、贵州、甘肃、宁夏、新疆、青海等，具有煤炭产业主导、产业结构畸形、生态环境脆弱、煤炭企业散乱和区域规划混乱等特征。从国家主体功能区划分层面看，这些煤炭主产区是资源禀赋良好、以提供煤炭资源或煤炭产品为主体功能的区域，着力保障煤炭产品供给，从煤炭供给角度来讲，这些区域属于优先开发区或者重点开发区。

煤炭主体功能区规划和建设的客观基础是煤炭资源富集。从现实层面的视角看，煤炭富集区与煤炭主体功能区具有极高的拟合性、重叠性和统一性；从相对长期的视角看，煤炭富集区一定会承担煤炭主体功能的经济功能；但从区域经济发展现实格局和煤炭产业可持续发展的视角看，按照国家能源安全战略要求和梯度开发规划，部分煤炭产业尚不发达，且不成熟的煤炭资源富集区域将不会承担当前及中期的煤炭供给任务，而是作为资源供给的储备区和待开发区予以保留，不会划分为煤炭主体功能区的组成部分。进一步说，煤炭主体功能区的建设是建立在煤炭资源富集区存在的既定条件下，而煤炭资源富集区作为煤炭主体功能区的条件是，区域煤炭基础产业及其附属产业集群有相当程度的聚集、城镇化较为发达、已形成一定的产业结构和产业层级。

三 煤炭产业集群

（一）煤炭产业集群概念

本书认为，煤炭产业集群是以煤炭产业为核心或主导产业，与辅助产业、大学及科研机构共同构成的网络系统，网络内部各个企业是相互独立的主体，彼此间通过资源、市场及社会、商业关系联结在一起，整个网络又是一个具有稳定性、循环性、开放性的多产业集合体。

（二）煤炭产业集群内涵

煤炭产业是直接从自然界获取产品，为后续能源和加工制造业提供原料的初级产业，是以煤炭勘探、开采、加工为基础形成的企业集合体。煤炭产业规模经济明显，产业进入门槛较高。我国的煤炭企业多为大型国有企业，国家控制煤炭产业的所有权。目前我国煤炭产业的高碳特征明显，创新动力整体不足，严重制约着煤炭产业的可持续发展。

一个成熟的煤炭产业集群包括三个圈层：核心圈层是在煤炭资源优势基础上形成的煤炭企业和关联企业的集聚，集群内煤炭企业在产权上彼此独立，却能形成水平分工和垂直分工交叉的网络分工合作形式，产生组合型的规模经济，各企业之间既有竞争又有合作，它们是以煤炭的开采、加工、使用为主的企业群，既包括国家控股的大型煤炭企业集团，又包括一些中小企业，它们以煤炭的加工为主；第二个圈层是核心圈层通过价值链的延伸，与为煤炭企业服务的配套支撑企业群建立起的联系，如客户、销售商、供应商、制造商等；第三个圈层包括政府机构、金融机构、科研机构及提供专业化培训、教育、信息和技术支持的其他机构，如大学、科研院所、标准评估机构、职业培训机构等。

煤炭产业集群微观上是由企业间的相互竞争与合作交织而成的集群网络，中观上是多条产业链的相互融合，宏观上是多种产业的彼此交叉。煤炭产业集群并不是以煤炭产业为主导产业的相关产业在地理上的简单聚集，它是通过深度专业化分工，形成完整、健全的价值链条和产业支撑体系，带动区域经济协调发展的产业组织形式，它不仅能实现煤炭产业的规模经济效应，且有利于集群内企业的竞争，使集群内企业处于竞争与合作的网络结构中，利于产品创新与企业自身的优化升级。

四 煤炭经济生态圈

（一）煤炭经济生态圈概念

煤炭经济生态圈是经济圈在煤炭产业和生态领域的具体呈现形式，是以煤炭生产、洗选、加工产业为核心，并包括与其具有一体化倾向的邻接产业及其他相关产业、辅助机构的圈层结构，是煤炭产业、煤炭相关产业和辅助机构互动发展的结果，是煤炭产业发展到一定阶段的产物，是煤炭产业集聚效应的实现形式。

煤炭经济生态圈基于低碳经济的核心诉求，从生态型、知识型、节约型及绿色型的社会经济发展趋势出发，以煤炭产业链延伸及产业间协作为基础，以煤炭产业集群为现实载体，在一定的外部环境推动下，通过煤炭产业集群扩张效应而形成的以煤炭产业和谐发展为主导的社会经济形态,是煤炭产业集群发展的高级表现形式。笔者认为,随着生态经济、低碳经济的日益发展,以煤炭产业为核心的煤炭经济生态圈将日益成为"十三五"推动煤炭富集区发展的新模式。

（二）煤炭经济生态圈内涵

煤炭经济生态圈是煤炭工业经济发展的一种形式,它以煤炭资源禀赋为基础,以煤炭产业为枢纽,以专业化分工及产业生态化要求为纽带,以政策为保障,依托其他相关产业与辅助机构,在一定的区域空间内形成不同圈层的产业集聚,实现煤炭资源与各种经济要素的优化配置和合理流动,从而实现各圈层间经济的互动发展。

煤炭经济生态圈是基于煤炭产业及其相关产业高度集群化发展形成的,其形成是煤炭产业低碳化的趋势使然,是主观推动和客观趋势的产物。构建煤炭经济生态圈的主要原则为坚持产业系统升级、坚持资源集约开发、坚持经济低碳发展等。根据上述原则,煤炭经济生态圈只有在妥善处理好政府与市场、资源与环境、主体功能与其他功能等几方面关系的基础上,采取科学合理、适度有序地开发,合理配置公共资源,充分发挥市场配置资源的基础性作用,适度开发煤炭资源,保护生态环境,在生态和资源环境可承受的范围内发展煤炭产业等一系列措施,提高圈内生态环境承载能力,才能实现圈内经济又好又快发展。图 1-1 为煤炭经济生态圈要素组成图。

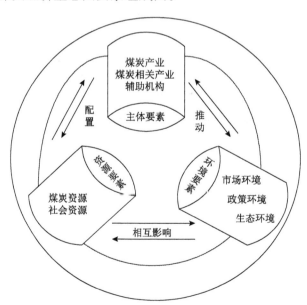

图 1-1　煤炭经济生态圈要素组成图

五 煤基产业

（一）煤基产业概念

煤基产业指以煤炭为基础的关联多元化产业，是以煤炭采掘业为主导，包括其下游行业，涉及煤炭深加工的洗煤、型煤、水煤浆、焦炭行业，以及涉及煤炭液化、气化和燃烧等相关行业的关联多元化产业。广义的煤基产业还包括横向上与煤炭伴生资源有密切联系的行业部门，如煤层气、瓦斯、地下水、高岭土等资源的开发应用行业及矿山建设、煤炭运输、煤机制造等关联产业。

煤基产业是一种树状多层次构架：煤炭生产是树的主体，狭义的关联产业是主干，原有为煤炭生产服务的产业经过重组和提升后形成支干，高新技术产业是主干上的嫁接体。第一层次是煤炭生产主业；第二层次是煤基多元产业链形成的支柱产业；第三层次是原有产业重组后形成的支持产业；第四层次是培育的高新技术产业。这种树状多层次构架是动态的，随着不同企业和行业的发展，其在煤基产业中的地位和分量也会随之变化。

（二）煤基产业内涵

"煤基产业"是山西省在制定煤炭产业政策时提出的，目前尚未形成统一的概念与内容体系。2014 年山西省科技厅紧紧围绕"煤炭革命"，全面推动煤炭"六型转变"，深化落实《国家创新驱动发展战略山西行动计划（2014—2020 年）》《山西省低碳创新行动计划》《围绕煤炭产业清洁安全低碳高效发展重点安排的科技攻关项目指南》等文件，紧扣煤基产业低碳科技创新，编制了煤层气、煤焦化、煤化工、煤电、煤机装备、煤基新材料和煤炭生产七条煤基产业创新链。

煤炭是我国重要的重化工能源，煤基产业是以煤炭产业为自身经济综合体和主导支柱产业的，煤基七大产业的发展事关国家能源产业结构的优化升级，事关国家能源综合改革试验区的合理布局。

以山西省为例，近年来，山西省煤炭工业坚持以煤为基、多元发展，产业素质显著提升，经济运行质量不断提高，产业发展步入新时代，其煤基七大产业发展现状如表 1-2 所示。

表 1-2　山西省煤基七大产业发展现状

产业	资源储量	产业布局	发展现状
煤层气	已探明资源储量约 10 万亿立方米，占全国煤层气总量的 30%	以沁水、河东南北两翼为重点，兼顾中间的 h 形开发格局。形成民用燃气、工业燃气、煤层气发电、煤层气化工相结合的产业格局	（1）煤层气资源勘探取得突破性进展； （2）地面煤层气开发利用取得较大进展； （3）井下煤层气抽采利用规模日益扩大； （4）输气管网建设已初具规模

续表

产业	资源储量	产业布局	发展现状
煤焦化	已探明资源储量为918亿吨,占全国33%,排第一位,其中最优质的肥煤、焦煤储量523亿吨,占全国的54%	主要分布在晋城、大同、阳泉、吕梁等煤主产区	(1)产能严重过剩、企业大面积亏损现状; (2)能耗高、污染重的典型传统煤化工形象仍未得到根本改善
煤化工	绝大部分是和硫铁矿、黏土矿、铝土矿、石膏矿共生或伴生的,其中中低阶煤占80%以上,煤炭的风化层富含腐殖质资源	有焦煤、同煤、阳煤等大型的煤炭企业,主要为传统煤化工,现代煤化工产业较少	(1)基本围绕传统煤化工路线,以煤气化为龙头的新型煤化工刚刚起步; (2)新一代煤化工有相当的研究基础,但多数还停留在实验室规模阶段
煤电	存量部分,主要是煤矸石,历年累积10亿吨以上;增量部分,每年产生低热值煤约1.7亿吨,占全国的34%	全省范围内的煤电联营全面启动,形成晋北、晋中、晋东三个煤电基地	(1)没有百万等级的机组,单机容量较低; (2)燃煤机组的能耗水平高于全国平均水平; (3)外送电通道能力不足
煤机装备	有企业100多家,已形成太原重工、平阳重工、山西天地煤机装备等一批骨干企业	已形成以煤炭采掘、洗选、焦化、气化和矿井安全设备为主体、研发与制造并举的产业体系	(1)煤机装备主导产品在国内占据领先地位; (2)大功率电牵引采煤机装备、大型液压支架等设备已具雏形和正在实施; (3)大型振动筛可以替代进口
煤基新材料	高性能特殊钢、金属镁及镁合金材料、钕铁硼永磁材料、煤矸石、铝质、硅质新型耐火材料产能产量全国领先。聚丙烯腈基碳纤维、连续玄武岩纤维等新型纤维产品初步产业化	依托太钢集团、中条山有色金属集团等企业发展新型金属材料; 依托焦煤集团、阳煤集团等企业发展新型化工材料; 依托自有资源优势发展新型无机非金属材料	(1)一些独特产品和技术在国内外享有较高知名度,具备明显的竞争优势; (2)产业总体上仍处于培育阶段,表现为高端新材料较少、企业规模不大、创新能力不强等
煤炭生产	煤矿1077座,总能力为14.28亿吨/年,其中新增的24座为国家发展和改革委员会新核准的煤矿	三大煤炭基地、18个煤炭国家规划矿区	(1)行业生产能力显著增强; (2)产业集中化水平明显提高; (3)煤炭安全生产状况明显改善

资料来源:中国煤炭工业协会

六 生态知识型煤炭产业集群

　　从系统科学和生态学视角分析,生态知识型煤炭产业集群是一个具备自然生态循环特征的自组织系统,由煤基型产业种群系统和非煤基型产业种群系统两个子系统构成,系统内各个种群之间相互依赖、互相衔接、循环往复,共同形成系统的物质闭路循环、能量多级利用和信息有效共享机制,从而形成具有资源节约型、环境友好型和低碳导向型特征的煤炭产业集群,如图1-2所示。

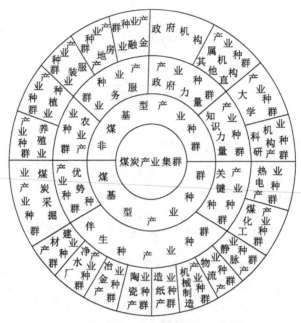

图 1-2　煤炭产业集群系统要素结构图

生态知识型煤炭产业集群作为一个具备自然生态循环特征的自组织系统，其中一个种群要素产生的"废弃物"可当作另一个种群要素的"营养物"，各种群之间通过物质交换、能量传递、信息共享形成有机统一体，达到煤炭产业集群系统能源和物质消费最优化，在这个生态系统中，种群之间互相利用、相互制约、共同发展，从而实现集群经济效益和环境效益的"双赢"。

第四节　思路和内容

一　研究思路

本书以我国煤炭富集区为研究对象，围绕煤炭富集区发展战略模式设计这一核心问题，突出"问题导向、对策意识"，按照现状分析、理论研究和解决途径的总体思路，针对相互联系、相互支撑的三方面内容，进行系统分析和论证，如图 1-3 所示。

在研究过程中，基于对"煤炭企业—煤炭产业—煤炭富集区"是命运共同体的假设与认知，内容的安排和逻辑设计坚持以"企业—产业—区域"为关键线，突出"煤炭企业—煤炭产业—煤炭富集区"中心轴，提出了"煤炭企业集团化—煤炭产业集群化—煤炭主体功能区—煤炭富集区"的梯度进化框架，设计构建了一种企业、产业和区域协调发展，核心企业、优势产业和煤炭富集区和谐共生的创新型战略组织模式。

二 研究内容

本书运用区域经济学、产业经济学、发展经济学、空间经济学、战略管理学、区域规划等理论，采用规范与实证、定性与定量、归纳与演绎等基本方法，以计量经济学、新空间经济学、运筹学、战略管理学等相关方法为技术手段，针对我国煤炭富集区、煤炭富集区发展战略典型模式（煤炭企业集团化、煤炭产业集群、煤炭主体功能区）和我国煤炭富集区生态知识型煤炭产业集群模式三个主要方面，分三篇十章进行了系统研究。

第一篇，现状分析：第一章为绪论，是对全书的概述；依据空间经济学、矿产资源经济学等理论，界定煤炭富集区的概念与内涵，明确我国煤炭富集区划定与空间分布情况，进而分析我国主要煤炭富集区资源、产业及社会特征（第二章）；在搜集、归纳与借鉴国内外相关资料及研究成果的基础上，分析研究了国际国内能源产业和煤炭产业的发展趋势，总结归纳了我国煤炭富集区发展的经验、不足及启示（第三章）；基于上述研究，本书按照战略环境分析的范式，依次对我国煤炭富集区战略发展的宏观环境、产业环境、区域资源能力和发展环境进行了系统分析和客观评价（第四章）。

第二篇，理论研究：基于现状研究，本部分针对煤炭企业集团化、煤炭产业集群和煤炭主体功能区这三种我国煤炭富集区发展战略典型模式，分别进行了理论研究。第一，在阐明企业集团化基本理论与研究成果的基础上，总结了煤炭企业集团化的概念、内涵、特征、类型及形成路径（第五章第一节）；第二，在梳理、归纳产业集群化理论及研究成果后，突破传统资源型产业集群研究的界限，明确提出了煤炭产业集群的概念，分析了煤炭产业集群的组成要素与类型，揭示了煤炭产业集群的典型内在特征，并以我国煤炭富集区——鄂尔多斯盆地为例进行了实证分析（第五章第二节）；第三，在对既有主体功能区相关研究成果进行文献研究的基础上，界定了煤炭主体功能区的概念与内涵，分析研究了煤炭主体功能区的一般性特征、生态化特征和内生循环模式（第五章第三节）；第四，基于耦合理论，运用耦合度与耦合协调度的理论模型，以山西省为例，实证分析了煤炭主体功能区和煤炭产业集群化、煤炭企业集团化和煤炭产业集群化的耦合关系（第六章第一节）；第五，依据产业组织、空间经济、地理经济等理论，对煤炭主体功能区与煤炭产业集群化、煤炭企业集团化与煤炭产业集群化，从同质性和异质性两方面进行了规范分析，并进一步运用进化博弈模型对煤炭企业集团化和煤炭产业集群化开展研究（第六章第二节）；第六，依据我国国民经济和社会发展、能源及煤炭工业"十二五""十三五"规划，基于本书的前期相关研究，提出了煤炭富集区发展战略模式选择的五项基本原则（第六章第三节）；第七，通过三种发展战略模式的综合对比分析，明确了我国煤炭富集区生态知识型煤炭产业集群化的战略发展方向（第六章第四节）。

第三篇，解决路径：依托上述研究成果，本部分围绕生态知识型煤炭产业集群的形成机理，以煤炭产业集群的发展演化过程为主线，针对煤炭产业集群的成因、集聚度、集聚效应、生命周期、组织结构及网络共生模式，依序、依次进行系统研究。第一，基于系统动力学，从资源、主体和环境三方面分析煤炭产业集聚的成因（第七章第一节）；第二，采用 E-G 指数等经典产业集聚度测度方法，结合煤炭产业特性，建立煤炭产业集聚度测度模型，并结合鄂尔多斯盆地开展实证研究（第七章第二节）；第三，从微观、中观和宏观三个层次，研判煤炭产业集聚效应（第七章第三节）；第四，依托生命周期理论和区域空间结构理论，从煤炭产业集群内企业关联性和集聚效应两个维度，研究煤炭产业集群的生命周期，将其划分为"集聚现象""企业集群""产业集群""资源型城市"四个阶段（第七章第四节）；第五，以产业组织、产业生态理论为指导，从构成要素、系统层次、网络结构等方面进行研究，揭示了煤炭产业集群的组织结构和网络模式（第七章第五至六节）；第六，采用德尔菲法，运用 Matlab 软件，构建煤炭产业集群（产业区）竞争力 DHGF 评价模型，并以山西省为例进行了实证分析（第七章第七节）；第七，从系统科学和生态学视角，界定了生态知识型煤炭产业集群的概念与内涵，剖析了其多样性、系统性、低碳性及可持续性四个方面的特征，并分析论证了我国煤炭富集区实施生态知识型煤炭产业集群模式的必然性与必要性（第八章第一至三节）；第八，介绍了生态知识型煤炭产业集群战略设计的理论依据和基本原则，并且，基于对煤炭产业、生物群落特性、生物种群间结构关系分析，本书认为煤基型产业种群和非煤基型产业种群是生态知识型煤炭产业集群的两个基本组成部分，进而明确了相关概念、内涵、基本特征及种群构成，建立了生态知识型煤炭产业集群网络共生模式，设计了以煤基型（寄生型）与非煤基型（共生型）产业种群为核心的生态知识型煤炭产业集群运行机制（第八章第四至八节）；第九，针对煤炭富集区生态知识型煤炭产业集群建设提出政策建议，指出政府应当从发展政策体系、转变发展观念、发展生态知识型煤炭产业集群、完善煤炭产业结构系统、培养产业集群自组织演化能力、加快政府公共管理创新、完善宏观调控政策、深化人力资源开发、培育创新主体等方面给予支持（第九章），主要技术路线如图 1-3 所示。

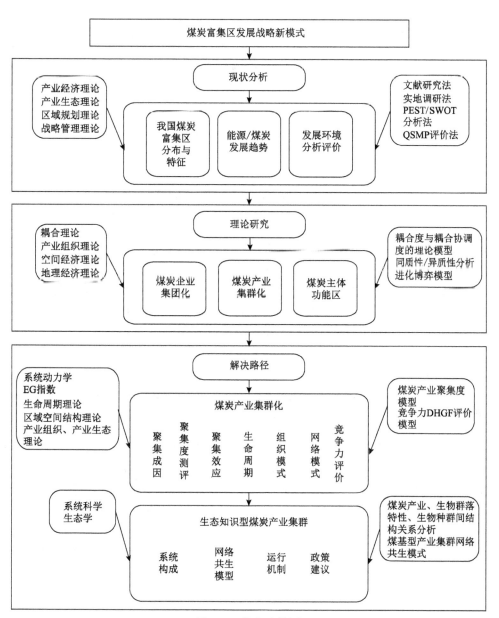

图 1-3 技术路线图

第二章　我国煤炭富集区的分布与发展

第一节　我国煤炭富集区界定

本书认为，煤炭富集区是指煤炭资源丰度高、赋存地质条件完整性强及煤炭产业相对发达的行政区域或特定地理空间。按照这一定义，我国煤炭富集区界定可以分为两种标准与方法：一种是以煤炭资源赋存地质条件完整性和煤炭产业发达度作为评价标准，以我国国土的特定地理空间作为研究单元，进行界定划分；另一种是以煤炭资源丰度和煤炭产业发达度作为关键衡量指标，以我国现行行政区作为研究单元，进行界定划分。

一　基于煤炭资源赋存地质条件完整性和煤炭产业发达度的界定

我国煤炭资源分布呈现出北多南少、西多东少的特点，集中分布在沁水煤田、宁武煤田、霍西煤田、河东煤田、胜利煤田、准格尔煤田等大型煤田。根据煤炭资源赋存地质条件完整性和煤炭产业发达度，分析特定区域煤炭资源分布特点和生态环境承载能力，得出我国煤炭富集区主要分布于晋北、晋中、晋东、陕北、宁东、鲁西、冀中、豫西、豫北、蒙东、新东等特定国土地理空间。从煤炭工业"十二五"规划来看，我国规划建设的 14 个大型煤炭基地与上述描述高度吻合，包括晋东、晋中、晋北、陕北、黄陇、宁东、神东、蒙东、新疆、冀中、鲁西、河南、两淮和云贵。

二　基于煤炭资源丰度和煤炭产业发达度的界定

我国多数省（自治区、直辖市）都有煤炭资源分布，但中华人民共和国成立以来特别是 20 世纪末期以后，煤炭大规模开采与开发，目前煤炭资源主要集中在中部的山西和西部的内蒙古、陕西、贵州等省份。2015 年全国各省（自治

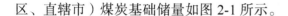

区、直辖市）煤炭基础储量如图 2-1 所示。

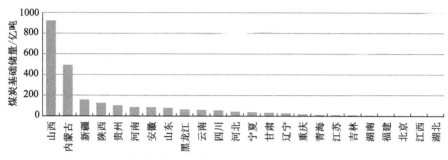

图 2-1　2015 年我国各省（自治区、直辖市）煤炭基础储量情况

资料来源：国家统计局《中国统计年鉴 2016》

由图 2-1 可知，全国煤炭基础储量排名前五的行政区是山西、内蒙古、新疆、陕西、贵州，这五个行政区的煤炭基础储量占全国煤炭基础储量的 73.81%，据此可以将这五个行政区划分为主要煤炭富集区。

本书选取内蒙古、山西、陕西、新疆、贵州五个主要煤炭富集区作为具体研究对象，开展相关研究。

表 2-1、图 2-2 显示了我国各个产煤省（自治区、直辖市）2016 年的原煤产量。由表 2-1 可知，全国 2016 年原煤产量排名前五的是内蒙古、山西、陕西、贵州和新疆。

表 2-1　我国各省（自治区、直辖市）2016 年原煤产量　单位：万吨

省份	原煤产量	省份	原煤产量	省份	原煤产量
内蒙古	83 827.9	河北	6 484.3	江西	1 432.1
山西	81 641.5	四川	6 076.2	江苏	1 367.9
陕西	51 151.4	黑龙江	5 623.2	福建	1 346.7
贵州	16 662.2	云南	4 251.8	青海	774.6
新疆	15 834.0	甘肃	4 236.9	湖北	547.4
山东	12 813.5	辽宁	4 082.1	广西	399.6
安徽	12 235.6	湖南	2 595.5	北京	317.6
河南	11 905.3	重庆	2 419.7		
宁夏	6 728.4	吉林	1 643.1		

资料来源：国家统计局

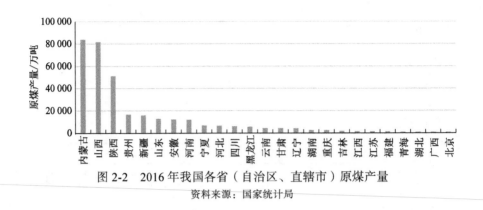

图 2-2　2016 年我国各省（自治区、直辖市）原煤产量

资料来源：国家统计局

第二节　我国主要煤炭富集区的资源特征

　　资源是指一个国家或地区内拥有的各种物质要素的总称。一个地区的资源可以分为自然资源和社会资源。前者包括各种矿藏、石油、阳光、水、森林、动物等资源，后者包括人力、信息，以及经过劳动创造的其他各种物质财富。

　　本节主要研究煤炭富集区的资源，从自然能源资源的角度选取了可以反映煤炭富集区资源概况的资源要素，并将自然能源资源分为不可再生能源和可再生能源。不可再生能源主要从煤炭、石油、天然气等方面进行研究，可再生能源从森林、太阳能、风能和水能等方面进行研究，选取同一年度的光伏发电、累计风电并网和累计水电来衡量太阳能、风能和水能的资源开发水平，如图 2-3 所示。

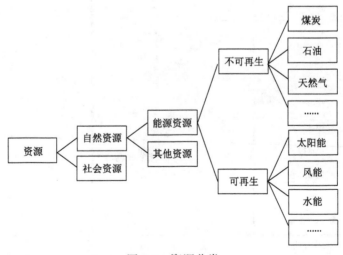

图 2-3　资源分类

一 内蒙古自治区

内蒙古自治区是我国北部边疆的一个省份，地域狭长，物宝天华，是我国自然资源最富集的省份之一，被赞誉为"东林西铁、南粮北牧、遍地矿藏"。内蒙古全区面积 118.3 万平方千米，约占全国陆地总面积的 12.3%，内蒙古地域辽阔，资源富集，矿产丰富，矿种齐全。截至 2015 年底，全区总人口 2511 万，煤炭基础储量 492.80 亿吨，煤炭基础储量在全国各省份中排名第二，仅次于山西。内蒙古已探明矿种 144 种，其中探明 85 种矿产资源储量居全国前十位，是我国发现新矿物最多的省份。截至 2015 年底，全区累计探明石油储量 8208.50 万吨，天然气储量约 8149.10 亿立方米。

截至 2015 年底，内蒙古耕地面积 923.80 万公顷，森林覆盖率达 21.03%，森林蓄积量 134 530.48 万立方米。2016 年，内蒙古全区光伏发电量达 637 万千瓦时，累计风电并网容量 2557 万千瓦，2016 年 1～10 月累计水力发电量 13.2 亿千瓦时。

二 山西省

山西省作为中华民族的发祥地之一，全省面积 15.7 万平方千米，约占全国陆地总面积的 1.6%，截至 2015 年底，全省总人口 3664 万，全省含煤面积 6.2 万平方千米。山西省煤炭资源极其丰富，集中分布在沁水煤田、大同煤田、宁武煤田、西山煤田、霍西煤田、河东煤田六大煤田和浑源、繁峙、五台、垣曲、平陆五个煤产地。煤炭种类齐全，富存无烟煤、半烟煤、焦煤、瘦煤、侏罗纪煤等。山西省作为全国煤炭大省，煤炭资源得天独厚，截至 2015 年底，全省已探明煤炭基础储量约 921.30 亿吨，居全国各省份煤炭基础储量首位，全省累计探明煤层气地质储量 5600 亿立方米，天然气储量约 419.10 亿立方米。

截至 2015 年底，山西省全省耕地面积 405.88 万公顷，森林覆盖率 18.03%，森林蓄积量 9739.12 万立方米。山西省境内共有大小河流 1000 余条，汾河是山西省境内第一大河，干流全长 694 千米，省会城市太原年均日照 2710.3 小时。2016 年，山西全省光伏发电量 297 万千瓦时，累计风电并网容量 771 万千瓦，1～10 月累计水力发电量 29.9 亿千瓦时。

三 陕西省

陕西省历史悠久，是我国历史上建都朝代最多、时间最长的省份，全省地域狭长，地势南北高、中间低，有高原、山地、平原和盆地等多种地形，全省地质资源和文化旅游资源丰富。陕西省全省面积 20.58 万平方千米，约占全国陆地总面积的 2.14%，截至 2015 年底，全省总人口 3793 万，煤炭基础储量 126.60 亿吨，煤炭基础储量在全国各省份中排名第四。陕西省已发现各类矿产 138 种，已探明有资源储量的矿产 94 种，煤种丰富，全省主要富产动力煤。截至 2015 年底，陕西省石油储量 38 445.30 万吨，天然气储量 7587.10 亿立方米。

截至 2015 年底，陕西省全省耕地面积 399.52 万公顷，森林覆盖率 41.42%，森林蓄积量 39 592.52 万立方米。2016 年，陕西全省光伏发电量 334 万千瓦时，累计风电并网容量 249 万千瓦，1～10 月累计水力发电量 92.3 亿千瓦时。

四 新疆维吾尔自治区

新疆维吾尔自治区，古称西域，是古丝绸之路的重要通道，全区面积 166 万平方千米，约占全国陆地总面积的 17.29%。新疆的地形地貌可看作"三山夹两盆"，北面是阿尔泰山，南面是昆仑山，天山横贯中部，"两盆"是指塔里木盆地和准噶尔盆地，两大盆地富存矿产资源。新疆矿产资源储量大，开发前景广阔。截至 2015 年底，全区总人口 2360 万，煤炭基础储量 158.70 亿吨，煤炭基础储量在全国各省份中排名第三。全国已发现的 162 个矿种中，新疆有 122 种，有 60 种已探明储量。截至 2015 年底，新疆全区石油储量 60 112.70 万吨，天然气储量 10 202.00 亿立方米。

截至 2015 年底，新疆全区耕地面积 518.89 万公顷，森林覆盖率 4.24%，森林蓄积量 33 654.09 万立方米。2016 年，新疆全区光伏发电量 862 万千瓦时，累计风电并网容量 1776 万千瓦，1～10 月累计水力发电量 172.5 亿千瓦时。

五 贵州省

贵州省是古生物的发祥地之一，地层中蕴藏着各个时代丰富的古生物化石，被誉为"了解和研究地球生命发展演化史的宝库"，全省面积 17.6167 万平方千米，占全国陆地总面积的 18.29%。贵州省是矿产资源大省，矿种多，储量大，优势矿种集中分布在交通方便的铁路沿线和水资源丰富的乌江干流附近。截至 2015 年底，全省总人口 3530 万，煤炭基础储量 101.7 亿吨，居全国各省份煤炭基础储量第五位。全省已发现各类矿产 137 种，探明有资源储量的矿产 87 种，其中 53 种矿产资源储量全国排名前十。贵州省埋深小于 2000 米的煤层气达 3.15 万立方米，居全国第二位。贵州全省天然气储量 6.10 亿立方米。

截至 2015 年底，贵州全省耕地面积 453.74 万公顷，森林覆盖率 37.09%，森林蓄积量 30 076.43 万立方米。2016 年，贵州全省全年光伏发电量 46 万千瓦时，累计风电并网容量 362 万千瓦，1～10 月累计水力发电量 624 亿千瓦时。

内蒙古、山西、陕西、新疆、贵州五个煤炭富集区的主要能源资源特征如表 2-2 所示。

表 2-2　煤炭富集区能源资源特征

省份	不可再生能源			可再生能源		
	煤炭/亿吨	天然气/亿立方米	石油/万吨	2016 年光伏发电量/万千瓦时	2016 累计风电并网容量/万千瓦	2016 年 1～10 月累计水力发电量/亿千瓦时
内蒙古	492.80	8 149.10	8 208.50	637	2 557	13.2
山西	921.30	419.10	—	297	771	29.9
陕西	126.60	7 587.10	38 445.30	334	249	92.3
新疆	158.70	10 202.00	60 112.70	862	1 776	172.5
贵州	101.7	6.10	—	46	362	624

资料来源：①《中国统计年鉴 2016》；②国家能源局《2016 年光伏发电统计信息》《2016 年风电并网运行情况》；③中国产业信息网《2016 年 1～10 月全国水力发电量产量分省市统计表》

第三节　煤炭富集区产业发展特征

一　煤炭富集区产业发展状况

本节根据内蒙古、山西、陕西、新疆、贵州五省（自治区）统计局提供的 2014 年相关数据，选取每个省（自治区）的 19 个行业作为研究对象，以固定资产投资作为衡量指标，归纳分析每个省（自治区）排名前五位的行业及其比重，以此反映我国五个典型煤炭富集区 2014 年产业及经济发展状况。

针对煤炭富集区的产业特征，本节选取了煤炭开采和洗选业，石油和天然气开采业，交通运输、仓储和邮政业，食品制造业，纺织业，以及石油加工、炼焦和核燃料加工业作为研究对象，分析煤炭富集区的产业特征。其中，选取煤炭开采和洗选业来衡量煤炭富集区煤炭产业的发展状况；以煤炭行业的竞争者身份将石油和天然气开采业作为煤炭产业的参照对象；选取交通运输、仓储和邮政业来衡量煤炭富集区煤炭产业链中煤炭物流的发展概况；选取食品制造业、纺织业来衡量作为煤炭产业对立面的非煤产业的发展概况；选取石油加工、炼焦和核燃料加工业来衡量煤炭伴随产业的发展概况（本节根据每个煤炭富集区的实际情况，参照产业选取有所不同，但是不影响其与煤炭产业的可比性）。本节选取了固定资产投资（全社会或城镇固定资产投资）和能源消费总量（原煤消费总量）两个指标比较各产业的发展变化情况。

（一）内蒙古自治区

选取城镇固定资产投资衡量内蒙古各经济行业的发展程度，2014 年内蒙古 19 个经济行业的发展概况如图 2-4 所示。

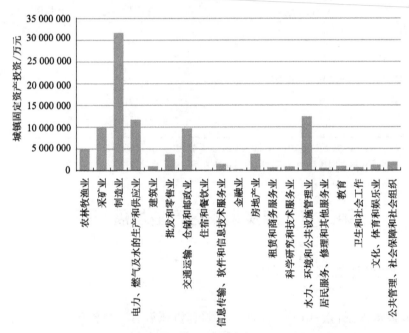

图 2-4　2014 年内蒙古各经济行业城镇固定资产投资概况

资料来源：内蒙古自治区统计局

由图 2-4 可见，制造业，水力、环境和公共设施管理业，电力、燃气及水的生产和供应业，采矿业，交通运输、仓储和邮政业依次排在前五位，在内蒙古城镇固定资产投资中分别占 32.08%、12.54%、11.87%、9.77% 和 8.09%。

如表 2-3 所示，2014 年，煤炭开采和洗选业的城镇固定资产投资占全城镇固定资产投资的比重较 2010 年下降了 1.26%，石油和天然气开采业下降了 2.02%，交通运输、仓储和邮政业下降了 3.96%，食品制造业下降了 0.53%，纺织业下降了 0.15%，石油加工、炼焦和核燃料加工业提高了 0.67%。2014 年，煤炭开采和洗选业能源消费占总能源消费的比重较 2010 年的下降了 3.52%，石油和天然气开采业提高了 0.05%，交通运输、仓储和邮政业下降了 0.68%，食品制造业下降了 0.18%，纺织业下降了 0.09%，石油加工、炼焦和核燃料加工业提高了 2.21%。分析数据可得，2010～2014 年除了石油加工、炼焦和核燃料加工业在城镇固定资产投资中所占比重和能源消费总量所占比重有所提高外，其他五个产业无论是固定资产投资比重还是能源消费总量比重都相对降低了，这显示出石油和天然气产业对煤炭产业的竞争能力变强，有效推动了区域产业发展效率，而煤炭产业的降幅明显高于非煤产业的降幅，伴随煤炭产业的物流产业所占比重也大幅度降低，这显示出内蒙古在 2010～2014 年的发展过程中不断调整产业结构，发展重心逐步转向非煤产业和石油、天然气产业，促使各产业协调发展。

表 2-3　内蒙古部分产业发展变化特征

产业	城镇固定资产投资				能源消费总量			
	2010 年/万元	占比/%	2014 年/万元	占比/%	2010 年/万吨标准煤	占比/%	2014 年/万吨标准煤	占比/%
煤炭开采和洗选业	5 283 602	6.94	5 596 214	5.68	1 673.73	8.86	978.10	5.34
石油和天然气开采业	2 286 882	3.00	964 076	0.98	31.91	0.17	39.67	0.22
交通运输、仓储和邮政业	10 455 164	13.73	9 636 402	9.77	1 322.92	7.01	1 158.66	6.33
食品制造业	1 048 618	1.38	840 524	0.85	192.33	1.02	153.45	0.84
纺织业	244 065	0.32	166 143	0.17	32.03	0.17	14.62	0.08
石油加工、炼焦和核燃料加工业	901 588	1.18	1 821 471	1.85	361.54	1.91	754.03	4.12
其他	55 911 741	73.44	79 568 797	80.70	15 268.20	80.86	15 210.53	83.08
合计	76 131 660	99.99	98 593 627	100	18 882.66	100	18 309 06	100.01

注：表中合计数据有的非 100%，由四舍五入造成，实际是 100%
资料来源：内蒙古自治区统计局

（二）山西省

选取全社会固定资产投资衡量山西省各经济行业的发展程度，2014 年山西省 19 个经济行业的发展概况如图 2-5 所示。

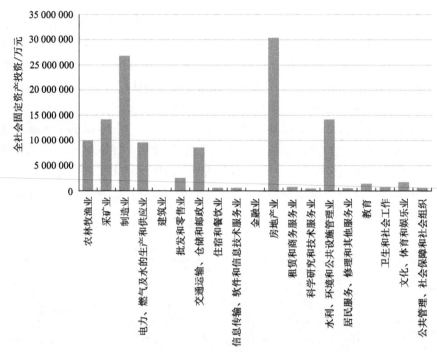

图 2-5　2014 年山西省各经济行业全社会固定资产投资概况

资料来源：山西省统计局《山西统计年鉴 2015》

由图 2-5 可见，房地产业，制造业，水利、环境和公共设施管理业，采矿业，农林牧渔业依次排在前五，在山西省全社会固定资产投资中分别占 24.60%、21.68%、11.47%、11.45%和 8.08%。

如表 2-4 所示，2014 年，煤炭开采和洗选业的全社会固定资产投资占山西省全社会固定资产投资的比重较 2010 年下降了 6.65%，石油和天然气开采业提高了 0.78%，交通运输、仓储和邮政业下降了 12.88%，食品制造业提高了 0.24%，纺织业提高了 0.01%，石油加工、炼焦和核燃料加工业下降了 0.31%。2014 年，煤炭开采和洗选业能源消费占总能源消费的比重较 2010 年提高了 5.61%，石油和天然气开采业提高了 0.07%，交通运输、仓储和邮政业下降了 0.19%，食品制造业下降了 0.02%，纺织业提高了 0.01%，石油加工、炼焦和核燃料加工业下降了 4.31%。由分析可知，煤炭产业占全社会固定资产投资的比重下降了，而能源消费总量提高了，伴随煤炭产业的物流产业及石油加工、炼焦和核燃料加工业在两个指标中所占比重明显下降，食品制造业的能源消费总量比重有略微下降，但其全社会固定资产投资比重提高，纺织业的全社会固定资产投资比重和能源消费总量比重都提高了，石油和天然气产业发展比重提高，可见，山西省的产业发展在由煤炭产业、煤基产业向非煤产业和石油与天然气产业转移，这也是山西省产业结构优化升级的一个表现。

表 2-4 山西省部分产业发展变化特征

产业	全社会固定资产投资				能源消费总量			
	2010年/万元	占比/%	2014年/万元	占比/%	2010年/万吨标准煤	占比/%	2014年/万吨标准煤	占比/%
煤炭开采和洗选业	8 699 732	15.61	10 780 765	8.96	2 780.92	16.55	4 401.53	22.16
石油和天然气开采业	216 176	0.39	1 406 378	1.17	8.48	0.05	23.07	0.12
交通运输、仓储和邮政业	10 995 159	19.73	8 245 670	6.85	889.59	5.29	1 012.54	5.10
食品制造业	231 168	0.41	783 626	0.65	32.33	0.19	33.13	0.17
纺织业	82 631	0.15	190 678	0.16	16.52	0.10	22.09	0.11
石油加工、炼焦和核燃料加工业	956 566	1.72	1 702 167	1.41	2 062.17	12.27	1 580.83	7.96
其他	34 546 975	61.99	97 245 276	80.80	11 018.02	65.55	12 789.65	64.39
合计	55 728 407	100	120 354 560	100	16 808.03	100	19 862.84	100.01*

*合计非 100%，由四舍五入造成，实际是 100%

资料来源：山西省统计局《山西统计年鉴 2011》《山西统计年鉴 2015》

（三）陕西省

选取全社会固定资产投资衡量陕西省各经济行业的发展程度，2014 年陕西省 19 个经济行业的发展程度如图 2-6 所示。

由图 2-6 可见，房地产业，制造业，水利、环境和公共设施管理业，交通运输、仓储和邮政业，采矿业依次排在前五，在陕西省全社会固定资产投资中分别占 26.69%、18.49%、12.11%、9.23% 和 9.13%。

如表 2-5 所示，2014 年，煤炭开采和洗选业的全社会固定资产投资占陕西省全社会固定资产投资的比重较 2010 年提高了 0.13%，石油和天然气开采业下降了 1.19%，交通运输、仓储和邮政业下降了 2.5%，食品制造业提高了 0.15%，纺织业下降了 0.14%，石油加工、炼焦和核燃料加工业下降了 0.52%。2014 年，煤炭开采和洗选业原煤消费占原煤消费总量的比重较 2010 年提高了 22.57%，石油和天然气开采业下降了 0.84%，交通运输、仓储和邮政业下降了 0.33%，食品制造业下降了 0.78%，纺织业下降了 0.20%，石油加工、炼焦和核燃料加工业下降了 13.20%。由数据分析可知，陕西省煤炭开采和洗选业在全社会固定资产投资中所占比重提高，且原煤消费比重也在提高，石油加工、炼焦和核燃料加工业全社会固定资产投资相对较少，且原煤消费量在 2014 年为 0，食品制造业全社会固定资产投资比重有所提高，但其原煤消费量比重下降，纺织业两个指标比重均下降，石油和天然气产业无论是固定资产投资还是原煤消费量相对量都在下降，陕西省的产业结构在整体经济运行增幅降低的情况下，发展重心倾向煤炭产业，这使陕西省的产业结构随着环境变化而更加合理化。

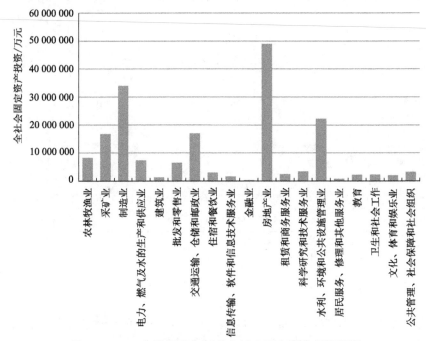

图 2-6　2014 年陕西省各行业全社会固定资产投资概况

资料来源：陕西省统计局《陕西统计年鉴 2015》

表 2-5　陕西省部分产业发展变化特征

产业	全社会固定资产投资				原煤消费总量			
	2010 年/万元	占比/%	2014 年/万元	占比/%	2010 年/万吨标准煤	占比/%	2014 年/万吨标准煤	占比/%
煤炭开采和洗选业	3 442 365	4.02	7 615 352	4.15	1 773.30	15.68	8 178.17	38.25
石油和天然气开采业	4 198 676	4.90	6 814 559	3.71	100.41	0.89	9.99	0.05
交通运输、仓储和邮政业	10 044 909	11.73	16 945 865	9.23	52.00	0.46	28.58	0.13
食品制造业	361 499	0.42	1 046 568	0.57	120.95	1.07	61.45	0.29

续表

产业	全社会固定资产投资				原煤消费总量			
	2010 年/万元	占比/%	2014 年/万元	占比/%	2010 年/万吨标准煤	占比/%	2014 年/万吨标准煤	占比/%
纺织业	315 867	0.37	431 392	0.23	33.17	0.29	18.21	0.09
石油加工、炼焦和核燃料加工业	1 375 849	1.61	1 996 494	1.09	1 492.25	13.20	0	0
其他	65 873 235	76.94	148 728 163	81.02	7 736.07	68.41	13 085.03	61.20
合计	85 612 400	99.99	183 578 393	100	11 308.15	100	21 381.43	100.01

注：合计中有的数据非 100%，由四舍五入造成，实际为 100%

资料来源：陕西省统计局《陕西统计年鉴 2011》《陕西统计年鉴 2015》

（四）新疆维吾尔自治区

选取全社会固定资产投资衡量新疆各经济行业的发展程度，2014 年新疆
19 个经济行业的发展概况如图 2-7 所示。

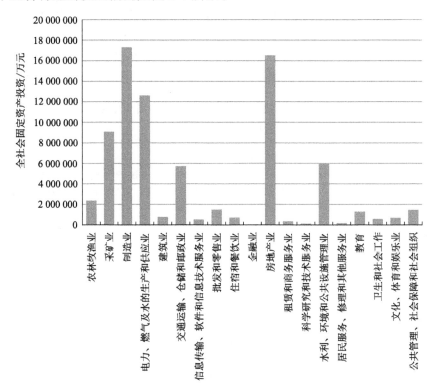

图 2-7　2014 年新疆各经济行业全社会固定资产投资概况

资料来源：新疆维吾尔自治区统计局《新疆统计年鉴 2015》

由图 2-7 可见，制造业，房地产业，电力、燃气及水的生产和供应业，采矿业，水力、环境和公共设施管理业依次排在前五，在新疆全社会固定资产投资中分别占 21.85%、19.76%、16.95%、10.63%和 8.88%。

如表 2-6 所示，2014 年，煤炭开采和洗选业的全社会固定资产投资占新疆全社会固定资产投资的比重较 2010 年下降了 1.39%，石油和天然气开采业下降了 4.79%，交通运输、仓储和邮政业下降了 6.53%，食品制造业提高了 0.16%，纺织业提高了 0.05%，石油加工和炼焦业下降了 1.69%。2014 年，煤炭开采和洗选业能源消费占能源消费总量的比重较 2010 年提高了 0.87%，石油和天然气开采业下降了 2.48%，交通运输、仓储和邮政业下降了 1.96%，食品制造业提高了 0.28%，纺织业下降了 0.5%，石油加工和炼焦业下降了 8.41%。由数据分析可知，食品制造业和纺织业在全社会固定资产投资中所占比重的增幅和在能源消费中所占比重整体的降幅比较，处于减少状态；煤炭产业、石油和天然气产业、伴随煤炭产业的物流产业和煤基产业在全社会固定资产投资和能源消费总量中所占比重都处于下降状态（煤炭开采和洗选业的能源消费总量比重有略微提升）。这种整体性下降的态势是由全国和新疆全区整体的经济由高速增长转变为中高速增长所致，新疆的各产业受到整体经济影响不断调整。从各个产业的降幅来看，石油和天然气产业明显在向其他产业转移，虽然伴随煤炭产业的物流产业相对于其他产业降幅较大，但是煤炭产业、煤基产业和非煤产业整体变化幅度较小，这表明新疆在国内整体经济增速下降的形势下，调整自己的产业结构，向更合理的方向发展。

表 2-6　新疆维吾尔自治区部分产业发展变化特征

产业	全社会固定资产投资				能源消费总量			
	2010 年/万元	占比/%	2014 年/万元	占比/%	2010 年/万吨标准煤	占比/%	2014 年/万吨标准煤	占比/%
煤炭开采和洗选业	1 457 434	4.12	2 658 721	2.73	180.92	2.18	455.33	3.05
石油和天然气开采业	3 898 628	11.01	6 056 438	6.22	752.09	9.07	983.23	6.59
交通运输、仓储和邮政业	5 320 635	15.03	8 278 762	8.50	635.41	7.66	851.34	5.70
食品制造业	272 215	0.77	910 693	0.93	61.88	0.75	153.70	1.03
纺织业	248 669	0.70	732 130	0.75	71.90	0.87	55.85	0.37
石油加工和炼焦业	1 113 217	3.14	1 413 695	1.45	1 415.62	17.08	1 294.47	8.67
其他	23 086 143	65.22	77 397 480	79.42	5 172.38	62.39	11 132.17	74.58
合计	35 396 941	99.99	97 447 919	100	8 290.20	100	14 926.09	99.99

注：合计中有的数据非 100%，由四舍五入造成，实际为 100%

资料来源：新疆维吾尔自治区统计局《新疆统计年鉴 2011》《新疆统计年鉴 2015》

（五）贵州省

选取全社会固定资产投资衡量贵州省各经济行业的发展程度，2014 年贵州省 19 个经济行业的发展概况如图 2-8 所示。

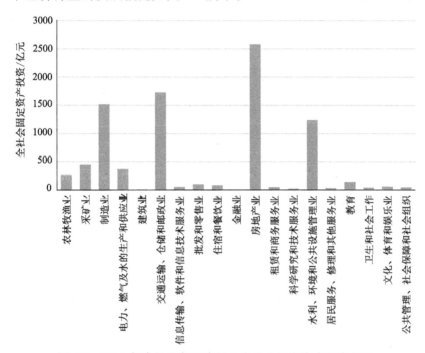

图 2-8　2014 年贵州省各经济行业全社会固定资产投资概况
资料来源：贵州省统计局《贵州统计年鉴 2015》

由图 2-8 可见，房地产业，交通运输、仓储和邮政业，制造业，水利、环境和公共设施管理业，采矿业依次排在前五，在贵州省全社会固定资产投资中分别占 29.39%、19.66%、14.08%、12.28% 和 5.08%。

如表 2-7 所示，2014 年，煤炭开采和洗选业的全社会固定资产投资占贵州省全社会固定资产投资的比重较 2010 年下降了 2.54%，交通运输、仓储和邮政业下降了 2.18%，烟草制品业下降了 0.29%，石油加工、炼焦和核燃料加工业下降了 0.52%。2014 年，煤炭开采和洗选业能源消费占能源消费总量的比重较 2010 年下降了 3.54%，交通运输、仓储和邮政业提高了 2.69%，烟草制品业下降了 0.06%，石油加工、炼焦和核燃料加工业提高了 2.18%。分析可得，煤炭产业在全社会固定资产投资和能源消费总量中所占的比重下降了，伴随煤炭的物流产业在固定资产投资中所占比重下降了，但在能源消费总量中所占的比重提高了，两者结合来看，煤炭物流产业正逐步向更大比重发展。烟草制品业在全社会固定资产投资中所占比重下降，且能源消费比重下降，在整体产业结构中所占比重下降。同理，以石油加工、炼焦和核燃料加工业为代表的煤基产业在全社会固定资产投资中所占比重下降，但在能源消费中所占比重提高，整体上，煤基产业发展比重处于上升状态。对不产石油且天然气资源匮乏的贵州省而言，促进贵州省发展的产业在逐步向煤炭产业倾斜，这是为拉动贵州省经济发展而做出的促进产业结构优化的战略性选择。

表 2-7　贵州省部分产业发展变化特征

产业	全社会固定资产投资				能源消费总量			
	2010 年/亿元	占比/%	2014 年/亿元	占比/%	2010 年/万吨标准煤	占比/%	2014 年/万吨标准煤	占比/%
煤炭开采和洗选业	157.31	5.83	289.01	3.29	682.81	12.91	517.93	9.37
交通运输、仓储和邮政业	589.65	21.84	1725.64	19.66	538.48	10.18	711.87	12.87
烟草制品业	9.28	0.34	4.12	0.05	22.07	0.42	20.10	0.36
石油加工、炼焦和核燃料加工业	18.93	0.70	16.12	0.18	127.21	2.40	253.35	4.58
其他	1924.69	71.29	6743.51	76.82	3918.91	74.09	4026.32	72.81
合计	2699.86	100	8778.40	100	5289.48	100	5529.57	99.99

注：合计中有的数据非 100%，由四舍五入造成，实际为 100%

资料来源：贵州省统计局《贵州统计年鉴 2011》《贵州统计年鉴 2015》

二　煤炭富集区煤炭及煤基产业发展概况

近年来，我国煤炭及煤基产业经历了第二次由"高峰到低谷"的震荡变化。

2010 年，内蒙古、山西、陕西等主要煤炭富集区煤炭产能大幅提升，煤炭供应能力进一步提高。一些主要煤基产业煤炭消耗增幅减缓，国家煤炭价格有所上涨，国内煤炭市场基本稳定，处于淡季不淡、旺季不紧的状态。

2011 年，我国煤炭经济运行总体保持平稳，煤炭需求旺盛，供给总量增加，市场基本平衡，价格波动。主要煤炭富集区煤炭产量增长较快，全年产量山西省 8.72 亿吨、内蒙古 9.79 亿吨、陕西省 4 亿吨，三省份合计产量 22.51 亿吨。煤炭库存增加，煤炭净进出口增加，固定资产投资保持较快增长，国内煤炭价格、成本上升。全国全年共发生煤矿事故 1201 起，同比减少 202 起；事故死亡人数 1973 人，同比减少 460 人，安全生产形势总体好转。煤基产业煤炭消费继续增长。

2012 年，煤炭市场起伏波动较大。前 4 个月煤炭供需基本平衡，价格平稳；

5～9月煤炭市场供大于求,需求和价格大幅下降,库存居高不下;10月份以后,煤炭需求有所回升,价格保持低位稳定。煤炭产量增加,但增速下滑。煤炭开采和洗选业固定资产投资累计完成5286亿元,投资增幅回落。煤炭市场盈利能力下降,煤炭市场景气指数未恢复到以往正常水平。不过,比较可观的是,煤炭市场化改革取得显著成效,煤炭产业结构调整迈出新步伐,主要表现在企业兼并重组取得新进展,山西煤矿企业减少至130家;大型煤炭企业发展加快,神华集团有限责任公司、中国中煤能源集团有限公司、大同煤矿集团公司、陕西煤业化工集团有限责任公司、山西焦煤集团有限责任公司等7家企业原煤产量超过1亿吨;淘汰落后产能取得新成效;行业集中度不断提高;大型现代化煤矿建设步伐加快,产业融合发展取得进步。

2013年,全国煤炭市场继续呈现总量宽松、结构性过剩的杰势。煤炭市场价格持续走低,9月份以来出现了小幅回升,但在市场需求增幅回落、产能建设超前、进口煤影响范围扩大和煤炭企业税费负担与历史包袱较重等多重因素叠加的影响下,煤炭行业经济效益大幅下降,企业亏损面扩大,多数老矿区的煤炭企业经营困难,问题十分突出,主要表现在:产量小幅增加;消费增幅回落;发运量回升;库存仍处高位;净出口继续增加;市场价格下降;投资低速增长;企业经营困难。总体来说,我国煤炭行业整体竞争力较低。

2014年,世界经济增长乏力,国内经济结构调整步伐加快,宏观经济始终存在较大下行压力,固定资产投资和进出口增速进一步回落,经济增长进一步放缓,经济结构不断调整,电力、钢铁、水泥等能源原材料需求显著降低,煤炭消费总体受到较大影响,煤炭消费增长基本停滞。由于煤炭消费增长基本停滞,煤炭库存长期处于高位,销售难度不断加大,煤炭价格不断被压低,2014年初以来部分煤矿特别是部分中小煤矿进一步停产、减产,煤炭产量较快增长势头基本得到抑制。从内蒙古、山西、陕西三大煤炭主产区来看,煤炭产量总体同比出现一定幅度的下降。煤炭库存持续保持高位,煤炭价格普遍大幅下降。

2015年,受煤炭需求大幅下降、国内产能严重过剩及进口煤总量依然较大等因素的影响,全国煤炭市场供大于求的问题突出,煤炭库存居高不下,煤炭价格大幅下滑,煤炭行业效益持续下降,亏损面进一步扩大,货款拖欠增加,煤炭企业资金紧张、经营困难,煤炭经济下行的形势更加严峻。这主要表现在:煤炭产量减少;煤炭进出口减少;煤炭运输量减少;煤炭库存增加;煤炭价格下降;煤炭投资减少;行业效益同比下降;煤炭行业市场供需严重失衡;产业结构不合理;体制机制约束不到位(中国煤炭工业协会,2016)。

内蒙古2010～2014年煤炭产业发展概况如表2-8所示。

表 2-8   内蒙古煤炭产业发展概况

指标	2010 年	2014 年	增减变化/%
可供量/万吨	27 016.94	36 465.97	34.97
生产量/万吨	78 664.66	99 391.27	26.35
进口量/万吨	1 638.66	1 670.72	1.96
出口量/万吨	−589.79	−160.64	−72.76
消费量/万吨	27 004.04	36 465.97	35.04
煤炭开采和洗选业固定资产投资/万元	116 421	83 290	−28.46

资料来源：内蒙古自治区统计局

可见，2010~2014 年，内蒙古煤炭可供量增加了 34.97%，生产量增加了 26.35%，进口量增加了 1.96%，出口量减少了 72.76%，消费量增加了 35.04%，煤矿开采和洗选业固定资产投资减少了 28.46%。内蒙古煤炭产业生产和消费整体供过于求，进口量大于出口量，且煤炭开采和洗选业的固定资产投资也在减少。

山西省 2010~2014 年煤炭产业发展概况如表 2-9 所示。

表 2-9   山西省煤炭产业发展概况

指标	2010 年	2014 年	增减变化/%
年初库存/万吨	83 330.02	109 587.13	31.51
一次能源生产量/万吨	3 226.07	7 743.65	140.03
外调出省、出口/万吨	51 197.64	63 187.08	23.42
终端消费/万吨	5 678.70	7 019.24	23.61
煤炭工业固定资产投资/亿元	929.51	1 078.08	15.98
年末库存/万吨	4 267.28	8 812.62	106.52
煤矿/座	2 598	1 078	−58.51

资料来源：山西省统计局《山西统计年鉴 2011》《山西统计年鉴 2015》

由表 2-9 可知，山西省 2014 年初煤炭库存相比 2010 年初增加了 31.51%；一次能源生产量增加了 140.03%；外调出省、出口增加了 23.42%；终端消费增加了 23.61%；煤炭工业固定资产投资增加了 15.98%；煤矿减少了 1520 座。

陕西省 2010~2014 年煤炭产业发展概况如表 2-10 所示。

表 2-10 陕西省煤炭产业发展概况

指标	2010 年	2014 年	增减变化/%
原煤年初库存/万吨	1 126.13	881.15	-21.75
原煤生产量/万吨	36 164.15	52 225.61	44.41
外省（自治区、直辖市）调入量/万吨	1 240.69	674.52	-45.63
本省调出量/万吨	24 050.62	30 670.37	27.52
出口量/万吨	545.34	104.04	-80.92
终端消费/万吨	3 221.76	3 763.32	16.81
煤炭开采和洗选业城镇固定资产投资/万元	3 442 365	7 615 352	121.22

资料来源：陕西省统计局《陕西统计年鉴 2011》《陕西统计年鉴 2015》

由表 2-10 可知，陕西省 2010～2014 年原煤年初库存减少了 21.75%；原煤生产量增加了 44.41%；外省（自治区、直辖市）调入量减少了 45.63%；本省调出量增加了 27.52%；出口量减少了 80.92%；终端消费增加了 16.81%；煤炭开采和洗选业城镇固定资产投资增加了 121.22%。

新疆 2010～2014 年煤炭产业发展概况如表 2-11 所示。

表 2-11 新疆煤炭产业发展概况

指标	2010 年	2014 年	增减变化/%
原煤生产量/万吨标准煤	7 230.80	10 320.80	42.73
煤炭消费量/万吨标准煤	8 106.35	9 716.88	19.87
生活煤炭消费量/万吨	252.00	257.00	1.98
煤炭开采和洗选业固定资产投资/亿元	145.74	265.87	82.43

资料来源：新疆维吾尔自治区统计局《新疆统计年鉴 2012》《新疆统计年鉴 2015》

由表 2-11 可知，新疆 2010～2014 年原煤生产量增加了 42.73%；煤炭消费量增加了 19.87%；生活煤炭消费量增加了 1.98%；煤炭开采和洗选业固定资产投资增加了 82.43%。

贵州省 2010～2014 年煤炭产业发展概况如表 2-12 所示。

表 2-12 贵州省煤炭产业发展概况

指标	2010 年	2014 年	增减变化/%
可供量/万吨	11 230.30	13 279.50	18.25
煤炭生产量/万吨	15 954.02	18 508.29	16.01
调出外省（自治区、直辖市）/万吨	4 993.21	4 816.78	-3.53
煤炭消费量/万吨	11 177.47	13 117.60	17.36

资料来源：贵州省统计局《贵州统计年鉴 2011》《贵州统计年鉴 2015》

由表 2-12 可知，贵州省 2010～2014 年煤炭可供量增加了 18.25%；煤炭生产量增加了 16.01%；调出外省（自治区、直辖市）减少了 3.53%；煤炭消费量增加了 17.36%。

第四节　煤炭富集区社会发展特征

一　集聚性方面

煤炭富集区作为我国煤炭储量最丰富的地区，是发展煤炭产业集群的最佳区域。但现实发展情况表明，这些区域的煤炭产业集聚度低，尚未形成严格意义上的煤炭产业集群，具体表现在以下两个方面。

（一）煤炭资源丰富，但煤炭产业尚不发达

首先，我国煤炭富集区煤炭资源丰富，煤炭品种多，煤质优良，开采条件优越，由于开发利用率低，因此还有极大的开发潜力和很好的发展前景，对全国耗能产业的发展起着举足轻重的作用。但是煤炭产业缺少区域布局的整体思考，煤炭生产企业间合作较差，并且存在着低水平的恶性竞争，企业间大搞价格战，压低煤价，正常利益不能保证，再加上各地政府管理不当造成的不科学的开采规程和存在安全隐患的非法小煤窑及地方乡镇煤矿，煤炭产业不但没有达到必要规模的产业集聚度，而且造成了资源的大量流失和行业扩张带来的重复建设，煤炭产业面临着缺乏合理统筹安排的发展困境。在资源整合工作正式实施之前，我国多数煤炭富集区的国有重点煤炭企业集团的煤炭产量占全国煤炭总产量的比重不足 30%，产业集中度低，与全国重点煤炭开采区域的地位不符。

（二）煤炭企业集团化不断推进，但集聚度不高

"十二五"期间，国家鼓励发展优势产业，在关井压产、结构调整及资源整合等具体政策规制的推动下，我国主要煤炭富集区的煤炭产业投资力度不断加大，大型煤炭企业集团化得到了较快发展，煤炭产业集聚度有了明显提高，并初步形成了煤炭产业集聚现象，但集聚度不高，目前仍有年产 30 万吨左右的小煤矿存在。但值得关注的是，这一时期煤炭产业的发展基本上是靠政府投资、区外要素推动，而不是市场机制的作用，集群内企业之间没有形成真正的专业化分工和基于共同资源背景的相互认同和协同关系，也没有形成上下游产业及

与其支撑产业相互关联的互补效应，更缺乏创新动力，因此，这还不是真正意义上的资源型产业集群，只可以说是企业的松散集聚现象。这些资源型产业产业链短，产业分工层次低，产品附加值低，资本积累速度慢，自我发展能力弱，产业竞争力严重不足。

二 整体性方面

（一）大规模开发能力增强，但跨区域联系较弱

煤炭产业是基于煤炭资源形成、发展的，其必然集中于煤炭富集区，而煤炭资源分布并不以行政区为界限，因此煤炭产业往往涉及多个行政区，煤炭产业的跨区域性导致煤炭产业科学发展已不能再局限于行政区划，而要站在全局角度进行统筹规划。目前西部地区作为我国煤炭富集区的主要聚焦地，其煤炭开发实践表明，西部省份之间的区域联系并不紧密，导致如下问题出现：①局部地区煤炭储量有限，开采条件较差，以简单开采为主，煤炭综合利用度低，产业链延伸慢；②长时间的高强度开采，导致水资源严重污染，水土流失，土地塌陷，地表植被减少，甚至枯竭，生态环境恶化加速；③规划缺位，开采无序，择优弃劣，择易弃难，资源浪费严重；④集聚区内企业竞争大于合作，技术、信息等传播与共享效率低，人才流动性较小，溢出效应不明显；⑤区域与产业后发优势未充分发挥。总体来看，区域内缺乏联系，以及产业总体规划缺失是主要原因。

（二）煤炭产业主导作用明显，但未形成完整合理的产业链

煤炭、煤焦、煤机及煤化工产业目前是我国煤炭富集区的主导优势产业，都在区域产业链系统中承担着关联和关键功能，其中一条产业链的瘫痪和逆转，就会导致另一条产业链的断裂，加之许多新型非煤产业刚刚兴起，多元化支柱产业尚未形成，因此各条产业链上的企业都不太完善。例如，机械开采设备的创新产品少，大中型企业技术开发力量相对较弱，研发机构针对西部煤炭产业的技术问题研究不入深入或科研成果、技术成果的可操作性、可转换性差等一些细节问题，都严重影响着整个煤炭产业的发展。

（三）大型煤炭企业集团能力提高，但与地方企业间的专业化关联较弱

煤炭富集区的煤炭企业之间缺乏必要的专业联系和有利的企业交流，大型煤炭企业集团产品的 70%～90%销往区外，生产协作链条也部分甩在区外，没有形成优势产业的专业化分工，集聚效应很难发挥，区内企业之间没有形成真正的专业化分工和基于共同地域文化背景的相互认同和协同关系，上下游产业

及与其支撑产业相互关联的互补效应更无从谈起，缺乏创新动力，抑制着各企业之间专业化关联程度的进一步提高。

（四）煤炭企业现代化程度提高，但体制机制改革尚待深入

我国煤炭富集区煤炭企业主要是在政府大规模投资的推动下，从外部移入而建成的，这就形成了以政府计划直接调控的大型骨干企业为主，集企业管理功能和社会管理功能为一体，基建、供应、生产、销售、生活服务自成体系的"大而全"的企业组织结构，煤炭企业办社会现象依然严重，煤炭体制机制改革亟待深入。顺应时代发展趋势，大型煤炭企业应逐步将非核心业务进行剥离，并与煤炭富集区内的中小企业建立良好的分工协作关系，充分发挥大型骨干煤炭企业集团的辐射效应，实现大型企业与地方中小企业间的共生互补效应，形成高效的专业化分工与协作的地方合作网络。

三 生态性方面

（一）土地复垦得以加强，但土地资源破坏依然严重

煤矿开采对土地资源造成的破坏主要表现为三个方面：一是井工开采引起的地表塌陷；二是露天开采对土地的破坏；三是煤炭生产产生的固体废弃物压占并污染土地。

地表塌陷是井工开采对煤炭资源富集区土地资源造成的难以治理的重要灾害。地表塌陷导致土地利用率降低，并加重水土流失和沙漠化，造成煤炭资源富集区土地大面积积水、被淹没和盐碱化，不仅使区内耕地面积急剧减少，而且加大了水土流失和土地荒漠化的速度。同时，采煤引起的地表塌陷还可诱发大量山体滑坡、泥石流或崩塌等自然灾害，在严重破坏土地资源的同时对地面的建筑物、道路、桥梁、铁路和输电线等造成不同程度的损害，可见煤矿地表塌陷对我国土地资源的破坏程度严重。

露天煤矿的开采对土地造成的破坏主要包括露天采掘场对土地的毁灭性挖损，以及排土场对土地的压占。要进行露天开采必须先把煤层上覆盖的表土和岩层剥离，然后进行煤炭开采，因此，露天开采对土地资源的破坏是十分严重的，甚至是毁灭性的。

煤矸石是煤炭采掘及加工过程中产生的主要固体废弃物。煤炭生产产生的煤矸石产量很大，大量的煤矸石不仅压占土地，而且造成大量土地因被污染而闲置。

（二）保水开采等新技术得以应用，但地下水资源破坏问题尚未解决

煤炭开采业对地下水资源的破坏表现在矿井水、洗煤水和煤矸石淋溶水对水资源造成的污染。

伴随着煤矿开采的不断延伸，开采过程中排出大量的矿井水使煤炭资源富集区地下水位不断下降。未经任何处理的矿井水含有大量的悬浮物、硫化物、生化需氧量等污染物，这不仅浪费了宝贵的水资源，而且对煤炭资源富集区周围的水环境造成了严重污染。

煤矿水污染的另一个主要来源是洗煤水。洗煤水含有大量的煤泥和泥沙等固态悬浮物，以及大量石油类药剂酚、甲醇和有害重金属离子（如汞、铅、铬和锰等元素离子）。

在降水淋溶和冲刷的过程中，煤矸石中含有的大量有害物质尤其是重金属离子就被带入了水循环系统中，破坏自然水文地质条件下的排泄平衡关系，造成煤炭富集区周围水体的污染。

（三）行业监管力度加大，但废气排放危害依然严峻

煤炭资源富集区的大气污染主要来自矿井排风、矿井瓦斯抽放、煤矸石自燃和煤炭直接燃烧所产生的废气。

煤矿开采中释放的矿井瓦斯主要成分是甲烷（CH_4），甲烷不但是我国煤炭资源富集区的主要有毒气体之一，而且其造成的温室效应是二氧化碳（CO_2）的 21 倍，也是引起全球气候变暖的主要气体之一。

煤矸石自燃可以产生大量含有二氧化硫（SO_2）、二氧化碳、一氧化碳（CO）的有毒气体，煤矸石自燃严重污染了煤炭富集区周边地区的大气环境，对周边居民的身体健康造成威胁，甚至造成中毒死亡事故。

煤炭直接燃烧对环境的破坏则更为严重，不但对煤炭资源富集区本身的发展造成直接威胁，而且对利益相关者的健康发展也产生巨大的间接破坏力。煤炭直接燃烧产生的废气污染主要表现在三个方面。第一，煤炭中含有的硫成分是可燃的，因此燃烧时硫成分大部分以二氧化硫的形式排入大气中。排放的大量二氧化硫对人体健康危害严重，进入人体肺部，可引起支气管炎、喉水肿、肺炎、肺水肿、声带痉挛等各种恶性疾病。更为严重的是二氧化硫会造成危害极大的酸雨，我国已成为世界三大酸雨区之一。第二，燃煤是影响我国二氧化碳排放量的最大因素。煤的含碳量高，燃烧时所产生的二氧化碳也多。二氧化碳是世界上公认的导致全球气候变暖的主要气体。二氧化碳的排放增加，会引起气温上升，从而导致气候变化、冰川融化、海平面上升等自然灾害。第三，煤炭燃烧生成的烟气中的氮氧化物主要是指一氧化氮（NO）和二氧化氮（NO_2）。一氧化氮

在空气中会转变为二氧化氮，氮氧化物主要损害呼吸道，可引起胸闷、咳嗽、肺水肿等疾病。

（四）循环经济不断进步，但固体废弃物有效利用问题依然突出

煤炭开采过程中产生的大量传统固体废弃物主要有煤矸石、露天矿剥离物、煤泥和粉煤灰等，煤炭固体废弃物具有排放量大、分布面广、持续时间长的特点，加之科研与治理投入缓慢，造成了固体废弃物的综合开发利用一直停滞不前，大量的煤炭固体废弃物依然得不到及时有效的利用。

（五）综合利用能力有所提高，但共伴生矿利用率尚待提升

我国煤系中伴生的煤层气、膨润土、耐火黏土、高岭土、硅藻土、石墨、石膏、油母页岩等资源十分丰富，但开发利用水平不高，开发技术和方法落后，大量煤系共伴生矿物的深度加工和利用发展极其缓慢，导致共伴生矿物利用率低，不仅造成这些稀有资源的浪费，同时给环境带来了一定程度的影响，综合利用水平亟待提高。

四 知识性方面

（一）风险管控不断加强，但安全形势依然严峻

我国煤炭产量约占世界煤炭产量的 1/3，但矿难死亡人数几乎占世界的 80% 左右，其主要原因是煤矿生产安全管理机制缺乏，安全生产投入不足，技术水平不高。首先，煤炭生产安全意识薄弱。促进安全生产的各项规章制度尽管有所改进，但仍缺乏有效的安全管理机制，使得各项规章制度停留于表面，图纸规章制度单纯地贴在墙上，落实不到实际工作中，随着煤矿开采的延伸，安全欠账与日俱增，事故隐患不能得到及时排除。其次，安全投入相对较少，抗灾能力较低。我国煤炭企业大都设备陈旧、老化，设备"带病"运转，超期"服役"，而且，矿井失修和支护无钱更换，推广和使用安全生产新技术发展滞后。因此，煤矿事故发生较频繁，给人民生命财产造成重大损失，在社会上产生严重影响，不利于煤炭产业健康和谐发展。

（二）科技创新意识增强，但技术进步贡献较低

技术进步对煤炭富集区发展的贡献率较低主要表现在三个方面：一是技术创新能力薄弱；二是科技成果转化率低；三是软技术系统与硬技术系统发展不配套。

在我国，包括煤炭行业在内的诸多行业都存在两个脱节，即技术与创新脱节、研究机构与产业化机构脱节，研究机构往往独立于企业之外，以研究院和高校为依托，以致企业的自主创新能力有限。2016 年，煤炭开采和洗选业研发项目数仅有 2968 项，有些国有煤炭企业基本没有研发活动，或是无力从事科研活动，造成技术无人管理、无人问津的现象，更谈不上技术创新。虽然一些重点国有煤炭企业在从事技术研发活动，但仅注重单一技术开发与攻关，不注重技术开发人才的培养和人才队伍建设，企业自主创新的信息缺失和手段落后，自主创新能力薄弱。

煤炭工业的科技水平与其他行业相比存在很大差距，在其有限的科技成果中，真正运用到煤炭生产中并得到广泛应用取得显著经济效益的成果则更少，从而导致煤炭工业科技成果转化率低下。

从我国煤炭企业软技术创新与硬技术创新的现实状况来看，一些企业只注重投入大量资金来发展硬技术，而不注重与软技术的相互配合，软技术的发展远远滞后于硬技术的进步，甚至有的企业机器设备陈旧，工艺落后，管理更落后，更谈不上软技术与硬技术的配套开发利用。

（三）人员素质不断提高，但人才结构失衡

煤炭产业属于典型的劳动密集型产业。以体力劳动为主，从业人员多是外地民工，起点不一，文化素质偏低，人员轮流更换，造成煤矿工人队伍不稳定，难以进行有效管理。加之煤炭产业吸引人才的能力较弱，大中专毕业生不愿从事煤炭工作，煤炭企业科技人才与管理人才相对缺乏，致使煤炭企业人才结构失衡，从而造成煤炭企业的发展与进步缓慢。

五 可持续性方面

（一）资源规划开发趋向理性，但煤炭资源浪费仍然严重

我国大多数国有煤炭企业技术、资金投入不足，新设备、新技术更新缓慢，生产设备不先进，煤炭资源消耗强度大大高于发达国家。由于技术设备及采矿方法落后，我国煤矿回采率长期在低水平徘徊，特别是一些小煤矿、小煤窑，更是大肆浪费着我国宝贵的煤炭资源。受国家环境保护政策及煤炭市场对产品质量要求的影响，现有开采格局不合理，低灰、低磷、低硫的优质煤炭资源开采过度，中下组煤开采强度较低，不利于实现合理配采，而且受到技术装备影响，薄煤层资源开采十分有限，造成资源严重浪费，并直接缩短了矿区开采服务年限。同时，我国煤炭资源与消费市场的逆向分布格局势必会导致煤炭资源

的远距离运输，从煤炭开采到终端用户，至少要经过汽车、火车、轮船等多种交通工具的数次转运装卸，由于缺乏防尘、降尘和集尘设备，在运输途中煤炭资源浪费也十分惊人。

（二）结构布局优化调整，但资源枯竭矛盾突出

我国煤炭资源富集区由于历史原因，长期以来处于高度开采、高度排放、高度消耗和低度利用的"三高一低"模式，加速了资源枯竭速度，导致煤炭枯竭矛盾突出。我国一些"因煤而立、因煤而兴"的资源型城市，随着资源的逐渐萎缩和枯竭，越来越多的矿井报废，势必会产生大量的经济及社会问题——地方财政入不敷出、失业人员不断增加、就业问题十分突出、矿工生活困难等。

（三）创新驱动能力提升，但煤炭产业链延伸缓慢

尽管煤电、煤化、煤焦等产业发展已经取得一定成效，但从加快产业优化升级、促进煤炭深加工和提高产品附加值的角度分析，仍需进一步加快煤炭产业发展。煤炭产业链延伸缓慢导致资源综合利用水平低、煤炭资源浪费严重等问题，造成矿区发展稳定性差，出现"煤竭矿衰"的危机，带来煤炭工业"三废"大量排放、环境污染加剧等一系列严重问题，从而严重制约煤炭资源富集区经济、社会和环境的和谐发展，阻碍煤炭资源富集区的可持续发展。

（四）产业结构不断优化，但非煤产业发展滞后

非煤产业发展步伐较慢，主要表现在对发展横向产业链的重视程度上。一是非煤产业发展不平衡，在经济总量中所占比重偏低；二是非煤产业整体上规模小、档次低、科技含量低等问题没有得到根本解决，能起到替代作用的骨干产业较少；三是技术、资金和人力投入不足，非煤产业自主创新能力还较弱；四是发展中轻服务业倾向比较突出，服务业发展缓慢；五是专业技术人才和管理人才短缺严重阻碍着非煤产业的发展。非煤产业发展滞后，难以成为煤炭资源枯竭后的支柱性产业，不利于实现煤炭资源富集区的可持续发展。

第三章 煤炭富集区发展趋势

第一节 世界煤炭富集区（工业区）发展的国际实践

一 世界煤炭资源分布

（一）世界煤炭资源储量

据英国石油公司（BP）统计数据，截至 2014 年末，全球煤炭经济可采储量为 8915.2 亿吨，其中无烟煤和肥煤可采储量 4031.9 亿吨，占总储量的 47.0%；瘦煤和褐煤可采储量 4883.3 亿吨，占总储量的 53.0%。按当前的开采速度，全球煤炭预计还可开采 110 年。

（二）世界煤炭资源分布

世界上的煤炭资源主要分布在三大地区：亚太、欧洲、北美洲（图 3-1），这三个地区的煤炭资源可采储量分别占全球煤炭资源可采储量的 30.9%、35.4%、28.5%。亚太地区的无烟煤和肥煤最为丰富，占全球储量的 39.4%。瘦煤和褐煤主要集中于欧洲地区，占全球储量的 46.4%。世界煤炭资源大国之一俄罗斯 3/4 以上的煤炭分布在其亚洲区域。进一步细分可见，世界煤炭资源主要分布在北半球，以亚洲和北美洲最为丰富，分别占全球储量的 51.0% 和 28.5%，欧洲仅占 15.2%。

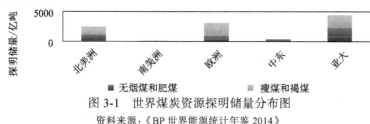

图 3-1 世界煤炭资源探明储量分布图

资料来源：《BP 世界能源统计年鉴 2014》

（三）世界煤炭资源大国的煤炭资源特征

1. 美国

美国是世界上煤炭资源最丰富的国家，截至 2014 年底，美国煤炭探明可采储量 2373 亿吨，占世界煤炭资源总量的 26.6%，位居世界第一位。在探明可采储量中，无烟煤和肥煤占 45.7%；瘦煤和褐煤占 54.3%。美国东部多优质炼焦煤、动力煤和无烟煤，热值较高、灰分低，但含硫量高；而美国西部的煤质相对较差，多为次烟煤和褐煤，热值低，但含硫量较低。

美国煤炭主要用于发电。但由于近年来美国各州陆续制定严格的环保法律，越来越多的发电厂已改用天然气做发电燃料（王伟东，2015）。美国的煤炭产量完全可以满足本国的消费需求，并且有相当部分的剩余。

2. 俄罗斯

俄罗斯煤炭资源不但丰富，而且煤炭品种比较齐全，从长焰煤到褐煤，各类煤炭俱全。其中炼焦煤不仅储量大，而且品种全，可以满足钢铁工业之需。截至 2014 年底，俄罗斯煤炭探明可采储量 1570 亿吨，占世界煤炭资源的 17.6%，位居世界第二位。按照当前的开采速度，还可开采 441 年。在探明的可采储量中，无烟煤和肥煤占 31.3%；瘦煤和褐煤占 68.7%。俄罗斯煤炭资源主要分布在几个盆地，分布极不平衡，3/4 以上的煤炭资源分布在俄罗斯的亚洲区域，不到 1/4 分布在欧洲区域。

俄罗斯历年煤炭产量均高于本国消费量，除满足本国需求外，仍有大量剩余用于出口，其主要出口国为日本、韩国及东欧国家。但因俄罗斯基础设施相对落后，运输能力有限，原煤出口存在障碍。

3. 中国

我国煤炭资源总的特点是总量大，但人均拥有量不足，煤炭储采比低。我国煤炭已探明可采储量 1145 亿吨，仅次于美国（2373 亿吨）和俄罗斯（1570 亿吨），是世界第三大煤炭资源国，占世界煤炭总可采储量的 12.8%。但中国煤炭资源的人均占有量不足美国的 1/9、俄罗斯的 1/13、澳大利亚的 1/40。中国煤炭储采比仅为 30 年，可开采年限远低于全球平均 110 年的水平。

我国煤炭资源分布不均，主要分布在西部及北方，煤炭需求主要集中在东部经济发达地区，因此造成长期北煤南运、西煤东运的局面，而进口煤炭弥补了部分东部地区的煤炭不足，2014 年煤炭的进口量达到 2.9 亿吨。基于煤炭需求和供给及进出口等数据的综合预测，保守估计我国的煤炭需求量 2020 年将在 45 亿～47 亿吨，煤炭缺口将在 1 亿～1.5 亿吨。

4. 澳大利亚

澳大利亚油气资源虽比较贫乏，但煤炭资源却极其丰富，截至 2014 年底，澳大利亚煤炭可采储量 764 亿吨，占世界煤炭总可采储量的 8.6%，人均可采储量 3479 吨，位居世界第一位。澳大利亚煤种齐全，褐煤、次烟煤、烟煤、无烟煤等均有分布。其中，无烟煤和肥煤可采储量 371 亿吨，瘦煤和褐煤可采储量 393 亿吨。澳大利亚煤具有发热量高，硫分、灰分和氮含量低等特性，在环保日益严格的今天，澳煤在国际煤炭市场上特别具有竞争力。

澳大利亚本国对煤炭的需求量低，但产量高，煤炭主要产于太平洋沿岸 200 千米范围内的一系列盆地中。澳大利亚交通运输、港口等基础设施完善，部分煤炭用于出口。其出口国主要为日本、韩国、印度等国家，澳大利亚煤炭对缓解东亚地区煤炭供应紧张状况发挥着重要作用。

5. 印度

印度像中国一样，煤炭资源是第一大消费能源，并在国民经济中发挥极其重要的作用。截至 2014 年底，印度可采煤炭储量 606 亿吨，占世界可采煤炭总储量的 6.8%，其中无烟煤和肥煤可采储量 561 亿吨，瘦煤和褐煤可采储量 45 亿吨。印度煤大部分是烟煤，其灰分高、硫分低、含磷少。

印度大部分煤矿位于中部与东部地区，远离消费区，产出的煤炭大部分由铁路远距离运输，小部分由海陆联合运输，运输成本高，这促使沿海地区的煤炭依靠进口。印度本国煤炭灰分高、热值低，炼焦煤需通过进口来满足。印度煤矿机械化程度低、管理水平低，生产率低于国际平均水平，而国内资金有限，不足以满足改进煤炭生产、降低煤炭成本的投资需求。今后几年随着印度经济的发展，其煤炭缺口将会越来越大（王伟东，2015）。

2014 年世界主要国家煤炭探明可采储量如表 3-1 所示。

表 3-1　2014 年世界主要国家煤炭探明可采储量

国家	探明可采储量/亿吨	占比/%	储采比/年
美国	2373	26.6	262
俄罗斯	1570	17.6	441
中国	1145	12.8	30
澳大利亚	764	8.6	155
印度	606	6.8	94
德国	405	4.5	218
乌克兰	339	3.8	384
哈萨克斯坦	336	3.8	309
南非	302	3.4	116
合计	7840	87.9	

资料来源：《BP 世界能源统计年鉴 2014》

二　世界主要煤炭富集区（工业区）发展趋势

（一）德国鲁尔工业区（产业结构多样化）

1. 资源条件

鲁尔区有着丰富的煤炭，地质储量为 2190 亿吨，占德国煤炭总储量的 3/4，其中经济可采储量约 220 亿吨，占全国经济可采储量的 90%。鲁尔区的煤炭煤质好，煤种全，为优质硬煤田，可炼优质焦炭的肥煤占总储量的 3/5，煤炭所含的灰分（3%~18%）和硫分（0.5%~1.5%）都较低，发热量高，其中肥煤的发热量高达 8600 大卡[①]/千克。鲁尔区虽然煤炭资源丰富，但煤藏的地质条件并不好，平均埋藏深度达 830 米，远远超过美国（50 米）、英国（350 米）和法国（450 米）。而且，在过去的 130 年中，随着鲁尔采煤区的逐渐北移，对矿井平均开采深度不断加深，目前现有的矿井开采深度已经超过 1200 米，1900~1982 年，鲁尔区已经开采出硬煤约 80 亿吨，平均每年 1 亿吨左右。

鲁尔区虽然铁矿资源贫乏，但由于优越的地理位置和便利的交通（可通过莱茵河横穿鲁尔区直达鹿特丹港），北欧、西班牙、意大利和北非的铁矿石可以十分便捷地通过海上运输送到鲁尔区。鲁尔区内的莱茵-海尔勒渠和多特蒙德-埃姆舍渠将鲁尔区大部分煤田连接起来，为煤、钢、铁三个核心产业的结合和大规模生产创造了条件。1870~1871 年普法战争胜利后，德国得以弥补铁矿资源匮乏这一缺陷。法国战败后不仅被迫向德国赔偿 50 亿法郎，还把铁矿区洛林和阿尔萨斯割让给德国，并由德国经营了 40 多年，直至第一次世界大战结束后才归还法国，鲁尔区的煤加上洛林的铁，是鲁尔区成为德国工业"心脏"的基础条件。

2. 成熟时期发展状况

鲁尔区是传统的老工业区，从 19 世纪中叶开始迅猛发展，成为德国的能源基地、钢铁基地和重型机械制造基地，这三大基地的产值曾一度占全区总产值的 60%，其显著特点是以采煤、钢铁业为核心，逐渐开始发展化学、机械制造、电力等重工业，形成了部门结构齐全、内部联系密切、产业高度集中的地区工业综合体，集聚了许多著名的大公司，如蒂森克虏伯、曼内斯曼、鲁尔煤矿、鲁尔化学和威巴石油等。

鲁尔区的发展完全依托煤炭和钢铁工业形成的区域经济产业链，即采煤—炼焦、电力—炼铁、炼钢—钢铁加工—重型机械制造和煤—炼焦—煤化工两条完整的产业链。这说明煤炭工业和钢铁工业在德国经济发展过程中占有非常重要的地位，发挥着重要作用。

20 世纪 50 年代末至 60 年代初鲁尔区煤炭工业走向衰落，导致煤矿数量和煤炭开采量大幅度下降，继而发生钢铁危机，钢铁行业也开始衰落。1957 年鲁尔区拥有煤矿 141 家，1970 年减少到 69 家，下降比例为 51.1%；2000 年仅剩 12 家煤矿，煤炭产量由 1957 年的 12 320 万吨下降到 1970 年的 9110 万吨，下降比例为 26.1%，2000 年煤炭产量仅为 2590 万吨，下降比例为 79%。1974~

---

① 1 大卡 ≈ 4185.85 焦耳。

1975 年，鲁尔区的生钢产量从 3020 万吨下降到 2270 万吨，降低了近 25%。

3. 转型时期发展状况

（1）以改造传统产业为主线，实现"再工业化"

从 20 世纪 50 年代到 60 年代末期，鲁尔区开始进行产业结构调整，实施"再工业化"策略。这一阶段，鲁尔区的产业结构调整主要以改造传统产业为重点，采取的措施主要有：以法律的形式制定规划和产业结构调整方案，通过政府提供优惠政策和财政补贴对传统产业进行改造，并改善基础设施配置结构。

（2）以传统工业为基础，发展新兴产业

鲁尔区 20 世纪 50~60 年代"再工业化"政策的实行，不但没有遏制经济的衰退，反而导致经济持续下滑。与此同时，经济界对政府采取的"再工业化"政策给予了大量的批评，而且德国政府的财政赤字也不断上升，在内外双重压力下，鲁尔区开始转变观念，逐渐摆脱对煤炭工业和钢铁工业的依赖，产业结构转型的重点开始转变为在改造传统工业的同时，侧重发展新兴产业。

（3）发展优势产业，推进产业结构多样化

20 世纪 80 年代，鲁尔区进入了产业结构多样化的调整时期，其目的主要是充分发挥鲁尔区的区域优势，形成各具特色的优势行业，从而实现产业结构的多样化。

鲁尔区经过 40 多年的经济转型，已经从煤炭和钢铁制造中心发展成为以煤炭和钢铁为基础，以高新技术产业为龙头，多种行业协调发展的综合新型经济区。目前，德国 80%的硬煤、90%的焦炭、60%的钢铁和 35%的炼油量仍由鲁尔区生产，说明鲁尔区仍然是德国乃至欧洲最重要的工业区之一（陈涛，2009）。

（二）澳大利亚（高效回采）

1. 资源状况

澳大利亚煤炭资源丰富，2015 年，澳大利亚已探明黑煤储量为 764 亿吨，占世界探明储量的 8.6%；探明褐煤储量为 490 亿吨，约占世界探明储量的 19%。澳大利亚拥有 21 个主要的黑煤盆地和 5 个褐煤盆地，煤炭资源赋存浅，且以近水平煤层为主。露天矿开采深度一般为 60~80 米，井工矿开采深度平均为 250 米，倾角一般不超过 10°，中厚煤层居多，瓦斯含量不高，适合房柱和长壁开采。

2. 高效回采发展状况

澳大利亚井工矿在开采工艺上发生了很大变化，1981 年房柱开采产量占井工矿总产量的 98%，长壁开采仅占 2%；1992 年，房柱开采占 45%，长壁开采提高到 55%；2015 年，32 个正在生产的井工矿中，有 25 个长壁开采的矿井，共生产原煤 1.18 亿吨，占井工矿总产量的 90%。澳大利亚长壁工作面开采深度一般在 200～400 米，最深约 600 米，所采煤层厚度一般在 2～3 米，最厚约 7 米。

（1）煤矿规模以大型为主，平均规模世界第一

2014 年，澳大利亚煤矿数量为 100 个，原煤产量 55 484 万吨（不含褐煤），单井平均产量 500 万吨以上。其中，产量在 1000 万吨及以上的煤矿 16 个，产量占比 41%；产量为 500 万～1000 万吨的煤矿 27 个，产量占比 33%；产量 500 万吨以下煤矿 57 个，产量占比 26%。

（2）煤矿生产效率和安全生产水平世界领先

2013～2014 年，澳大利亚平均煤炭生产效率每人每小时生产 5.88 吨原煤，按每天工作 8 小时计算，原煤生产人员效率为约 47 吨/工。澳大利亚煤矿安全生产状况良好，2014～2015 年，百万吨死亡率是 0.005，为世界最好水平。

（3）产业集中度高

2015 年，以嘉能可斯特拉塔、必和必拓、日本三菱公司、博地能源为代表的 4 家企业生产的商品煤总量占澳大利亚商品煤总产量的 48.7%，澳大利亚前十大煤炭企业的总产量占 74.5%。澳大利亚前四大煤炭企业的煤炭产量占总产量最高比例是 2010 年的 57.5%。澳大利亚煤炭工业呈多头垄断格局，必和必拓、嘉能可斯特拉塔、英美资源、力拓和 Xstrata 5 家公司控制了澳大利亚 70%以上的煤矿。

3. 借鉴与启示

（1）加强资源评估，选择优势煤炭资源布局煤矿

澳大利亚所采煤炭资源条件较好，倾角为 60°左右，井工矿埋深平均为 250 米，而我国井工矿埋深平均在 500 米左右，露天矿埋深平均在 100 米以上。因此，我国应加强对煤炭资源埋深、倾角、构造、煤质、运距等多因素条件的综合评估，新建煤矿应选择优势绿色资源地区布局，在产能过剩的背景下，应主动退出或者关闭一批开采条件差、经济效益差的煤矿，从根本上提高煤炭高效回采的条件和水平。采深、倾角过大、构造较复杂及优质稀缺的煤炭资源，可以作为未来战略储备资源。

（2）采用先进技术，提高生产效率和机械化水平

澳大利亚煤矿机械化水平基本全部达到 10%，其原煤生产效率均超过 40 吨/工，是中国目前平均水平的 10 倍以上。因此，对于新建和规划煤矿，在选择优势资源的基础上，要进一步推广先进适用技术装备，优化开拓部署，简化生产系统，减少工作面个数，提高生产效率。对于生产煤矿，积极推进技术改造，提升其机械化和集约化水平。

（3）因地制宜分析，优先建设露天煤矿

澳大利亚露天矿产量比例约为 78%，而我国露天矿产量比例仅约为 15%。由于露天矿具有成本低、安全性高、回采率高等优点，新疆、内蒙古等地区在

资源、环境等条件适宜时，应优先建设露天矿，提高回采水平。

（4）推进资源整合，建设行业龙头企业

与澳大利亚相比，我国的煤炭产业集中度依然处于较低水平，20 世纪 90 年代，中国前四大煤炭企业产量占比年增长率以不到 5%的速度提升。澳大利亚前四大煤炭企业产量占比为 49%，前十大煤炭企业占比为 74.5%；中国前四大煤炭企业占比为 25%，前十大煤炭企业占比为 44%。

我国煤炭行业应抓住供给侧改革机遇，加快整合步伐，减少煤炭企业数量。按照市场原则，以资产为纽带开展企业重组，形成几个亿吨级大能源集团，进一步提高产业集中度。

（5）细化标准与规划，促进生态环境保护

澳大利亚出台有《矿山环境管理规范》等相关法律法规，对矿山生态环境相关内容均有单独约定，且有明确的技术标准，可操作性强。我国虽有《矿山生态环境保护与污染防治技术政策》《土地复垦条例》《煤炭工业污染物排放标准》等，但多以条例或政策的形式约定，在《环境法》《矿产资源法》等法律中的相关条文较为分散，约束性不够强，且相关技术标准不够明确，操作性不强。另外，政府及企业在开采前、开采过程中及开采后都要制定环境保护与治理规划，结合资源的寿命周期，统筹考虑环境保护问题（伍德，2003）。

（三）英国（能源转型）

1. 能源结构的变化

（1）能源生产结构的变化

英国能源生产总量经历大起大落，能源生产由煤炭时代过渡到石油、天然气时代，正向低碳能源时代迈进。英国北海油田 20 世纪 70 年代开始产油，之后英国成为世界重要的油气生产国，当时煤炭在能源生产总量中占 84%；自 2000 年起，英国开始更多地从低碳能源领域获得能源供给；2014 年英国能源生产构成为：石油 39%、天然气 32%、煤炭 7%及低碳能源 22%。煤炭产量从 1956 年的 2.2 亿吨，降至 80 年代的年均 1.1 亿吨、90 年代的年均 0.6 亿吨和 2014 年的不足 0.5 亿吨。伴随能源生产总量的大幅波动，1970～2014 年，英国能源对外依存度也随之发生剧烈变化，从 1975 年的 50%左右转变为 1982 年的净出口，随后一直保持了 20 年。2004 年英国结束了能源自给自足的局面，开始净进口，2014 年对外依存度达到 49%，其中石油、煤炭、天然气及电力这四者的净进口当量几乎相当。

（2）能源消费结构的变化

一次能源消费仍以化石能源为主，随着消费结构的不断变化，终端能源消费结构不断优化。2014 年，英国一次能源消费仍以化石能源为主，占比达到 85.4%，其中石油和天然气消费占比均为 34.4%，煤炭消费占比为 16.6%。总体而言，英国目前是石油、天然气及其他能源（包括煤炭、核能和可再生能源）三分天下的能源消费格局。工业能源消费量占比持续下降，2014 年较 1980 年降低了 50%，从能源消费中的主导地位逐步变为从属地位，交通及居民生活成为能源消费的主力。2014 年，英国终端能源消费构成依次为：交通 40%、民用 28%、工业 18%、服务业及农业 14%。

2. 能源转型的过程

（1）煤炭产业的转型

英国煤炭工业经历了第二次世界大战后短暂的再度辉煌之后，是 20 多年的下滑，1970 年英国拥有煤矿 293 处，矿工 29 万人，产量 1.47 亿吨；1980 年，煤矿减少为 213 处，矿工为 24 万人，产量为 1.3 亿吨；而 1990 年煤矿更是降为 65 处，矿工为 4.9 万人，产量为 9300 万吨。1987 年，英国煤炭局改为英国煤炭公司，政府对煤炭行业实施补贴，并通过自愿裁员补贴鼓励矿工离开煤炭行业。与此同时，英国煤炭开发逐步转向清洁利用，大力推广碳捕获与封存（carbon capture and storage，CCS）技术。2014 年，英国煤炭产量降至 1200 万吨，进口煤在煤炭消费总量中的比重高达 75.5%。2015 年 12 月 18 日，英国煤炭控股有限公司凯灵利煤矿正式宣告关闭，这标志着始于工业革命时期的英国煤炭工业彻底告别历史舞台。

（2）石油产业的转型

英国石油生产始于 20 世纪初，但在 1968 年以前石油产量一直维持在 10 万吨/年，70 年代中期以后，随着北海油田的大规模开发，英国石油产量逐年增长，1976 年石油产量达 1241 万吨；1982 年突破 1 亿吨大关；1999 年最高，达 1.37 亿吨。但英国本土的石油产量到达顶峰后就快速下降了；2004 年石油产量首次跌破 1 亿吨，2005 年石油产量为 8470 万吨。在英国石油产量快速增长的时期，石油产量的增加很好地配合了英国政府和社会"减煤减排"能源转型的历史进程。

（3）天然气产业的转型

1970 年以前，英国气体能源绝大部分是煤气，在能源消费中占比不超过 5%。随着北海油田及爱尔兰天然气被大规模发现，天然气产业迅速大跃进（李晓东，2001），1980 年天然气消费量较 1970 年猛增了约 10 倍。1991 年，在北海海岸探测到了足够使用 15 年的大型天然气田，英国进一步加大了天然气在电力发电中的使用比例。21 世纪初天然气消费量又较 20 世纪 80 年代翻番。近年来，随着天然气产量下滑和天然气价格相对较高，消费量逐步回落。

3. 能源转型的经验

英国以"减煤"为主的能源转型道路艰难曲折，尽管取得了巨大的成就，但后续仍面临能源短缺，化石能源对外依存度持续增长；低碳能源转型需要大量资金作支撑；能源价格高涨，民众经济负担加大。空气污染问题是能源转型重要的催化剂，但不足以刺激能源转型，关键还是找到更清洁、更廉价的替代能源，特别是天然气。在铁路、煤气制造、家庭采暖等领域，英国在 20~30 年内逐步淘汰煤炭，时间相对较短，而在整个经济体内淘汰的煤炭已经用了 60 多年。与在家庭和工厂小规模燃烧煤炭相比，在发电厂集中使用煤炭通常更为清洁，安装使用捕捉灰尘和硫、汞等排放物的专门设备更为经济和可行。而对于以煤炭为主要能源的国家，采取分阶段的方式进行能源转型更为现实。第一阶段将小规模的煤炭消耗集中到燃煤电厂，第二阶段逐步在电力行业中使用清洁能源进行替代（杨敏英，2001）。

三 世界能源发展趋势

《BP 2030 世界能源展望》对全球未来能源发展趋势的预判集中体现在以下几个方面。

（一）人口和收入增长将继续推动全球能源消费增长

2030 年，世界人口预计将达到 83 亿人，比 2014 年净增 11 亿人，世界收入按实际价值计算约为 2014 年的两倍。在上述两项的推动下，2011~2030 年，世界一次能源消费预计年均增长 1.6%，2030 年全球能源消费量将增加 36%，其中 93%以上的需求增长来自非经济合作与发展组织（简称经合组织）国家。

（二）非经合组织国家工业化和电力需求增长将提高一次能源需求

非经合组织国家的工业化和电力需求推动一次能源消费增长。其中用于发电的能源消费在 2011~2030 年将增长 49%，直接用于工业的一次能源消费将增长 31%（年均增长 1.4%）。可再生能源（包括生物燃料）增长最快，2011~2030 年的年均增幅为 7.6%。核电（年均增长 2.6%）和水电（年均增长 2.0%）的增速都会超过能源整体的增长速度。在化石燃料中，天然气增速最快（年均增长 2.0%），其次是煤炭（年均增长 1.2%）和石油（年均增长 0.8%）。

（三）电力行业引领一次能源需求增长，工业拉动最终能源需求增长

电力行业燃料结构实现多元化，超过一半的能源消费增长来自非化石燃

料,其中可再生能源占增长量的 27%。工业将引领最终能源消费的增长,到 2030 年,工业部门能源需求占最终能源需求预期增长的 57%。

(四)新兴经济体主导能源生产增长,全球近半产量增长来自亚太地区

2011~2030 年,全球能源生产年均增长 1.6%,增长的主力是非经合组织国家。亚太地区凭借大量本土煤炭的生产,能源产量增长最为迅猛(年均 2.2%),占全球能源生产增长的 48%,2030 年将提供 35%的全球能源产量。

(五)全球能源效率的提高降低了能源消费的增长幅度

BP 认为,全球能源强度(单位国民生产总值的能耗)长期呈现下降和趋同的趋势。2030 年的全球能源强度将比 2011 年降低 31%,年均降幅为 1.9%。中国低能源强度发展道路是改善全球能源强度的重要一环。

(六)全球能源供应类型仍然呈多元化趋势

BP 认为,2011~2030 年,页岩气供应量将增长 3 倍,而致密油供应量增长超过 6 倍。到 2030 年,上述两者合计约占全球能源供应增量的 1/5,增长地区主要在北美洲。可再生能源供应在 2015~2030 年将增长 3 倍以上,占全球能源供应增量的 17%。水电与核电增量总和也将在增量中占 17%,常规化石燃料供应量也会增加,2030 年将约占能源供应增量的一半。

第二节 我国煤炭富集区发展趋势

一 中国能源发展趋势

(一)控制煤炭消费量

国家《能源发展"十二五"规划》指出,2015 年,煤炭产量控制在 39 亿吨以内。同时《中国煤炭消费总量控制规划研究报告》设想在 2020 年后煤炭消费总量长期不突破 40 亿吨。届时,煤炭在能源供应中所占比例可能会降至 60%。

(二)保持国内石油生产量稳定

根据《能源发展"十二五"规划》,国家年石油产量保持在 2 亿吨。这也说明在相对于煤炭更为有利的化石能源方面,石油产量不可能有更大的增长。

（三）加大天然气的发展力度

根据《能源发展"十二五"规划》，2015 年仅国产天然气供应能力就可达1350 亿立方米（2012 年为 1067 亿立方米）。同时，2015 年进口天然气约 614亿立方米。可见，作为含碳较低的天然气尚有较大的增长空间。

（四）加快核能发展

国际能源署（International Energy Agency，IEA）预测，考虑到中国能源结构调整的现实，近 10 年核能复兴主要依靠中国充当先锋。而实际上，中国目前的核电利用比例非常小，目前只占全国总发电量（9.5 亿千瓦时）的 1.5％。但是，中国核电发电计划十分巨大，在 2020 年要实现生产 8000 万千瓦时的核电。目前中国在建的 27 个机组是全球在建规模最大的。

（五）保持水电装机规模

2015 年，中国水电装机规模达到 3.2 亿千瓦，位居世界第一，2020 年计划装机将达到 3 亿千瓦时。但实际上，到 2020 年中国 80%以上的水电资源将得到利用，增长空间已经不大。

（六）提高可再生能源比重

中国十分重视可再生能源在节能减排中的作用，计划到 2020 年，生物质发电 3000 万千瓦，生物燃料乙醇和生物柴油年生产能力分别达到 1000 万吨和200 万吨，可再生能源在一次能源消费结构中的比例提升到 15%，相对于欧盟同期 20%的目标已经十分可观。

二 我国煤炭产业发展趋势

（一）煤炭产业结构升级趋势

随着我国国民经济增长方式的转变，经济结构逐步调整，高耗能、高污染的煤炭产品生产受到限制甚至取消，直接影响煤炭需求；环境保护立法日益完善，煤炭产品消费受到一定限制；煤炭市场竞争激烈，研发推广洁净煤技术逐渐被人们所重视，提高煤炭产品质量、增加煤炭产品种类已成为煤炭产业发展的必然选择。以上问题必然促使煤炭产业结构转化升级，具体表现在两个方面：一是煤炭产品由品种单一、低质量向多种类、高质量、深加工转化；二是煤炭作为能源资源和原料，由单一产业结构向较紧密的产业关联化转化。

我国工业化初期阶段，煤炭产业经济增长方式粗放，随着消费者对能源产品质量和种类要求的提高，以及产业结构升级和技术知识高度集约化，替代能源逐渐增加，煤炭产品在能源消费中的比例开始下降，由 1990 年的 76.2%降为 2014 年的 70%。因此，煤炭产业要优化产业结构，通过多样化产品加工促进自身的发展，同时减少环境污染，提高生产效率，提高经济效益；延伸相关联产业链，促进煤炭产业间相互渗透，目前，煤炭产业已延伸其相关联产业链，大多采取煤炭—电力、煤炭—化工、煤炭—建材等产业链条形式；形成以煤基产业为主导，以煤炭开采、洗煤、炼焦、煤化工和煤矸石利用为辅的综合发展模式；组建跨行业、跨区域、跨国家多元化经营的煤炭企业，按照煤、电、路、港、航的发展模式形成范围经济和规模经济。

（二）煤炭产品结构优化趋势

随着科学技术的发展，消费者对煤炭产品的种类需求越来越趋向多样化。国家统计资料显示，我国煤炭的终端消费量随着煤炭产品结构的日益完善而逐渐减少，而其他种类的煤炭产品消费量都有不同程度的增加。

随着科学技术的进步，煤炭衍生产品越来越多，而消费者对煤炭产品的多元化需求也越来越高。尤其是近年来，中东局势动荡，以致国际油价急剧震荡，消费者对替代化工原料、替代能源的需求越发迫切，因此我国将通过洁净、高效的途径大力促进煤化工产业的发展，实现煤炭产品结构优化，特别是实现终端能源产品结构的优化。未来煤炭产品结构优化发展可从以下几个方面进行：①在发展传统煤炭产品的基础上，以市场为导向，以消费者需求为依托，大力研发能源转化型的新型煤化工产品，如煤炭液化、煤炭气化等；②以世界经济一体化为发展契机，建立具有国际竞争力的大型煤炭集团或功能区，引进国外先进技术和生产设备，开发清洁、绿色产品；③企业在投资研发新技术的同时，注重新技术的转化和新产品在国际市场上的推广和商品化。

（三）绿色清洁化趋势

传统煤炭产业的粗放型发展模式使得煤炭在开采、加工和使用过程中给社会环境、生态环境带来了严重破坏，造成了土地塌陷、植被破坏、水污染、环境污染、气候变暖等严重问题，对人们的生存和长远发展构成了严重威胁。从《京都议定书》的制定到 2009 年 12 月 7~18 日哥本哈根世界气候大会的召开，人类环境保护和绿色消费的意识逐渐增强，人类开始关注如何加大对社会环境、生态环境的保护。

煤炭资源是我国重要的能源资源和化工原料，我国工业化升级发展离不开煤炭资源，并且在相当长的一段时间内对煤炭的需求将有增无减，因此必须将煤炭产业的增长方式由粗放型向集约型转变。煤炭产业的发展必须以科学发展观为指导，按照循环经济、低碳经济、绿色经济的理念，坚持"减量化、再利用、再循环、资源化"原则，实现经济与社会、环境的和谐发展。煤炭产业不仅要重视增长速度，更应追求发展质量，在提高经济效益的同时节约资源、保护环境，改变传统的生产和消费方式，实施清洁生产和文明消费，实现资源的循环利用和可持续发展。根据《煤炭工业发展"十三五"规划》第五章（推进煤炭清洁生产），"十三五"期间我国煤炭工业将牢固树立绿色发展理念，推行煤炭绿色开采，发展煤炭洗选加工，发展矿区循环经济，加强矿区生态环境治理，推动煤炭供给侧革命。

（四）科技创新引领趋势

2012年底召开的"十八大"明确提出科技创新是提高社会生产力和综合国力的战略支撑，必须摆在国家发展全局的核心位置。强调要坚持走中国特色自主创新道路，实施创新驱动发展战略。这是我们党放眼世界、立足全局、面向未来做出的重大决策。

改革开放30多年来，我国煤炭工业的快速发展主要源于劳动力和资源环境的低成本优势。20世纪末期以来，随着知识经济、信息经济的不断发展，我国煤炭工业在国际上的低成本优势逐渐消失。与低成本优势相比，技术创新具有不易模仿、附加值高等突出特点，由此建立的创新优势持续时间长、竞争力强。实施创新驱动发展战略，加快实现由低成本优势向创新优势的转变，将成为我国煤炭工业转型发展和可持续发展的强大动力。根据《煤炭工业发展"十三五"规划》第八章（加强煤炭科技创新），"十三五"期间，我国煤炭工业将进一步加强创新驱动发展，坚持创新发展理念，加强基础研究、关键技术攻关、先进适用技术推广和重大科技示范工程建设，完善煤炭科技创新体系，推动煤炭技术革命。

（五）"高效、集约、低碳、可持续"趋势

目前，世界对能源的需求，高于历史上的任何时候。与此同时，能源及与之相关的环境问题，尤其是煤炭工业的可持续发展和低碳利用问题越来越引起人们的关注。如何最大限度利用好煤炭资源，提高资源利用率，更好地造福社会，是一门需要深入探讨的学问。推进煤炭高效开发和绿色低碳利用是时代潮流、大势所趋，将成为新一轮能源革命的显著特征。

依据国家能源发展战略和煤炭工业"十二五""十三五"的相关指导精神，煤炭产业要实现高效、集约、低碳、可持续的发展模式，首先要转变煤炭工业发展方式，坚定不移地实施大公司、大集团战略，煤炭工业要由"多、小、散、乱"向集团化、集约化转变，实现煤炭工业由数量型扩张转向效能提高型扩张，增强抵御市场风险的能力。其次要提升煤矿安全水平和事故防范能力，尤其要坚决遏制重特大事故，有效防范较大事故，实现煤矿安全生产和持续稳定好转。

煤炭企业实现"绿色发展"，就是要建设开采方式科学化、生产工艺环保化、资源利用循环化、企业管理现代化、矿区建设生态化的新型绿色矿山，构建全新的资源开发利用模式。

今后，煤炭绿色开采必须遵循循环经济理论和绿色工业原则，形成一种与环境协调一致，对水资源、土地资源及伴生气体资源等合理利用的"低开采、高利用、低排放"的最佳开采方法，树立绿色的资源观、绿色的生产观及绿色的绩效观。煤炭绿色加工是以原煤为基础的深加工、转化，提高煤炭利用效率，使煤炭作为一种能源发挥其最大限度的潜能，丰富煤基化产品，实现煤的高效、洁净利用及产品结构多样化。煤炭绿色使用是依据社会对于目前环境的满意程度和人类对于自己生存环境的要求，减少煤炭产品使用过程中污染物及有害气体的排放，降低其对资源与生态环境的损害，改善人类生存环境，实现"绿色、循环、低碳"为特征的发展模式。坚持"高碳产业、低碳发展"，把转方式、调结构作为工作重中之重，充分发挥资源优势，瞄准产业高端，抢占油页岩综合利用、煤炭物流和循环经济"三个制高点"，推进企业转型发展。

（六）规划管控、行业监管不断强化趋势

按照"控制东部、稳定中部、发展西部"的总体要求，依据煤炭资源禀赋、市场区位、环境容量等因素确定煤炭产业区域发展格局。加强煤炭铁路运输通道建设，完善西煤东运通道，到2020年全国煤炭铁路运输能力达到30亿吨。严格履行煤炭项目基本建设程序，严肃处理违法违规建设生产行为。新增产能项目审批收紧，各地不得核准新建年产量30万吨以下的煤矿、年产量90万吨以下的煤与瓦斯突出矿井，煤矿改扩建、技术改造项目规模不得低于《煤炭产业政策》规定的最低规模。在建项目管理日趋严格，防止"未批先建"和"批建不一"等现象，严肃处理在建违规项目，严格控制煤矿超能力、超强度生产。商品煤质量管理不断加强，严格限制高灰分、高硫分煤炭的开发，严控不达标的商品煤远距离运输。

三　我国煤炭富集区发展趋势

（一）重点建设区域进一步向西部地区倾斜

2016 年 12 月 23 日，李克强主持召开会议，审议通过《西部大开发"十三五"规划》，贯彻落实新发展理念，以供给侧结构性改革为主线，适度扩大总需求，持续实施好西部大开发战略。自 2000 年西部大开发战略启动以来，西部各省份在西部大开发中，大力调整区域经济结构，构筑区域经济优势和产业优势，为西部煤炭产业结构调整带来强劲动力。西部大开发战略的进一步提升，无疑将为我国社会经济发展带来新机遇，将进一步拉动整个西部地区的社会经济建设。

我国煤炭工业大多数分布在中西部地区，全国现有的 14 个大型煤炭生产基地中有 8 个位于中西部地区。根据《煤炭工业发展"十三五"规划》第三章（优化生产开发布局），全国煤炭开发总体布局是压缩东部、限制中部和东北、优化西部，有序推进陕北、神东、黄陇、新疆大型煤炭基地建设，控制晋北、晋中、晋东、宁东大型煤炭基地生产规模。

西部大开发给西部煤炭工业发展带来了难得的历史机遇。西部大开发是调整地区经济结构、促进区域经济发展的机遇。

（二）环境保护将成为煤炭富集区工作的重中之重

20 世纪末以来，我国 GDP 持续增长，能源需求不断扩大，煤炭消费节节攀升。在国家能源安全战略和西部大开发战略等多重因素推动下，山西、陕西、内蒙古、贵州、新疆、宁夏等煤炭富集区煤炭产业高速发展。但随着近年来世界经济复苏乏力和国内经济下行压力增强，煤炭富集区经济发展持续走低，再次进入低位徘徊。特别值得关注的是，区域主导产业——煤炭产业不仅自身面临产能过剩、库存加大、成本提高等突出现实问题，而且资源依赖型增长模式给煤炭富集区生态环境造成严重破坏：煤炭资源长期高强度开采，造成了采煤沉陷区、地下水污染、地下水系破坏、大气污染、生物物种减少，以及生物链断裂等大量严重的生态环境问题。

根据《煤炭工业发展"十三五"规划》，加强煤炭富集区环境保护将成为煤炭工业发展的重要组成部分。煤炭开发对环境的影响主要是煤矸石、瓦斯和矿井水排放，以及采煤引起的地表沉陷和水土流失。"十三五"时期及以后，国家将进一步推进以煤矸石综合利用率、矿井水综合利用率、煤矿稳定沉陷土地治理率、排矸场和露天矿排土场复垦率、瓦斯利用率、土地复垦率为主要评价指标的煤炭富集区环境评测体系建设，强化执行力度和加大奖惩强度。同时，对煤炭富集区环境保护工作，加强顶层设计，推进煤炭清洁、高效开发利用；

加快科技创新，为降低环境影响提供基础支撑；树立保护生态红线意识，改善矿区生态环境；强化公众监督，完善公众参与机制。

（三）产业结构优化将是煤炭富集区转型发展长期趋势

21世纪前半叶，我国能源需求总量呈现明显增长趋势，能源消费绝对量大。为满足我国社会经济的未来需求，主要有两种能源供应路线可供选择：一种是立足国内，走以煤为主，并与先进的化石燃料利用技术相结合的能源供应路线；另一种是在提高能源效率的基础上，放眼全球，转向能源结构优质化的能源供应路线。

从我国 21 世纪能源供应战略可以预见，包括煤炭在内的能源工业必须走结构优化之路，才能缩小与外国先进水平的差距，调整煤炭产品结构已是大势所趋，否则，煤炭即使是第一大一次性能源，也会被其他新能源挤占市场。因此，目前西部的煤炭工业抓住西部大开发这一发展契机，适时调整煤炭产业结构，提高技术创新能力，推动产业升级，逐步由资源密集型向技术密集型转变，由资源主导型向市场主导型转变。围绕增加品种、改进质量、提高效益、扩大出口、抓好技术攻关等方面，加快传统产业的技术改造。推广应用洁净煤技术，提高煤炭产品质量，加强对高附加值的选煤厂、配煤厂的改造。根据西部大开发的需要，积极发展非煤产业，开发建材和煤化工产品，如利用煤矸石生产硅酸水泥、陶瓷、耐火材料，利用煤矸石发电，从煤矸石制取聚合铝等。

（四）产业与区域、城市与城镇统筹发展成为关键着力点

"一煤独大"，煤炭产业强势与煤炭富集区弱势是我国大多数煤炭富集区长期存在的普遍性问题。煤炭富集区大多在发现煤炭资源后，在原有荒地和农庄上建立起来，形成时间短，基础设施建设滞后，同经济、政治中心区域有较好的发展基础、在已有规模上不断充实与完善不同。基础设施容量制约着区域用地规模扩张和人口增加，阻碍了区域产业集聚和生产要素积累，不利于朝多功能、综合化的方向转型。

党的十六届三中全会强调"统筹区域发展、统筹经济社会发展、统筹人与自然和谐发展"。《国民经济和社会发展第十二个五年规划纲要》明确指出，我国区域发展要实施区域统筹总体战略和主体功能区战略。统筹发展今后将成为煤炭富集区转型发展的核心内容，以煤炭资源和煤炭产业为依托，通过实施城乡规划布局一体化、城乡产业发展一体化、城乡基础设施建设一体化、城乡公共服务一体化、城乡就业和社会保障一体化、城乡生态环境一体化和城乡基层组织建设一体化等举措，以煤炭工业现代化为着力点发展壮大县域经济，以资

源型城市转型带动新农村和小城镇建设，以城乡资源对接推进基本公共服务均等化，实现煤炭产业与煤炭富集区、中心城市与周边城镇协同发展。

（五）煤炭产业集群将逐步成为煤炭富集区发展战略选项

煤炭是我国现阶段主要的供能资源，作为我国主要煤炭富集区的西部地区，其煤炭产业的发展必须选择一种合理的发展模式。产业集群的发展模式适时地解决了这个问题，并符合国家"十二五"规划提出的发展现代产业体系、提高产业核心竞争力的战略思想，为西部煤炭产业的发展提供了道路。

产业集群理论提出后，在世界各地得到了广泛的应用，并引起了学术界的广泛研究。美国硅谷的高新技术产业集群、意大利的 Prota 和 Biella 毛纺产业集群及我国的义乌小商品产业集群、青岛家电产业集群等的成功实施，以及大量学术论文的学术论证都验证了产业集群理论的合理性。

产业集群化战略能够极大地促进西部地区的煤炭产业，以及区域的快速发展。第一，它体现了西部煤炭资源开发的现实基础和发展优势，西部地区的有核网络型煤炭产业集群化模式能够充分利用其现有的规模优势、区域优势和强辐射作用，推动整个西部煤炭产业集群健康快速发展。第二，它融合了大型集团化和产业集群化两种典型产业组织模式的优点。有核网络型煤炭产业集群化模式以国有大型煤炭企业集团为"有核"，行政指令能够在核心网络渠道运行，从一定程度上保证了煤炭资源管理、煤炭市场的"公共产品"，同时，群内企业通过市场导向的多种关联关系，进行合理分工协作，保证了市场效率。第三，它体现了以市场为导向的良性企业竞合关系。产业集群化发展战略不仅能实现煤炭产业的规模经济效应，而且有利于集群内企业的竞争，使集群内企业处于竞争与合作的网络结构中，有利于产品创新与企业自身的优化升级。第四，它还能优化区域产业结构，以及体现优势产业和区域协调均衡发展。

第四章

煤炭富集区发展环境分析

第一节　宏观环境分析

一　政治环境分析

煤炭是我国的主要能源和重要工业原料，煤炭工业是关系国家经济命脉和能源安全的重要基础产业。近年来，煤炭行业全面贯彻落实党中央、国务院一系列重大决策部署，积极转变发展方式，大力调整产业结构，实施集群发展战略，有效促进煤炭产业与煤炭富集区的共同进步，实现社会效益、经济效益和生态效益的和谐发展，为国民经济和社会发展提供了可靠能源保障。但长期积累的一些深层次矛盾和问题尚未得到有效解决，同时遇到了一系列新情况、新问题，煤炭行业发展面临艰巨挑战和难得的历史机遇。

（一）新煤炭法的影响

2011年，《煤炭法》进行了第一次修订。在2011年修订《煤炭法》中，国家鼓励煤炭企业进行复采或开采边角残煤和极薄煤，积极倡导煤矿企业走生态化新型发展之路，支持煤炭企业与其他企业合作发展煤化工、电力、煤建材等产业，国家鼓励煤炭企业发展煤炭洗选加工，综合开发利用煤层气、煤矸石、煤泥、石煤和泥炭。这为煤炭富集区及煤炭企业进行煤炭洗选加工，实施深度开发煤层气等多元化发展战略提供了政策支持。

（二）《能源发展"十二五"规划》和《能源发展"十三五"规划》的影响

《能源发展"十二五"规划》中提出，因地制宜开发煤炭共伴生资源，探索煤炭分质转化、梯级利用的有效途径，推进煤炭洗选和深加工升级示范工程。但受资源禀赋影响，煤炭在我国能源消费中的基础地位很长时间内难以改变，同时生态环境对经济社会发展的约束日益增强。《能源发展"十三五"规划》中提出，着力降低煤炭消费比重，加快散煤综合治理，大力推进煤炭分质梯级利用。更加注重结构调整，加快双重更替，推进能源绿色低碳发展。由此，如何更加清洁地利用煤炭，以及如何提高煤炭使用效率成为必须要面对的课题，在《能源发展"十三五"规划》的引导下，煤炭富集区及煤炭企业应当转变传统的生产方式，在今后发展过程中，必须走生态化发展之路，在生产过程中更加注重资源综合利用，减少环境污染，保护生态环境。

（三）《煤炭工业发展"十二五"规划》的影响

《煤炭工业发展"十二五"规划》中，对煤炭工业产业影响较明显的政策主要包括以下几项。

1. 鼓励跨地区、跨行业、跨所有制兼并重组

以建设大型煤炭基地、大型煤炭企业、大型现代化煤矿为主，14个基地煤炭总产量占比由87%提高至90%以上；形成10个亿吨级、10个5000万吨级特大型煤炭企业，煤炭产量占全国60%以上；大、中、小型煤矿产能分别占63%、22%和15%。通过兼并重组，到2015年形成10个亿吨级、10个5000万吨级大型煤炭企业，全国煤炭企业数量控制在4000家内，平均规模提高到每年100万吨以上。"十二五"期间，我国对煤炭企业的总量进行了更为具体和准确的控制与定位。

2011年河南省全省煤炭企业数量由原来的530家减少到30家，六大骨干煤炭企业产量达到全省总产量的86.9%，产业集中度明显提升。截至2012年6月，陕西省的煤炭企业数量由550家减少到120家以内。煤炭行业的内部重组空间已经不大，重组工作的继续和深入，体现在跨行业的兼并上。

2. 境外投资专项基金浮出水面

支持优势煤炭企业参与境外煤炭资产并购，加大境外煤炭资源勘查开发力度，提高境外权益煤炭产能；并研究设立煤炭境外投资专项基金，对国家鼓励的境外煤炭重点投资项目给予支持；并鼓励金融机构通过出口信贷、项目融资等多种方式，改进和完善对企业境外煤炭投资项目的金融服务等。

煤炭境外投资专项基金，有利于发挥金融机构的作用，为企业境外煤炭投资提供持续的资金支持，为国内煤炭企业进行产业化改造及提升煤炭资源在国际上的地位提供援助。加快"走出去"将提高优势煤炭企业的资源储备量，提高其煤炭资源的海外市场份额。

二 经济环境分析

经济发展是具有一定的周期性的，我国宏观经济的变化周期是我国各个行

业综合变化与外界因素影响的综合表现，经济发展变化往往体现在一些重要行业波动上，当我国宏观经济增长时将拉动国内消费，一些重要的耗煤行业将开始扩张发展，对煤炭消费的增加将会滞后一些时间，这样才能对煤炭行业产生影响，同样，经济开始下降后，将在其后的一段时间影响到煤炭的消费，从而使煤炭的生产做出反应。因此可以看出，煤炭行业发展周期与经济周期存在一种相对滞后的对应关系。

市场经济的运行轨迹具有明显的周期性，繁荣和衰退交替出现，宏观经济的周期性变化，使煤炭企业的经营风险加大。在经济繁荣时期，客户在市场需求不断升温的刺激下，会增加固定资产投资，进行扩大再生产，增加存货，补充人力，相应地增加了煤炭企业的市场容量。而在经济衰退时期，客户销售额下降，现金流入量减少，固定资产投资势必会减少，也会导致煤炭企业市场容量的减少。

从经济周期角度看，2003 年以来我国经济连续五年保持两位数增长的上升速度。从行业发展周期的角度来看，2004 年以前，是行业的历史欠账期，安全与基础设施、工资与福利欠账；2005～2006 年是高速投入期、弥补历史欠账期；2007～2008 年，是开采条件快速提升、实体经济快速发展的收获期。2008 年第三季度后我国经济开始换挡减速，经济发展低迷状态持续至 2009 年第二季度后开始逐步扭转，2009 年下半年经济重新步入快速上升轨道。2012 年以来中国 GDP 增速放缓，下降至 7%～8%，产能过剩问题在大量进口煤的冲击下凸显出来。2014 年中国煤炭工业的实际年产能约 42 亿吨，2013 年进口煤炭 3.3 亿吨。数据表明，按 2013 年煤炭产量 36.8 亿吨计算，社会库存量已达 4 亿吨之多，供需关系不平衡或供大于求的状况已经形成。长远来看，煤炭消费量增速放缓，在能源消费结构中所占比重逐年降低，这就要求煤炭富集区及煤炭企业必须走多元化发展战略，提高煤炭产品附加值，以应对新的经济形势和问题。

三 社会环境分析

（一）生态环境对煤炭产业的影响

煤炭产业作为资源型产业具有一定的特殊性，其具有资源消耗性和生态环境破坏性。从资源储备格局来看，我国具有富煤少油少气的特点，相比于石油、天然气等能源，我国的煤炭能源更为丰富，存储量更大，因而煤炭资源成为我国能源的消耗主体，我国平均每年损耗煤炭资源高达 50 亿吨。在生态环境方面，煤炭产业发展与生态环境之间的矛盾日益激化，由于煤炭企业过去只注重经济效益，忽略生态环境保护，因而在其生产过程中造成了严重的生态环境破坏。

在我国，通过直接燃烧被使用的煤炭比例高达 85%，研究表明，当前我国二氧化硫总排放量的 74%、二氧化碳总排放量的 85%、一氧化氮总排放量的 60%、总悬浮颗粒物（TSP）总排放量的 70%都是由燃煤所产生的。

从以往发展经验来看，人们以牺牲生态环境为代价换取经济的快速增长，导致的严重后果就是我们的生存环境变得越来越恶劣，同时经济发展受到制约。现在，整个社会越来越重视对生态环境的保护，人们的消费观念也在逐渐改变。同时，我国能源结构也在不断调整，能源重点正在逐渐从煤炭资源向石油、天然气等能源和核能、风能等优质、清洁的新型能源转变，近年来新型能源的消费比重呈逐年上升趋势，而煤炭的消费比重却呈逐年下降趋势，煤炭行业正在面对新的挑战，为了能继续在能源市场中获得优势，煤炭富集区及煤炭企业就需要不断提高产品质量，使煤炭产品达到低灰、低硫、高热值的环保高标准，这样才能达到生态化要求，实现煤炭行业的可持续发展。

（二）消费结构对煤炭产业的影响

我国煤炭资源具有"东少西多、南贫北丰、相对集中"的特点。探明储量主要分布在山西、内蒙古、陕西、新疆和贵州五个省份。

煤炭资源分布不均，主要集中分布在经济不发达的西南、西北地区，而能源需求量较高的沿海发达地区分布较少，这种产地和市场的分离，决定了铁路、公路、海运的运输能力将极大影响煤炭的跨省销售。长期以来，铁路作为煤炭外运的主要运输方式，煤炭资源一直受到铁路运输能力的制约，"十二五"规划在铁路行业大幅增加投资，铁路运力的大幅增长促进了煤炭的跨省运输，平衡了煤炭资源分布，缓解了煤炭运力紧张的局面。

煤炭生产主要以国有煤矿和地方煤矿生产为主，历史上国有煤炭企业的投资不足，造成了产能跟不上经济发展的节奏，由于能源的刚性需求，国家放开了对地方煤炭的开采，最近几年，乡镇小煤炭生产企业安全事故频发，并对当地的生态环境造成极大破坏，国家已经着手整顿煤炭企业，年产能 30 万吨以下的小煤矿已关闭淘汰，煤炭产业集中度将逐步提高，这将有利于煤炭行业的健康发展。

我国煤炭消费主要集中在三个区域。

1. 环渤海的京津冀地区

煤炭行业在我国占有重要地位，该地区内河北是重要的煤炭产地，北京和天津是重要的煤炭消费地，天津凭借其滨海港口优势，成为我国重要的煤炭中转运输港。京津冀地区 2003 年以来煤炭消费量占全国的比重持续上升，2015年煤炭消费量 34 647 万吨，占全国煤炭消费总量的 9.46%。

根据首都城市发展规划，重工业逐渐退出北京，北京煤炭工业在全国的地位逐渐降低。根据行业发展规划，北京地区将继续保持京西矿区大中型矿井的生产能力，而小型煤矿将退出。河北是我国产煤大省，也是煤炭消费大省。随着河北重化工业的发展，未来该地区的煤炭消费将进一步上升。

2. 长三角地区

长三角地区经济发达，是我国煤炭消费集中的重点区域之一。近年来，该地区的煤炭消费量总体呈上升趋势，2015 年煤炭消费量 45 764 万吨，占全国的比重由 2003 年的 5.66%升至 2015 年的 12.39%。长三角地区煤炭储量较少，仅江苏省有一个国家重点煤矿（徐州矿）。因此，该地区煤炭消费主要靠北方煤炭南运及进口。随着该地区经济的发展，对煤炭的需求还将不断增长。根据规划，长三角地区的浙江煤炭企业将逐步退出，整个长三角地区基本成为煤炭纯调入区。

长三角地区煤炭资源储备稀少，煤炭采选业不具备长期发展的优势。长三角地区独特的地理优势和发达的运输网络，使该地区成为我国煤炭内外贸易的重要中转地。通过内河航运和海运，北方和内陆的煤炭可以运送到长三角地区，保证该地区和东南沿海地区的煤炭消费。未来该地区将重点发展航运业，保证地区煤炭供给与需求。

3. 珠三角地区

珠三角地区主要包括广东、广西、福建三省份，是我国重要的煤炭消费地，近年来煤炭消费占全国的比例出现小幅波动，2015 年煤炭消费量比 2012 年减少 1227 万吨，随着区域经济的发展，未来将稳步提高。

珠三角地区煤炭企业发展不具备资源优势，但靠近东南沿海的地理优势和交通条件，使得该地区成为国际煤炭进口要地。广西和福建的煤炭企业发展空间不大，且在进口煤的冲击下，未来煤炭企业竞争环境将恶化，企业将面临严峻的市场挑战。

（三）煤炭运输格局及能力影响

我国煤炭资源主要分布在西北部地区，而消费重心在东部和中南部地区，从而形成了"北煤南运、西煤东调"的运输格局。经过多年的建设，基本形成了晋陕蒙宁能源基地煤炭外运、北煤南运、出关及进出西南四大运输通道。东西横向铁路、公路与海运相衔接形成供应华东和华南的水陆联运大通道；南北纵向铁路与长江干线、京杭运河相沟通形成供应沿江地区的水陆联运大通道。

铁路运输是我国主要的运煤方式，2015 年，铁路煤炭运输量 143 221 万吨，占全国煤炭产量的 38.13%，占铁路货物运量的 42.65%；公路运煤以短途为主[1]。

---

① 资料来源：《中国统计年鉴 2016》。

1. 铁路运输

铁路运输具有运力大、速度快、成本低、能耗小等优点，是我国主要的煤炭运输方式，铁路运力不足是影响煤炭供应的重要因素之一。我国煤炭铁路运输横向通道由大秦线、朔黄线、石太线、侯月线、陇海线、宁西线等组成，纵向通道由京沪线、京九线、京广线、焦柳线等组成，两大通道构成了"西煤东调、北煤南运"的铁路运输格局。

尽管近年来煤炭铁路运量增长较快，但仍是制约煤炭外运的瓶颈，主要表现在以下几个方面。

（1）外运通道运输能力依然不足

大秦、朔黄、石太、太焦等主要线路的运输能力已达到或接近饱和，迫使大量煤炭仍然选择公路长距离外运。

（2）运输通道布局不够合理

晋陕蒙宁煤炭外运铁路通道多为东西向布局，而基地内南北向铁路运力不足或未得到充分利用，造成南方内陆省份调入煤炭的迂回运输。晋陕蒙宁煤炭外运铁路通道运力分布不均衡，北通道承担了全部煤运总量的 2/3 以上，而中、南通道所承担的运量不足 1/3。

（3）前后方集疏运系统不配套

近年来大秦铁路煤炭运量大幅增长，但北同蒲、京包线大包段等直接集运铁路却未得到相应的扩能改造。朔黄铁路受前方集运和后方疏运系统能力的影响，运输能力提高有限。宁西铁路是宁陕煤炭运往中南和华东地区的捷径，外运煤炭能力达 2600 万吨，但为其直接集运的侯西线尚未安排扩能，而西延线又仅安排单线扩能改造，在很大程度上制约了宁西铁路运力的充分发挥。

我国将重点围绕大同（含蒙西地区）、神府、太原（含晋南地区）、晋东南、陕西、兖州、两淮、河南、贵州、黑龙江东部等十大煤炭外运地区运输需求，结合客运专线建设和既有干线扩能改造，形成运力强大、组织先进、功能完善的煤炭运输系统，措施如下。

1）实施大秦铁路扩能及集疏运系统配套改造，建设迁安北—曹妃甸、朔州—准格尔—东胜、包头—神木、奇岚—瓦塘铁路，实施大同—原平四线、宁武—朔州复线、蓟港铁路等扩能工程，通道运输能力达到 4 亿吨。进行朔黄铁路 2 亿吨扩能及集疏运系统配套改造。"十三五"期间规划投产的重要煤运铁路是蒙华铁路，规划设计输送能力为 2 亿吨/年。

2）建设神木—延安—西安—安康复线、南同蒲铁路侯马—华山复线；实施邯长复线、邯济复线电气化改造，侯月线扩能，南同蒲线电气化改造，太焦线修文—长治北，新菏兖日线电气化改造，焦柳线洛阳—张家界电气化改造，以及黔桂扩能等工程；建设集宁—张家口—北京铁路、临河—策克铁路、包头—甘其毛都铁路等。

3）通过建设客运专线和既有线路扩能改造，在大同（含蒙西地区）、神府、太原（含晋南地区）、晋东南、陕西、贵州、河南、兖州、两淮、黑龙江东部等十大煤炭外运基地，形成大能力煤运通道。到 2020 年十大煤炭外运基地煤炭外运能力达到 20 亿吨以上，满足煤炭运输需求。

2. 水路运输

我国水上煤炭运输系统主要由北方沿海的秦皇岛港、天津港、京唐港、黄骅港、青岛港、日照港、连云港七个煤炭装船港，沿长江"三口一枝"（指的是长江干线港口中的浦口、汉口、裕溪口和枝城）和京杭大运河等煤炭下水港，以及江苏、上海、浙江、福建、广东等省份煤炭接卸港组成。2007 年，北方沿海港口煤炭下水量为 4.5 亿吨，其中秦皇岛、天津、京唐、黄骅四个港口下水量共计 4 亿吨；长江和京杭大运河港口煤炭下水量约 8300 万吨，其中沿江"三口一枝"约 3100 万吨，京杭大运河 5200 万吨。我国煤炭水路运输存在以下几个主要问题。

（1）煤炭下水港能力不足

2007 年北方沿海七个主要装船港煤炭泊位能力约 4 亿吨，而实际完成下水量 4.5 亿吨，超能力装船 12.5%。秦皇岛港、黄骅港煤炭泊位能力利用率分别达 117%、104%，京唐港更是高达 302%，天津港煤炭专用泊位利用率 130%。而处于中路的青岛港、南路的连云港泊位能力得不到充分发挥，泊位能力利用率分别仅为 0.4%和 0.7%。

（2）港口后方铁路通路建设滞后

港口后方铁路通路建设滞后已经成为制约港口煤炭运输发展的主要因素。目前天津港南疆港区煤炭码头输送能力占天津港煤炭总输送能力的 50%以上，但至今南疆港只有一条地方铁路承担煤炭进港运输，还没有一条能力更大的、通畅的铁路煤炭运输通道。

3. 公路运输

公路煤炭运输作为铁路煤炭运输的重要补充，以机动灵活的方式缓解了煤炭运力不足的问题，尤其在小批量、短途煤炭运输中更是发挥了其特有的优势。许多地方煤矿，特别是乡镇煤矿生产规模小、布点分散，大量煤炭靠汽车集运到铁路车站。

我国的公路煤炭运输主要集中在晋陕蒙地区。由于铁路运力不足，目前晋陕蒙地区煤炭公路外运主要是长距离运往河北、山东、河南、北京、天津等邻近省份，其中山西煤炭公路外运量最大，占晋陕蒙地区煤炭公路外运总量的 2/3 以上。2007 年晋陕蒙煤炭公路外运量高达 2 亿吨，比 2000 年增加 1.4 亿多吨，其中山西约 1.4 亿吨，是 2000 年的近 3 倍。

公路运输存在以下问题和隐患：一是长距离公路运输不经济，对社会资源、生态和大气环境产生很大的负面影响；二是运输中大量存在"超载""涨吨"等问题，给交通安全带来了隐患；三是由于运输趋利性强、计划程度低，不利于煤炭经营秩序好转，可能刺激已经关停的小煤窑死灰复燃。

四 技术环境分析

我国煤炭业尚处于发展阶段，生产技术水平和管理技术水平普遍较低。在位企业并没有比潜在进入企业拥有更优异的生产技术和更科学的管理方法。同时煤炭企业自身的分散性也使得在位企业并不能拥有更稳定的客户关系，从而能够以较低的价格获取某些稀缺要素。因此，煤炭业的在位企业所拥有的绝对成本优势并不明显。从这一点来看煤炭行业的进入壁垒较低。

近几年，随着现代科学技术的快速发展，现代化的新理念、新工艺和新技术不断渗透到煤炭科学技术领域，有力地促进了煤炭科学技术的迅猛发展。

（一）勘探、开采技术水平不断提高

以高分辨率三维地震勘探技术为核心的精细物探技术，结合其他的高精度数字勘探技术的推广应用，极大地提高了井田的精细化勘探程度，为大型矿井设计提供了技术保障。深井、厚冲积层条件下的矿井建设水平不断提高，采用钻井法、冻结法两种凿井工艺，基本解决了近 600 米厚的松散冲积层的矿井建设难题，达到国际领先水平。千米深凿井技术和工艺取得了突破性进展，立井井筒施工速度达到每月 230 米以上，创造了新的世界纪录。煤巷、半煤岩巷掘进技术装备得到长足发展，并研制成功了一系列高可靠性的半煤岩巷掘进机，配合巷道锚杆锚索支护新技术，显著地提高了巷道掘进施工的机械化水平，为我国现代化矿井建设提供了有力的技术保障。

（二）装备得到提升，高产高效矿井建设取得巨大成就

近几年来，我国自主研发了具有国际先进水平的大功率电牵引采煤机，具有电液控制功能的大采高强力液压支架，大运力重型刮板运输机及转载机，以及大倾角、大运力胶带输送机，可为开采煤层厚度 5 米左右、配套能力每小时 2500 吨、年生产能力 600 万吨的综采工作面提供成套装备及开采工艺，在比较复杂的开采条件下实现高产高效。主要技术经济指标接近或达到了世界先进水平。

（三）煤矿瓦斯、火灾治理等安全生产技术不断改进

目前，属于高瓦斯和瓦斯突出煤矿的原国有重点煤矿的 90% 以上已经开展

了瓦斯抽采工作,年抽采量达到 20 多亿立方米,其中 40%被用于瓦斯发电或作为民用燃料。基于计算机网络的全矿井安全监测系统和远程集中监控系统已被普遍推广应用,并成功研发地音仪、微震监测系统及电磁辐射装置,矿区火灾隐患识别及控制新技术的研究也取得了突破。

(四)洁净煤技术使资源的综合加工利用加快发展

煤炭的洗选加工是洁净煤技术的源头,经过十几年的攻关,重介质选煤技术已取得积极进展和广泛推广,实现了传统洗煤工艺的升级和改造。同时,浮选技术也日趋完善,有效地提高了精煤回采率和精煤浮选效果。目前,我国自主研发的煤炭洗选技术装备可以满足年产 500 万吨的大型选煤厂建设需要。

近年来,与煤共伴生资源利用技术和环境保护技术也得到了快速发展。地面和井下相结合的煤层气抽采利用技术,煤矸石发电、土地复垦、洁净开采及矿井水资源化利用技术的研究开发都取得了积极进展,使矿区生态环境保护、循环经济发展取得了初步成效。在煤炭资源综合加工利用方面,煤炭的洁净燃烧技术、煤炭气化和液化技术及其他煤化工技术已经从工业试验研究阶段,逐步向工业化、产业化阶段发展。年产 50 万吨甲醇、15 万吨二甲醚的生产线已经建成投产,煤炭加工转化技术可望取得重大突破。

综上所述,我国煤炭企业的技术革新之路还很漫长,煤炭产品深加工、煤炭安全生产等领域的技术进步会给煤炭企业未来发展带来更大的机遇。

第二节 产业环境分析

一 我国煤炭行业运行分析

(一)产销量继续下降

根据国家统计局数据,2015 年上半年全国原煤产量 17.89 亿吨,同比减少 1.1 亿吨,下降 5.8%,其中 6 月份产量 3.27 亿吨,同比减少 1683 万吨,下降 4.9%。2015 年上半年全国煤炭企业销售 16.2 亿吨,同比减少 1.42 亿吨,下降 8.1%,其中 6 月份销售 2.86 亿吨,同比减少 1900 万吨,下降 6.2%。

(二)进口量大幅度减少

2015 年上半年,全国累计进口煤炭 9987 万吨,同比减少 5991 万吨,下降

37.5%（其中，6 月份进口 1660 万吨，同比减少 845 万吨，下降 33.7%）；累计出口 234 万吨，同比下降 25.9%；净进口 9753 万吨，同比减少 5909 万吨，下降 37.7%。

（三）发运量减少

2015 年上半年全国铁路累计发运煤炭 10.2 亿吨，同比减少 1.27 亿吨，下降 11.1%，其中 6 月份发运 1.61 亿吨，同比减少 2644 万吨，下降 14.1%，截至 2015 年 6 月末连续 10 个月下降，6 月份降幅比上月再扩大 0.9 个百分点。2015 年上半年主要港口累计发运煤炭 3.3 亿吨，同比下降 3.2%，其中 6 月份发运 5895 万吨，同比增长 3%。

（四）库存持续处于高位

截至 2015 年 6 月末，全社会存煤已连续 42 个月超过 3 亿吨，其中煤炭企业存煤持续在 1 亿吨左右。电厂存煤比年初明显下降，5 月下旬电厂开始补库存，存煤环比上升，截至 2015 年 6 月 30 日重点发电企业存煤 6541 万吨，比年初减少 2914 万吨，比 5 月末增加 657 万吨，存煤量可用 22 天。截至 2015 年 6 月末，主要港口存煤 3967 万吨，比 5 月末减少 6%，比年初减少 16.4%。截至 2015 年 7 月 20 日，北方主要下水港存煤 2086 万吨，比 6 月末减少 5%。

（五）价格大幅度下降

从国内煤炭价格变动情况来看，2013～2015 年全国煤炭价格大幅度下降。动力煤价格每年每吨下降 100 元左右，秦皇岛港 5500 大卡下水煤价格由 2012 年 5 月的 780 元/吨下降至 2015 年 7 月 15 日的 410～420 元/吨，降幅 47%左右。仅 2015 年每吨就下降了 110 元，价格处于近 10 年（截止到 2015 年）来的低位，从 2015 年前情况来看，大部分企业的煤炭价格低于成本，继续下降的空间有限。炼焦煤价格降幅更大，山西焦肥精煤综合售价由 2012 年 5 月的 1540 元/吨降至 2015 年 7 月的约 640 元/吨。2015 年中炼焦煤价格平均比 2015 年初下降了 80～100 元/吨，降幅 10%左右，同比下降约 300 元/吨，降幅 30%。

从国际煤价变动情况看，其 2013～2015 年也出现了较大的下降。澳大利亚纽卡斯尔港优质动力煤价格由 2012 年 5 月的 100 美元/吨降至 2015 年 7 月的 60 美元/吨；澳大利亚海角港优质炼焦煤价格由 2012 年 5 月的 220 美元/吨降至 2015 年 7 月的约 80 美元/吨，降幅 63%。据我国煤炭工业协会对进口煤价格的跟踪监测，进口煤的价格与国内价格的差距逐步缩小，2015 年 7 月 15 日 5500 大卡动力煤价格比国内低 15.61 元/吨。

（六）投资持续减少

全国煤炭采选业固定资产投资自 2013 年以来连续下降。2015 年上半年煤炭采选业固定资产投资 1686 亿元，同比下降 12.8%，降幅同比扩大 7.2 个百分点，其中民间固定资产投资 970 亿元，同比下降 9.8%。

（七）行业效益大幅度跌落

2015 年前 5 个月，全国规模以上煤炭企业主营业务收入 10 258.4 亿元，同比下降 13.6%，降幅比 2014 年扩大 6.9 个百分点；利润额 168.5 亿元，同比下降 66.8%，降幅比 2014 年扩大 20.6 个百分点。2015 年 6 月 19 日，财政部宣布 2015 年前 5 个月全国煤炭国有及国有控股企业整体亏损。由煤炭工业协会直接统计的 90 家大型煤炭企业 2015 年前 5 个月亏损 4.85 亿元（去年同期利润 265.47 亿元）。从 2015 年 6 月了解的情况来看，6 月份煤炭企业经营情况更加严峻，有的特大型优势企业利润由月度十几亿元降至几千万元，有的特大型煤炭上市企业半年报已报预亏。[1]

二 我国煤炭消费需求分析

（一）煤炭资源的区域不平衡

中国煤炭资源北多南少，西多东少，煤炭资源的分布区与消费区分布极不协调。大别山—秦岭—昆仑山一线以北地区的煤炭资源量占全国煤炭资源总量的 90.3%，其中太行山—贺兰山之间地区的煤炭资源量占北方地区总量的 65%；大别山—秦岭—昆仑山一线以南广大地区的煤炭资源量仅占全国煤炭资源总量的 9.7%，其中 90%以上又集中在四川、贵州、云南、重庆等省份。

从我国各地区的煤炭资源分布情况来看，远景储量主要分布在山西、陕西、内蒙古、新疆等地。晋陕蒙将是我国中长期内稳定的煤炭供给来源地，其次是西南区及西北新甘宁青等地区，这些地区煤炭储量丰富，但是由于地处西部内陆地区，煤炭运输是需要着重解决的问题；华东、中南、京津冀地区煤炭储量有限，不能满足本地区需求；东北地区作为传统煤炭生产基地，随着老旧煤矿

---

[1] 资料来源：《中国统计年鉴 2015》。

的报废，短期煤炭资源供给潜力不足，新的煤炭资源接续能力出现问题，将面临煤炭资源枯竭和工业转型的挑战。

（二）煤炭供求的区域矛盾

我国煤炭的消费市场分布与资源分布不一致。目前区域市场供需基本情况是：①西北和西南地区生产量和消费量相当，基本可以自给自足，少量可以外调；②华北地区产量最富余，超过了本地区的消费量，可以给其他地区提供大量的煤炭外运；③华东和中南地区都属于煤炭消费量远大于产量的地区，需要从华北地区调入煤炭；④除去边境贸易，我国煤炭主要从秦皇岛、天津港等地出口，从广西、广东进口东南亚国家的煤炭。

由于我国煤炭资源生产与消费地的逆向分布，华东及东南沿海地区作为我国最主要的煤炭消费地，始终存在煤炭供需偏紧的问题。华东及东南沿海地区主要包括江苏、浙江、福建、广东、广西和上海等省份，这几个省份的共同点在于其大部分的煤炭是通过"三西"（山西、陕西、蒙西）地区外运至北方七港，再由水路运往各省份。正是由于区域之间供需不平衡，我国煤炭行业对运输的依赖性较强，铁路运输等运输方式也是我国煤炭及其下游产业正常运行的重要影响因素。

从各大行政区内部看，煤炭资源分布也不平衡，如华东地区煤炭资源储量的87%集中在安徽、山东，而工业主要在以上海为中心的长三角地区；中南地区煤炭资源的72%集中在河南，而工业主要在武汉和珠三角地区；西南煤炭资源的67%集中在贵州，而工业主要在四川；东北地区相对好一些，但也有52%的煤炭资源集中在北部的黑龙江，而工业集中在辽宁。

三 我国煤炭国际贸易分析

2013年以来，我国政府主导的化解煤炭行业产能行动已经初见成效。进口方面，2014年我国煤炭产量同比下降2.6%，消费量上涨0.1%，产销差较2013年上涨4400万吨，分别是2014年世界第一、第二大煤炭出口国的印度尼西亚和澳大利亚全年产量的11%和15%，煤炭进口量及种类如图4-1、图4-2所示。出口方面，2014年煤炭出口量如图4-3所示，国际炼焦煤贸易价格很大程度上取决于中国炼焦煤的供需情况。2015年的前11个月，中国炼焦煤出口量为85万吨，同比增长21%，主要运达韩国、日本、朝鲜和伊朗。受海运运费影响，在距离中国北方港口较远的南亚等地区，中国炼焦煤虽无明显优势，但仍能保持相对稳定的市场份额；在日韩市场，海运费用相对较低，中国山西炼焦煤与主要竞争对手澳大利亚炼焦煤相比，每吨低2美元，竞争优势明显。2010~2015

年，中国累计进口煤炭 13.3 亿吨，占世界贸易的比重由 11.3%提高到 25%左右，据 BP 预测，这一数字在未来五年内不会有较大波动。

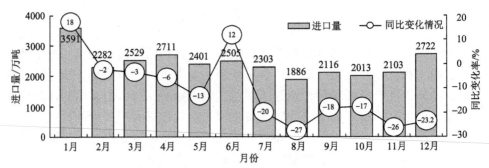

图 4-1　2014 年我国煤炭进口量变化情况

资料来源：山西省煤炭工业管理局

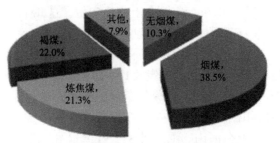

图 4-2　2014 年分煤种累计进口情况

资料来源：山西省煤炭工业管理局

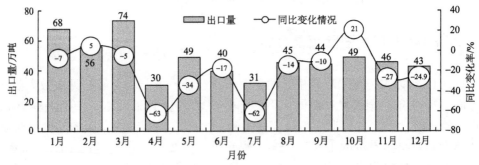

图 4-3　2014 年我国煤炭出口量变化情况

资料来源：山西省煤炭工业管理局

2015 年，全球煤炭消费量下降 1.8%，远低于 2.1%的 10 年期平均增幅，从降幅百分比（体积跌幅）数据上来看，是数据集中降幅最大的。2015 年，煤炭在全球一次能源消费量中的比重已降至 29.2%，这是 2005 年以来的最低份额。煤炭消费量的净下降完全归因于美国（–12.7%，即全球最大的体积跌幅）

和中国（-1.5%），而印度（+4.8%）和印度尼西亚（+15%）取得了一定增长。2015 年全球煤炭产量下降 4%，跌幅最大的包括美国（-10.4%）、印度尼西亚（-14.4%）和中国（-2%）。[①]

四　我国能源结构变动分析

（一）能源需求总量增速持续放缓

在经济新常态发展阶段，尤其是在"十三五"期间，一方面，经济下行的压力比较明显，导致能源需求总量的增速放缓；另一方面，中国经济处在转型期，逐步从第二产业占主导转变为第三产业占主导，由粗放型经济发展模式逐渐转变为集约型经济发展模式。两方面作用的叠加，使得能源需求总量增速放缓。

（二）能源需求结构加速转型

从总体结构上看，非化石能源需求占比明显提升，未来将打破对化石能源绝对依赖的局面。新能源（风能、水能、太阳能、核能等）占一次能源消费的比重将上升，特别是可再生能源的份额将提高。从化石能源结构上看，逐步从煤炭"一家独大"向煤、气、油相结合这一逐渐合理的方向演进，能源消费结构趋向低碳化和清洁化。

（三）能源效率明显提升，能耗强度大幅度降低

能源消耗强度是一个国家或地区能源消费总量与国内生产总值的比值，反映了能源使用的经济效率。近年来大量研究强调提高各个行业的能源效率与降低碳排放强度等。

（四）能源消费特点区域化、板块化现象明显

由于我国各地区经济发展不平衡，一些区域、板块的能源和经济发展表现出高度的同质化特征。例如，京津冀地区重化工业发展较快，能源消费结构以煤炭为主，大气污染较严重；在经济结构调整过程中，西部地区承接了东部发达地区转移的高污染、高耗能企业和产业，在能源消费上体现出了"追赶"现象。

（五）能源消费快速增长的社会经济环境逐步改变

我国进入经济发展新常态后，经济增速有所放缓，经济结构和产业向低能

[①] 资料来源：《BP 世界能源统计年鉴 2015》《中国煤炭工业年鉴 2015》。

耗、清洁化、高附加值转型，产业对能源消费需求量增速放缓。此外，人口年龄结构变化使得传统高耗能行业人口输入量减少，全社会对节能减排、保护环境的共识不断提高，有助于能源消费增速降低，产业结构优化。

（六）能源价格将长时间低位运行，不利于对能源消费的控制

由于全球经济放缓导致能源需求较低、美国页岩油气产量增加能源供给等因素，国际能源价格预计在较长时间内稳定在较低水平。低能源价格虽然有利于降低企业运营成本，但客观上可能会刺激能源消费，不利于节能减排和环保目标的实现。

第三节　区域资源能力分析

一　资源与基础设施

（一）现状

2015 年我国煤炭探明储量 15 663.1 亿吨，仅次于美国和俄罗斯。我国炼焦煤已探明的资源储量为 2803.7 亿吨，占世界炼焦煤探明资源总量的 13%。

中国煤炭资源分布面广，除上海市外，其他省份都有不同数量的煤炭资源。按省份计算，山西、内蒙古、陕西、新疆、贵州五省份最多。

以煤炭大省山西为例，山西含煤面积 6.2 万平方千米，占其土地面积（15.7 万平方千米）的 39.5%。全省 118 个县（市、区）中，有 94 个县（市、区）储存煤炭资源，91 个县（市、区）有煤矿。煤炭资源主要分布在大同、宁武、河东、西山、沁水、霍西六大煤田和浑源、繁峙、五台、垣曲、平陆五个煤产地。

大同煤田和宁武煤田主要赋存动力煤，资源总量 1113 亿吨；西山煤田、河东煤田、霍西煤田以炼焦煤赋存居多，资源总量 2512 亿吨；沁水煤田以无烟煤、贫瘦煤赋存为主，资源总量 2798 亿吨；其他煤产地资源总量 130 亿吨。

山西省煤种分布最为齐全，从北部的动力煤、中部的炼焦煤到东南部的无烟煤，形成了三大煤炭生产基地。

晋北动力煤综合基地：探明保有煤炭资源量约 950 亿吨，赋存气煤、弱黏煤等动力煤资源。2015 年，基地煤炭产量达到 3.5 亿吨，外调煤炭 2.2 亿吨。

晋中炼焦煤综合基地：基地探明保有煤炭资源量约 990 亿吨，主要赋存焦煤、瘦煤、肥煤等炼焦用煤。2015 年，基地煤炭产量达到 3.1 亿吨，外调煤炭 1.9 亿吨。

晋东无烟煤综合基地：探明保有煤炭资源量约 700 亿吨，赋存无烟煤、贫瘦煤等资源。2015 年，煤炭产量达到 3.4 亿吨，外调煤炭 1.9 亿吨。

（二）我国煤炭富集区发展中的资源问题

1. 煤炭资源基础勘探滞后，有效供给能力低

近年来，我国优质煤炭资源大量消耗，煤炭基础勘探、生产勘探、接续资源勘探严重滞后，可供开采和建井的资源日益短缺，形成了资源勘探落后于矿井建设、矿井建设落后于煤炭生产要求、生产接续紧张的局面。

2. 地质构造复杂，开采条件差

我国部分煤炭资源埋藏深度大，煤层平均生产能力低。煤田形态和构造复杂，开采条件差，并伴生有高瓦斯，多断层、多破碎带，常伴有岩浆活动，煤层瓦斯绝对涌出量大。

3. 煤炭资源枯竭问题日益严重

由于长时间、大规模、超强度开采，煤炭资源枯竭问题日益突出。山西省煤炭资源的平均开采强度在 25% 以上，全省地方国有煤矿及乡镇煤矿中大部分矿井主要开采边角、浅层资源，批准井田面积小，资源储量小，但已开采多年。目前，阳煤集团所属四矿已实行关闭破产，三矿已申请破产。

4. 资源综合利用率低，浪费严重

目前，我国煤矿平均资源回采率仅 30%～35%，资源富集区的小型矿井资源回采率仅 10%～15%，资源浪费严重。对煤炭共伴生矿产资源的综合勘探、开发和利用水平低，综合利用技术尚未完全过关。单位能耗的产出，不仅大大低于发达国家，而且低于印度等一些发展中国家。在美国、澳大利亚等发达国家，资源回采率能达到 80% 左右，我国平均煤炭回采率只有 30%，不到国际先进水平的一半。煤炭产业资源综合利用率长期低下。

我国煤炭共伴生矿产资源的基本情况是已利用量和共伴生资源拥有量不相称。其主要表现在：①在我国煤层中已探明的硫铁矿储量非常丰富，但煤矿中产出的硫铁矿主要用于化肥工业，导致产量小，丰富的资源得不到充分利用；②高岭土在煤层中分布广泛，储量多且质量好，国内有些高岭土产品已打入国际市场，但相对发达国家来说，我国高岭土年产量还是很低；③主要依存于煤或褐煤的硅藻土，储量也很丰富，但是年产量同样很低，品种少且大部分是低档产品；④分布于江南的石煤，储量大，并含有铝、矾等 60 多种元素，但其开发利用量与其丰富的储量很不相称；⑤煤层中储量丰富的煤层气，其分布结构与煤炭大体相同，随着均衡抽放、储用平衡等技术问题的解决，瓦斯利用量正

逐年增加。煤炭产量增长不足，后劲乏力；超量开采现象突出，安全隐患潜伏；煤炭库存跌至警戒线以下，电网缺口大；焦炭产业盲目扩张，资源环境压力加大；电、煤价格双轨制，加剧煤炭与电力部门的利益冲突。

5. 开采过程中煤炭资源浪费严重

在不少富煤区的大矿井田范围内，小煤矿越界开采、破坏和浪费行为屡禁不止，抢夺资源的现象时有发生，造成开采过程中煤炭资源的严重浪费，不利于煤炭综合利用产业的健康发展。在一些煤层极厚地区，一些企业为了提高产量，采用一次采全的方法，只采中间一层，废弃顶底煤；一些小型煤炭企业采煤方法落后，对煤炭的回采率有的不到30%；一些矿区的违规建筑物大量压煤。

6. 原煤的入洗率低

我国煤炭洗选加工业近年来发展迅速，但与世界主要产煤大国相比，原煤入洗率仍有相当大的差距。美国原煤入洗率在60%左右，南非和俄罗斯在60%以上，澳大利亚和英国原煤入洗率在75%以上，加拿大和德国为95%，我国只有34%左右。[①]

二 生态与环境

（一）现状

煤炭开发对环境的影响主要来源于煤矸石、煤矿瓦斯和矿井水排放，以及采煤引起的地表沉陷和水土流失。

东部地区。人口稠密、土地资源稀缺，多数煤矿位于平原地区，造成的主要环境影响是地表沉陷。2020年，预计东部地区产生煤矸石0.56亿吨、煤泥1490万吨、矿井水4.52亿立方米，新形成沉陷土地面积0.42万公顷。

中部和东北地区。山西、内蒙古煤炭开发强度大，生态环境较脆弱，造成的主要环境影响是地下水径流破坏、潜水位下降和地表水减少，煤矸石和煤矿瓦斯产生量大。吉林、湖北、湖南、江西煤炭产量逐渐减少，造成的主要环境影响是地表沉陷、水土流失和瓦斯排放。2020年，预计中部和东北地区产生煤矸石3.36亿吨、煤泥8760万吨、矿井20.05亿立方米，新形成沉陷土地面积2.8万公顷。

西部地区。除西南地区外，均处于干旱半干旱地区，水资源缺乏，植被稀少，生态环境脆弱，造成的主要环境影响是地下水径流破坏、地下潜水位下降和地表水减少，引起地表干旱、水土流失、荒漠化和植被枯萎，煤矸石和瓦斯

---

① 资料来源：《中国统计年鉴2015》《山西统计年鉴2015》。

产生量大。2020 年，预计西部地区产生煤矸石 4.03 亿吨、煤泥 9120 万吨、矿井水 35.47 亿立方米，新形成沉陷土地面积 3.34 万公顷。

以煤炭大省山西为例，山西省采煤破坏生态环境具体表现在四个方面：①采空塌陷破坏含水层及矿井排（突）水引发的水资源破坏问题；②采空塌陷、露天开采引发的以地面塌陷、地裂缝、滑坡、崩塌、泥石流、地形地貌景观破坏等为主的矿山地面变形问题及由此引发的土地资源、植被资源的破坏；③以矿山废水、废渣、废气排放为主的矿山"三废"问题；④以矿山水土流失、土地沙化为主的矿山土地退化问题。

山西省煤炭开采生态环境恢复治理工作应从矿区环境污染治理、煤矸石山综合整治、采煤水污染治理及地下水保护、煤矿沉陷区治理、矿区植被恢复及生物多样性保护等方面统筹考虑。对于新建及已投产建设的煤矿通过完善生态环境准入、准出机制，建立生态环境恢复治理保证金制度，防止新的生态环境问题产生。

（二）我国煤炭富集区发展中的生态环境问题

1. 煤炭资源的开发利用使生态环境恶化

多数煤炭城市除了一般城市所具有的"三废"污染外，还存在一些特有的污染问题。采矿区大规模的开发建设，使原本就十分脆弱的生态环境进一步恶化，造成严重的地下水和地表水破坏、地面塌陷；自然植被毁坏带来地表裸露和土壤侵蚀等新的生态问题；煤灰、粉尘、二氧化碳、二氧化硫等造成了矿区及周边地区的空气污染。

2. 煤炭消费的非清洁化使生态环境破坏严重

我国经济增长需要消耗煤炭，发展煤炭生产。近年来，我国煤炭消费总量维持在 12 亿~13 亿吨，其中 80%是原煤直接燃烧，煤炭的利用率低，燃烧物和排放物对环境造成严重破坏，主要表现在三个方面：①污染气体排放超标；②地下水资源破坏严重；③煤矸石及废水排放带来的污染问题。生态环境严重破坏，造成外部不良经济状况日益突出，使得煤炭产业的后续发展能力不足。严重的煤炭环境问题已经成为我国煤炭产业可持续发展的重要制约因素。

3. 尾矿资源堆存数量巨大，综合利用率低

我国煤炭资源的特点是伴生矿多、难选矿多、贫矿多、小矿多。由于煤炭企业数量比较多，每年都会产生大量尾矿。目前我国尾矿的综合利用率仅为 7%左右，大量的尾矿长期堆放在尾矿库，有些矿山直接将尾矿排放到大自然中，对矿山周边地区的环境造成了严重的影响。尾矿在受到腐蚀，以及尾矿中的可迁移元素发生化学迁移时，会对大气和水土造成严重污染，导致土壤退化、植被破坏，甚至直接威胁到人畜的生命安全；未复垦的尾矿库表面

的沙尘可被风吹到尾矿库周围，有时甚至形成矿尘暴，使周边地区的生态环境恶化。

三 生产效率与安全生产

（一）我国各区域煤炭生产效率现状

1. 开采零星资源、薄煤层、不稳定煤层的煤矿数量多

我国近 1 万处煤矿中，有 5000 多处煤矿仍采用炮采等非机械化的开采方式，主要是小煤矿，这些小煤矿主要集中在长江以南地区和东北地区。受资源条件限制，这些煤矿多数不适合采用机械化开采，即使采用机械化，经济上也不划算。这类煤矿企业生产效率最低，一般在 1 吨/工左右。

2. 煤层构造复杂，灾害严重的矿井多

灾害主要体现为构造复杂、瓦斯体积大、瓦斯突出、水害等。这类煤矿集中在西南、华东、华北、东北地区。这些地区以大中型煤矿为主的煤炭企业生产效率一般在 4～10 吨/工。

3. 西部地区资源开采条件相对较好

内蒙古、陕西大部分煤矿，山西、新疆、宁夏、甘肃部分煤矿，其他地区少数煤矿开采条件较好，与美国、澳大利亚等国家煤矿资源开采条件相当。这类煤矿企业生产效率在 10～20 吨/工。

（二）我国煤炭富集区安全生产现状

近些年，随着我国对煤矿安全事故的重视程度逐渐提高，煤矿安全事故发生的概率正在下降，百万吨死亡率从 2003 年的 3.74%降至 2013 年的 0.29%，尽管事故死亡人数在下降，但事故死亡人数的绝对数量仍然较为庞大。由于许多安全问题仍然没有得到解决，所以仍然有不少安全事故发生，一旦发生则会有大量的人员伤亡，情况很不乐观。

以煤炭大省山西为例，煤炭企业蓄意隐瞒采掘工作面、超能力组织生产现象严重；为躲避安全监管监察，煤矿企业采用假密闭、假图纸、假报表、假资料等方式对计划外回采工作面进行隐瞒；工作面的安全监控系统不完善且不在调度台显示，极易导致安全生产事故；入井人数不清，管理混乱；提供虚假情况，蓄意欺瞒执法监察人员；监测监控系统运行不正常，主体企业对煤矿安全管控不到位。部分央企、省属国有重点煤矿集团公司没有实时掌握所属煤矿实际的安全生产情况，对所属煤矿检查不到位、管理不到位、监督不到位，管理上出现"真空"。

（三）我国煤炭富集区发展中的生产效率与生产安全问题

1. 产业结构矛盾突出，产业集中度低

重点产煤地区煤炭工业单一发展，煤炭加工转化深度不够，煤炭产业集中度低。与发达国家相比，我国煤炭产业的市场集中度很低。目前世界很多产煤国煤炭产业集中度均高于我国，美国年产煤 10 亿吨左右，前四大家公司占 70%；澳大利亚年产煤近 4 亿吨，前五大家公司占 71%；印度年产煤 4.5 亿吨，第一大公司占 90%。我国高度分散的市场结构加剧了小矿与大矿之间激烈的资源争夺，为现代化矿井建设和大规模机械化开采留下了巨大的隐患，进而导致我国煤炭市场的供需失衡，煤炭产业效率极低，影响了我国煤炭企业的国际竞争力，严重制约了我国煤炭产业发展，造成了有限煤炭资源的巨大浪费。

2. 生产安全性低，事故频发

2006 年以来，尽管全国煤矿安全形势总体有所好转，但一些重特大煤矿安全生产事故仍未从根本上得到遏制。每采掘百万吨煤炭的死亡率，我国在 2 以上，而美国仅为 0.039，印度为 0.42，俄罗斯为 0.34，南非为 0.13，中等发达国家一般为 0.4。每年我国因煤炭生产安全事故死亡的人数占全球煤炭生产死亡总人数的 80%以上。近年来，国家和各级主管部门都非常重视煤炭的安全生产工作，并采取了许多措施，但是煤炭生产安全事故率和死亡率仍然居高不下。安全事故频发，一部分缘于人为因素，但低下的技术水平、简陋的采掘条件和落后的开采工具才是导致事故频发的根本原因。目前，困扰我国煤炭企业的主要安全问题就是煤层气的利用问题和上覆岩层运移控制问题，每年发生的矿井事故有一半以上是由于以上两种原因。

四 管理与人力资源

（一）现状

人力资源作为企业发展的基石，对整个煤炭行业发展有着重要影响。目前，煤炭行业以 600 多万的从业人员数量位居全国 30 多个工业行业（产业）前列。但是，我国煤炭行业人才队伍的基础仍然比较薄弱，与全国能源人才队伍整体发展水平、煤炭工业发展目标相比还存在很大差距。煤炭行业人力资源方面的种种问题，严重阻碍了煤炭行业的健康发展，人力资源存在的问题主要表现在人才总量少、人才学历和知识水平低、人才结构不合理、人才分布不均衡、农民工比例过大等。

以煤炭大省山西为例，大多数煤炭企业的人力资源状况是：人力资源配置不合理，人力资源短缺，职工的综合素质普遍不高，专业技术管理人才缺乏，个别企业出现人才断层；人力资源开发和管理滞后，传统的人事管理机制和体制缺乏弹性，已不能适应新时期煤炭企业对人才的要求。

（二）我国煤炭富集区发展中的管理与人力资源问题

1. 煤炭企业管理水平低，安全事故频发

从煤炭企业管理上看，安全事故频发是由以下几个原因造成的：①管制问题。政府管制力度不够；管制机制存在问题；我国频繁的行政机构改革使得对煤炭企业的安全管制更加困难，管制各方都难以适从。②职工自身的因素。由于信息不对称，职工不知道开采煤炭的风险竟然如此大，他们没有经过专门的职业培训，盲目参加工作。与其他行业从业人员相比，煤矿职工收入低，劳动强度大，工作危险，职工自身素质不高。③企业自身的因素。企业受利益的驱动，节约生产设备，生产工艺落后，生产设备陈旧老化甚至超期"服役"。不按国家规定进行劳动安全卫生设施与主体工程的同时设计、同时施工、同时验收投产。

2. 劳动力素质低，高学历人才和专业技术人员短缺

煤炭企业存在招工难，留住员工更难的局面。煤炭产业从业人员多是待业青年、农转非家属等，文化水平普遍偏低。产业结构调整过程中，不能尽快适应技术和管理的要求，导致经济增长的数量和质量不协调，严重阻碍了煤炭企业产业结构优化调整的步伐。

3. 职工转产再就业矛盾突出

采煤方法的改革、采煤机械化程度的提高使得井下作业人员大幅度减少，同时，矿井资源枯竭，使煤炭职工成批下岗。

4. 企业办社会包袱过重

煤炭企业办社会问题一直未得到有效解决。目前，山西 5 个国有大型煤炭企业集团共有企业办社会单位近 600 个，从业人员近 6 万人，每年支付企业办社会费用近 30 亿元。其中，各类学校 205 所，教职员工 2.16 万人，在校学生 22.4 万人，年费用 3.67 亿元。

五 创新与科技投入

（一）现状

我国煤炭科技创新已经迈上新台阶。年产千万吨级综采成套设备、年产 2000 万吨级大型露天矿成套设备实现国产化，智能工作面技术达到国际先进水平。大型选煤技术和装备国产化取得新进展。百万吨级煤制油和 60 万吨级煤制

烯烃等煤炭深加工示范项目实现商业化运行。低透气性煤层瓦斯抽采等技术取得突破，形成采煤采气一体化开发的新模式。

以煤炭大省山西为例，"十二五"以来，山西省煤炭行业尤其是煤化工行业的重点院所、企业在科技投入方面比"十一五"时期及以前有了大幅增长。大型企业年度技术开发经费占销售收入的比例保持在 5%以上，一些大型重点核心企业已达到 10%，并呈现逐年增长之势。企业技术研究中心作为企业技术创新活动的主要力量，在关键技术和核心技术的研究中发挥了重要作用，并已成为产业发展的重要支撑点。

（二）我国煤炭富集区发展中的创新与科技投入问题

1. 煤炭生产技术和装备水平低，产能低，效率低

部分煤田地质条件复杂、煤层薄，先进装备适应性差，导致煤矿开采强度低，采煤机械化程度低，因此高产高效矿井少。地方中小煤矿为了节约成本，生产技术和装备水平更低，工艺落后，用人多，生产效率低。

2. 煤炭产品附加值低，经济效益低

我国煤炭产业技术创新能力不高。长期以来，我国煤炭开采业发达，但煤炭加工业滞后；产品初级加工较发达，深加工、精加工较落后，产业链条短；产品品种单一，产业发展过于依赖初级产品生产；煤炭加工转化率低，投入产出率低，产业自我积累能力低，经济效益不佳。其具体表现在：筛选、洗选、炼焦、发电在煤炭加工转化总量中占有绝对比重，而精、深加工产品比重极低。一些科技含量较高的清洁能源产品和技术，如工业型煤、干法洗煤、水煤浆、煤焦油深加工、煤层气开发等基本上还未取得大的经济效益。

3. 尾矿、废石综合利用技术和项目推广缓慢

我国煤炭企业利用煤矸石发电、制砖，以及低品位矿石堆浸技术发展都已十分成熟；从废液、烟尘中回收稀散元素技术也已达到国际先进水平。但由于政策、资金等方面的原因，这些技术的应用只限于国有大中型企业。尾矿、废石综合利用实现产业化还有很长的路。

4. 煤炭科技资金投入不足

我国用于煤炭工业的科技投入严重不足。一方面，煤炭工业的科技总投入相对较低；另一方面，煤炭科技投入不均衡。大型煤炭企业逐步成为科技投入的主体，但投入强度不高，其中 60%的大型煤炭企业研发投入仍在 1%以下，中小型煤炭企业的科技投入则更低，而美国煤炭企业的研发投入平均为 3%，差距较大。

第四节　发展环境分析与评价

一　我国煤炭富集区发展环境 SWOT 分析

（一）我国煤炭富集区的 SWOT 分析

1. 优势（strengths）分析

（1）我国煤炭储量丰富，分布广，煤质较好，品种比较齐全

我国 960 万平方千米的陆地面积范围内，含煤面积达 55 万平方千米，煤炭资源地质总储量 50 592 亿吨，其中埋深在 1000 米以内的煤炭地质储量 26 000 亿吨。我国煤炭资源探明保有储量的保证程度高达 900 多年，其中经济可开发剩余可采储量的保证程度为 103 年。

我国煤炭资源，不仅储量多，而且分布广，煤质较好，品种比较齐全。我国 31 个省份（不含港澳台）除上海外，都有不同数量的煤炭资源。我国北部区域的煤炭资源量大大多于南方，北方包括东北、华北、西北等的 17 个省份，土地面积 500 万平方千米，占全国陆地总面积的 52%，煤炭地质储量占全国的 93.5%；南方包括西南、两广、两湖等的 14 个省份（不含港澳台），煤炭地质储量仅占全国的 6.5%。从煤种看，从低变质程度的褐煤、长焰煤到高变质程度的无烟煤、天然焦煤及石煤，都有赋存；从牌号看，炼焦煤中气煤、肥煤、焦煤、瘦煤均有。在现有的探明储量中，烟煤占 75%，无烟煤占 12%，褐煤占 13%；原料煤占 27%，动力煤占 73%；炼焦煤占 32%，非炼焦煤占 68%。在炼焦煤中，气煤占 58%，肥煤占 12%，焦煤占 16%，瘦煤占 13%，未分牌号煤占 1%。

从分布地区看，煤炭资源分布比较集中，北煤多于南煤，西煤多于东煤，西北和华北地区的煤炭探明保有储量占全国总量的比重近 80%。北方（包括东北、华北、西北和苏北、鲁、皖北、豫西）煤炭地质储量占全国总储量的 93.5%。南煤主要集中在云南、贵州、四川三省，其煤炭地质储量占南方总储量的 90%。西煤主要集中在以山西为中心的能源基地，煤炭地质储量占全国总储量的 43%。从省份（此处统计不含港澳台）来看，新疆、内蒙古、山西和陕西四省份的煤炭地质储量占全国总储量的 81.3%；东北三省占 1.6%；华东七省份占 2.8%，江南九省份占 1.5%。

（2）煤炭目前是我国的主要能源

随着社会经济的快速发展，工业各部门尤其是电力部门对煤炭的需求量持续增加，我国煤炭生产量将继续增长。据预测，我国到 2020 年的煤炭需求量将达到 17 亿吨左右，考虑到煤炭出口量增加等因素，届时原煤的年产量至少要达到 18 亿吨，煤炭在能源生产结构中的比重仍将超过 60%。在未来很长一段时间内，我国煤炭的基础能源地位不会发生根本性改变。

煤炭是电力发展的基础，电力是煤炭的最大用户，煤电一体化发展将会对国民经济发展起到更加坚实的基础性作用。煤电一体化发展不仅为其他产业部门和人民生活提供所需的物质基础——能源，而且其本身将是国民经济发展的重要增长点。目前，由煤炭和电力提供的终端消费量占终端能源消费总量的比例在 60%~70%，煤炭和电力行业的合计资产占全部工业资产的约 18%，提供的增加值和利润总额占全部工业的 12%。今后，随着煤电一体化经营和煤电一体化企业的发展，煤电一体化在提供终端能源的数量、工业增加值、销售收入和利润、税收及资产总额方面，都将占有更高的比例。为了改善环境质量，预测到 2020 年我国煤炭用于发电的比例将达到 80%或 80%以上，电力在终端能源消费中的比例将由目前的 42%增加到 70%。同时，将增加煤炭洗选量和型煤、洁净煤等的生产量和使用量，提高清洁煤炭利用的比例。

2. 劣势（weaknesses）分析

（1）我国对煤炭资源的开采和利用效率低下

煤炭资源回采率低，损失浪费严重。目前全国煤矿煤炭资源回采率仅 30%~35%，而小煤矿的资源回采率仅 10%~15%。一些乡镇、集体煤矿跑马圈地，蚕食资源，使煤矿的实际寿命大大缩短，比设计服务年限少了 20%~30%。

资源综合利用程度低，共生、伴生资源破坏惊人。据估算，每开采 1 吨煤约损耗与煤炭资源共生、伴生的铝矾土、硫铁矿、高岭土、耐火黏土、铁矾土等土矿产资源 8 吨。每年因采煤而排放的煤层气（以甲烷为主要成分）116 亿立方米，接近于西气东输的输气量。中煤利用率不到 40%，煤矸石利用率不足 20%，粉煤灰利用率仅为 54%。

（2）煤炭资源分布与生产力不相适应

我国煤炭资源集中分布在北部和西部地区，特别是山西、陕西和内蒙古三个西部煤炭富集省份，它们将是今后相当长一段时期内的煤炭开发区和全国煤炭供应基地；而经济发达、能源需求量大的地区是在东部和南部沿海地区，这种资源分布与生产力不相适应的状况，将使我国呈现"北煤南运"和"西煤东调"格局。

（3）中国煤炭开采和利用造成的水破坏和污染问题严重

山西省组织完成的《山西省煤炭开采对水资源的破坏影响及评价》表明，每挖 1 吨煤损耗 2.48 吨的水资源，这相当于山西省整个引黄工程的总引水量。目前，煤炭开采对地下水系破坏非常严重。大部分煤炭矿区农村人畜吃水靠煤系裂隙水，而煤矿开采恰好破坏了该层段的含水层。采煤排水引起矿区水位下降，会导致泉水流量下降或断流。

在煤炭燃烧方面，我国煤炭利用中，80%是原煤直接燃烧，由此造成的环境污染问题，已经影响到了国民经济的可持续发展和人民的身体健康。2001 年，我国全社会烟尘和二氧化硫排放量分别为 1059 万吨和 1948 万吨，2015 年，我国全社会烟尘和二氧化硫排放量分别为 1538.01 万吨和 1856.12 万吨,分别增加 45.23% 和减少 4.72%。从各地区的排放情况来看,烟尘和二氧化硫排放量最大的地区为高硫煤产区及能源生产和消费量大的地区。[①]

(4)煤炭工业结构和管理水平均不能适应可持续发展的要求

能源基地建设过程中,大规模开采煤炭,会引发矿区土地塌陷、地表扰动、崩塌、泥石流等严重的地质灾害。煤矿开采对土地资源的破坏进一步加重了水土流失。由于采煤产生的水土流失影响面积为塌陷面积的 10%~20%,平均每生产 1 亿吨煤造成水土流失影响面积约 245 平方千米,煤炭开采造成水利设施报废、地表植被死亡、粮食减产甚至颗粒无收。

煤炭开采造成严重的环境污染,较为突出的是煤矸石和矿井废水带来的污染。根据经验数据,大约 10% 的煤矸石在堆积过程中会发生自燃,产生大量的有害气体。更为重要的是,煤矸石经过雨淋,渗透到地下水系,会污染地下水资源。

近年来受市场利好影响,煤矿超能力生产现象普遍存在,煤矿重特大事故时有发生,后续发展代价难以估量。"成于煤,败于煤"让各界有识之士夙夜长叹,"吃祖宗饭,断子孙路"的发展方式是违背可持续发展原则的。资源枯竭问题日显突出,转产再就业压力巨大。煤炭产量和领导干部的"GDP 政绩"无形地挂钩,因此深刻影响着各地的经济决策和发展规划,"有煤的吃煤,无煤的傍煤",造成经济对煤炭产业强烈的依赖性。

3. 机会(opportunities)分析

(1)能源需求快速增长带来的压力明显减轻,2020 年 48 亿吨标准煤能源总量控制目标实现的可能性增大。

经济增速下滑带动能源增速下滑主要表现在两个方面:一是经济规模效应;二是经济结构效应,投资对经济的拉动作用有所减弱(尽管具体幅度并不确定)。

(2)煤化工等相关产业的兴起拉动了对煤炭的需求

煤炭储量和能源安全问题决定了发展煤化工是我国能源问题的有效解决途径。丰富的煤炭资源储量为我国煤化工产业的发展提供了坚实基础;在我国石油进口依赖度不断攀升的大环境下,能源安全问题使煤化工的发展成为必要。除传统煤炭需求外,煤化工行业的兴起所带来的煤炭需求将有力拉动煤炭消费,国内以煤炭为主的能源消费格局短期内难以改变,煤炭消费将与国民经济保持同步或更快增长。

4. 威胁(threats)分析

(1)煤炭产能过剩风险将进一步显现

中国煤炭行业正面临严峻的产能过剩这一长期风险,长期的供过于求是由

---

① 资料来源:《中国统计年鉴 2016》。

近几年疲软的消费增长和过度投资造成的，煤炭价格和行业整合将因此受到制约，小型和高成本煤矿将受到资金压力的冲击。2014 年底中国煤炭行业的闲置产能为 14 亿吨，相比 2014 年中国 38 亿吨的总耗煤量，这一闲置产能相当之大，并且随着大量的新产能持续投入，使用率低的问题将更为严重。

（2）煤炭需求趋于饱和

在煤炭行业出现严重产能过剩的同时，由于经济增速放缓、经济再平衡抑制高能源密集型行业的投资、政策鼓励可再生能源发电，煤炭需求已经趋于饱和。2015 年煤炭消费占全国能源消费总量的比例已由 2007 年最高的 73%下降至 64%，跌势或可持续。

（二）山西省发展环境 SWOT 分析矩阵

如表 4-1 所示，本书对山西省煤炭富集区进行了 SWOT 分析。

表 4-1　山西省煤炭富集区 SWOT 分析矩阵

	优势（S）	劣势（W）
	煤炭产品种类全，质量好； 煤炭外运量占全国 3/4； 地理位置优势，是陕西、内蒙古、宁夏等省份煤炭外运的必经通道； 成本与价格优势； 煤炭工业体系完整	产业集中度低，市场竞争无序； 产业链短； 与东部相比，煤炭运输距离较远，运输成本高； 安全问题严峻； 人力资源结构不合理
机会（O） 石油价格上涨； 煤炭行业进入壁垒提高； 煤炭企业重组整合； 加入 WTO 有利于出口； 煤炭技术的创新	SO—利用优势，利用机会 加快深加工产业的发展，提升煤炭利用率； 加快煤炭产业集群的升级发展	WO—利用机会，克服劣势 加快产业整合，提升产业集中度； 延伸产业链，实现多元化生产； 就地转换和综合利用，减少运输成本； 加强安全生产； 人力资源结构优化
威胁（T） 周边省份煤炭崛起； 能源生产消费结构变化； 主要消费城市环保力度加强； 技术改革及产业结构的完善	ST—利用优势，回避威胁 做强做大现有优势产业，建立产品品牌； 发展清净煤技术，实现煤炭资源绿色生产； 实施成本领先、差异化战略	WT—克服劣势，回避威胁 多元转型； 建设资源型可持续发展城市； 加强集群文化建设

二 环境评价

（一）产业基础环境相对优良

我国煤炭资源探明储量位居世界第三，储量占全世界煤炭总储量的 13.9%，但由于煤炭生产、消费量大，储采比远低于世界平均水平，且逐年下降。煤炭产业环境中资源争夺成为产业运行过程中的焦点之一，作为能源需求大国，开发新的资源基地成为我国煤炭行业发展的重要课题。

（二）产业集聚环境逐步优化

产业整合力和吸纳力有所提升，国家在煤炭企业重组、资源整合、鼓励发展大企业集团等方面的政策导向比较明显，煤炭产业在企业兼并重组，跨区域、跨行业投资，以及上下游企业之间的战略合作方面存在众多投资发展机会。

（三）科技创新效率偏低

我国煤炭领域的科技创新，不仅投入不足，还存在投入产出率低的问题。科技创新资金多数用于技术改造，在行业共性技术和重大产业关键技术方面投入很小，科技成果的影响力和贡献度较低。在国家全面实施创新驱动战略的现实背景下，煤炭行业应加大科技投入力度，提高技术革新所带来的产业贡献率。

（四）金融政策影响力日益增强

国家对煤炭产业的资金投入，以及融资市场形势对煤炭产业的影响明显，政策因素增加了煤炭产业投资的不确定性，成为投融资风险的一部分。国家有关矿产资源、环境保护、安全生产等法律法规的制定，产业政策、技术政策、投融资政策等措施的施行，成为影响煤炭产业投资环境的直接因素。

（五）技术创新驱动作用凸显

近几年，我国煤炭行业以煤炭企业为主体的技术创新体系初步建立，攻克了一批行业共性的关键技术难题。与国外相比，我国煤炭行业的科技水平仍有一定差距，创新能力不足。我国《煤炭工业发展"十二五"规划》指出，占 1/3 产能的煤矿急需进行生产安全技术改造，占 1/3 产能的煤矿需要逐步淘汰。

（六）环境政策约束性逐步刚性

未来一段时间，规范和增加煤炭资源产品环境成本等系列政策仍将继续实行，势必会增加煤炭企业的生产成本，国家政策的最终导向是节能降耗，通过增加能源生产成本，并将成本合理传导至消费领域，通过成本节约实现节能降耗。同时，成本上升因素也将合理传导至下游消费领域，促进煤炭生产和消费的低碳绿色化。

第五章　煤炭富集区发展战略典型模式

改革开放以来，我国区域发展战略先后经历了以效率优先为导向的区域非均衡发展战略阶段、以缩小差距为导向的区域协调发展战略阶段和以科学发展观为指导的区域统筹发展战略阶段。在区域经济发展取得显著成就的同时，由于缺乏国土空间开发方面的正确引导，我国区域经济发展积累了一些问题与矛盾，突出表现在以下三个方面：①区域发展差距扩大；②空间开发失序，重复建设导致资源和要素空间配置效率低下；③部分地区过度开发导致生态环境恶化，人与自然和谐相处的关系遭到一定程度的破坏。

我国富煤、缺油、少气的资源格局和工业化后期增长阶段的生产力发展水平，决定了煤炭在未来二三十年仍将是保障我国能源安全的基础和主体性能源。中华人民共和国成立以来，煤炭工业取得了长足发展，建立了较完善和发达的产业体系。基于煤炭资源的不可转移、地理根植与路径依赖性，我国多数煤炭资源富集区已形成了煤炭企业和煤基产业集聚现象，但受发展理念和科技发展水平等因素制约，煤炭企业集团化的发展效能相对低下，煤炭产业由集聚现象向产业集群演化的进程相对缓慢，煤炭富集区绿色、低碳和可持续发展的能力相对不足。

充分利用知识经济、信息经济时代的先进科技成果，系统科学谋划煤炭富集区的发展战略，大力提高煤炭企业素质和煤炭产业集中度，促使煤炭产业和煤基产业由集聚现象向产业集群升级，促进煤炭富集区由地理根植性的资源依赖型产业区向生态知识型煤炭主体功能区转化，这一方面有助于发挥区域煤炭资源优势，实现大规模、高效率开发，保障国家能源安全；另一方面有利于煤炭富集区变资源优势为经济优势、区域优势，促进区域协调发展。

第一节　煤炭企业集团化战略——模式一

一　企业集团化

（一）企业集团化的内涵

1. 企业集团化的概念

集团是以母公司为基础，以产权关系为纽带，通过合资、合作或股权投资等方式把多个独立的企业法人联系在一起而形成的联合体。集团成员企业之间在研发、采购、制造、销售、管理等环节协同运作，具有小个体无法比拟的优势。尤其是西方一些规模较大的集团，它们大多是从一个实体企业发展而来，具有较强的实力，并且内部协调好，具有原发性、自发性、发散性、派生性等特点。

集团化有两层含义：一是指很多相互独立、经营性质不同的个体，都被整合在集团的名义之下；二是指集团有一个主导产业和几个相关的辅助产业，集团成员为了进一步提升企业实力，按照自身的优势将经营链条进一步拆分，即"只做自己的强项"。

集团化所具有的优势是显而易见的。首先是基于资源整合的资源共享，形成一定的资产结构、产业结构、技术结构和地区结构，有利于资源结构优化，资源共享最突出的特点就是节省成本和费用；其次是优势互补带来的企业管理效率和经济效益的提升，集团较单个企业在资金规模、设备投入、人才结构等方面具有规模效益，从而在风险承担能力上有更好的支撑作用，因而适应投资市场的能力较强；最后是企业创新能力和综合竞争能力的提高，集团由于在人力、物力、财力上进行优化组合，有利于提高市场占有率及市场的开拓，从而增强企业的竞争能力。

2. 企业集团的构成

虽然不同国家、不同类型的企业集团的特征各有不同，但是抛开其差异性，企业集团也存在一般的结构关系。企业集团的一般组织结构及单位构成如图 5-1 所示。

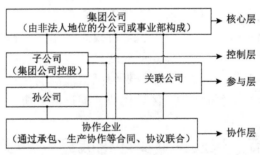

图 5-1　企业集团的一般组织结构及单位构成

企业集团包含着不同资产关系的组织单位，包括集团公司、子公司、分公司和事业部、关联公司、协作企业等，具体如下：①集团公司，是指通过掌握其他企业一定比例的资产或股份从而能够实际控制该企业的公司。②子公司，是指受母公司控制，但在法律上是独立法人企业。母公司对其的控制主要体现在资产管理、人事控制、战略管理等方面，不具体干涉其日常经营活动。如果子公司通过控股关系控制了其他企业，那么子公司也可以成为母公司，对应的这些企业便是孙公司。③分公司和事业部，是指总公司设立的生产型或销售型分支机构，在经济上和法律上无独立性，不是独立法人，其日常经营管理活动受总公司管理。④关联公司，是指被其他公司持股但持股公司没有达到控股地位的公司，包括集团公司参股的关联公司、集团内部成员企业之间相互参股而构成的关联公司、集团内部企业与外部企业相互参股而构成的关联公司。⑤协作企业，是指企业集团通过合同、协议等契约建立起来的主要在生产经营上相互协作的企业，企业之间只是在协作协议范围内的简单联合关系，不存在股权和投资关系，也不存在控制关系。

另外，企业集团通常由四个层次构成：①核心层，是一个具有母公司特征，可能包括若干分公司或事业部，并从事多样化经营的集团公司，是一个具有法人资格的经济实体；②控制层，是由若干个被集团公司控股的子公司及其孙公司组成的公司群；③参与层，若干个由集团公司或子公司参股的经营单位或研究单位；④协作层，是由那些以协议、合同等契约方式与核心层、控制层和参与层企业保持长期生产、配套、技术协作的单位。

3. 企业集团的管控

集团管控理论分为广义和狭义两种。狭义的集团管控仅指集团总部对内部下属分子公司的管理控制，而广义的集团管控包含多个层次，它是一个体系化管理机制，首先集团化企业应明确战略发展方向及战略目标，根据集团战略规划来设定集团的管控模式，依此确定集团总部的主要职能，集团管控模式不仅是一种管理手段、方法，还包括集团明晰的权责体系、集团组织架构，它明确集团内各分子公司、各部门及各岗位的工作职责，建立集团业务管理流程体系，完善集团绩效考核及薪酬管理体系等多个方面（孟静，2012），如图5-2所示。

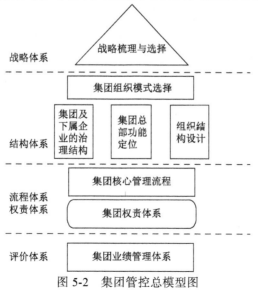

图 5-2 集团管控总模型图

（二）企业集团化类型

1. 财团型和系列型企业集团

企业集团可分为财团型企业集团和系列型企业集团两类。财团型企业集团主要是指欧美国家的财团和日本的金融系企业集团；系列型企业集团包括日本的地理系企业集团、德国的工业康采恩和英美的一些混合联合公司。二者的区别表现为三个方面：一是财团型企业集团的核心企业以大银行和金融公司为主，集团中呈相互持股状，多角结合，往往没有一个特定的核心，而系列型企业集团则呈金字塔形，常常以某一特定巨型产业公司为核心，以控股的形式控制下属企业；二是这两类企业集团虽然都未被横向联合所局限，但系列型企业集团基本上处于纵向联合，它们不仅有股份化的资本联结，而且在生产协作、技术开发、产品生产、供销服务等环节相互结合，所以系列型企业集团中核心企业与系列公司之间通常是垂直关系，经营范围主要集中于某几个产业领域，而财团型企业集团则是在混合联合的水平上，经营范围几乎涉及各个行业；三是这两类集团虽然都采用控股的方式，但是控股的目的不同，财团型企业集团内部的企业之间只是一种横向的独立法人之间的联系，因此整个集团没有统一的投资和积累机构，这类集团的核心企业对其所属企业的控制，仅为保证其自身资产效益的最大化，而缺乏对集团整体利益的考虑，系列型企业集团母公司与所属公司虽然也以股份资本为中介，但是母公司不仅关心自身的资本收益，更关心集团整体的利益和发展。

2. 相互持股型和单向持股型企业集团

郭晓利（2002）以构成企业集团最重要的共同特征资本纽带（股份持有形式）为主要标准，以控股母公司的形式为次要标准对企业集团进行分类。首先，根据企业集团成员企业间相互持股还是集团母公司对下属成员企业单方持股，将企业集团分为相互持股型和单向持股型企业集团。相互持股型企业集团一般不存在集团母公司，只存在集团内发挥较大作用的核心企业，也称为财团型企业集团。其次，单方持股型企业集团根据其母公司的形态，可以分为纯粹控股公司型企业集团和混合控股公司型企业集团。

3. 横向型、垂直型和混合型企业集团

毛蕴诗等（2002）认为，在欧美国家，学者按企业集团的行业和产品性质把企业集团分为横向型企业集团、垂直型企业集团和混合型企业集团三种。横向型企业集团由生产同一产品或相近产品的众多企业组成；垂直型企业集团由生产或销售上存在业务职能联系的众多企业组成；混合型企业集团由生产或业务上彼此无大联系甚至没有联系的企业组成。

4. 股权联结型、契约联结型和混合联合型企业集团

伍柏麟（1999）根据企业集团企业间联结的纽带关系，将中国的企业集团划分为股权联结型、契约联结型和混合联合型企业集团三种。

5. 纯粹控股型和混合经营型企业集团

笔者认为，股权和资本关系是划分企业集团的最终决定力量，因此，对于企业集团应该从股权关系进行分类，所以，我们把企业集团分为纯粹控股型企业集团和混合经营型企业集团。纯粹控股型企业集团自身不从事经营活动，单纯控股，参股其他子公司；而混合经营型企业集团不仅控股、参股其他子公司，自身还从事经营活动。

（三）企业集团化特征

1. 多个平等法人的联合体

企业集团是具有共同利益的多个平等法人以产权为主要纽带组成的经济联合体。企业集团本身不是法人，不具备法人资格，没有民事责任。企业集团是以产权为纽带而结合起来的经济组织，而不是行政组织，不存在行政概念上的上下级关系，或者一级法人、二级法人之类的区分，而是平等互利的经济关系，但在企业集团中有一个核心企业起主导作用。

2. 多层次的组织结构

企业集团往往是围绕一个核心企业或数个核心企业通过股权关系而组织起来的。企业集团各个法人之间按资金联合的不同程度而表现为不同的层级结构：具有强大经济实力，处于投资中心地位和控股中心的核心层；核心层对成员企业的资产占有达到控股程度的紧密层和具有资产参股的半紧密层；除此之外，是仅有生产联合，没有资金联合的协作层。这样就形成了核心层、紧密层、半紧密层和协作层的层级结构。企业集团内部一般有一家或几家核心企业，在核心企业周围由另一批企业形成紧密层、半紧密层和松散协作层，但只有核心企业代表企业集团承担民事责任，对整个集团行使控制权。

3. 多元性的联结纽带

企业集团是以产权关系为主要联结纽带的多个平等法人联合体，但在产权关系的基础上还有人事、契约等其他联结纽带。首先是产权纽带——产权关系是企业集团形成并产生较大向心力、凝聚力的最重要的纽带，主要表现在财团型企业集团成员企业间的相互持股和母子关系型企业集团、控股型企业集团成员企业间的单方持股；同时，还表现在银行和其他金融机构在财团型企业集团中的作用，银行不仅通过相互持股成为成员企业的股东，还进行大量的融资；其次是

人事纽带——企业集团成员企业间多存在人事上的参与、交流，这是由成员企业间的关系特点决定的；最后是契约联结纽带——组建企业集团的重要原因之一是充分发挥企业集团的内部资源协调与分配优势，在获得规模经济效益的同时，通过成员企业间在生产经营上的紧密协作弥补市场机制的失灵，降低交易费用。

4. 规模化和矩形化的业务模式

企业集团是以核心企业为核心，通过相互持股、单方参股等控股方式，运用资本纽带，把若干个企业联合在一起，形成多层次的内部组织结构。这样的企业集团组织表现为在社会化大生产及专业化分工基础上的企业联合，通过这种联合所聚集起来的庞大生产力，能产生单个企业难以实现的组合效应，具有强大的辐射能力和凝聚力，能够迅速满足现代规模经济的发展要求。在西方发达国家，各企业集团的规模十分惊人。例如，日本的企业集团，尤其是三菱、三井、住友、富士、第一劝银、三和六大企业集团，都已发展成为包含多种经营领域的巨型企业集团，成为横跨众多产业部门的独立的"企业王国"。像三菱集团，堪称日本经济的"象征"，其成员企业分属食品、纤维、造纸、化学、石油、玻璃土石制品、钢铁、有色金属、机器、电气、机器制造、运输机械、精密机械、商业、证务、不动产、海运、空运、仓库、银行、保险等，用三菱集团自己的话来讲，是从方便面到导弹，几乎无所不包，且在三菱的这些成员企业中都有若干拥有资本在 100 亿日元以上的大企业。

5. 管理内部化的运行机制

企业集团形成的根本原因，就是企业集团化使得管理协调比市场机制协调产生了更大的生产力，实现了企业更低的成本和更高的利润。这种多单位活动内部化所带来的利益的实现要与管理的层级制相适应。这种管理的层级制落实了企业高层的内部化，简化了中小企业繁多的市场高层领导，节约了管理成本，单位越多、企业规模越大，就越能享受规模经济和速度经济。

6. 经营多元化的发展方向

企业集团在经营方式上都实行多元化经营。多元化经营包括经营环节和产品经营两个方面。经营环节多元化，不但有生产环节，一般还都包括销售、产品研制等环节，形成研制、原料供应、生产销售综合体。产品经营多元化，即产品经营横向跨度大，既有相关产品，也有非相关产品。例如，美国波士顿财团的特克斯特隆公司，从生产宇宙飞船、电子仪器等尖端产品到生产纺织机器、家具、拉链、钟表发条等日用工业品，既从事工业生产，又经营银行业务，既提供电子计算机设备和服务，又从事科研。

7. 经营跨国化的发展趋势

跨国经营已与单纯的贸易关系及利用外资、技术引进等形式不同。企业国际化经营是指国内外企业有机结合起来，从全球观念出发进行经营，在全球范围内寻找企业发展机会，包括最有利的生产、销售及原料供应基地，这样企业集团实际上已是跨国公司。

8. 多功能的经济联合体

综合上述特点，企业集团必然是一种多功能的经济联合体，其功能包括生产、科研、技术、开发、投资、贸易等。

（四）企业集团化理论

1. 企业边界理论

企业的边界是与企业的性质紧密相连的，其由来可以简单地概括为：企业作为市场机制的替代方式，所发挥作用的范围应该止于何处。当然，"边界"一词是从系统理论中发展而来的，是异质性系统之间的界面划分。学术界公认的对现代企业理论的研究始于 1937 年科斯（R. H. Coase）发表的《企业的性质》一文，科斯提出了他对企业性质的认识，当然也指出企业边界的确定是当在企业范围内进行交易所产生的边际节约等于由于企业内权威的增大而产生的边际僵硬成本，自此，企业边界理论便进入了企业理论界研究的范围。有关企业边界的确切定义，不同的学者有不同的观点和看法，从表面来看主要是指企业在各个层面上的规模或范围。

虽然关于企业边界理论的众多研究都是出于对广义交易费用的节约这一考虑，但最终结论却是不同的。以科斯为代表的学派主张企业的边界是存在的，而且是明确的；而以张五常为代表的学派则主张企业的边界是模糊的或不存在的，确定企业边界的研究是没有意义的。

笔者认为企业边界的存在是以企业区别于市场为前提的，因此，企业是存在边界的，同时，企业边界又会随着企业的性质和发展，以及新经济形式（如战略联盟、特许经营、虚拟企业）的出现等经济现象的变动而变动，企业的边界是动态的。企业边界不仅是明确存在的，而且企业边界的管理是有形或无形企业管理中必不可少的一部分。

（1）不同视角下的企业边界理论分析

以亚当·斯密为代表的古典经济学派从分工协作能提高生产效率的角度解释了企业存在的理由，并指出了出现企业边界的理由。科斯和威廉姆森（O. E. Williamson）从交易成本理论出发，探讨了企业边界的决定问题，企业的边界是由在企业内部开展的、边际交易成本小于从市场购买的边际交易成本的所有活动组成的集合，通过比较市场交易成本与企业内部的各种成本来确定企业规模，即企业的规模是市场交易成本等于企业内组织成本时的规模。

以马歇尔为代表的新古典经济学派将企业看作是追求利润最大化的生产函数，企业规模或边界的确定取决于单位产出的平均成本。企业被当成外部世界进行生产的专业化生产单位，该理论认为规模经济、专业化活动等优势使企业的生产更有效率，这也是企业之所以存在的理由。与交易费用理论相比，新古典经济学派开始从专业化分工的产生和发展角度进行企业边界的问题分析。

现代企业能力理论认为，企业是由一组特定的资源和能力所组成的集合，在进行生产经营的过程中，这些资源和能力的有机结合形成了企业的竞争优势。企业边界的确定是由所有处于核心内部的活动所形成的团体，核心以外的活动通常以外购的形式发生。现代企业能力理论以企业核心能力为特色，得到了学术界的普遍认同。虽然现代企业能力理论尚未形成成熟、系统的理论体系，但对现实经济活动的解释更有说服力。

（2）企业边界的属性

不同的学者对企业边界的属性有不同的观点。有学者认为企业边界可以划分为纵向边界、横向边界、外部边界和地理文化边界，另外，也有产权边界、法律边界之说。也有学者认为企业边界具有双重属性——规模边界和能力边界，前者是由企业所拥有的土地、资本、人力、机器设备等有形资源所决定的，而后者是由企业所拥有的知识、品牌等无形资源所决定的。规模边界是企业边界的外在表现形式，能力边界是对传统意义上的企业边界的扩展，对企业而言，能力边界的大小决定着规模边界的大小。随着知识经济的到来，知识等无形资源的作用越来越大，因此，企业的能力边界变得越来越重要。

企业的规模边界可分为横向边界和纵向边界两类，横向边界是企业所生产的产品或提供的服务的种类的多少，最优横向边界是由企业单位成本最低的产品种类所决定的；纵向边界是对价值链上的各个环节在企业内部开展活动的集合，"自制"和"外购"的决策行为决定了企业的纵向边界。与横向边界相联系的通常是企业多元化经营战略的确定，而纵向边界的变动更多地体现在企业对部分业务的外包和剥离上。企业的能力边界是其核心属性，归根到底，企业的所有活动都是在其能力边界范围内开展的。企业的能力边界是一个相对模糊的概念，涵盖范围也很广，从理论上来说企业内部知识的整合决定了企业的核心能力，进而确定其能力边界的大小。在实践中，企业能力边界的变动趋势多样，如通过扩展企业社会关系网增强自身影响力、对关联企业进行操纵和控制，等等。

（3）企业边界的选择、变动与整合

企业边界的选择是一个复杂的系统工程，受行业性质、企业经营战略、企业资源和能力、市场环境的变化等多种因素的影响。对企业边界的选择无所谓对错，也因企业不同而呈现不同的选择方式，但从总体上来看，仍可发现一定的规律：处于产业链上游的企业发展到一定程度时，往往倾向于缩减规模边界，而更加注重对能力边界的扩张；新兴的企业组织，如知识密集型和资本密集型企业在缩减规模边界的同时，企业的横向边界也有缩减的趋势；而处于产业链下游的企业或者新建企业往往是从扩展其规模边界中的横向边界开始发展的。因此，企业经营战略的确定是企业边界选择的外在表现形式。

学者们对企业边界变动的研究视角各有不同，研究结论众说纷纭。本书在借鉴现有研究成果的基础上，提出企业边界的变化有主动变化和被动变化之分。主动变化是随着经济社会的发展规律而呈现的正常变化，如随着市场化改革的深入而呈现出企业规模逐渐变小的趋势；被动变化是企业在发展过程中为适应市场而进行的被迫"瘦身"，最为典型的是为提高企业对市场的回应速度而将部分非核心业务外包的行为。在研究企业边界变化时，重点讨论的是新兴经济现象对企业边界变化提出的挑战，以及企业应如何通过对自身边界的调整实现发展。

对企业边界整合的理解可以分为两个层次：一是对企业各种属性边界的确定，如规模边界、能力边界、法律边界、产权边界等，从另一个层面上来说，是对企业规模或范围的界定；二是比较侠义的说法，也就是企业是"自制"还是"外购"的决策行为，学术界比较认同的说法是后者。企业在考虑自身现有的资源、未来发展方向，以及对各种成本的高低进行比较后，就会对每一项价值活动进行裁并整合，以此形成企业的边界。随着"制商整合"观念的普及，从供应链视角进行的企业合作与整并为企业外包的经营模式发展提供了一个大环境，无论是垂直整合模式还是水平整合模式都对企业边界变化产生较大影响。从某种意义上说，企业对边界整合模式的选择是企业边界管理中最为重要的一项。

2. 规模效益理论

规模效益又称规模利益，又称规模经济，指在一定科技水平下生产能力的扩大，使长期平均成本呈现下降的趋势，即长期平均成本曲线呈下降趋势。规模指的是生产的批量，具体有两种情况：一种是生产设备条件不变，即生产能力不变情况下的生产批量变化；另一种是生产设备条件变化，即生产能力变化时的生产批量变化。规模经济概念中的"规模"指的是后者，即伴随着生产能力扩大而出现的生产批量的扩大，而经济则含有节省、效益、好处的意思。按照包括拉夫经济学辞典在内的权威性解释，规模经济指的是：给定技术的条件下（指没有技术变化），对于某一产品（无论是单一产品还是复合产品），如果在某些产量范围内平均成本下降或上升，我们就认为存在着规模经济（或规模不经济）。同边际效益一样，在某一区域内才满足规模经济性。具体表现为长期平均成本曲线向下倾斜，从某种意义上说，长期平均成本曲线便是规模曲线，长期平均成本曲线上的最低点就是"最小最终规模"。上述定义具有普遍性，银行业规模经济便是由此引申而来。

（1）特点

长期平均成本曲线的下降不是无限的，曲线最低点称为"最小最终规模"。随着技术进步和生产工艺水平的提高，最终规模不断变化；不同产业因生产技术不同，企业规模经济的利用途径和形式也有所不同。现代消费需求的多样化与个性化，并没有使规模经济消失，而是通过产品的系列化和高度完整的标准化，实行"多品种、少批量、大数量"体制，使规模经济依然深刻地影响着企业的生产经营和发展。对规模经济的研究，是地区工业合理布局和某一产业大范围调整的重要依据。

人们根据生产力因素的数量组合方式变化规律的要求，自主地选择和控制生产规模，求得生产量的增加和生产成本的降低，进而取得最佳经济效益。规模经济或生产力规模的经济性，就是确定最佳生产规模。

规模经济包括部门规模经济、城市规模经济和企业规模经济。在西方经济学中，规模经济主要用于研究企业经济。但作为生产力经济学的重要范畴，规模经济的含义则更为广泛，它包括从宏观到微观的、能获得经济利益的各个层次的经济规模。

（2）类型

1）规模内部效益、规模外部效益和规模结构效益。规模内部效益是指经济实体在规模变化时由自身内部所引起的收益增加。

规模外部效益是指整个行业（生产部门）规模变化使个别经济实体的收益增加。例如，行业规模扩大后，可降低整个行业内各公司、企业的生产成本，使之获得相应收益。

规模结构效益是指各种不同规模经济实体之间的联系和配比，形成一定的规模结构经济，如企业规模结构、经济联合体规模结构、城乡规模结构等。

2）工厂规模效益和企业规模效益。工厂规模效益是从设备、生产线、工艺过程等角度提出的。其形成的原因有：采用先进工艺，设备大型化、专业化，实行大批量生产，以降低单位产品成本和设备投资；实行大批量生产方式，以有利于实现产品标准化、专业化和通用化（通常称产品的"三化"），提高产品质量，降低能耗和原材料消耗等各种物耗，促进技术进步，最终达到显著的经济效果。

企业规模效益指若干工厂通过水平和垂直联合组成的经营实体，它不仅可带来单位产品成本和物耗的降低，取得"全产品生产线"的效益，而且可降低销售费用，节省大量管理人员和工程技术人员，还可使企业有更多的资金用于产品研制与开发，使其具有更强的竞争能力。

在实际生产过程中，两种规模经济具有同等重要的意义，但工业地理学更偏重于研究后者。

3. 协同效应理论

协同效应就是指企业生产、营销、管理的不同环节、不同阶段、不同方面共同利用同一资源而产生的整体效应，或者是指并购后竞争力增强，导致净现金流量超过两家公司预期现金流量之和，又或合并后公司业绩比两个公司独立存在时预期的业绩高。

一个企业可以是一个协同系统，协同是经营者有效利用资源的一种方式。这种使公司整体效益大于各个独立组成部分总体效益的效应，经常被表述为"1+1>2"或"2+2=5"。安德鲁·坎贝尔等（2000）在《战略协同》一书中说："通俗地讲，协同就是'搭便车'。当从公司一个部分中积累的资源可以被同时且无成本地应用于公司的其他部分的时候，协同效应就发生了。"他还从资源形态或资产特性的角度区分了协同效应与互补效应，即互补效应主要是通过对可见资源的使用来实现的，而协同效应则主要是通过对隐性资产的使用来实现的。蒂姆·欣德尔（2004）概括了坎贝尔等提出的关于企业协同的实现方式，指出企业可以通过共享技能、共享有形资源、协调战略、垂直整合、与供应商的谈判和联合等方式实现协同。

（1）类型

1）经营协同效应。经营协同效应主要指实现协同后的企业生产经营活动在效率方面发生的变化及效率的提高所产生的效益，其含义为协同改善了公司的经营，从而提高了公司的效益，包括协同效应产生的规模经济、优势互补、成本降低、市场份额扩大、更全面的服务等。

经营协同效应主要表现在以下几个方面。

其一，规模经济效应。规模经济是指随着生产规模扩大，单位产品所负担的固定费用下降，从而导致收益率的提高。显然，规模经济效应的获取主要是针对横向协同而言的，两个产销相同（或相似）产品的企业进行协同后，有可能在经营过程的任何一个环节（供、产、销）和任何一个方面（人、财、物）都能获取规模经济效应。

其二，纵向一体化效应。纵向一体化效应主要是针对纵向协同而言的，在纵向协同中，目标公司要么是原材料或零部件的供应商，要么是协同公司产品的买主或顾客。纵向一体化效应主要表现在：①可以减少商品流转的中间环节，节约交易成本；②可以加强生产过程各环节的配合，有利于协作生产；③企业规模的扩大可以极大地节约营销费用，纵向协作经营，不但可以使营销手段更为有效，还可以使单位产品的销售费用大幅度降低。

其三，市场力或垄断权。获取市场力或垄断权主要是针对横向协同而言的（某些纵向协同和混合协同也可能会增加企业的市场力或垄断权，但不明显），如横向并购，两个产销同一产品的公司合并，很有可能导致该行业的自由竞争程度降低，并购后的公司可以借机提高产品价格，获取垄断利润。因此，以获取市场力或垄断权为目的的协同往往对社会公众无益，也可能降低整个社会经济的运行效率。所以，对横向并购的管制历来就是各国反垄断法的重点。

其四，资源互补。协同可以达到资源互补，从而优化资源配置的目的，比如，有这样两家公司 A 和 B，A 公司在研究与开发方面有很强的实力，但是在市场营销方面十分薄弱，而 B 公司在市场营销方面实力很强，但在研究与开发方面能力不足，如果我们将这样的两个公司进行合并，就会把整个组织机构中好的部分同本公司相应部门结合与协调起来，而去除那些不需要的部分，使两个公司的能力通过协调达到有效利用。

2）管理协同效应。管理协同效应又称差别效率理论。管理协同效应主要指的是协同给企业管理活动在效率方面带来的变化，以及效率的提高所产生的效益。如果协同公司的管理效率不同，在管理效率高的公司与管理效率低的另一个公司协同之后，低效率公司的管理效率得以提高，这就是所谓的管理协同效应。管理协同效应来源于行业和企业专属管理资源的不可分性。

以并购为例，管理协同效应主要表现在以下几个方面。

其一，节省管理费用。开展并购，通过协同将许多企业置于同一企业领导之下，企业的一般管理费用在更多数量的产品中分摊，单位产品的管理费用就可以大大减少。

其二，提高企业运营效率。根据差别效率理论，如果 A 公司的管理层比 B 公司更有效率，在 A 公司收购了 B 公司之后，B 公司的效率便被提高到 A 公司的水平，以至于整个的经济效率水平将因此类并购活动而提高。

其三，充分利用过剩的管理资源。如果一家公司拥有一支高效率的管理队伍，其一般管理能力和行业专属管理能力超过了公司日常的管理要求，该公司便可以通过收购一家在相关行业中管理效率较低的公司来使其过剩的管理资源得以充分利用，以实现管理协同效应，这种并购之所以能获得管理协同效应，原因主要有两个：①管理人员作为企业的雇员，一般都对企业专属知识进行了投资，他们在企业内部的价值大于他们的市场价值，管理人员的流动会造成由雇员体现的企业专属信息的损失，并且一个公司的管理层一般是一个有机的整体，具有不可分性，因此剥离过剩的管理型人力资源是不可行的，而并购为之提供了一条有效的途径，把这些过剩的管理资源转移到其他企业中而不至于使它的总体功能受到损害；②一个管理低效的企业如果通过直接雇佣管理人员增加管理投入，以提高自身的管理水平是不充分的，或者说是不现实的，因为受规模经济、时间和增长的限制，无法保证一个管理低效的企业能够在其内部迅速地发展其管理能力，形成一支有效的管理队伍。

管理协同效应对企业形成持续竞争力有重要作用，因此它成为企业协同的重要动机和企业协同后要实现的首要目标。深入理解管理协同的含义及作用机理是取得管理协同效应的前提。在操作过程中首先要选择合适的协同对象；其次要通过恰当的人力资源政策使管理资源得到有效的转移和增加；最后还要重视文化整合的作用。

3）财务协同效应。财务协同效应是指协同的发生在财务方面给协同公司带来收益，包括财务能力提高、合理避税和预期效应。例如，在企业并购中产生的财务协同效应，就是指在企业兼并发生后通过将收购企业低资本成本的内部资金投资于被收购企业的高效益项目上，从而使兼并后的企业资金使用效益得到提高。

财务协同效应能够为企业带来效益，同样以企业并购为例，财务协同效应主要表现在以下几个方面。

其一，企业内部现金流入更为充足，在时间分布上更为合理。企业兼并发生后，企业规模得以扩大，资金来源更为多样化。被兼并企业可以从收购企业得到闲置的资金，投向具有良好回报的项目；而良好的投资回报又可以为企业带来更多的资金收益。这种良性循环可以增加企业内部资金的创造机能，使现金流入更为充足。就企业内部资金而言，混合兼并使企业涵盖了多种不同的行业，而不同行业的投资回报速度、时间存在差别，从而使内部资金收回的时间分布相对平均，即当一个行业投资收到回报时，便可以用于其他行业的项目投资，待到该行业需要再投资时，又可以使用其他行业的投资回报。企业通过财务预算在企业中始终保持着一定数量的可调动的自由现金流，从而达到优化内部资金时间分布的目的。

其二，企业内部资金流向更有效益的投资项目。混合兼并使得企业经营所涉及的行业不断增加，经营多样化为企业提供了丰富的投资选择方案。企业从中选取最有利的投资项目。同时兼并后的企业相当于拥有一个小型资本市场，把原本属于外部资本市场的资金供给职能内部化了，使企业内部资金流向更有效益的投资项目，这样，最直接的后果就是提高企业投资报酬率并明显提高企业资金利用效率。而且，多样化的投资必然减少投资组合风险，因为当一种投资的非系统风险较大时，另外几种投资的非系统风险可能较小，由多种投资形成的组合可以使投资风险相互抵消。投资组合理论认为只要投资项目的风险分布是非完全正相关的，则多样化的投资组合就能够起到降低投资风险的作用。

其三，企业资本扩大，破产风险相对降低，偿债能力和取得外部借款能力提高。企业兼并扩大了自有资本的数量，自有资本越大，由企业破产而给债权人带来损失的风险就越小。企业兼并后企业内部的债务负担能力会从一个企业转移到另一个企业。因为一旦兼并成功，对企业负债能力的评价就不再是以单个企业为基础，而是以兼并后的整个企业为基础，这就使得原本属于高偿债能力企业的负债能力转移到低偿债能力企业中，解决了偿债能力给企业融资带来的限制问题。另外，那些信用等级较低的被兼并企业，通过兼并，使其信用等级提高到收购企业的水平，为其外部融资减少了障碍。无论是偿债能力的相对提高、破产风险的相对降低，还是信用等级的整体性提高，都可美化企业的外部形象，从而使企业能更容易地从资本市场上取得资金。

其四，企业筹集资金费用降低。合并后企业可以根据整个企业的需要通过发行证券募集资金，避免各自为战的发行方式，减少了发行次数。整体发行证券的费用要明显低于各企业单独多次发行证券的费用之和。

（2）效应实现

1）资源角度。并购市场一般的游戏规则是并购溢价必须在并购整合前付清。所以，决策者必须将并购成本和预期收益分开计算：我拥有的资源（现实的和潜在的）在获得预期收益前，是否会穷尽？如果资源穷尽，所有的预期收益或者协同效应都是镜中花、水中月。

从动态角度看，实现协同效应要求并购者至少能够做到以下几点。

第一，并购者能够识别目标公司战略、流程、资源中的独特价值，并能维持和管理好这种价值，至少使其不贬值或不流失，这并非是一项轻松的任务。例如，美国优尼科公司的价值在于其拥有的油气资源，且还关系到未来的石油价格走向，这些都会影响公司的价值。

第二，并购者自身拥有的资源和能力在整合过程中不会被损害，能够维持到整合后新的竞争优势发挥作用。这要求并购者必须认真评估并购投入的资金、人力资源及其他资源对原有业务的影响。

第三，并购者拥有的资源、能力与目标公司的资源、能力能够有效地加以整合，创造出新的、超越原来两个公司的竞争优势。

2）竞争角度。从竞争角度看，实现协同效应，要求并购方能够做到以下两点：①整合后的并购者必须能够削弱竞争对手；②整合后的并购者必须能开拓出新市场或压倒性地抢夺对手的市场。第一个条件使并购者有能力维持优势或者克服弱点；第二个条件使并购者能够以前所未有的方式在新的或目前的市场上与竞争者竞争。所有这些都必须在如下前提下实现：中国企业是地区性公司，而对手则是全球性公司；并购支付溢价会削弱并购者的资源、能力，而竞争对手虎视眈眈，其实力并没有受到任何影响。

比如，联想的竞争对手戴尔，当联想宣布并购 IBM PC 后，戴尔一方面在美国市场、欧洲市场千方百计争夺 IBM 的客户；另一方面在中国市场和联想打价格战，力图削弱联想在中国市场的盈利能力，从而削弱联想整合 IBM 的全球业务能力。在中国市场打价格战，对于戴尔而言，损失的只是其全球业务中一个并非唯一重要的市场，而对并购初期的联想而言，损失了中国市场，则意味着失去了全部。

3）整合角度。想象这样一种情形：在竞争激烈的音乐市场，一个大型的中国民族乐团并购了一个辉煌不再的美国爵士乐团。他们事前未经任何演练，就作为一个乐队登台演出，这会是一种什么样的情形？如果你是指挥，你会处于何种境地？面临何种任务？如果你是乐队成员，你会处于何种状态？如果你是两个乐团原来的忠实听众，还会不会再买这个乐队的票？如果你是这个乐队的竞争对手，你会怎么做？

中国企业的跨国并购，在某种程度上和这种情形类似。如何使文化背景差异很大的两个企业融合到一起，和谐运作，实现协同效应，除了必需的资源保障，以及防止竞争对手的攻击，还需要有效地控制整合过程。

第一，有效的并购整合不是始于宣布并购之后，而应始于尽职调查阶段。在尽职调查时，不但要了解被并购企业的资源、业绩、客户等，更要研究其文化、历史；必须对协同效应的真正来源、实现的途径做出可靠的评估。并购者必须检验假设的可靠性。

第二，愿景和使命是企业文化的核心，是企业信仰系统中的灵魂，也是所有并购活动的出发点，更是凝聚优秀员工、留住有价值客户的重要基础。并购不过是实现公司愿景、达成公司使命的一个手段。所以，中国企业如果希望成为一个国际化的企业，就必须对愿景和使命陈述中的那些具有地域色彩、国家色彩的内容做出适当的调整。比如，一个中国企业的使命如果是"产业报国"，目标企业的员工很容易将这个"国"理解为中国，至少在现阶段，很难让一个其他国家的员工发自内心地认同这一点。

第三，必须有清晰明确的经营战略，即在竞争性环境中实现愿景的基本指导思想、路径，以及一系列连续的、一致的、集中的行动。在并购前，并购者必须仔细筹划哪些业务必须合并，哪些业务将独立运作，哪些业务将取消；哪些资源和能力将发生转移；哪些运作流程、策略将被改善或优化；进行这些整合需要付出多少成本；这些合并、优化、转移将创造多少价值。如果并购前没有对这些做出评估，并购者显然就是不知道为了什么而并购。如果不能清晰地说明新公司在整个产业价值链中如何更加富有竞争力，谋划出在哪里产生竞争收益，那么优势互补、强强联合就是空话。

第四，并购者必须为防止可能发生的文化冲突，特别是权力冲突，以及由此而导致的对公司竞争力的损害做好充分的准备；为保存目标公司的文化和实现并购目标而促进双方建立相互依赖关系，在双方之间保持必要的平衡。

国际化的道路虽然艰难，但绝非走不通。审慎的规划、科学的选择，能够提高企业成功的概率。风险可以规避，可以分散，但很难消除。善于改变风险，规避风险，提高成功的可能性，降低出现问题的可能性，以及问题出现后的负面影响，最终仍是经营者的责任。

真正的企业家并不是风险的追逐者，而是希望捕获所有回报而将风险留给别人的人。做百年企业，除非不得已，否则不要孤注一掷，应该给自己留条后路。

（五）集团化路径

1. 内部扩张型——纵向一体化

企业的内部化扩张是指企业依赖自身盈利的再投入及在此基础上通过企业内部其他因素条件的改善而实现的企业扩张。其主要特点是扩张过程表现为单个企业的独立运动，不改变企业产权、股权结构；本质是资本积聚；主要形式是企业利润的再投入或者借贷投入；优点是企业发展稳健，扩张风险较小，不会涉及复杂的外部关系，同时可以保证技术的先进性、布局的合理性、与核心企业的配套性、管理的协调性及企业文化的统一性等。然而，随着产品升级换代速度的加快和企业间竞争的加剧，这种扩张方式愈发显示出其局限性：①仅靠单个企业的资本自我积累，其资本积聚的规模非常有限，其积聚的速度也很慢，由此导致企业规模的扩张十分缓慢，难以较快地培育大型企业和企业集团。②企业自我扩张方式的建设周期很长。一个企业从积累资本、筹集资金、选定项目、规划选址、进行基本建设、安装调试生产设备、开始产品生产、建立销售网、开展售后服务并到收回成本、取得效益，是一个十分复杂而漫长的过程。这么长的周期，极不利于企业迅速把握市场机会，甚至可能工程还未完工，将要生产的产品早已饱和甚至就已被市场所淘汰了。③扩张成本很高。一个企业要扩张，所有资源要依靠内部筹集，其扩张成本很高，同时，没有充分利用社会配置资源的能力，且排斥了现代化生产中的社会化分工与协作，与现代企业的发展方式和发展逻辑相违背。④不利于企业快速进入新产品、新业务领域，特别是一些本来竞争性就已很强的领域。这些领域的进入壁垒很高，进入成本相当大，要争取用户对企业及品牌的认同需要花费巨大的投入，而效果还很难预料。⑤仅依靠内部的力量进行自我扩张不利于企业吸纳新人才、引进管理新思维、创造新机制。因此，单一的内部扩张方式已经越来越受到企业的冷落，而外部扩张方式或者内外部同时扩张的方式逐渐成为企业扩张的主流。

2. 外部扩张型——横向一体化

外部扩张方式是指企业利用社会现有的闲置或低效资源进行扩张。这种扩张方式既满足了扩张企业的发展需要，又使无效资源获得新生，既有企业个体经济效益，又有社会整体效益。所以，企业外部扩张往往可以获得国家政策的支持。企业并购是企业扩张和壮大的主要方式。西方国家自进入工业化时期以来，企业并购已经有100多年的历史，先后掀起五次影响全球的并购浪潮。美国著名经济学家、诺贝尔经济学奖得主乔治·斯蒂格勒说过："一个企业通过并购其竞争对手的途径成为巨型企业，是现代经济史上的一个突出现象。""没有一个美国大企业不是通过某种程度、某种方式的并购而成长起来的，几乎没有一家大企业主要是靠内部扩张成长起来的。"第一次"横向并购"浪潮发生于1897～1904年，其间美国共发生2684起并购，涉及总资产63亿美元，造就了美国钢铁、石油、烟草、冶炼、橡胶和造船业等垄断资本的形成，提高了工业集中度，100家最大企业控制了全美国40%的工业资本。其中一些至今仍是世界著名的大公司，如通用电气公司、福特汽车公司和杜邦公司等，都是在这次并购浪潮中确立了其重要地位。第二次"纵向并购"浪潮发生于1915～1929年，形式上更加多样化。据美国学者马克哈姆估计，1919～1930年，近12 000家企业被并购，该浪潮发生过程中制造业和矿业部门有8000家企业被并购。第三次"多元并购"浪潮发生于1953～1970年，其间美国发生25 600多起并购，法国发生2700多起并购，仅60年代就发生5600多起。第四次"融资并购"浪潮发生于1975～1992年，英国此次并购仅以融资为主，交易规模巨大，出现了特大型并购案，如1984年美孚石油吞并了拥有204亿美元资产的海湾石油公司，1988年菲利普·莫里斯公司以126亿美元并购了克拉菲特公司，成为当时全球最大的食品公司。第五次"战略并购"浪潮始于1994年，一直延续到现在，这次并购浪潮的主要特点是强强联合现象十分明显，多是一些业绩优良的巨型跨国企业之间的并购，并购之后形成巨无霸企业，如英国沃达丰公司并购德国曼内斯曼公司，金额高达1850亿美元；美国在线并购时代华纳，金额高达1810亿美元；日本兴业银行和第一劝业银行并购富士银行，金额高达130多万亿日元。中国的并购起步于20世纪90年代，1996～1997年形成了我国企业并购重组的高潮，其中1997年兼并破产企业达2980家，涉及资产总额4155亿元，包括金陵石化、扬子石化、仪征化纤、南化公司、江苏石油联合组建中国东联石化集团，武钢、冶钢、鄂钢宣布联合，山东齐鲁石化兼并淄博化纤总厂和淄博石化厂，成为当时全国最大规模兼并案，以及1998年7月组建中国石油天然气集团公司和中国石油化工集团公司两个巨型企业集团，同时，一汽、东风、长虹、海尔、春兰等大企业也广泛开展兼并联合。从理论上讲，外部扩张通常有两种具体方式，即收购和合并，简称并购。

（1）收购

收购是指对企业的资产和股份的购买行为。作为企业集团形成和扩张的重要方式，企业收购的特点是通过控股来实现部分或全部所有权的转让，目的是获得控制权。收购公司一旦取得对目标公司的控制权，就可以按照自己的经营方针、经营目标及管理模式来运营所收购的资产，并可取得对未收购资产的支配权。收购通常包括三种形式：①控股式，是指收购公司通过购买目标公司一定比例的股份而成为目标公司最大的股东，从而取得对目标公司的控制权。例如，2000 年联想集团以 3537 万美元的有形资产获得中国排名第一的财经类网站赢时通公司 40%的股份，成为其最大股东，而赢时通公司通过换股占有联想集团 40%的股份。该收购项目成为当年中国互联网行业最大的一次收购案。控股收购也可以是收购方对目标公司采取增资入股的方式，给目标公司注入新的股本，取得相对多数的股权而成为其最大的股东。目前，控股收购已成为企业界最流行的收购方式，绝大多数收购都是采取控股收购的方式。②全资购买式，是指收购方买下目标公司全部的股份或资产，使之成为集团公司附属的全资子公司，对其取得完全的控制权。比如，青岛啤酒自 1994 年以来完成的 30 多起收购案中，绝大多数是采用这种方式，全资收购，取消其品牌，使其变成青岛啤酒的全资子公司。③吸收式，是指收购方将目标公司的净资产或股份折算为集团公司的股金而投入收购方，使之成为收购方的一个新股东，这种收购方式经常发生在上市公司中，通过股权交易完成，既不影响交易双方的日常经营活动，又实现了股权的变更。

按照收购方与目标公司之间的生产技术联系，收购可以分为：①横向收购，即集团公司对生产同类产品或类似产品，或生产技术工艺相近的企业所进行的收购。比如，1998 年柯达公司出资 3.75 亿美元收购中国除乐凯之外的三家感光材料厂（汕头公元、厦门福达、无锡阿尔梅），并与另外三家企业（上海感光、天津感光和辽源胶片）建立合作关系以控制中国胶片市场便是典型的横向收购。②纵向收购，即集团公司对与本公司在生产经营各环节具有密切的纵向协作关系的专业化公司所进行的收购，它又可分为向前收购和向后收购。2006 年日本第二大互联网服务供货商软库斥资 150 亿美元收购全球最大规模的跨境移动电话商英国沃达丰旗下的日本子公司沃达丰日本，借此打入日本移动通信市场，这便是纵向收购的典型案例。③混合收购，即横向与纵向相结合的收购方式。比如，一家钢铁集团公司收购服装公司、房地产公司、摩托车公司、船舶运输公司等。

核心公司在采取收购方式扩张时，有四种策略可供选择：①中心式多元化策略，即通过收购使新开拓的事业与收购公司原经营业务具有高度相关性。这种策略以核心公司为中心，核心公司在企业集团起龙头作用，并不断在同业间进行扩展，收购风险小，收购成本低，收购后的整合相对容易。前面提到的柯达在中国的收购便属此类。②复合式多元化策略，是一种跨行业的收购策略，目的是要通过涉足不同领域，开展多样化经营，既能分散风险，又能寻找新的商机。比如，2005 年长虹以 1.45 亿元收购美菱电器便是长虹完善白色家电产品系列的一个复合式多元化收购策略。③垂直式整合策略，是一种收购本企业的上、下游企业进行整合的策略，目的是获得稳定的供应来源，或为了争取销售公司，利用它们已建立的销售渠道和网络，扩大本公司产品的市场销售能力，以实现供产销一体化。2006 年，全球最大的化妆品生产商法国欧莱雅以 6.52 亿英镑收购在全球 50 个国家拥有逾 2000 家商店的英国天然美容产品零售商 Body Shop，希望借此全面进军零售市场，便是典型的垂直式整合策略。④水平式整合策略，即通过收购目标公司现成的生产线和现成的生产技术来扩大本公司的生产能力和产品的行销能力策略。比如，现在世界上许多著名的跨国公司纷纷收购我国的电视机、啤酒、化妆品等生产厂家，其中就不乏获取品牌或利用我国企业原有的生产能力及行销网络打入中国市场的动机。跨国式的水平收购还可以绕开各国间许多的贸易壁垒，能够迅速在当地发展生产、销售能力，市场准入成本更低，风险更小。

（2）合并

企业合并有两种基本形式。

1）吸收合并，是指一个公司吸收其他的公司，被吸收的公司解散的一种合并形式，即通常所说的兼并。例如，1998 年清华同方吸收合并鲁颖电子公司，1999 年上海大众科创股份公司吸收合并无锡大众出租汽车股份公司都属此类合并。企业兼并从生产技术联系角度可分为横向兼并、纵向兼并和混合兼并。横向兼并是指同一部门内生产或经营同一类产品的企业间的兼并；纵向兼并是指在生产工艺或经销上有前后衔接关系的企业间的兼并；混合兼并则是指跨行业、跨部门的企业间的兼并。按兼并中资产处理方式的不同，企业兼并可分为承担债务式兼并、购买式兼并、吸收股份式兼并和控股式兼并。

企业实施兼并时本身所需具备的条件：核心企业的产品要有竞争力；生产技术上要有相当的实力；核心企业自身具有发展潜力；核心企业在生产经营管理上要有驾驭能力；核心企业在财务运作和资本筹集上要有相当强的协调、调度能力。

企业在选择兼并对象时，可以重点选择以下几类企业：自愿提出被兼并的企业，这样兼并和重组的阻力会减少很多；资不抵债和接近破产的企业；长期经营亏损或微利的企业；产品滞销，转产没有条件，也没有发展前途的企业。企业兼并最为重要的是兼并后的重组与整合，是否能够将被兼并企业顺利融入企业集团内是决定兼并是否成功的重要因素。

2）新设合并，是指两个以上的公司合并设立一个新的公司，原有公司的法人资格均告消灭，新组建公司办理设立登记手续取得法人资格，又称"联合"或"创设合并"。在新设合并下，合并各方共同组成一个新的法人实体。这个新设公司无偿地接收了原来各公司的资产，同时也承担了原来各公司的债务，它全面接管了原来各公司的权利、责任与义务。比如，2000 年美国在线与时代华纳合并，新设公司吸收了原公司美国在线和时代华纳的所有债权债务，组成美国在线时代华纳公司。

二 煤炭企业集团化

（一）煤炭企业集团化的内涵

煤炭企业集团化是指以煤炭核心企业为主体，相关企业之间通过兼并、重组、强强联合等方式，以资本、产权或其他契约为主要联结纽带，组建而成的大型煤炭企业联合体。煤炭企业集团内部企业间相互持股、参股，建立起一种强制信任关系，各成员企业在生产、技术、资金、人力等生产要素上相互渗透、紧密联系，形成具有多层次内部组织结构的利益共同体，各成员企业相互依附，共同抵御市场风险。

煤炭产业涉及煤炭资源勘探、开采、加工等关联产业，彼此之间相互联系、相互依存。我国煤炭产业所涉及的企业数量众多、分布零散且经营规模小、实力单薄，这些企业在全球化的国际竞争中很难生存发展。煤炭企业集团化战略发展应遵循市场经济规律，通过集约化经营，实现优势互补和全方位联合。

煤炭企业集团化战略模式应分为三个层次：第一层以实力雄厚的优势煤炭企业为核心，组建跨地区、跨国家的煤炭企业集团，主要参与国际竞争；第二层以国有大型重点煤矿为核心，组建一批具有一定竞争力的支柱企业，以保证国内市场的需求；第三层以大型煤炭企业为核心，并使其辐射周边地方矿、乡镇矿，主要为区域经济服务（赵公胜，2011）。具体的层次结构如图 5-3 所示。

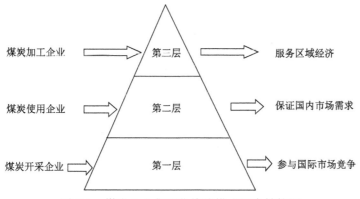

图 5-3　煤炭企业集团化战略模式层次结构图

煤炭企业集团化的核心竞争优势应从两个方面进行培育。第一，成本优势。通过体制创新扩大企业生产规模，实现规模效应；通过技术创新，不断更新技术、工艺，加大安全经费投入，提高生产效率，减少事故损失；通过管理创新，采用新的管理理念和管理方法，依托现代化管理手段，提高管理效率，降低管理费用。第二，差别化优势。在充分利用自身独特的煤炭资源优势的同时，加强技术研发，培育拥有自主知识产权的核心技术，加快研发成果的转化应用，不断开发新产品、新服务以满足顾客的不同需求。

通过大型集团化发展，实现煤炭产业的合理集中，不但可以有效优化煤炭产业结构，调控煤炭供给总量，而且可以有力促进煤炭产业的可持续发展。

（二）煤炭企业集团化的特征

煤炭企业集团除具备一般企业集团的多个平等法人的联合体、多层次的组织结构、多元化的联结纽带等特征之外，还表现出以下几个典型特征。

1. 经营空间跨区域性

煤炭企业集团实现跨国经营，参与国际竞争符合当前的世界经济国际化趋势。中国入世，但依然没有改变国内煤炭市场供大于求的局面，加之石油进口量的逐渐增加，石油必将挤占部分国内市场取代部分煤炭使用量，这必将对国内煤炭产业的发展造成一定的压力。煤炭产业应开拓国际市场，成立跨地区或跨国性的大型集团，进入那些煤炭行业发展尚不成熟的地区或国家，充分借助他国的资源优势为自身的生产经营服务，进而获得比较优势，降低进入费用，获取较高利润。同时我国煤炭产业富余人员多，劳务输出大有潜力，应大力发展国际工程承包业务和劳务输出业务，在参与国际竞争的同时缓解国内劳动力市场的压力。

2. 内部资本要素多元性

煤炭资源是重要的能源和化工原料，煤炭产业是我国的支柱性能源产业，决定了煤炭的生产经营要符合国家发展目标和国家战略安全，因此煤炭企业集团的生产销售由国家有关部门控制和调节，但为了提升集团的管理水平，提高集团的经营、盈利能力，煤炭产业大型集团的资本结构呈现出多元化特征，集团投资人除国家金融机构外还有其他一些公司，包括投资公司、保险公司、投资管理公司等，形成了金融资本与产业资本相互补充、相互促进的发展格局。

3. 成员企业协作竞争性

企业集团的成员企业都是具有独立法人资格的实体，它们独立核算、自主经营、自负盈亏，在对集团整体利益不产生损害的前提下，追求自身利益最大化。但成员企业并不是一味地追求自身利益，它们之间存在着资产纽带、技术纽带、产销纽带、产品纽带等多种联系纽带，促使成员企业在集团的战略目标下展开有效的分工协作，形成集团整体优势，实现"1+1>2"的集聚效益。煤炭企业集团化将分散的生产要素和企业集聚起来，进行优化重组，实现资源的最优配置，使资本、劳动力等各种资源得到合理利用，这不仅可以充分调动每一个成员企业的生产经营自主性和能动性，又有利于维护集团的整体利益，使生产经营更具计划性、前瞻性和预见性，减少生产经营过程中的盲目性、无效性，实现集团整体利益。

4. 区域行业市场垄断性

煤炭企业集团一般具有大规模和垄断性特征。一方面，我国煤炭资源属于国家所有，而且煤炭资源具有较强的稀缺性，煤炭勘探、开采活动大多由国有企业或事业单位掌握；另一方面，煤炭的产业性质决定了它的进入门槛较高，对技术和资本的要求高于纯劳动密集型产业，煤炭产业的规模效应必须在产量达到一定规模后才能出现。因此，煤炭企业集团的成员企业，特别是核心企业，往往规模较大，它们形成在一定经济区域内以某大型企业为核心的产业链和价值链网络，表现出市场结构的垄断性特征。

（三）煤炭企业集团化模式

借鉴国际主要产煤国家及国内其他行业集团化发展的成功经验，结合我国煤炭产业目前的发展状况和地区分布的特点，煤炭产业实施集团化发展的模式可以从以下几个方向进行选择。

1. 以资源规划区为整合范围的集团化模式

根据我国煤炭资源的分布集中区域进行划分，以京津冀、东北、华东、晋陕蒙（西）、中南、西南、新甘宁青七个资源区为边界，通过对区域内的现有大型煤炭企业进行整合，形成七大煤炭企业集团，从而在全国范围内达到相对垄断的竞争格局。这一模式将在中央政府的宏观调控下，以区域内的煤炭企业联合体作为投资中心，以省级煤炭企业作为利润中心，以所属各矿作为成本中心。这一模式具有煤炭企业集中度高、规模大的优点。煤炭企业布局顺应了煤炭资源的地缘分布规律，能够更好地实现煤炭资源的合理配置，有利于政府更有效地进行宏观调控，同时有利于培育规范、有序的煤炭市场。但是，由于该模式的地区差异较大，尤其是税收体制、工资体制、就业体制等因素，会增大集团内部的摩擦阻力，加大协调成本，制约集团整体优势的发挥。

2. 以行政区划为特点的集团化模式

以山西、陕西、内蒙古、河南、安徽等主要产煤省份行政区划范围为界限培育大集团、建设大基地、形成大集群。大型煤炭企业集团组建后将通过产权关系的整合，逐步建立统一的销售、采购及资金运作平台，实现各省份储备煤炭的统一规划和开采，提升企业核心竞争力。这一模式的优点是可操作性强，省级政府的行政监管和整合协调效果较好。但是，这种模式的生产格局仍处于分散状态，尤其是对其他下游产业和省外市场需求难以协调，容易滋生地方保护主义。

3. 以煤炭品种为整合对象的集团化模式

根据不同煤炭资源品种组建或重组不同煤种生产主体的集团企业，尤其是按照原煤产品在市场和需求方面的专业划分，如根据炼焦煤、动力煤、无烟煤等来组建企业集团，从而进一步划分和对应下游需求产业的市场配置。例如，山西省通过资源整合已呈现出焦煤集团、动力煤集团和无烟煤集团三大专业化集团模式。实施这种集团化发展模式后，能够根据煤炭品种的特性、细分市场进行区分，避免恶性竞争，最大限度地发挥煤炭生产装备和加工工艺的比较优势，提高煤炭资源的利用效率。但是，这种模式存在企业边界区域跨度较大，组织体制构建和企业的经营管理工作相对复杂的问题。

4. 以产业一体化为发展方向的集团化模式

企业集团化发展的规模优势体现在相关产业一体化发展，减少交易成本，降低市场风险，形成协同效应。煤炭、电力、化工、铁路、港口等产业是相辅相成、协调发展的主体产业。尤其是随着煤炭行业投资主体日渐多元化，煤炭企业通过联合非煤企业，引入外部资本，延伸下游产业链，以多联产方式或循环经济模式组建形成相关的多元化大型能源加工型集团。这一模式不仅能提高产业集中度，也打破了行业分割，有效降低企业经营成本，但需要国家采取有效手段进行宏观引导，实行改造重组，整合特大型集团公司。神华集团、中国平煤神马集团就是典型的成功案例。

第二节　煤炭产业集群化战略——模式二

　　全球经济一体化背景下，基于资源全球配置与产业专业化分工协作，产业空间集聚成为具有普遍意义的世界性经济现象，产业集群化成为提升产业与区域核心竞争力的重要手段，也是当前各国产业与区域发展的重要战略模式。国家"十二五"规划明确提出发展现代产业体系、提高产业核心竞争力的战略思想，为我国产业集群的进一步发展提供了更广阔的实践平台。煤炭产业是我国未来30年能源供给的主体产业，充分把握知识经济时代的先进成果、科技优势及"十三五"规划提供的难得契机，培育和发展煤炭产业集群，一方面，有助于煤炭企业发挥资源优势，实现大规模、高效率开发，变资源优势为经济优势；另一方面，煤炭产业集群作为以煤炭产业为核心、多产业关联而形成的具有稳定循环性和共生性的有机聚合体，也是国家"十二五"规划"主体功能区"区域发展战略的有力推手。因此，促进煤炭产业集群化发展，是提升煤炭产业和煤炭富集区核心竞争力的重大现实问题。

一 产业集群

（一）产业集群内涵

1. 产业集聚概念

　　产业集聚是指同一产业在某个特定地理区域内高度集中，产业资本要素在空间范围内不断汇聚的一个过程。关于产业集聚问题的研究始于19世纪末，马歇尔在1890年就开始关注产业集聚这一经济现象，并提出了两个重要的概念，即"内部经济"和"外部经济"。之后，产业集聚理论有了较大的发展，出现了许多流派，比较有影响力的有韦伯的集聚经济理论、熊彼特的创新产业集聚论、E. M.胡佛的产业集聚最佳规模论、波特的新竞争经济理论等。

2. 产业集群概念

　　产业集群是指集中于一定区域内的特定产业的众多具有分工合作关系的、不同规模等级的企业及与其发展有关的各种机构、组织等行为主体，通过纵横交错的网络关系紧密联系在一起的空间集聚体，代表着介于市场和等级制之间的一种新的空间经济组织形式。产业集群不是众多企业的简单堆积，企业间的有机联系是产业集群产生和发展的关键。

3. 形成模式

（1）市场创造模式

区域范围内首先出现专业化市场，专业化市场为产业集聚的形成创造了重要的市场交易条件和信息条件，最后使产业的生产过程也聚集在市场的附近。在我国，市场创造模式形成产业集群的典型地区是浙江省，该省有许多颇具规模的专业化市场，最终专业化市场形成了一个个具有完整产业链的产业集群。

（2）资本迁移模式

一般是发生在产业转移的背景下，当一个规模较大的企业出于接近市场或节约经营成本的考虑，在生产区位上做出重新选择，并投资一个新的地区的时候，有可能引发同类企业和相关企业朝这个地区汇聚。这样一种产业集聚的形成，主要是通过一定数量的资本从外部迁入。我们把因资本迁移和流动而形成的产业集聚现象，称作资本迁移模式。目前，国内在资本迁移模式下形成的产业集聚或产业集群有很多，其中起推动和促进作用的迁移性资本主要来自外商直接投资。

4. 集群效益

规模经济有外部规模经济和内部规模经济之分，前者指产业集聚的外部经济效益，后者指随企业自身的规模扩大而产品成本降低的经济效益。产业集聚可以提高劳动生产率。英国经济学家马歇尔发现，集中在一起的厂商比单个孤立的厂商更有效率（外部经济）。相关产业的企业在地理上的集中可以促进产业在区域内的分工与合作。这主要体现在：①有助于上下游企业减少搜索产品原料的成本和交易费用，使产品生产成本显著降低；②集群内企业为提高协作效率，细化生产链分工，有助于推动企业劳动生产率的提高；③集聚使得厂商能够更稳定、更有效率地得到供应商的服务，更容易获得配套的产品和服务，及时了解本行业竞争所需要的信息；④集聚形成产业集群，有助于企业提高谈判能力，能以较低的代价从政府及其他公共机构获得公共物品或服务；⑤集聚体本身可提供充足的就业机会和发展机会，会对外地相关人才产生磁场效应，集聚区内拥有大量各种专业技能人才，这种优势可使企业在短时间内以较低的费用找到合适的岗位人才，降低用人成本。

（二）产业集群类型

20世纪90年代末，我国学者开始对产业集群的类别进行研究（王昱，2006），代表性观点有如下几个。

仇保兴（1999）从集群内企业间的关系角度，将中小企业集群划分为：①市场型，即企业群落内部企业之间关系是以平等的市场交易为主，各生产厂商以水平联系来完成产品的生产；②锥型（也称中心卫星工厂型），是指以大企业为中心、众多中小企业为外围而形成的企业集群；③混合网络型，指以信息联系为主而不是以物质联系为主，以计算机辅助设计和制造业的柔性生产方式来进行生产的企业集群。

王缉慈（2004a）认为我国目前有五种企业集群现象：①沿海外向型出口加工基地，如深圳—东莞、上海—苏州地区；②智力密集地区，如北京中关村；③由乡镇企业自然发展起来的集群，如浙江温州、河北清河；④条件比较优越的开发区，如苏州工业园；⑤以国有大中型企业为核心的老工业基地，如鞍山钢铁基地。从创新的角度，王缉慈进一步认为，企业集群有两种差异明显的发展道路，故有两种产业集群类型：①高端道路和创新型集群，以欧洲成功的产业区为典型，其现象特征是创新、高质量、功能的灵活性和良好的工作环境，在良好的法规制度下企业间自觉地发展合作关系；②低端道路和低成本集群，其参与竞争的基础是低成本，我国目前已形成的很多产业集群均属于该种类型。

肖敏和谢富纪（2006）认为我国产业集群按产生原因可分为两类：内生型产业集群与外生型产业集群。外生型产业集群主要依靠区域的地缘优势、政策优势、低成本优势等吸引外来企业直接投资，建立外向型加工制造基地，并逐渐形成产业集聚。内生型产业集群是指一些地方依靠传统和当地力量产生的集群，其中内生型产业集群又可分为三种：①以小企业为主的产业集群；②高度专业化分工的中小企业产业集群；③以龙头企业为中心的产业集群。中国要培育具有自主创新能力、拥有自主知识产权的企业，就必须培养内生型产业集群。

屠凤娜和杨智华（2007）从产业集群内产品价值链上不同企业之间的关系进行分析，认为产业集群可分为三种：①中小企业群生型产业集群，如浙江温州、福建晋江、广东南海和上海的鞋类产业集群，它的特点是产业集群内企业规模较小，各企业主要集中在生产链的单一功能上，中间产品一般在区域内出售，最终制成品则可能远销区外；②多进多出（Multiple-input Multiple-output，MIMO），该产业集群的显著特点是一家核心企业完全控制了集群产品价值链某个或某几个节点（工序），上下游节点（工序）则均由众多中小企业共同完成，在实践中根据核心企业在产品价值链上所处的具体位置，以核心企业为中心表现出单进多出、多进单出和多进多出三种，如长春、十堰的汽车产业集群，大庆、南京的石化产业集群；③"龙头企业+网络"型产业集群，即由少数几家而非一家企业控制集群产品价值链某个或某几个节点（工序），上下游节点（工序）均由众多中小企业共同完成，如青岛家用产业集群、重庆摩托车产业集群。

陈耀（2004）认为，随着工业化和城市化的不断推进，我国的产业发展出现了与国际相似的集群化趋势。比较突出的两种类型：一是以纺织服装业为代表的传统产业集群；二是以工业为代表的高新技术产业集群。但从总体来看，我国产业集群目前还处于发展初期阶段，以传统行业居多。张占仓（2006）在此基础上进一步提出，还有第三种类型，即资本与技术结合型的产业集群。

有学者则根据具体的某个区域中存在的产业集群现象对产业集群进行分类。例如，李新春（2002）通过对广东产业集群的不同发展形态的观察，把产业集群描绘为三种形式：①历史形成的产业集群，其特征是由本地企业创造，基于历史和传统，由创新带动仿效和集群化，如西樵纺织、小榄五金；②沿全球商品链形成的产业集群，该集群的特征是产业国际化跨区域转移与本地化配套，技术与管理知识学习、仿效，领先的制造国际投资带动供应链、服务链而集群化，如东莞石龙的电脑产业、南海平洲的鞋业；③创新网络型企业集群，其特征是以产品、技术和市场创新带动发展，由创业精神带动产品、人才、资金发展的集群，如广州的软件产业、深圳的高科技产业。

黄雄和胡春万（2007）从起源特点角度分析广东专业镇的类型。他们认为广东共有几种类型的产业集群：传统优势型、自然资源型、区位优势型、产业转移型、产业辐射型、母体衍生型、外来投资型、自我发展型、政府引导型。

石忆邵和厉双燕（2007）以长三角地区为主要研究对象进行分析，认为在该地区已形成三种产业集群模式：一是上海的高新技术产业集群；二是浙江的民营企业集群；三是江苏的外资企业集群。

李凯和李世杰（2005）在对中国产业集群分类研究的基础上，认为现有的研究多集中在中小企业集群上，提出应对中国老工业区装备制造集群加以关注，即对大型制造业集群进行研究，并根据产业集群的形成过程和主导因素把产业集群分为政府主导型和市场主导型两种类型，前者包括政策引导型集群和政策指令型集群，后者包括资源禀赋型集群、产业综合体型集群和社会网络型集群。

朱英明（2006）从国民经济体系的角度出发，根据确认的识别方法和基本原则，识别出中国四大类型的产业集群，即轻型制造业产业集群、重型制造业产业集群、建筑业产业集群、服务业产业集群，并进一步细分出 11 个亚类。

王会东（2005）从企业间关系角度将产业集群分为单纯集聚型、产业综合体型、社会网络型三种类型；任贵征（2008）根据 M. 波特对产业集群的分类，将产业集群分为横向产业集群与纵向产业集群；陈要立和管洲（2007）研究资源型产业集群的类型，将其分为自然资源支撑型、专业市场支撑型、核心企业支撑型、企业家资源支撑型、科技资源支撑型五种类型。

（三）产业集群理论

产业集群是工业化发展阶段一个非常引人注目的现象，已成为产业发达国家的核心特征。自马歇尔在 19 世纪对产业集群理论进行阐释以来，相当长一段时间里，产业集群理论游离于主流经济学之外，直到 20 世纪 80 年代，由于产业集群的快速发展及其对经济发展的重要影响，才引起学术界和各国政府的广泛关注，成为经济学研究的核心内容。到目前为止，产业集群理论研究经历了三个阶段：工业化前期阶段，工业化后期阶段、知识经济逐渐兴起阶段。

1. 工业化前期的产业集群理论

（1）马歇尔的产业区理论

马歇尔（Marshall）在《经济学原理》一书中详细描述了产业区（industrial district）的特征，通过研究工业组织提出了工业为获取外部规模经济而在产业区内集聚。马歇尔认为外部规模经济具有两方面含义：一方面指在一定区域内企业可以通过垂直关联而实现与供应商、客户之间的业务沟通；另一方面指企业可以通过水平关联，并借助三级单位的生产能力控制二级单位的产品质量。马歇尔认为组织也是一种生产要素，它包括产业内企业间的组织及相关产业间的组织。产业集群实现了两种不同类型市场的互补，是介于市场与企业之间的一种新型产业组织形式。

（2）韦伯的集聚经济理论

德国经济学家韦伯（Weber）在《工业区位论》中，把影响工业区位的经济因素分为区域因素（regional factors）和位置因素（position factors），区域因素主要是运输成本和劳动成本；位置因素主要指集聚因素（agglomerative factors）和分散因素（deglomerative factors）。这些影响因素都可能使得同一种经济活动在特定地点要比在其他地点获取更大利益。企业可通过集聚获得分散状态下难以取得的经济效率，也就是说，集聚产生的系统功能大于在分散状态下各企业所实现功能的总和。产业集群分为两个阶段：第一阶段是企业由自身的简单规模扩张而引起的企业集中现象，这是产业集聚的低级阶段；第二阶段主要是大企业以完善的组织方式集中于某一区域，并引发更多企业集聚。

（3）增长极理论

法国经济学家佩鲁（Perroux）于 20 世纪 50 年代中期提出了增长极（growth pole）概念，后经 J. B. 布代维尔（J.B.Boudeville）研究发展形成了完善的增长极理论。佩鲁认为，经济增长首先出现和集中在具有创新能力的行业，这些行业通常集聚于经济空间的某些点上，形成增长极。增长并非同时出现在所有地方，它以不同的强度先出现于一些增长点或增长极上，然后通过不同的渠道向外扩散，并最终对整个经济产生不同的影响。在增长极理论中，佩鲁把一个单元对另一个单元所施加的不可逆或部分不可逆影响称为"支配效应"，把那些通过自身的成长与创新诱导其他经济单元成长的优势经济单元称为"推进型产业"

（propulsive industry）。根据增长极理论，要促进一个地区经济增长，关键是在本地区内依靠国家或地区政策，通过产业集聚自上而下地建立起一系列的推动性产业体系，以推动地区经济增长。

2. 工业化后期的产业集群理论

（1）新产业区理论

20世纪70年代末和80年代初，发达国家出现了经济"滞胀"，社会劳动条件严重恶化。但是，在意大利、美国、德国的一些地区却呈现经济复苏甚至增长的势头。这些地区具有数量众多的工业小区，每个工业小区的特征和马歇尔在19世纪末所描述的产业区有惊人的相似之处，但又具有某些新的特征，学者们将它们归为一类，称为新产业区（new industrial district）。意大利学者巴卡提尼（Bacauini）首次提出新产业区的概念，指出新产业区是具有共同社会背景的人和企业在一定自然地域上形成的社会地域生产综合体，进而形成了产业集群研究领域中的"新产业区理论"。新产业区理论的提出与新技术革命引起的生产方式变革有着紧密的联系。在新技术革命时代，生产方式正在由生产驱动的刚性标准化大批量生产向市场驱动的柔性小批量定制生产转变，新产业区是世界上以柔性生产方式为主的最发达经济区域的典型象征。

（2）新产业空间理论

以交易费用理论或新制度经济学为基础的区域产业研究学派称为"新产业空间"学派，代表人物是斯科特（Scott）。新产业空间学派认为，科技的发展使得市场条件和技术路径具有不确定性，因而过去那些内生的和外生的确定性市场条件逐渐被取代，交易费用也在和地理位置、市场距离有关的各种生产费用中变得越来越重要。为了使交易费用最小化，就需要缩短企业与市场的距离，企业就需要集聚，而集聚一旦形成产业区，就会推动知识及技术的交流和传播，内生发展随之出现。新产业空间学派提出区位规格和区位能力的概念来讨论产业集群，认为高新技术产业的区位能力较传统产业的区位能力强，具有更大的灵活性和自由度，因此传统产业需要通过对技术和组织进行改造以增强区位能力。同样，新产业空间学派十分重视制度的问题，他们认为在产业集群中的制度安排是更广的制度环境和企业进一步选择发展路径的基础。

（3）新经济地理理论

新经济地理学在不完全竞争和规模报酬递增的前提下，用规范的数学模型分析了企业规模经济、市场外部经济、交易运输成本、工资等因素相互作用过程所决定的制造业的集群动态过程。克鲁格曼（Krugman，1991a，1996）从研究地区之间的差异入手，认为经济活动最突出的地理特征是许多产业的生产活动在空间上集中。企业和产业一般倾向于在特定区位空间集中，不同群体和不同的相关活动又倾向于集中在不同的地方，空间差异在某种程度上与产业专业化有关，这种同时存在的空间产业集群和区域专业化现象，是在城市和区域经济分析中被广泛接受的规模报酬递增原则的基础。基于这样的基础，克鲁格曼建立了产业集群模型，证明产业集群将导致制造业中心的形成。克鲁格曼的产业集群模型为产业政策扶持提供了理论基础，但该模型忽略了交易费用对产业集群的影响，如果区域内交易费用很高，即使植入新的产业或企业，也难以形成集群。克鲁格曼的理论同样强调了历史、偶然事件及制度的重要性。

（4）新竞争经济理论

集群的概念首先由波特提出，波特把产业集群与国家竞争优势结合起来，提出了对产业集群进行分析的新思路。1998年，波特发表了《集群与新竞争经济学》一文，系统地提出了以产业集群为主要研究对象的新竞争经济理论。波特认为产业是研究国家竞争优势的基本单位，一个国家的成功并非来自某一项产业的成功，而是来自纵横交错的产业集群的成功。波特在提出产业集群的概念时，进一步讨论了"钻石模型"与产业集群之间的关系。在地理上互相靠近、在技术上互相支持，并具有国际竞争力的相关产业和支持产业所形成的产业集群是国家竞争优势的重要来源。同时，产业集群的竞争优势是难以被模仿的，具有持续竞争力。波特的新竞争经济理论实际上是对20世纪70年代以来的发展经济学、产业经济学、技术创新理论、国际贸易理论、经济地理学、工业社会学等相关学科学术进展的综合集成，集群概念的提出就是这种集成的综合体现。

3. 知识经济时代的产业集群理论

（1）区域创新理论

知识经济逐渐兴起时，涌现出了以区域创新环境理论和区域创新系统理论为代表的新型产业集群理论。

区域创新环境理论以马歇尔关于知识和组织的论述为主要理论基础，该理论学派指出环境是一区域发展的基础或背景，它使得创新性的机构能够创新，并能与其他机构相互协调（王缉慈，1999）。创新环境就是在诱导创新的区域中由制度、法规、实践等组成的系统，创新环境来源于集聚在一起的企业的协同作用和集体效率，这种企业集聚能使各企业共享单个企业无法实现的大规模生产和技术及组织创新的利益（沈正平等，2004）

区域创新系统是创新系统理论运用于区域层次而得出的新概念，指区域网络各个节点（企业、大学、研究机构、政府等）在协同作用中结网而创新，并融入区域的创新环境中而组成的系统（Hauschildt，1999）。该学派代表人物有库克（Cooke）、瑙韦莱斯（Naulaers）和里德（Reid）等，他们认为区域创新系统是由区域创新网络和区域创新环境进行有效叠加而组成的系统，该系统具有开发性、本地性、系统性和动态性等特点。区域创新系统获得成功的前提条件是本地的创新网络，该网络建立在本地企业间，以及企业与科研机构之间长期合作的基础上。

（2）社会经济网络视角下的产业集群理论

社会经济网络分析是近年来兴起的一种新研究范式。从对运输成本、企业间的物质投入产出关系的关注，转向对经济活动所处的制度和社会文化环境的关注，是近年来产业区位研究的一个重点。社会经济网络理论强调社会资本对经济发展的作用，认为社会资本就是建立在个人层次上的产业集群中企业与企业之间的相互信任、友好、尊敬和谅解的关系（Annen，2001）。地理接近融合了地缘文化、组织和制度协调，以及产业关联的深层次内涵，使得具有本地特征的社会、经济联系相互交融，地方的专业化产业集群是与本地的社会经济背景息息相关的。社会经济学认为，经济行为只有嵌入到特定的人际关系网络和社会结构中，形成一定的社会网络结构，由此得到的信息和经济关系才是经济活动者在现实经济活动中所需要的。尤其是在不完全信息世界里，企业寻找经济活动合作伙伴很大程度上取决于企业间的最初关系，以及与其他企业之间的相互关系。通过企业集聚，一定区域内的企业形成紧密的关系网络，这不仅可以促进企业间的合作和交流，还可以增强企业及整个地区的技术创新能力和竞争力。产业集群内部由信任产生的社会资本不仅可以增强产业集群的对外竞争优势，还能产生社会资本效应，促进隐性知识的传播，降低交易成本，提高解决企业之间冲突的能力。

二　煤炭产业集群

产业集群是区域经济发展理论中的新兴概念，目前对产业集群的研究主要集中在第二产业中的制造业和第三产业，对资源型产业集群特别是煤炭产业集群的研究十分有限。

（一）煤炭产业集群的内涵

1. 煤炭产业集群的概念

如前文所述，煤炭产业是直接从自然界获取产品，为后续能源和加工制造业提供原料的一次产业，是以煤炭勘探、开采、加工为基础形成的企业集合体。煤炭产业规模经济明显，产业进入门槛较高。我国的煤炭企业大都为大型国有企业，国家控制煤炭产业的所有权。目前我国煤炭产业的高碳特征明显，创新动力整体不足，严重制约产业的可持续发展。

煤炭产业集群是以煤炭产业为核心或主导产业，与辅助产业、大学及科研机构共同构成的网络系统，网络内部各个企业是相互独立的主体，彼此间通过资源、市场及社会、商业关系联结在一起，整个网络是一个具有稳定性、循环性、开放性的多产业集合体。

一个成熟的煤炭产业集群包括三个圈层：核心圈层是在煤炭资源优势的基础上形成的煤炭企业和相关联企业的集聚，集群内的煤炭企业在产权上彼此独立，但能形成水平分工和垂直分工交叉的网络分工合作形式，产生组合型的规模经济，各企业之间既竞争又合作，它们是以煤炭开采、加工、使用为主的企业群，既包括国家控股的大型煤炭企业集团，又包括一些以煤炭的加工为主的中小企业；第二个圈层是核心圈层通过价值链的延伸，与为煤炭企业服务的配套支撑企业群建立起的联系，如客户、销售渠道、供应商、制造商；第三个圈层包括政府机构、金融机构、科研机构及提供专业化培训、教育、信息和技术支持的其他机构，如大学、科研院所、标准评估机构、职业培训机构。图 5-4为煤炭产业集群化战略模式圈层结构图。

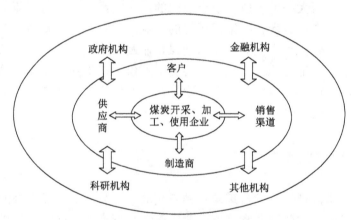

图 5-4　煤炭产业集群化战略模式圈层结构图

煤炭产业集群微观上是由企业间的相互竞争与合作交织而成的集群网络，中观上是多条产业链的相互融合，宏观上是多产业的彼此交叉。煤炭产业集群并不是以煤炭产业为主导产业的相关产业在地理上的简单集聚，它是通过深度专业化分工，形成完整、健全的价值链条和产业支撑体系，以带动区域经济协调发展的产业组织形式，它不仅能实现煤炭产业的规模经济效应，且有利于集群内企业的竞争，使集群内企业处于竞争与合作的网络结构中，有利于产品创新与企业自身的优化升级。

2. 煤炭产业集群的组成

煤炭产业集群由以下几部分构成：煤炭产业、辅助产业、政府机构、金融机构、大学及科研机构。其中，煤炭产业是以煤炭开采、加工、使用为主的企业群，既包括国家控股的大型煤炭企业集团，也包括以煤炭加工利用为主的一些中小企业；辅助产业主要是为煤炭产业服务的配套支撑产业，既有为煤炭开采加工提供机械设备的制造业，也有为煤炭企业职工提供生活、工作便利的服务性产业；政府机构主要是为煤炭产业集群成长、发展制定引导政策，为集群企业提供公共设施及服务，从外部环境促进集群发展；金融机构为集群内企业融资提供服务；大学及科研机构是集群创新的智力团体，企业与大学及科研机构合作可以促进知识、科研产品的转化和应用，提高企业竞争力，同时也促进大学及科研机构与社会结合，研究开发适合经济发展与社会生活的产品。这五部分形成了一个彼此交织、相互关联的有机网络系统，如图 5-5 所示。

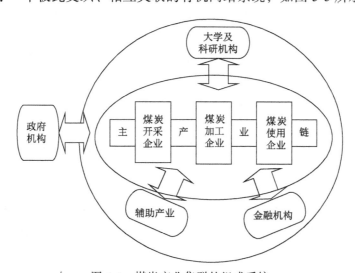

图 5-5 煤炭产业集群的组成系统

（二）煤炭产业集群的类型

煤炭产业集群的类型是煤炭产业集群理论研究的基本问题，目前国内外研究成果不多，但有关产业集群类型的研究文献却相对丰富。例如，王会东（2005）从企业间关系角度将产业集群分为单纯集聚型、产业综合体型、社会网络型三种类型，并分别进行了论述；任贵征（2008）根据迈克尔·波特对产业集群的分类（横向产业集群与纵向产业集群），论证了两种集群类型与过度竞争之间的关系；沈静（2010）通过分析内生型与外生型产业集群的典型案例，指出不同类型产业集群的产业发展政策；马红娟和徐艳梅（2006）分析了亚利桑那州集群模式、苏格兰集群模式、新加坡集群模式、西班牙巴斯克农村集群模式的特点，以及地区集群的三种理论类型，且在此基础上提出了集群模式转变的技术动因与创新动力来源；黄雄和胡春万（2007）以广东专业镇为例，从起源特点的角度对产业集群进行分类，提出了传统优势型、自然资源型、区位优势型、产业转移型、产业辐射型、母体衍生型、外来投资型、自我发展型、政府引导型九种类型的产业集群；陈要立和管洲（2007）研究了资源型产业集群的类型，将其分为自然资源支撑型、专业市场支撑型、核心企业支撑型、企业家资源支撑型、科技资源支撑型五种模式。

上述研究成果从不同角度对产业集群进行了分类，为本书研究煤炭产业集群的类型提供了有益参考，但对煤炭产业集群及其界定、典型特征、类型等方面的研究相对匮乏。本书正是基于煤炭产业集群的典型特征，在借鉴既有产业集群分类方式的基础上，从市场结构、企业组织结构、集群演变过程三个维度对煤炭产业集群进行分类，并认为煤炭产业集群化是兼具大集团战略优势及市场活力的一种重要战略模式，是推动"十二五"规划关于主体功能区区域经济发展模式的重要载体，本书对煤炭产业集群类型的研究，有益于煤炭产业集群化过程中的政策制定。

1. 煤炭产业集群类型的划分依据

基于煤炭产业集群的典型特征，在借鉴既有产业集群分类相关研究成果的基础上，选取市场结构、企业组织结构、集群演变过程三个维度，对煤炭产业集群的类型进行判断。

（1）从集群中主体产业对应的市场结构进行划分

不同产业集群有不同的主体产业，不同产业由于其产品的异质性，其产品市场结构有多种类型，主要有寡头垄断型、垄断竞争型、完全竞争型、垄断型四种类型。产业集群作为一种多产业有机关联的产业聚合体，集群内包含多种类型的产业，每种产业又有适合其产业特征的不同市场结构。因此，从市场结构视角看，产业集群往往呈现的是综合型。本书以特定产业集群主体产业所对应的市场结构类型为划分依据，将煤炭产业集群界定为寡头垄断型集群。

（2）从集群中企业之间的组织形式进行划分

产业集群作为产业发展及区域竞争力提升的重要战略模式及政策工具，其中一个重要特征就是集群内独立企业之间的竞合关系，各个企业彼此间以某种方式进行联系，有竞争、有合作或彼此孤立，从各个产业到每个企业构成一个网络系统，有效提升集群竞争力。本书以煤炭产业集群内的不同产业、企业之间是否构成稳定的竞合网络体系，网络组织系统各节点之间是平行关系还是有核心节点作为分类依据，将煤炭产业集群界定为有核式网络型集群。

（3）从集群的演变过程进行划分

产业集群在由企业集聚现象到企业集群，再到产业集群的形成演化过程中，有些集群是通过自身演变发展而成的，如集群主导产业的辐射或衍生、主导产业转移、主导产业自我发展、集群自身区位优势、集群内资源优势等；有些是借助外力，如政府规划引导、外来投资等，这种类型的集群往往是借助一些资源、区位、文化等优势吸引政府或外来投资者的关注，引导它们在某个区域投资或规划建设工业园区，使工业园区随着发展逐渐演变成产业集群。本书依据集群演变过程中由自身演变还是通过外力作用，以及自身演变所依托的优势条件或外力作用，对煤炭产业集群的类型进行划分，认为煤炭产业集群是一种自我发展与政府规划复合型集群。

2. 煤炭产业集群的类型

煤炭产业集群有别于制造业产业集群，具有鲜明的特质性，如产业集群的形成与发展往往依赖于主产业链较好的纵横向延展性，通过合理的分工与合作，使得群内企业间能够保持良性竞合关系。煤炭产业集聚与集群的形成与发展最根本的驱动力是煤炭资源，而且煤炭产业链短，导致其难以形成合理的分工协作，群内企业间竞争往往大于合作。因此，煤炭产业集群分类必须紧密结合煤炭产业发展实际及其集聚特征。

基于煤炭产业集群的典型特征，依据市场结构、企业组织结构、集群演变过程三种视角的分类标准，将煤炭产业集群分别判定为寡头垄断型集群、有核式网络型集群、自我发展与政府规划复合型集群。

（1）寡头垄断型集群

无论从世界还是中国的煤炭生产和销售市场考察，煤炭市场都呈现出不同程度的垄断现象。我国学者徐岸峰（2010）针对资源型产业集群的市场结构特征，提出了集群式寡头垄断模型，认为资源型集群从群内企业关系分析属于寡头垄断型，从群内产业关联分析属于集群式。对煤炭产业集群而言，其主体产业为煤炭产业，是一种典型的寡头垄断型集群。首先，中华人民共和国成立以后，我国煤炭工业经历了较长的计划经济时期，基本形成了以大型国有煤炭企业为主体的煤炭工业体系和煤炭市场垄断格局；改革开放以后，随着能源、交通、通信等基础领域的体制改革，多元化开发主体逐渐成熟，形成了以国有资本和国有大型煤炭企业为主、以民营资本和中小煤炭企业为辅的新型煤炭组织体系，但煤炭市场的垄断格局依然存在。其次，以提高煤炭产业集中度为目标的煤炭资源整合、煤炭企业兼并重组工作进一步推动了煤炭垄断市场的发展。"十一五"以来，经过大规模的资源整合，山西、河北、内蒙古等主要煤炭生产和煤炭调出区，形成了以大型国有煤炭企业集团为主导的寡头垄断模式：山西以同煤、焦煤、潞安、晋煤和阳煤五大企业集团为主；河北以开滦、冀中能源为主；内蒙古以神华集团、伊泰集团等为主。煤炭产业的寡头垄断格局，有利于煤炭资源的整体开发；有利于发挥规模经济效应；有利于提高煤矿安全生产水平；有利于促进科技创新；有利于煤炭市场的宏观调控。

尽管我国煤炭产业寡头垄断格局已初具规模，但是尚未形成煤炭产业集群式发展模式，因此目前的产业集群状况不能称为寡头垄断型集群。煤炭产业作为煤炭产业集群的主体产业，其主体功能地位并未真正体现；煤炭产业与其他产业间的良性竞合关系尚未形成，群内产业关联度低，集群竞合优势、知识技术溢出效应等均未明显体现。虽然目前煤炭产业在回采率、安全生产、生态保护方面都有一定程度提高，但是煤炭产品单一、产业链短、煤炭企业间产品同质化竞争等问题依然存在。

推动寡头垄断型煤炭产业集群建设，一是要充分发挥政府和政策的推动作用，加强资源整体规划，加快寡头垄断市场格局形成；二是要充分利用资源型产业转型跨越发展的有利时机，加大资源整合力度，增强群内大型煤炭核心企业实力；三是要大力推进煤炭科技创新，依托科技进步，加快煤炭产业链延伸，提升专业化分工与协作水平，促进群内企业形成良性竞合关系，避免资源和市场的恶性竞争，推动集群健康发展（冯智，2011），如图 5-6 所示。

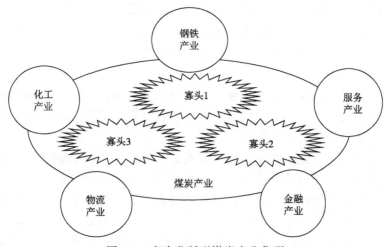

图 5-6　寡头垄断型煤炭产业集群

（2）有核式网络型集群

从组织结构角度分析，煤炭产业集群是以煤炭产业为核心的有核式网络型集群，是具备自组织功能的开放性系统，群内企业之间基于资源、技术等相互关联，形成一个完整的网络结构。

从集群网络的组织形态分析，煤炭产业集群网络系统具有明显的核心节点、有核型网络结构，煤炭产业是其中的核心，煤炭产业集群是典型的有核式网络型集群。在集群有核网络结构内，存在着多个功能不同、相互独立和有机联系的节点，有核心节点、关键节点和一般节点。核心节点起支配领导作用，关键节点发挥协调联结功能，对于煤炭产业集群而言，煤炭勘探、煤炭采掘企业是核心节点，以煤炭加工利用、热力发电等为主体业务的企业是关键节点，从事钢铁、机械、金融、中介、科研、服务等业务的群内企业是一般节点。处于支配领导地位的大型煤炭企业集团，要承担获取群外知识、技术、管理、信息等资源的义务，为集群创新系统提供原动力，保证集群网络对外竞争实力，提升煤炭产业集群整体品牌效应，依托市场机制而相互关联，并逐渐形成企业间的良性竞合关系。

集群为一个竞合网络系统，系统内存在着彼此联系但又独立的节点：煤炭勘探、开采、加工等企业，电力、钢铁、建材、水泥、金融等企业，中介机构、科研机构、服务企业等均为煤炭产业集群网络系统中的节点，各企业相互独立但又存在某种联系，联结方式是企业间依托市场作用而逐渐形成的良性竞合关系，以这种方式联结起来的网络结构有利于提高集群整体效益，优化群内资源配置，知识技术溢出效应明显。但是在这个网络系统中，各企业并非以平行或对称的关系作为系统中的节点存在，而是以煤炭企业为核心，且煤炭企业处于支配地位，其他企业围绕煤炭企业而发展，并为其提供资金、技术、信息、生产及生活等方面的产品或服务，与煤炭企业联系紧密，呈现出层级化的网络结构特征。此外，在这种有核式网络系统中，处于核心领导地位的煤炭企业多为大型企业集团，对系统内主要的煤炭资源进行优化整合，增强自身竞争优势，强化其核心主体功能，它们主要负责获取集群外部知识、技术、管理、信息等资源，不断提高集群系统的创新动力，保证集群网络的对外竞争实力，提升煤炭产业集群的整体品牌效应；其他企业多为中小企业，它们与核心煤炭企业保持着紧密的合作关系，且相互之间存在一定竞争，在竞争与合作的博弈关系中共同发展。

建设好大型煤炭企业集团，发挥其作为煤炭产业集群网络核心节点的支配领导作用，发挥其辐射和扩散效应，是推进煤炭产业集群建设的关键环节。从现实情况分析，国家规划的 14 个大型煤炭基地和山西、内蒙古等主要煤炭富集区，均已拥有几个甚至更多的大型煤炭企业集团，如晋西煤炭基地的山西焦煤集团、华晋焦煤集团，神府煤炭基地的神华神东煤炭集团公司，河北的冀中能源集团、开滦集团，都具备成为有核式网络型集群核心节点的基本条件，如果说还不具备充分条件，那主要表现在支配领导地位尚待加强，有效辐射和扩散能力较小。大型煤炭企业集团要站在有核式网络型煤炭产业集群整体发展的高度，将发展重点从资源争夺转移到科技创新上，将提高技术创新水平、提升群内企业分工与协作水平和促进企业间良性竞合关系作为战略发展目标。煤炭产业集群核心节点的发展，将会有效提升以煤炭产业为核心的有核式网络模式建设，实现群内产业均衡、和谐发展。

目前，通过资源整合，我国现有大型煤炭基地和煤炭富集区均已具有几个甚至更多的大型煤炭企业集团。仅从形式上看，这些大型煤炭企业集团符合有核式网络型集群关于核心节点企业的组织规模；但从集群网络系统核心节点的实质要求分析，它们还不具备充分的条件，主要表现在：①群内支配地位尚未形成；②自身竞争优势相对较弱；③有效辐射力较小；④作为网络节点的竞合关系尚未形成；⑤合作关系仅存在于产业间而非企业间。因此，要真正形成有核式网络型煤炭产业集群，首先要使群内核心节点，即各大煤炭企业间的竞争，从资源争夺转移到产品研发上，依靠技术提升各自的核心竞争力，打造各自优势品牌，促进企业间竞合关系的产生。随着核心节点间有效联结的形成，集群将逐渐吸引其他产业进入网络系统，使以煤炭产业为核心的多产业彼此交错、相互联结的有核式网络型集群逐渐形成。这种有核式网络型集群随着煤炭产业的升级与转型，将会演变成无核式集群，即各产业均衡发展，此时集群向城市化演进。具体内容如图 5-7 所示。

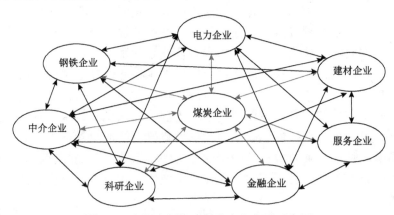

图 5-7　有核式网络型煤炭产业集群示意图

（3）自我发展与政府规划复合型集群

从煤炭产业集群演化路径的角度分析，煤炭产业集群属于自我发展与政府规划复合型集群。

煤炭产业集群的形成大致经历了集聚现象、企业集群、产业集群三个阶段。

第一阶段：集聚现象。在煤炭富集区，起初丰富的煤炭资源储量、低廉的开采成本及优惠的地方政策吸引了少数煤炭企业进入该区域，伴随着规模效应，一些煤炭加工企业相继产生，导致初步空间集聚现象。此时集聚企业仅为煤炭开采及简单加工企业，规模较小，基本是借助资源优势而自发形成集聚现象。

第二阶段：企业集群。经历了由要素禀赋优势诱发的集聚现象后，煤炭富集区内的煤炭生产、加工、配套服务企业的内外部规模经济效应日益增强，资源、资本、市场、技术、人才、公共基础等关联要素流依次形成，诱导推动群内煤炭生产企业之间、生产与加工企业之间、生产与配套服务企业之间相互兼并、整合、重组，企业之间的合作协同机制初步形成，群内企业关联网络结构逐步完整，实现了群内企业之间的竞合关系由无序向有序的发展转变，区域整体效应初步显现，煤炭企业集群化形态形成。在该阶段，集群成长基本上还是依靠自身适应性，目前我国煤炭富集区的煤炭产业发展阶段基本都属于企业集群阶段。

第三阶段：产业集群。在煤炭企业集群阶段，无论是集群内的煤炭企业数量与质量、产业链延伸、生态环境保护均有大幅度提高，但在集群内部网络结构中，煤炭产业链主导功能、创新优势不明显，群内企业间尚未形成良性竞合关系。在知识经济和低碳经济的时代背景下，充分利用当代先进科技成果等优势条件，依靠政策扶持和科技创新，延长煤基产业链，逐步丰富煤基化产品，促进煤基企业间的专业化分工，增强企业间的专业协作和关联性；同时，紧密结合地缘经济优势，发展壮大非煤基型产业，增强非煤基型产业的企业关联度，从而提高煤炭企业作为集散节点的度分布和群内网络密度，实现煤炭企业集群向产业集群的演化。不难看出，在煤炭企业集群向产业集群的演变过程中，不能仅仅依靠集群自我发展，政府必须加以规划引导和进行政策扶持，煤炭产业集群是由资源优势带来的自身发展与政府外力共同作用下的复合型集群。

我国煤炭产业发展基本处于企业集群阶段，要发展成为具有较强竞争优势的产业集群，实现煤炭产业结构优化和煤炭富集区产业结构调整，特别需要政府规划引导，创造公平的竞争环境，引导企业进行科学合理的市场化运作，促进煤基型产业与非煤基型产业的相互合作，以及各企业间良性竞合关系的产生。

上述分析表明，在煤炭企业集群的演变过程中，其动力形态主要包括自我内生力、市场引力和政府推动力三种，并在不同发展阶段体现出不同的动力组合形态。因此，从煤炭产业集群演化动力分析，本书将其判定为复合动力型集群，如图 5-8 所示。

特别需要强调两点：一是在煤炭产业集群的整个生命周期中，始终离不开政府推动，在特定时段政府推动还要起主导作用；二是在集群成长演化过程中，仅仅依靠集群的自我发展是不够的，政府必须加以规划引导和进行政策扶持。

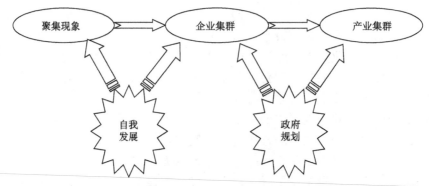

图 5-8　自我发展与政府规划复合型煤炭产业集群

寡头垄断型集群、有核式网络型集群、自我发展与政府规划复合型集群三种类型，是从不同关联维度对煤炭产业集群进行的界定，都是煤炭产业集群内涵的延伸。

寡头垄断型集群从市场结构角度反映了煤炭产业集群的内涵，指出其是一种煤炭产业集中度相对较高的集群类型，符合我国"十二五"期间煤炭生产以大型煤炭企业、大型煤炭基地和大型现代化煤矿为主的煤炭产业政策，有利于煤炭产业集约化发展，实现煤炭产业结构优化调整；有核式网络型集群从集群内企业组织结构角度揭示了煤炭产业集群的特性，认为其是以大型煤炭企业集团为核心节点的众多独立企业构成的网络系统，集群内企业以竞合关系相互联结，呈现出以煤炭企业为领导的层级组织结构，集群通过核心企业辐射提升其竞争力，有效解决了我国煤炭产业创新动力不足、产业链短、整体竞争力薄弱的问题；自我发展与政府规划复合型集群从集群的动力机制出发揭示了煤炭产业集群演化进程，有利于正确认识我国煤炭产业现状及目前存在的集聚现象，认清煤炭产业所处的演化阶段，为政府宏观上制定产业政策提供理论依据。本书仅从市场结构、企业组织结构、集群演化过程三个维度对煤炭产业集群类型进行界定，集群类型的划分角度存在一定局限性，有待今后进一步深入研究。

（三）煤炭产业集群的特征

1. 煤炭产业集聚的特征

煤炭产业集聚一方面具备产业集聚所具有的共性特征，如空间集中性、结构网络化、专业化分工、创新性等；另一方面煤炭资源的稀缺性、分布不均匀性及公共物品属性使得煤炭产业集聚与其他产业集聚相比，具有自己独有的特征，主要体现在以下几个方面。

（1）跨区域性

煤炭产业集聚是基于煤炭资源而形成、发展的，其必然集中于煤炭富集区，而煤炭资源分布并不以行政区划为界限，因此煤炭产业集聚区域往往涉及多个行政区域，这是由煤炭资源分布特点决定的。煤炭产业集聚的跨区域性导致煤炭产业科学发展已不能再局限于行政区划，而要站在全局角度进行统筹规划，提高煤炭资源的开发利用水平，实现煤炭产业的高效能、高效率和高效益发展。

（2）政府关联性

煤炭产业是基础性产业，投资规模大、产业链条短、加工利用程度低、中间产品少；同时，资源不可移动性、地下开采等特征决定了其固定资产投资必须保持稳定增长，保证投资的稳定性是煤炭企业生产经营的重要环节。加之煤炭产业与宏观经济发展息息相关，关系到国民经济的命脉，而作为产业和金融政策制定的引导者，政府在煤炭产业集聚过程中扮演着重要角色。

煤炭产业集群从最初形成到不断发展都离不开政府的规划和培育，一般是由煤炭富集区所在地的政府部门，有计划地出台优惠政策，招商引资，形成完整的产业链条，打造煤炭产业集群，或者是区域外的煤炭企业或其他类型企业，在追求低成本高收益的共同价值诉求下，在煤炭富集区政府优惠政策的诱导下集聚，并逐步形成煤炭产业集群。

（3）地理根植性

煤炭产业集聚是由众多相互关联的企业和机构基于煤炭资源禀赋集聚而成的，资源禀赋是产业集群形成的基础。煤炭资源具有地域性、分布非均匀性特征，需要多种自然资源和气候环境长期影响，而这些资源和气候具有很强的地域特征，这是资源型产业集群地理根植性的地理因素。另外，煤炭资源作为煤炭企业的主要投入材料，其物耗成本在产品成本构成中占据主体地位。为了降低成本，煤炭企业在选址时要考虑资源丰富性、供应便利性等问题，这也导致煤炭企业对煤炭富集和供应便利区的地理根植性。

（4）生命周期性

对不可再生的煤炭资源而言，由于其开发利用受客观环境、生产技术水平等多种因素影响，存在生命周期特征。假设从煤炭开采到某一确定时间 t，煤炭总产量为 Q，产量随时间延续而增加，而煤炭资源将会逐渐枯竭。边际生产力 $P = \Delta Q / \Delta t$，即每增加一单位时间所增加的产量，随着时间的增加，产量趋向一个最大值 Q^∞，之后，边际生产力逐步递减，随着时间 $t \to \infty$，煤炭资源被全部开采。如果仅就煤炭资源开发而言，煤炭产业生命周期明显是短暂的，但是不可忽视的一点是，煤炭产业集群属于纵向集聚，即一个地区内的产业集群包含两类或两类以上的产业，这些产业之间存在着互补合作关系，以某一个产业为中心产业，其他产业为辅助产业。从这个角度而言，煤炭产业集群的生命周期还是比较长的。

2. 煤炭产业集群的特征

煤炭产业集群具有产业集群的共性特征，如空间集中性、结构网络化、专业化分工、创新性等。同我国其他产业集群相比，煤炭产业集群具有以下不同特点，如表 5-1 所示。

表 5-1　产业集群比较

比较因素	煤炭产业集群	纺织业产业集群	高新技术产业集群
主要优势	煤炭资源	专业化分工	成本与市场
政府关联度	强	一般	较强
演化路径	自我发展与政府规划复合型	自我发展型	政府规划型
主导企业类型	大型国有企业	中小民营企业	大中型企业

同时，煤炭产业集群是以煤炭资源为核心要素的典型资源型产业集群，由于煤炭资源的稀缺性、分布不均匀性及公共物品等属性，煤炭产业集群具有自身内在典型特征，主要体现在七个方面：空间跨区域性、发展过程强政策关联性、集群要素强资源依赖与地理根植性、模式轴轮式、演化路径复合性、系统动力政府推动性、生态高碳性。

（1）空间特征——跨区域性

煤炭产业集群基于煤炭资源而形成，而煤炭资源分布并不以行政区划为界限，因此煤炭产业集群具有典型的跨区域发展特征，集群地域往往涉及多个行政区域。

目前我国形成的产业集群中，无论是珠三角地区的产业集群，还是长三角地区、京津冀地区的产业集群，都是集中在某个省（自治区、直辖市）内，大都没有跨越行政区划划定的界限，如浙江绍兴纺织集群、永康五金集群都有明显的区域划分标志。煤炭产业集群基于煤炭资源分布特点，跨越了行政区划的界限，不能仅仅只是某省（自治区、直辖市）的煤炭产业集群，煤炭产业集群的跨区域性有利于从全局的角度来统筹发展，使煤炭资源得到合理、有序的开发利用。

目前，我国煤炭产业的发展都以省（自治区、直辖市）为基点，产业结构的调整、经济发展方式的转变、政策的制定都是各个省（自治区、直辖市）根据自己的发展情况而定，在有利于本省（自治区、直辖市）发展的基础上或多或少会对其他省（自治区、直辖市）的煤炭资源进行争夺。因此，在研究煤炭产业集群的发展中应重视其跨区域性的特点，使集群发展不受地方保护主义的限制，从而避免煤炭资源争夺带来的择优弃劣、无序开采等问题，这对政府政策的制定提出了新的要求。

（2）发展特征——强政策关联性

基于煤炭的特殊属性及国家能源安全战略，煤炭产业一直在国家政策引导中发展，煤炭产业集群在形成与发展过程中始终与政府政策密不可分。

煤炭产业集群以煤炭产业为主导产业，而煤炭资源是一种不可再生的矿产资源，但因经济发展的需要必须开采。对于企业，经济活动的目的是实现利益最大化，当地有价值的、稀缺的煤炭资源对开采利用的企业而言本身就是一种资源优势，能为企业带来巨大收益。煤炭的准公共物品属性，使企业对资源盲目和过度开采，且对环境造成污染，但企业没有支付相应的费用，这导致煤炭企业对煤炭的使用成本远低于煤炭的价值。同时煤炭的质量不取决于开采技术，企业无法通过技术的改进提高煤炭产品质量，同样质量的煤炭由于赋存条件（深度、地质构造、煤层厚薄及引发事故的可能性等）不同，开采所采用的技术的科技含量会有很大差别，从而影响生产成本但不会影响煤炭价格，这样一来会造成企业对煤炭资源的争夺，择优弃劣。此时需要政府出面，从宏观与长远发展的角度出发，对煤炭企业进行规制。因此，煤炭产业集群在发展过程中具有很强的政策关联性。

（3）要素特征——强资源依赖与地理根植性

煤炭是一种自然资源，其分布具有客观性和不可转移性；煤炭产业集群依托煤炭资源而形成，其发展、成熟，甚至衰退或升级均受煤炭资源赋存的影响，具有极强的资源依赖与地理根植性特点。

煤炭产业集群的形成依赖某区域既定的煤炭资源禀赋，进行资源开发的初级加工企业在煤炭富集区的集中和数量上的增加，使煤炭产业集群初步形成，随着煤炭开发程度的提高开始派生出相关的煤炭资源加工利用的企业，同时出现支撑性的相关产业。煤炭在产业集群的整个生命周期中起决定作用，煤炭产业集群的产生、发展、成熟，甚至衰退或升级均受煤炭资源赋存情况的影响，同时，煤炭资源的存在又是由地质构造决定的，不会因人文因素而改变。因此，煤炭产业集群具有很强的资源依赖性与地理根植性。而对于其他产业的集群，如医药、机械制造、制鞋、制衣、塑料等集群，特定的区域文化虽在集群的产生中起重要作用，但是集群的发展并不依赖于区域文化，离开区域，集群自身的优势依然可以促使集群发展。

（4）模式特征——轴轮式集群

轴轮式集群是以一个或几个大型的垂直一体化的企业为核心，周围有大量的供应商、客户，核心企业与集群内外企业都保持紧密联系，与供应商之间存在长期的合同或承诺，规模经济效应明显。

煤炭产业集群一般是以几个具备垂直一体化特征的大型煤炭企业为核心，周围有大量供应商、客户，核心企业与群内外企业都保持紧密联系，与供应商之间存在长期合同或承诺，规模经济效应明显，群内呈现明显的轴轮式组织结构。供应商包括金融企业、制造类企业、服务性企业、中介企业、科研企业，这些企业为大型煤炭企业提供资金、技术、信息、生产及生活物品等，各类企业间保持竞争与合作关系，且与大型煤炭企业联系紧密。客户端企业包括电力企业、化工企业、钢铁企业、水泥企业、建材企业、焦炭企业，客户端企业是煤炭的深加工企业，延伸了煤炭产业链，有效提高煤炭资源综合利用率（张洪潮，冯哥，2011）。轴轮式集群模式如图 5-9 所示。

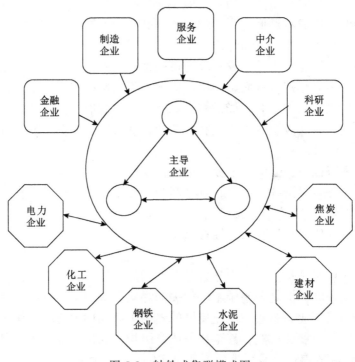

图 5-9　轴轮式集群模式图

◯：大型国有煤炭企业；⬭：客户端企业；▢：供应商

这种轴轮式集群模式，既发挥了国有大型煤炭企业的行政优势，又实现了煤炭产业的规模经济效应，提高了煤炭整体开采水平；同时，大量的供应商与客户端企业完善了主导产业的产业链，企业间的合作竞争关系又保持了市场有效竞争的活力，提高了集群的创新能力，促进了集群的自我优化升级。

（5）演化特征——路径复合性

煤炭产业集群由集聚现象到企业集群的演变，基本上是以煤炭资源和市场需求为驱动要素而自发形成的；而企业集群向产业集群演变，则特别需要政府的规划引导。从集群演化过程看，其演化路径呈现自我发展与政府规划的复合性特征。

煤炭产业是以煤炭的勘探、开采企业为基础而形成的，这些最初的煤炭开采企业因资源而产生，自然而然地聚集在煤炭资源丰富的地区，形成了煤炭产业集群的最初阶段——产业集聚，企业仅呈现出空间上的集中。随着资源的开采，逐渐吸引煤炭加工利用企业在煤炭富集区成立、发展，这些企业的集聚是由利益驱使而自发形成的，成本的约束又会使煤炭加工利用企业靠近资源而成立，此时区域内企业数量、产业种类的增多是自发形成的，是一种自我发展型产业集群。但是煤炭资源的战略能源地位及煤炭产业的高碳特征，使得集群发展不能仅仅依靠集群的自我发展，政府必须加以规划引导，使资源优势转化为经济优势，促进煤炭产业集群走向低碳发展之路，此时的集群是政府规划型的产业集群。因此，煤炭产业集群的演化路径具有自我发展与政府规划的复合性，如图 5-10 所示。

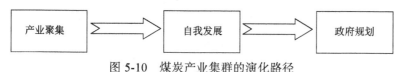

图 5-10　煤炭产业集群的演化路径

（6）系统动力特征——政府推动性

煤炭产业集群作为一个网络系统，有其内在的动力机制，在推动煤炭产业集群发展的企业、资源、环境等诸多动力要素中，政府扮演着重要角色。从煤炭产业集群生命周期看，基于煤炭、煤炭产业特性，政府推动与引导伴随其整个生命周期。煤炭产业集群需要在政府的直接引导下，依托政策优势，优化组合集群的资源、资金、人力资本、信息、技术等因素，通过科技创新，实现企业间协同竞争，促进集群的优化升级。政府是集群系统发展的主要动力。

首先，煤炭产业集群演化路径的复合性决定了政府是集群发展的主要推动力。政府需要提供公共服务、设施，为集群企业发展创造良好的竞争环境，规划引导集群的发展方向。政府直接促进了煤炭产业集群的发展。其次，煤炭资源关系着我国的能源安全，政府直接掌控煤炭的开采权，煤炭产业大都为国有的大型企业，国家控制企业的所有权。因此，政府是煤炭产业集群发展的系统主动力。在政府的直接推动下，通过企业间的协同竞争，依托集群的资源、资金、人力资本、信息、技术等因素，促进集群的优化升级。

（7）生态特征——高碳性

较之信息化产业集群、纺织业产业集群，煤炭产业集群主要依托资源的开采与利用，受生产力发展水平等客观因素制约，传统粗放型高碳化生产模式造成了严重的资源浪费、生态破坏等负外部效应。我国煤炭产业绿色化并未真正实现，仍具有典型的高碳特征。

煤炭属于消耗性化石能源，其开采使用势必造成生态的破坏，煤炭低效开采，水、土、植被资源破坏，伴生矿产、伴生气浪费等问题严重；综合利用过程中受技术水平限制，煤炭产品附加值低，煤炭焦化、气化、液化及发电、供热等煤基化产品有待深化；煤炭使用过程中造成"三废"污染，燃煤技术，煤矸石、煤浆、粉煤灰等固体废弃物的回收利用技术，以及废水的净化处理技术急需突破。

因此，以煤炭产业为主导产业的煤炭产业集群在其发展过程中更要重视对环境的治理，加大科研的投入力度，应用先进技术，提高资源利用率，实现煤炭低消耗；开发研制新产品，降低"三废"污染，实现煤炭低排放，走资源节约型、环境友好型的发展道路，实现集群低碳发展。

3. 鄂尔多斯盆地煤炭产业集聚特征

鄂尔多斯盆地地处我国中西部，包括内蒙古和山西部分地区，以及陕西北部、甘肃东部、宁夏大部分地区，由 22 个地级市（盟）和 157 个县（市、区、旗）组成，面积约 37 万平方千米，总面积占我国陆地面积的约 4%，是我国的第二大沉积盆地。盆地自然地理条件优越，北起阴山，南抵秦岭，东迄吕梁山，西达腾格里沙漠，内有东西部地区的交通要道。盆地内矿产资源丰富，其中煤炭、煤层气、天然气三种资源探明储量居全国首位。鄂尔多斯盆地是 21 世纪我国最重要的能源生产供应基地之一，盆地内煤炭产业的科学发展事关国家能源安全大局，对区域经济协调发展影响深远。鄂尔多斯盆地蕴藏的能源占全国能源总量的 35% 以上，目前的能源调出量占全国能源调出量的 50% 以上，已探明的煤炭资源储量占全国总量的 39%，国家 14 个大型煤炭基地中有 6 个与鄂尔多斯盆地有关。20 世纪末以来，基于煤炭需求持续扩大和独一无二的煤炭资源优势，在西部大开发和国家能源安全战略的推动下，煤炭产业率先开发并初步形成空间上的产业集聚，呈现出地理空间集聚、相关人才集聚、配套机构集聚、市场集聚等典型特征（张连业，2007）。

（1）地理空间集聚性

煤炭行业作为一种资源性行业，具有典型的煤炭企业地理集聚和煤炭资源空间集聚的基本特征。

1）从煤炭企业数量的角度分析，鄂尔多斯盆地现有神华集团、伊泰集团、内蒙古伊东煤炭集团、聚能集团、乌兰煤炭集团、内蒙古蒙泰煤电集团、准格尔旗蒙南煤炭有限责任公司等大型煤炭企业集团。鄂尔多斯盆地内煤炭企业数量占全国总量的 1/3 以上（表 5-2）。2009 年中国煤炭企业 100 强中，鄂尔多斯盆地内有 36 个，其中山西 19 个，陕西 3 个，内蒙古 1 个，甘肃 3 个。

表 5-2　鄂尔多斯盆地煤炭企业数量

地区	2008 年	2007 年	2006 年
山西/个	489	388	354
陕西/个	111	110	108
内蒙古/个	220	134	129
甘肃/个	50	30	30
宁夏/个	65	57	55
总计/个	935	719	676
全国总量/个	2330	2143	2119
五省份占全国比重/%	40.13	33.55	31.90

资料来源：《中国煤炭工业年鉴》（2007～2009 年）

2）从资源分布分析，鄂尔多斯盆地埋深 2000 米以内的煤炭总资源量约为 4 万亿吨；埋深 1500 米以内的煤炭资源量达到 2.4 万亿吨；3 万吨及以上矿井数约占全国总量的 1/3（表 5-3）。其中，内蒙古自治区内有 12 个盟（市）都赋存煤炭资源，全区含煤面积约 11.81 万平方千米，占全区土地面积的 1/10。截至 2007 年，累计探明储量 12 250 亿吨，占全国预测远景资源储量的 22%，保有储量与预测储量均居全国第二位。

表 5-3　鄂尔多斯盆地 3 万吨及以上矿井数

地区	2008 年	2007 年	2006 年
山西/处	392	395	425
陕西/处	89	86	89
内蒙古/处	36	40	41
甘肃/处	75	65	65
宁夏/处	60	60	60
总计/处	652	646	680
全国总量/处	2234	2256	2249
五省份占全国比重/%	29.19	28.63	30.24

资料来源：《中国煤炭工业年鉴》（2007～2009 年）

（2）相关人才集聚性

煤炭产业地理空间集聚的特征为人才集聚提供了条件，查阅《中国统计年鉴》和《中国煤炭工业年鉴》可以得出，2007 年以来鄂尔多斯盆地采矿就业人员数和采矿专业技术人员数均占到全国 1/5 以上（表 5-4、表 5-5）。以山西为例，2007

年，其加大了教育培训投入力度，开工建设了山西煤炭职业技术学院新校区，启动实施了百万职工培训工程。全省各类院校共培养煤炭专业人才 5000 余名，各级煤炭行政主管部门举办培训班 300 余期，培训各类技术和业务人员 5 万余人。

随着煤炭产业集聚程度的进一步深化，作为彼此关联的公司或组织，如专业化供货商、服务供应商和相关产业的企业，以及政府、大学和科研机构、职业培训机构、行业协会等相关机构形成了地理集聚体，为人才集聚提供了更为有利的条件，从而进一步促进了人才的涌现和集聚。

表 5-4　鄂尔多斯盆地采矿业就业人员数

地区	2009 年	2008 年	2007 年
山西/万人	75.0	71.7	70.0
陕西/万人	23.2	23.7	24.0
内蒙古/万人	17.9	17.3	17.3
甘肃/万人	8.8	8.6	11.1
宁夏/万人	5.6	5.0	5.0
总计/万人	130.5	126.3	127.4
全国总量/万人	553.7	540.4	535.0
五省份占全国比重/%	23.57	23.37	23.81

资料来源：《中国统计年鉴》（2008～2010 年）、《中国煤炭工业年鉴》（2008～2010 年）

表 5-5　鄂尔多斯盆地 2007 年采矿专业技术人员数

年份	山西/万人	陕西/万人	内蒙古/万人	甘肃/万人	宁夏/万人	总计/万人	五省份占全国比重/%
2007	9.1	1.9	3.8	1.4	1.1	17.3	26.74

资料来源：《中国统计年鉴 2008》《中国煤炭工业年鉴 2008》

（3）配套机构集聚性

配套机构集聚性主要表现在政府政策导向和支持、地域交通条件的完善和其他相关产业与支撑产业的发展。

政府的政策导向与支持作为一种制度安排，在一定程度上，对产业集聚的形成有重要的影响。2008 年 8 月，鄂尔多斯盆地能源规划项目正式启动，位于内蒙古、甘肃、陕西、宁夏和山西五省份境内的鄂尔多斯盆地开始在国家发展和改革委员会的组织下进入战略性整体发展规划阶段。2010 年出台的"十二五"规划明确了区域发展总体战略和主体功能区战略实施的基本思路，提出要合理引导企业兼并重组，提高产业集中度；要坚持区别对待、分类指导，引导投资更多投向中西部地区；要坚持把深入实施西部大开发战略放在区域发展总体战略优先位置，给予特殊政策支持，发挥资源优势。与此同时，山西的煤炭资源整合重组政策，以及鄂尔多斯盆地的其他四省份煤炭产业结构调整和产业升级扶持政策，均为鄂尔多斯盆地煤炭资源的开发提供了良好的发展机遇，政府政策导向与支持为鄂尔多斯盆地煤炭产业的集聚提供了必要的条件。

运输成本越低，集聚的净收益越大，越有利于集聚。交通不便是产业集聚的巨大障碍，而交通运输条件的改善有助于降低运输成本，同时，也有助于降低交易成本，因此有助于产业集聚。鄂尔多斯盆地是国家大型能源基地，承担着全国特别是东部、南部等经济发展较快地区的能源供应任务，交通条件的逐渐完善，为鄂尔多斯盆地的能源开发提供了越来越广阔的空间。据了解，目前盆地内已初步形成铁路、公路、水运、空运衔接的立体交通网络。包神铁路、神骅铁路、陇海铁路、神黄铁路、呼准铁路、神延铁路、东乌铁路、准东铁路等主要铁路形成四方贯通、纵横交错的铁路格局。其中，神黄线、京包线、陇海线是煤炭东西向运输的主要通道。此外，中卫—太原线、西安—南京线正处于规划论证当中。铁路、公路、水道和管道的不断建设和完善，大大有利于鄂尔多斯盆地各类能源资源的输出。盆地内水运也较发达，黄河、汉江、丹江、渭河通航里程都很长。

盆地内煤炭产业集聚所积聚的人流、物流、资金流及信息流，还会带动电力、机械、煤化工、煤炭运输等煤炭相关产业与支撑产业的发展。以山西和内蒙古为例，内蒙古鼓励煤炭、电力与化工等相关产业联营，围绕合成油、煤制天然气、聚氯乙烯等主要产业链，构建以煤炭、电力、天然气为主的新型煤化工产业格局，截至 2010 年底，区内西部、中部、东部三大能源基地已全部采用煤电一体化发展模式，产生了巨大的联动效应；近年来，山西煤电、煤焦、煤化工、煤电铝、煤建材产业链继续拉长变粗，延伸煤—电—铝、煤—焦化、煤化工等产业链，上下游联营，煤与电力、冶金、建材、化工等相关产业并举，促进煤炭产业资本与上下游产业资本有机结合。

（4）市场集聚性

近年来，伴随着鄂尔多斯盆地能源规划项目的启动实施，盆地内煤炭产业市场集聚程度也随之提高，2006 年以来，鄂尔多斯盆地煤炭产量占全国总量的半以上，且其比重呈现出逐年递增的趋势（表 5-6）；鄂尔多斯盆地煤炭调出量占全国总量的 70% 以上（表 5-7）。以山西、内蒙古为例，2007 年，内蒙古区内原煤产量完成 3.54 亿吨，比上年增加 5633 万吨，增长了约 18.9%，煤炭产量排全国第二；商品煤销售 3.56 亿吨，其中调出区外约 2.2 亿吨，占总销量的53.4%，区内消费 1.66 亿吨，占总销量的 46.6%。2007 年山西煤炭产量达到 6.30亿吨，比上年增加 4900 万吨，增长 8.43%，约占全国生产总量的 1/4；煤炭出省销售量增加到 5.36 亿吨，比上一年增加近 7000 万吨，增长 14.98%。

表 5-6　鄂尔多斯盆地原煤产量

地区	2009 年	2008 年	2007 年
山西/亿吨	5.94	6.56	6.30
陕西/亿吨	2.96	2.43	2.04
内蒙古/亿吨	6.01	4.73	3.54
甘肃/亿吨	0.39	0.40	0.39
宁夏/亿吨	0.55	0.43	0.38
总计/亿吨	15.85	14.55	12.65
全国/亿吨	29.73	27.88	25.26
五省份原煤产量占全国比重/%	53.31	52.19	50.08

资料来源:《中国煤炭工业年鉴》(2008~2010 年)

表 5-7　鄂尔多斯盆地煤炭调出量

地区	2008 年	2007 年	2006 年
山西/万吨	54 091.48	53 628.28	54 091.48
陕西/万吨	6 808.07	7 728.07	6 799.28
内蒙古/万吨	26 562.44	22 387.51	13 724.48
甘肃/万吨	1 169.54	1 385.76	911.75
宁夏/万吨	1 594.22	1 398.92	696.10
总计/万吨	90 225.75	86 528.54	76 223.09
全国/万吨	121 896.65	118 152.74	102 998.64
五省份原煤调出占全国比重/%	74.02	73.23	74.00

资料来源:《中国煤炭工业年鉴》(2007~2009 年)

第三节　煤炭主体功能区战略——模式三

从"十一五"规划开始,我国提出推进"按照优化开发、重点开发、限制开发和禁止开发的不同要求,明确不同区域的功能定位,并制定相应的政策和评价指标,逐步形成各具特色的区域发展格局"的主体功能区规划。"十二五"规划则进一步明确,将建设主体功能区提升到国家战略高度,要实施区域发展总体战略和主体功能区战略,这两个战略共同构成我国区域发展的完整战略。主体功能区规划是《国民经济和社会发展第十一个五年规划纲要》(简称"十一五"规划纲要）中首次提出的一项国家层面的基础性、约束性、战略性空间规划，"十二五"规划进一步明确了"主体功能区战略"作为区域发展的主要抓手，主体功能区建设已成为转变区域经济发展方式的重要途径。加快煤炭富集区煤炭主体功能区战略的研究与实施，对促进煤炭富集区可持续发展具有重大的现实意义。

一 主体功能区理论与实践

（一）主体功能区内涵

主体功能区"主体"两字，是指一个区域承担的主要功能，它可以是保护环境生产生态财富，也可以是发展经济生产物质财富。同时，在一个承担主要功能的区域内，还存在着其他的辅助功能或次要功能。例如，山西省部分地区的主要功能是合理开采煤炭、发展煤炭产业，属于优化开发区或重点开发区，但是在其区域内还存在不属于煤炭产业的农业、林业、生态旅游业等提供生态财富的附属产业。

主体功能区是我国"十一五"规划纲要针对我国区域空间发展现状和需求，借鉴德国、日本、荷兰和法国等发达国家实践经验的空间规划思路，并结合我国具体国情率先提出的一个全新概念。以往学者普遍认为主体功能区应根据区域资源环境承载能力、现有开发密度、未来发展潜力及区域的战略定位，确定区域的主体功能、主要任务和发展方向，从而将国土空间科学地划分为优化开发区、重点开发区、限制开发区和禁止开发区四类功能区，以引导人口、技术、资金、工具及资源等各种功能要素有序流动，逐步形成空间开发秩序规范、区域发展协调的空间发展格局。

因此，本书将主体功能区定义为：按照区域协调发展和合理分工原则，根据区域发展基础、资源环境承载能力、现有开发密度、未来发展潜力及不同层次区域的战略定位，规划出以提供某种特定产品为主体功能和以提供其他产品为辅助或次要功能的一种空间单元，并按提供主体功能产品能力的差异性将区域划分为优化开发区、重点开发区、限制开发区和禁止开发区四类功能区，以达到空间结构优化和区域协调发展的目的。

（二）主体功能区类型

划分主体功能区主要应考虑区域的自然生态状况、水土资源承载能力、区位特征、环境容量、现有开发密度、经济结构特征、人口集聚状况、参与国际分工程度等多种因素。

按照国土空间开发的战略格局，《全国主体功能区规划》中明确了国家层面的优化开发区、重点开发区、限制开发区和禁止开发区四类主体功能区的功能定位、发展方向和开发管制原则。这实质上是根据不同区域的资源环境、经济结构特点和未来发展潜力，对不同区域提出了不同的开发模式和结构调整方向，明确了转变发展方式的侧重点。

1. 优化开发区

优化开发区，指国土开发密度已经较高、资源环境承载能力开始减弱的区域，包括环渤海地区、长三角地区、珠三角地区三个区域。这类区域要建设成为：提升国家竞争力的重要区域；带动全国经济社会发展的龙头；全国重要的创新区域；我国在更高层次上参与国际分工及有全球影响力的经济区；全国重要的人口和经济密集区。今后要培育若干各具特色和优势的区域创新中心，加快形成一批拥有自主知识产权的核心技术和知名品牌，推动产业结构向高端、高效、高附加值转变；优化城乡开发布局，控制建设用地增长，保护并恢复农业和生态用地，改善区域生态环境。

2. 重点开发区

重点开发区，指资源环境承载能力较强，经济和人口集聚条件较好的区域，包括冀中南地区、太原城市圈、呼包鄂榆地区、哈长地区、东陇海地区、江淮地区、海峡西岸经济区、中原城市群地区、长江中游地区、北部湾地区、成渝地区、黔中地区、滇中地区、藏中南地区、关中—天水地区、兰州—西宁地区、宁夏沿黄地区、天山北坡地区 18 个区域。这类区域要建设成为：支撑全国经济增长的重要增长极；落实区域发展总体战略、促进区域协调发展的重要支撑点；全国重要的人口和经济密集区。今后要加大交通、能源等基础设施建设力度，优先布局重大制造业项目，对依托能源和矿产资源的资源加工项目要优先在中西部重点开发区域布局；统筹工业和城镇发展布局，在保障农业和生态发展空间的基础上适度扩大建设用地规模，促进经济集聚与人口集聚同步发展。

3. 限制开发区

限制开发区，指资源环境承载力较弱、大规模集聚经济和人口条件不够好，并关系到全国或较大区域范围生态安全的区域。其中，限制开发的农产品主产区主要是"七区二十三带"内具备较好的农业生产条件，以提供农产品为主体功能，以提供生态产品、服务产品和工业品为其他功能，需要在国土空间开发中限制大规模高强度工业化、城镇化开发，以保持并提高农产品生产能力的区域。这类区域要建设成为：保障农产品供给安全的重要区域；农村居民安居乐业的美好家园；社会主义新农村建设的示范区。今后要强化耕地保护，稳定粮食、棉花、油料、糖料、蔬菜等主要农产品生产，集中各种资源发展现代农业，推动农业的规模化、产业化，发展农产品深加工及副产物的综合利用，加强农村基础设施建设和公共服务，以县城为重点推进城镇建设和非农产业发展。而限制开发的重点生态功能区，包括大小兴安岭森林生态功能区等 25 个生态系统，十分重要，关系全国或较大范围区域的生态安全的区域，目前总面积约 386 万平方千米，占全国陆地面积的 40.2%；总人口约 1.1 亿人，占全国总人口的 8.5%。这类区域要建设成为保障国家生态安全的重要区域，人与自然和谐相处的示范区。今后要加大对生态环境保护和修复的投入力度，增强水源涵养、水土保持、防风固沙和生物多样性维护等功能，在西部地区优先启动国家重点生态功能区保护修复工程。

4. 禁止开发区

禁止开发区是指依法设立的各类自然保护区，主要是有代表性的自然生态系统、珍稀濒危野生动植物物种的天然集中分布地、有特殊价值的自然遗迹所在地和文化遗址等，包括国家级自然保护区、世界文化自然遗产、国家级风景名胜区、国家森林公园、国家地质公园五类。2016 年共 1443 处，总面积约 120 万平方千米，占全国陆地面积的 12.5%。这类区域要建设成为我国保护自然文化资源的重要区域，珍稀动植物基因资源保护地。今后要依法实施强制性保护，严格控制人为因素对自然生态和文化自然遗产原真性、完整性的干扰，严禁不符合主体功能定位的各类开发活动；在理清规范的基础上，加大投入力度，完善管理体制和政策。

（三）我国主体功能区战略格局

中国区域经济已经形成了"四轮驱动"的新格局——西部大开发、振兴东北地区等老工业基地、促进中部地区崛起、鼓励东部地区率先发展的区域发展总体战略。主体功能区规划的实施是对区域发展总体战略的落实，实施主体功能区战略有利于构筑区域经济优势互补、主体功能清晰定位、国土空间高效利用、人与自然和谐相处的区域发展格局，逐步实现不同区域基本公共服务均等化，促进四大经济区域的协调发展。

按照到 2020 年主体功能区布局的总体要求，推进形成主体功能区的中期目标是：空间开发格局清晰；空间结构优化；空间利用效率提高；区域发展协调性增强；可持续发展能力提升。以建设富强、民主、文明、和谐的社会主义现代化国家，以及中华民族永续发展为出发点，推进形成主体功能区要着力构建我国国土空间"两横三纵"为主体的城市化战略格局、"七区二十三带"为主体的农业战略格局和"两屏三带"为主体的生态安全战略格局。

1. "两横三纵"为主体的城市化战略格局

以陆桥通道、沿长江通道为两条横轴,以沿海、京哈京广、包昆通道为三条纵轴,以国家优化开发和重点开发的城市化地区为主要支撑,以轴线上其他城市化地区为重要组成部分的城市化战略格局。

这一战略的提出,实质上是要形成一种"集中均衡"式的国土空间开发模式。根据我国人多地少的基本国情,我国的空间开发必须走节约、集约的开发道路。所谓集中,是指在较小区域范围内集中开发,促进产业集聚发展,人口集中居住,城市密集布局,以较少的国土空间承载大规模、高强度的工业化、城市化活动,提高空间利用效率;所谓均衡,是指在全国范围内,形成若干个人口、经济密集的城市化地区,并在全国国土空间上相对均衡分布,形成带动区域发展的新增长极,逐步缩小区域差距。

2. "七区二十三带"为主体的农业战略格局

构建以东北平原、黄淮海平原、长江流域、汾渭平原、河套灌区、华南与甘肃和新疆等农产品主产区为主体,以基本农田为基础,以其他农业地区为重要组成部分的农业战略格局。

这一战略格局的提出,主要考虑到东北平原、黄淮海平原等 7 个区域,是我国粮食主产区和重要的商品粮基地,也是优势农产品产业密集区,农业生产基础较好,具有发展粮、棉、油等大宗农产品的优势。同时提出 23 个优势农产品产业带,主要是从优化我国农业生产布局出发,引导不同地区发展不同特色的优势产品,促进农业区域化布局、专业化生产和规模化经营。以"七区二十三带"为主体的农业战略格局,既结合了我国农业自然资源的特点和基础,也体现了近年来我国主要农产品向优势产区集中的新变化。确定"七区二十三带"为主体的农业战略格局,突出这些区域的农业地位,对于保障全国耕地数量、质量和农产品供给安全是至关重要的,对于进一步增强农业政策的针对性也将发挥重要的导向作用。

3. "两屏三带"为主体的生态安全战略格局

以青藏高原生态屏障、黄土高原—川滇生态屏障、东北森林带、北方防沙带和南方丘陵山地带及大江大河重要水系为骨架,以其他国家重点生态功能区为重要支撑,以点状分布的国家禁止开发区域为重要组成部分的生态安全战略格局。

这一战略构想,把国家生态安全作为国土空间开发的重要战略任务和发展内涵,充分体现了尊重自然、顺应自然的开发理念。这些区域,要么是关系国家生态安全的区域,要么是关系大的区域生态安全的区域,青藏高原生态屏障其至关系着全球的气候变化。如果这些区域也实行大规模高强度的工业化、城市化开发，后果是不堪设想的，不仅无法解决当地人民的富裕问题，甚至带来的破坏可能是灾难性的。因此，从中华民族长远发展出发，必须切实保护好这些区域，使其生态功能得到恢复和提升，同时通过多种途径，解决好不断提高当地人民生活水平的问题。

二　煤炭主体功能区

（一）　煤炭主体功能区的内涵

1. 煤炭主体功能区的概念界定

煤炭主体功能区是依据国家"十二五"规划，基于煤炭资源赋存的自然地理条件、煤炭资源储量、煤炭产业发展水平、经济发展水平、资源环境承载力及区域发展潜力，结合国家发展目标、战略布局和政策支持力度，以煤炭主产区产业结构合理化和区域协调发展为主要出发点，以煤炭产业作为该区域的主导和优势产业，在区域经济结构和产业结构中起主要支撑作用的特定地域空间，是基于煤炭资源国土空间分布的非均质性、稀缺性、地域根植性等基本特征划分的地理经济空间单元。

较主体功能区的一般定义而言，煤炭主体功能区这一概念突出了功能区规划建设的主导因素是经济功能；较其他类型主体功能区（如农业、纺织业等主体功能区）而言，煤炭主体功能区突出了在区域空间内，经济增长主要依靠的是煤炭产业及其附属产业增长所产生的带动作用。

2. 我国煤炭主体功能区的划分

根据上述煤炭主体功能区的划定原则，我国煤炭主体功能区可以从国家行政区划和煤炭资源赋存与开发水平两个维度进行评判划定。

从我国行政区划的角度分析，我国煤炭主体功能区主要是指山西、内蒙古、陕西、新疆、宁夏、贵州、河南等煤炭资源富集且煤炭产业较发达的省份，煤炭产业在上述地区的产业结构中具有支柱性或主导性作用，是我国煤炭的主要供给区和调出区。

从煤炭资源赋存与开发水平角度看，我国煤炭主体功能区主要包括《煤炭工业发展"十二五"规划》中所涉及的 14 个国家级大型煤炭基地，这些大型煤炭基地具有煤炭资源赋存地质完整、开采条件良好、煤炭资源丰富、煤炭企业集聚、煤炭开采效能高等特征，是我国中长期煤炭产业重点开发区或优先开发区。

　　就现实层面而言，煤炭富集区与煤炭主体功能区具有极高的拟合性、重叠性和统一性。毋庸置疑，煤炭主体功能区规划与建设的客观基础是煤炭资源富集，从中长期发展视角分析，煤炭富集区一定会承担煤炭主体功能区的经济功能；但从区域经济发展现实格局和煤炭产业可持续发展的视角分析，按照国家能源安全战略要求和梯度开发规划，部分煤炭产业尚不发达与尚不成熟的煤炭资源富集区，将不会承担当前及中期的煤炭供给任务，而是作为煤炭资源供给的储备区和待开发区予以保留，不会划分为煤炭主体功能区的组成部分。进一步说，煤炭主体功能区的建设是建立在煤炭资源富集区存在的既定条件下，而煤炭资源富集区构成煤炭主体功能区的条件是煤炭基础产业及其附属产业有相当程度的集聚，城镇化较为发达，已形成一定产业结构和产业层级。图 5-11 为煤炭主体功能区战略模式结构图。

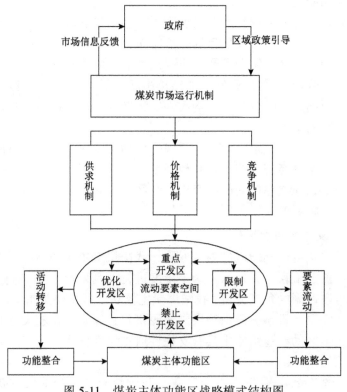

图 5-11　煤炭主体功能区战略模式结构图

（二）煤炭主体功能区的类型

　　煤炭主体功能区不仅具有一般主体功能区的基本组成要素，而且由于煤炭资源及其开发的特质性，它同时具有区别于其他主体功能区的自身特征。因此，相对于一般主体功能区的划分标准，其评价指标和类型划分存在一定差异，但评价体系仍维持一般划分标准的设定内容：地区资源的消耗程度、环境的承载力和仍持有的资源储备（Elcvli，Demirci，2006）。

1. 煤炭主体功能区类型的划分原则

煤炭主体功能区的类型划分与一般主体功能区存在一定差异。首先，煤炭主体功能区是侧重于煤炭资源开采、加工和利用的主体功能区，区域的经济功能围绕煤炭产业及其相关产业而存在，其类型划分标准要体现出煤炭的经济功能；其次，煤炭产业具有的绝对不可持续性，影响和决定了煤炭主体功能区在可预见的未来必然面临转型发展，因此其类型划分指标要考虑煤炭主体功能区经济功能的转型问题。鉴于煤炭主体功能区的以上特征，对煤炭主体功能区进行类型划分时采取的指标体系要以煤炭资源的使用程度和发展前景为导向。

2. 煤炭主体功能区类型划分的初级指标

基于煤炭主体功能区的定义和特征，引入四个初级指标来定性研究煤炭主体功能区的类型划分。本着对煤炭主体功能区类型划分的探讨、定性研究，仅给出初级指标的目的在于从性质和属性上给出划分的基本标准和思路，因此对于细化的二级、三级指标暂不予讨论。

煤炭主体功能区初级指标的含义及各指标考察内容见表5-8。

表5-8　煤炭主体功能区初级指标的含义及指标考察内容

指标名称	指标含义	主要考察内容
煤炭矿产资源已有开发程度	衡量该地区的既有经济对煤炭资源分布的依赖程度	已被开发的煤炭资源数量、煤炭资源储备量
未来区域经济内煤炭资源支撑力度	反映具体考察区域转型发展的迫切程度	煤炭产业产值占地区经济的比重变化趋势、宏观经济、环境政策
综合环境承载力	反映在煤炭主体功能区中经过多年的生产过程，环境资源具有的支持能力	土地资源、水资源及生态环境的综合情况
目标产业转型相关资源储备	煤炭资源枯竭后该区域目标产业转型的可能性	视目标产业具体情况而定

3. 煤炭主体功能区的基本类型划分

借鉴已有主体功能区的类型划分，根据煤炭主体功能区的初级指标进行简单的定性度量，结合主体功能区的经济功能转型这一背景，考虑到现实性和可能性，可以将煤炭主体功能区划分为规划转型区、持续生产区、资源储备区和其他功能区四种类型（张洪潮，李苏，2013）。指标定性度量下煤炭主体功能区类型划分见表 5-9。

表 5-9 指标定性度量下煤炭主体功能区类型划分

煤炭主体功能区类型	煤炭矿产资源已有开发程度	综合环境承载力	未来区域经济内煤炭资源支撑力度
规划转型区	高	低	低
持续生产区	中	低	高
资源储备区	低	中	低
其他功能区	—	高	低

煤炭主体功能区的类型划分虽然由一般主体功能区类型划分延伸而来，但与后者的划分仍存在一定区别。一般意义上的主体功能区的划分标准及界定都是基于整体的、宏观的考察视角，综合考虑了区域内所有行业，且这种划分类型是相对固定的；而煤炭主体功能区的划分则主要侧重于煤炭行业，并以产业转型为导向。

（1）规划转型区

规划转型区是四种类型中煤炭开采量最大、煤炭经济发展程度最高、区域经济对煤炭产业依赖度也最高的地区，是煤炭主体功能区的核心。但由于煤炭资源即将消耗殆尽，该区域迫切需要产业转型，其未来发展将以区域主产业转型为重点。

规划转型区具有以下主要特征：一是区域内现存的煤炭资源已基本采尽，剩余的煤炭资源很少，可开采价值不大或是不具有开采价值，未来该区域煤炭产量有必然下滑的趋势，煤炭产业作为地区经济的发展动力和增长极，未来将无法支撑地区经济；二是由于多年的开采作业缺乏合理科学的开采方式和统一的规划，规划转型区内地表破坏程度较高、植被覆盖率下降、地下水资源污染严重、空气质量恶化等环境问题较为严重。

规划转型区面临的主要问题是如何平稳、快速地完成该区域经济增长极的转变，同时解决区域环境问题，实现区域经济相对可持续的、良性的转型发展。

（2）持续生产区

在煤炭主体功能区内，持续生产区的煤炭产业发达程度仅次于规划转型区，但由于该区域煤炭资源开发较晚，未来一定时间内该区域仍能够以煤炭产业作为区域的支柱产业，维持现有的产业结构和生产模式。

持续生产区作为煤炭资源相对富集的地区，已经形成以煤炭产业为主的经济结构，尽管煤炭资源已进行了部分开采，但区域内仍有可观储备，在未来较长的一段时间内仍可对该区域经济起到支撑作用。该区域内煤炭附属产业较为发达，相关基础设施正在进一步完善中。

持续生产区的发展策略以维持并扩大现有煤炭产业为主，在发展经济的同时调整产业结构，以环境友好型发展模式为导向，扩大煤炭产业规模，优化煤炭产业模式。

（3）资源储备区

资源储备区指区域内煤炭资源较为丰富、现在尚未开采的区域。资源储备区未来发展有两个主要方向：一是对区域内储备的煤炭资源进行合理规划论证后进行挖掘开采，大力发展煤炭产业，实现区域经济增长；二是作为资源储备区将现有煤炭资源保护起来，利用当地资源、环境优势，发展其他产业。

（4）其他功能区

对于其他功能区而言，区域内已探明无可开采煤炭资源或煤炭资源无开采价值，即该地区必然无法以煤炭产业作为支柱产业。这一区域可能包括自然环境条件较好的地区，并以生态保护区或旅游风景区的形式存在，也可能包括人口密集的城市或者其他产业较为发达、已形成产业集群的地区。其他功能区未来基本可以延续现有模式发展。

4. 类型划分的区域结构解析

根据对各类型区域的基本描述，以及煤炭主体功能区的基本结构，我们可以将两者对应起来。由此得到区域结构和类型划分的对应关系，如表5-10所示。

表 5-10　煤炭主体功能区区域结构和类型划分的对应关系

第一模块	第二模块	单元层	类型划分
产业区	主产业区	煤炭产业区	规划转型区和可持续生产区
		煤炭附属产业区	
		煤炭产业附属城镇/人口集聚区	
	非主产业区	农业产业区、加工制造业区、高新技术产业区等	其他功能区
		旅游景区	
非产业区	不可开发区域	煤炭资源储备区	资源储备区
		非煤自然资源区和无人居住且无开发价值区	其他功能区

由于区域结构和类型划分之间对应关系的存在，在煤炭资源不可持续这一作用力下，单元层和元素层的变动不仅会改变模块层的划分结果，且最终也对类型划分产生影响。此外，在这种变动发生的过程中，区域结构和类型划分之间原有的固定关系可能会被打破，最终在目标产业的影响下，形成新的格局和对应关系。

（三）煤炭主体功能区的特征

1. 煤炭主体功能区的自生特征

（1）典型的层级特征

煤炭主体功能区在空间上涵盖了部分煤炭资源富集区、煤炭产业及其附属产业较为发达的地区，以及因煤炭资源存在而自然聚集形成的周边城镇，同时还包括为煤炭产业区提供基本人力和物力的供应区域。

从地域上我们大体可以将煤炭主体功能区划分为两部分：产业区和非产业区。产业区又分为主产业区和非主产业区两类。在煤炭主体功能区中，所谓的主产业区指煤炭富集区和煤炭产业集聚区；再进一步细分，主产业区又可以分为煤炭产业区、煤炭附属产业区和煤炭产业附属城镇/人口集聚。但我们仍不能排除在以煤炭产业为主的区域中存在其他类型的产业集聚，如农业、加工制造业等，这些非主流的产业集聚区即构成了非主产业区。非产业区，顾名思义即指没有形成规模化、系统化产业集聚的地区，主要包括煤炭资源储备区、非煤自然资源区和无人居住且无开发价值区。这里的无开发价值的区域是指没有可开发资源或资源匮乏不利于经济发展的区域（张洪潮，李苏，2013）。煤炭主体功能区的基本层级结构见图 5-12。

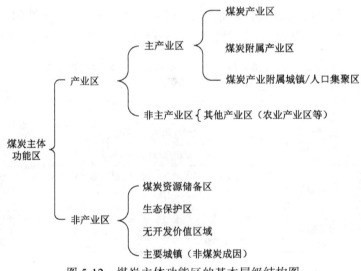

图 5-12　煤炭主体功能区的基本层级结构图

简单来说，主产业区构成主体功能区中以点状、带状分布的优化开发区和重点开发区，非主产业区构成限制开发区和禁止开发区，并对前者形成包围之势。主产业区和非主产业区共同促进主体功能区的经济增长、产业发展和区域间利益平衡，减少煤炭产业的负外部性，提升区域经济竞争力。

（2）点—线—面结合的区域结构特征

煤炭主体功能区的区域结构模式是基于其地理区属，从区域经济视角对主体功能区进行研究而形成的理论模型。从煤炭主体功能区涵盖区域的组成元素进行研究和分析，我们可以发现，煤炭主体功能区体现出点—线—面结合的基本元素关联模式。

"点"是该模式的基础和核心，这种结构模式中的点包含两种类型：一是煤炭开采和加工业所在点，煤炭产业作为区域经济发展的原动力，相关产业无论从经济角度还是从地理角度来说，其规划和部署都应以煤炭生产为导向；二是煤炭附属产业所在点，如电力、制造业和服务性产业，这些机构和生产点作为区域经济基本运行终端，形成了区域内的点的部署。

煤炭产业点及其附属产业点共同组成了狭义的煤炭产业链，煤炭产业点及其附属产业点之间的利益关联，形成了煤炭主体功能区中"线"的结构。"线"即煤炭主体功能区内既有的产业链条。在"线"上存在着要素、产成品和利益流动，"点"就是通过这种线相互连接、彼此影响，最终形成网状结构。这一网状结构便是元素关联模式的基本框架。

在形成的网状结构之间，填充有其他产业、政府部门、金融、医疗和教育机构，以及交通等基础设施。之所以未将这些元素作为"点"置于网状结构中，是因为这些元素并未参与主要的要素和利益流动，仅起到辅助作用，因此统称为辅助元素。但它们具有重要作用，辅助元素存在于网状结构之间，维持着"线"上要素和利益流动的正常有序进行，维持网状结构的形态及其良好运行。

2. 基于煤炭产业约束的煤炭主体功能区特征

（1）支柱主导性

我国煤炭储备占全部化石能源储备的 90%以上，这就决定了在我国的一次能源消费结构中，煤炭能源占到 2/3，处于我国能源消费的绝对主导地位。煤炭产业作为重要的基础能源产业和典型的资源性产业，在国民经济发展中起到原动力作用，不仅对煤炭产业上游的开采业和洗选业提供支撑，也间接地为煤电产业、制造业和钢铁工业等中下游产业提供动力源泉，体现了煤炭产业的支柱性。

（2）政策关联性和政府导向性

煤炭资源本身的支柱性，决定了煤炭产业与政策导向紧密相关。这种相关性表现在产业政策的发展性引导、规范性引导及辅助功能三方面。

煤炭产业的形成和发展离不开政府的规划和引导，其主要模式是由煤炭富集区所在地的政府部门有计划地出台优惠政策，使原有煤炭企业愿意在高收益的动机驱使下跟随政策引导，而区域外的煤炭企业或其他类型企业也因同样的原因聚集在煤炭富集区，共同推动煤炭产业的发展。政策的制定和实施影响煤炭相关企业的基本运营，企业根据政策动向对自身的发展方向做出规划和选择，间接影响煤炭产业集群的形成和煤炭产业格局。煤炭主体功能区的建设细化到微观层面也是通过政策对企业的直接或间接引导来进行——根据前期的规划制定相关产业政策，引导企业形成特定产业格局。

规范性引导又分为对利益分配的引导和负外部性约束。

煤炭作为一种稀缺的能源矿产，既为全社会所共有，又为特定的经营单位所独有，两者之间存在一定的协调困难，类似于准公共产品的二重性矛盾。这就会产生煤炭产业及其附属产业的经济利益分配和再分配问题。煤炭资源开采、煤炭附属产业所产生的收益是应用于地区经济发展，还是政府财政收入，或者是企业自身盈利，需要政策的规范、引导和限制。

较其他类型的产业而言，煤炭产业链中各环节的发展主要依托资源开采与利用。受煤炭产业本身特征和生产力发展水平普遍低下等客观因素的制约，传统粗放型的生产加工模式造成了严重的资源浪费、生态失衡、环境破坏等负外部效应。负外部效应需要依靠政府制定政策甚至通过司法手段予以约束和改善，以调整煤炭产业在生产发展过程中与当地政府、环境和居民的关系。煤炭主体功能区建设过程中，既要约束重点开发区和优化开发区内各类企业的行为，也要通过对限制开发区和禁止开发区的管控，实现良性发展。

政府在煤炭主体功能区的建设、规划和发展中的辅助功能体现在，政府在主体功能区内设立必要的公共设施及服务机构，为企业、机构、从业人员和消费者提供便利条件。

（3）绝对不可持续性

煤炭主体功能区的绝对不可持续性特征是由煤炭资源的基本特征决定的。煤炭资源作为矿产是一种基础性能源。煤炭资源具有形成时间较长、不可再生、优质煤相对稀缺、开采成本随着资源消耗而逐渐递增等特点。在可预见的未来，煤炭资源将面临枯竭，即煤炭资源的绝对不可持续性。

从上文对煤炭主体功能区的定义中不难得出，煤炭主体功能区是建立在煤炭资源富集的条件下，煤炭资源相对稳定的产出是煤炭主体功能区规划、建设和发展的最终依托，同时也是煤炭主体功能区内区域经济发展和繁荣的主要动力。正是由于煤炭资源的绝对不可持续性，当煤炭资源面临枯竭、区域经济原动力缺失时，煤炭在区域经济发展中将不再发挥主导作用，因而导致煤炭主体功能区区域经济将不再维持原有经济结构和产业组织模式，即煤炭主体功能区对本地区的经济贡献将终结。煤炭主体功能区在这一意义上是绝对不可持续的。

（4）相对可持续性

煤炭主体功能区在可预见的未来将面临煤炭资源枯竭、对区域经济的主导和促进作用减退，其解决办法就是通过合理的政策引导煤炭主体功能区产业转型发展。随着煤炭产业在区域经济舞台的退出，原有主体功能区的经济支撑产业将被煤炭相关产业（如冶金工业等煤炭下游产业）或不相关产业（轻工业或第三产业）所替代，完成煤炭主体功能区涵盖区域的产业转型。此时的煤炭主体功能区将不再延续原有煤炭产业对区域经济的带动作用，而是从性质上发生根本性转变。在这一意义上，煤炭主体功能区又是相对可持续的。

煤炭主体功能区的相对可持续性就是指在未来煤炭资源枯竭的情况下，如何能够正确有序地引导煤炭产业及其附属产业进行合理、有序的转型发展问题——通过引导使煤炭主体功能区向煤炭的相关产业甚至不相关产业转型，在不打破原有主体功能区的整体格局和经济功能的基础上，将区域经济的发展动力逐渐从煤炭产业转出，保持主体功能区的持续发展。

（5）资源要素相对匮乏性

相对于多数地处平原的农业主体功能区和地处经济发达地区的各类工业、轻工业主体功能区而言，煤炭主体功能区往往根植于煤炭富集区，在地理位置上没有更多的选择余地。因此，煤炭主体功能区所涵盖的区域，除煤炭资源外，很难被形容为要素资源丰富的地区。具体来说，在其区域范围内，相对缺乏经济发展所必需的基础设施，人力资源匮乏，交通闭塞，附属产业集群程度不高。资源要素的相对匮乏使得未来煤炭主体功能区转型陷入困境，新的区域产业结构难以形成。

煤炭主体功能区不可避免地要面临转型发展的问题，在现有的规划建设思路下，进行产业转型或利用已形成的规模性产业在本地发展，或避开仅有的煤炭产业集聚，在其他资源相对丰富的地区开展新兴产业区建设，并尽可能将本地可移动的资源要素转移到新地区，以解决资源要素匮乏问题。

（6）地理根植性

煤炭资源具有很强的地理根植性，煤炭矿产资源的分布有特定的地理规律，客观上不可移动。因此，煤炭产业的上游开采业和洗选业在地理位置上必须随着煤炭资源的分布而集中，这间接导致了伴随煤炭资源附生的第三产业围绕煤炭上游产业集中，煤炭中下游产业则受到煤炭运输费用和交通运输发达程度的制约。同样，问题还体现在主体功能区规划方面：传统的煤炭资源开发和煤炭附属产业集群规划往往以行政区划为单位，同一矿脉可能分布于两个甚至几个行政区域中，因此出现煤炭经营政策、方式和规划不一致，人为造成煤炭及其附属产业生产效率低下，经济效益在本区域中的扩散停滞，区域经济发展长期受阻。

地理根植性决定了煤炭主体功能区如果要以科学高效的模式运作，就必须在其规划上以煤炭地理分布为主导因素，打破行政区划限制，从宏观层面统筹安排、集中调度，同时，在煤炭主体功能区的形成过程中，对已开采的煤炭资源进行重组，对有待开采的煤炭资源进行科学规划，完成区域内已有的煤炭资源整合。煤炭主体功能区建设和规划需要政府合理发挥职能和政策上的积极引导。政策应全面考虑煤炭产业特征再进行科学制定。政策的制定是否合理、实施是否到位，将直接影响区域经济的发展前景和主体功能区战略的实施进度。

煤炭主体功能区的基本发展模式应由现有的煤炭富集区产业结构模式演化而来。成熟的煤炭产业及其附属产业将演化形成以煤炭的采掘和初加工为中心的、围绕煤电、热力和冶金工业等相关产业的、配有餐饮和娱乐等服务产业的点状或带状分布的煤炭产业及其附属产业的集聚地，构成主体功能区中的优化开发区；尚未形成规模和有机结构的简单产业集聚地区和规划的未开采区域将构成重点开发区；暂时不予开发和无开发价值的区域则被列为限制和禁止开发区。

因此可以得出，煤矿的地理性质影响并在一定程度上决定了煤炭主体功能区的利益分配格局——以煤炭产业集聚地为中心，非煤炭产业区以其他地域性优势产业为依托对前者形成包围之势，在享受煤炭产业区利益流出的同时，对其负外部效应进行消减，引导产业转型发展。

（7）产业利益高溢出性

相对于煤炭富集区和煤炭产业集聚区来说，煤炭产业具有一定的正外部性，即煤炭产业链产生的附加值和经济效益相对容易流入其他产业，惠及本地区人民。相反地，由于煤炭产业的产业链较短，其内部的产业结构和经济效益波动对区域内的其他产业和经济效益总体影响不大，即具有相对稳定性。煤炭产业的这一特性使之成为带动区域经济发展的主要动力。利用煤炭产业的这一特性，煤炭富集区内的其他相关产业或不相关产业可以依靠煤炭产业发展的带动进行人才集聚和技术进步，从而完成主体功能区的转型升级和优化。

煤炭主体功能区继承了煤炭富集区的这一突出优势，在可预见的未来，煤炭主体功能区的存在对本区域的经济带动作用将更加明显，主要体现在：煤炭主体功能区是对整个煤炭产业区所包含资源的优化整合，整合的过程和最终的成果在一定程度上规避了不合理的、低效率的问题；通过煤炭主体功能区基本类型的划分，细化地域优势，突出经济增长点，从而促进煤炭及其附属产业所产生的利益更快、更合理地流向整个煤炭主体功能区，惠及本区域的各个经济领域。

（四）煤炭主体功能区的内生循环模式

由于煤炭资源具有绝对不可持续性，所以煤炭主体功能区的四种类型必然也不是一成不变的。基于区域土产业不变、主导产业区域可变的基本假设，煤炭主体功能区的四种类型会遵照一定的模式相互转化（张洪潮，李苏，2014）。

1. 各类型之间的互动关系

煤炭主体功能区四种类型之间的互动关系见图 5-13。

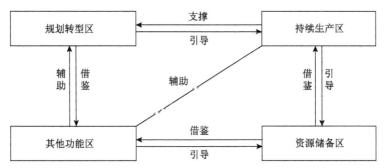

图 5-13 煤炭主体功能区四种类型的互动关系

（1）规划转型区与持续生产区

规划转型区与持续生产区作为煤炭主体功能区最重要的组成部分，两者具有密不可分、相辅相成的关系。规划转型区对煤炭主体功能区转型发展途径进行探索，提供经验教训，发现可能的转型途径；持续生产区不仅在整个煤炭主体功能区的规划、建设和发展中承担着最重要的角色，同时支撑着规划转型区的经济结构调整和主产业转型，为规划转型区提供必要的人力和物力支持，并基于煤炭产业良性循环、环境友好型的发展方式为资源储备区提供借鉴。

（2）持续生产区与资源储备区

由于资源储备区内的资源未来可能面临开采，所以持续生产区的发展模式将对资源储备区产生一定的引导作用，并在其发展初期提供必要的资金和技术支持。持续生产区在煤炭主体功能区的建设、发展、转型过程中具有承前启后的作用。

（3）资源储备区与其他功能区

资源储备区没有形成规模产业，因此可以采取另一种发展路径——煤炭资源暂不开采，直接发展其他产业，与规划转型区共同实现煤炭主体功能区的转型。在资源储备区的区域资源禀赋条件允许的情况下，其发展路径可以采用其他功能区的现有发展模式。

（4）其他功能区与规划转型区

其他功能区在煤炭主体功能区中的角色主要有两个：一是对煤炭主体功能

区的主产业运行发展起到辅助作用；二是为煤炭主体功能区的转型发展提供经验和引导。

2. 内生循环模式基本图示

根据对各类型之间互动关系的分析，这四者之间的变动关系模式总体上呈现出随区域资源条件变动而变动的、内部自发的、非严格的循环模式。

内生循环模式的产生和持续要求一定经济结构中的经济模块之间能够自发形成环状的、不断演变的结构，且这种结构不借助外部条件就能完整形成。在煤炭资源必然枯竭的前提下，煤炭主体功能区的主产业在未来必然经过至少一次变化，甚至多次变化，因此四种类型将围绕不同的主产业形成不断推进的模式。

不难发现，四种类型实质上是根据其在主体功能区中的产业发达程度进行划分的。其中，规划转型区产业发达程度最高，持续生产区其次，资源储备区再次；基于其他功能区的转型引导作用，本书将煤炭主体功能区视为待转型的产业成熟度较高的类型划分。

鉴于转型产业类型的不确定性，为研究方便，我们将煤炭主体功能区命名为 M 产业，首次转型的产业命名为 A 产业，再次变化的产业命名为 B 产业，按照每种类型划分的产业成熟度将其划分为 1、2、3 三个等级，则规划转型区、持续生产区、资源储备区分别简化为 M1、M2、M3，其他功能区为 A2，以此类推到全部 A 产业和 B 产业的类型划分。

煤炭主体功能区的内生循环模式分为四种，煤炭主体功能区未转型前的内生循环模式如图 5-14 所示；煤炭主体功能区转向 A 产业主体功能区（同时 B 产业出现）的内生循环模式见图 5-15；煤炭主体功能区进一步萎缩，A 产业为主产业，B 产业持续发展，三种产业共存状态的内生循环模式见图 5-16；煤炭主体功能区全部消失完成转型的内生循环模式见图 5-17。

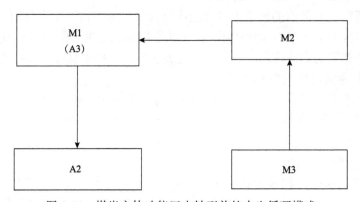

图 5-14 煤炭主体功能区未转型前的内生循环模式

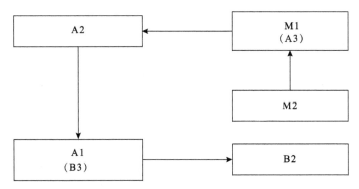

图 5-15 煤炭主体功能区转向 A 产业主体功能区（同时 B 产业出现）的内生循环模式

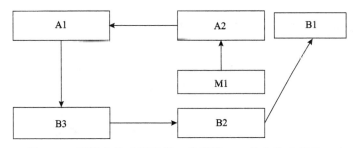

图 5-16 煤炭主体功能区进一步萎缩，A 产业为主产业，
B 产业持续发展，三种产业共存状态的内生循环模式

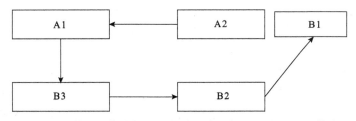

图 5-17 煤炭主体功能区全部消失完成转型的内生循环模式

3. 内生循环模式的基本特征

（1）开放性

内生循环模式的建立不是基于同种产业的无限循环，而是围绕不同的主产业，按照 3→2→1 的演变方向，结合主产业的变动趋势逐步渐进地循环。例如，未转型前的 M2，经历了 M1（A3）再到 A2 的步骤，回到了作为一种产业的第二级成熟阶段，实现了完整的产业循环过程。

（2）非严格性

前面所给出的内生循环模式只是所有类型划分的演变在一般模式下的演变步骤，但在一定外界条件的影响下，这种规律可以被打破，产生向前的跳跃或维持原状，乃至向后的移动都有可能。

（3）非单一性

新的主导产业的产生可能有多个，多个主导产业共存的必然结果就是原有主体功能区的分裂，或是和其他主体功能区的合并。但无论主体功能区的结构发生怎样的变动，仍将按照这一循环模式进行演化。

（4）无限性

只要该区域能够满足某一产业的持续发展条件，则这一产业将作为该区域的主导产业持续发展；一旦维持的条件消失，或者有利于其他产业条件的产生，则该区域必将向下一个产业转型，继续这一循环模式。

三 煤炭主体功能区的生态化特征

党的十七大、十八大相继提出并确立了生态文明战略及其建设重点，生态文明建设已成为社会经济建设的重要方向。目前，我国煤炭主体功能区的非生态化困境，是一个众所周知的现实问题，从生态经济视角加强煤炭主体功能区的生态化研究，对促进煤炭富集区的可持续发展具有重大现实意义（张洪潮，王汉辰，2015）。

目前国内很多学者对主体功能区做了相应研究，陈潇潇和朱传耿（2006）认为主体功能区是指按区域分工和协调发展的原则划定的具有某种主体功能的规划区域，并对主体功能在区域划分中所起的作用进行了诠释；王贵明和匡耀求（2008）认为自然资源承载能力是主体功能区划分的基础，应将自然资源的承载能力放在首位，同时认为主体功能区规划是一种制度性创新；杨玉文和李慧明（2009）则认为，主体功能区规划是在生态经济大系统内，实现区域协调、可持续发展，同时达到社会福利最大化目标的系统工程，并把主体功能区规划看作是一项将经济社会发展与生态系统紧密结合的系统工程。从国际层面看，由于主体功能区概念源于国内，国际上尚无此概念，与之相关的多是区域、产业区和产业集群方面的研究。

国内学者对产业集群生态化做了不少研究，然而却没有关于主体功能区特别是资源型主体功能区生态化的研究。国际上关于区域和产业集群生态化研究较为成熟，Ehrenfeld 和 Gertler（1997）提出的 industrial ecosystem 和 industrial symbiosis 从工业产业集群的角度对生态化做出界定，认为产业内生产副产品，以及能源的交换和循环利用是产业生态化的主要特点。Skene 和 Roots（1998）提出通过发展循环经济以保护环境是产业集群实现生态化的首要原则。

借鉴上述关于主体功能区的相关研究成果，对主体功能区生态化、煤炭主体功能区生态化等概念进行界定，并基于生态经济学视角，从自然、经济、社会三个维度构建煤炭主体功能区复合生态系统，系统地分析其生态化特性，以期为协调煤炭主体功能区的煤炭供给功能与生态环境保护功能、促进资源型主体功能区及其他主体功能区的生态化建设提供有价值的理论参考。

（一）煤炭主体功能区生态化界定

1. 煤炭主体功能区

既有研究认为，主体功能区是按照资源环境承载能力、现有开发密度和未来发展潜力对区域进行科学划分，服务区域因地制宜发展与空间合理布局，引导功能要素有序流动，主体功能清晰、发展导向明确、开发秩序规范、经济发展与资源环境和人口相协调的区域发展模式。

根据煤炭产业、煤炭产业集群和煤炭富集区的特质性，结合张洪潮和李苏（2013）对煤炭主体功能区概念的界定，笔者认为，煤炭主体功能区是以推动煤炭资源富集区域协调发展、优化煤炭主产区产业结构为目的，以平衡区域人口、资源环境、经济发展潜力为原则，以煤炭产业作为该区域的主导和优势产业，结合国家主体功能区战略规划和煤炭产业规划的政策引导划定的，集区域煤炭供给功能与生态环境保护功能于一体的特定空间区域单元。

借鉴《全国主体功能区规划》中主体功能区的划分方式，煤炭主体功能区按开发方式分为优化开发区、重点开发区、限制开发区和禁止开发区。优化开发区和重点开发区适合煤炭资源开发，主体功能是保障煤炭供给；限制开发区和禁止开发区不适合煤炭资源开发，主体功能是提供生态产品。这四类开发区在发展过程中是动态变化的，即由于区域环境、自然资源承载能力、经济发展模式发生变化，区域开发方式或区域主体功能随之发生变化。例如，某个城市化地区被列为重点开发区，随着开发强度的增大，经济规模、人口规模随之增大，资源环境问题日渐突出，进而需要有针对性地优化开发，从而转变成优化开发区；同理，某些优化开发区会因为煤炭可采储量的减少变得不再适宜开采，这类开发区的主体功能会逐步由提供煤炭产品向提供生态产品过渡，先限制开发继而彻底转变为禁止开发区。

2. 主体功能区生态化

《全国主体功能区规划》中按开发方式将主体功能区分为优化开发区、重点开发区、限制开发区和禁止开发区。而按照开发内容又可分为城市化地区、农产品主产区和重点生态功能区。本书认为，上述两个视角的主体功能区划分存在着内在的紧密联系：优化开发区与重点开发区多是进行工业化和城镇化开发的城市化地区；限制开发区多属于农产品主产区或重点生态功能区；禁止开发区则是禁止进行工业化、城镇化及农业化开发的重点生态功能区。

从全国主体功能区规划来看，不同主体功能区在主体功能、任务目标、自然资源环境、开发方式上存在很大差异，因而主体功能区的生态化，需要以功能为基础，从区域划分的角度进行独立分析。

1）优化开发区是经济实力较强、人口稠密、资源环境日趋薄弱的区域。该类型区域的生态化是以恢复生态环境为目标，从开发强度，生态环境保护，环境治理，保护水系、湿地、林地、草地、文化自然遗产和城市人居环境出发进行优化开发，以协调好主体功能与非主体功能的关系。

2）重点开发区是经济基础较强、发展潜力较好、人口相对集中、资源环境承载能力较强的区域。该类型区域的生态化是在保护生态环境的基础上优化产业结构，减少工业化、城镇化对生态环境的影响，推动经济全面协调可持续发展。

3）限制开发区是经济相对欠发达、人口相对分散、以提供农产品或保护生态环境为主体功能的区域。该类型区域的生态化是在保障农产品供给和生态环境保护的基础上，适当开发、点状发展，根据当地资源环境承载能力发展特色产业，同时将人口控制在环境承载的阈值内。

4）禁止开发区是包括依法设立的各级、各类历史文化遗产和自然资源保护区在内的重点生态功能区。该类型区域的生态化是要控制人为因素对自然生态的干扰，严禁不符合主体功能定位的开发活动，实现污染物零排放。

3. 煤炭主体功能区生态化

根据国家发展和改革委员会对主体功能区的战略部署和规划，目前国内区域生态化建设的主要形式有生态省建设和生态型主体功能区建设。生态省是为解决生态环境整体性与行政区划分割性的矛盾而提出的以省（自治区、直辖市）为单位实施生态化建设的区域；而生态型主体功能区则是以提供生态产品、生态服务为主体功能的区域。

煤炭主体功能区生态化与上述两者既有区别又有联系。一方面，它不同于生态省在行政区域范畴上的固定化，煤炭主体功能区生态化在区域上打破了行政区划的限制，将生态化推向了跨省域的战略层面，使其生态化具有更广阔的发展空间。而生态型主体功能区在主体功能上与煤炭主体功能区生态化有本质区别，对于生态型主体功能区生态化而言，它以提供生态产品、生态服务为主体功能，煤炭主体功能区生态化虽然涉及整个区域，但它以提供煤炭产品为主、生态产品为辅的功能定位决定了它与生态型主体功能区的区别。另一方面，目前以海南省、福建省为代表的、自然环境条件相对优越的省份在生态省建设方面已取得一定成绩，这在理论上证明了区域生态化建设的可行性；而全国资源型省份中只有山西省提出了建设生态省的战略目标，这在客观上迫切需要蒙陕甘新等煤炭主产区以主体功能区建设为契机大力发展生态化，推动实现区域的全面协调可持续发展。

（二）煤炭主体功能区生态化的特性

煤炭主体功能区是一个以区域经济行为为主导、以自然生态系统为依托、为煤炭资源开发所驱动的自然-经济-社会复合生态系统。煤炭主体功能区复合生态系统的自然子系统由包括水、大气、土地、矿产和生物在内的自然生态因子所构成；其经济子系统则是由区域内信息、资金、人口等通过生产、消费、还原、流通和调控等方式有机结合而组成；而在煤炭主体功能区内长期以来形成的组织、知识、体制、文化、技术的社会网络和生态关系组成了其社会子系统。这三个子系统在时间、空间、过程、结构和功能层面的耦合关系共同组成了煤炭主体功能区复合生态系统（图 5-18），研究各子系统的生态化特性，对于统筹系统内部与外部、局部与整体、短期与长期的关系具有极其重要的作用（王如松，2007）。

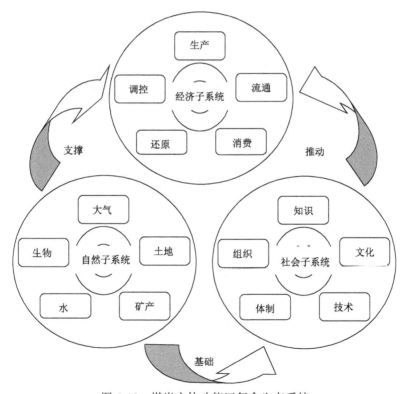

图 5-18 煤炭主体功能区复合生态系统

1. 自然子系统生态化特性

1）系统性。煤炭主体功能区的四类区域在环境条件和功能上各不相同，但是这四类区域相互协调、互为支撑，构成一个有机整体。在整个煤炭主体功能区生态经济系统中，存在着物质循环、能量流动和信息传递，其中能量流动作为主导，带动区域间的生态物质循环和信息传递，从而推动整个区域的生态化发展，实现"生态中有区域，区域中有生态"的战略目标。

2）动态性。在煤炭主体功能区的开发过程中，人为因素和自然因素的双重作用使得环境的内部结构和外在状态发生连续的动态变化。煤炭主体功能区的区域功能与环境变化相互牵连、相互影响，例如，某些重点开发区的环境会随着开发行为的进行逐渐发生根本性变化，出现不再适宜资源开采的迹象以做出战略调整，将功能向提供生态产品和保护生态环境转变，从而保证煤炭主体功能区的生态环境与主体功能相协调。

3）可逆性。由于煤炭资源在开发过程中可采储量绝对地减少，在加工利用的过程中熵值绝对地增大，在一定时期内这一过程的天然不可逆特征使得煤炭资源具有绝对有限性。然而，生态经济系统存在一个稳定阈值，对于煤炭主体功能区的整个生态资源环境而言，当资源开发利用稳定在这一阈值内时，生态环境的修复能力将避免整个生态经济系统遭到不可逆的破坏，从而使整个生态经济系统保持相对安全的"可逆"（循环）发展。由于该阈值会随着煤炭主体功能区生态系统中煤炭、水、土地、大气等各类环境要素的变化而产生动态变化，本书所言的可逆性既包括资源承载的相对有限性，也包括其动态变化性。

4）跨地域性。煤炭主体功能区是在煤炭资源富集区和煤炭主产区的基础上建设发展起来的，而煤炭资源的分布具有跨行政区域性，从而使得煤炭主体功能区的划分不能以行政区划为界限，这一特性取决于煤炭资源的地理根植性，同时也是我国资源型主体功能区及其生态化的一大共性。跨区域性将煤炭主体功能区及其生态化建设推向了全国一盘棋的战略高度。

2. 经济子系统生态化特性

1）低碳性。不同于以提供农产品或服务产品为主体功能的其他类型的主体功能区，煤炭主体功能区的经济发展主要依靠煤炭资源的开采与利用，而这一过程天然具有高碳、高污染、高排放等特征，因而以低碳为属性的生态化经济是避免煤炭主体功能区陷入以往能耗过高、资源利用率低的传统粗放式发展模式的关键，同时也为有效协调经济效益与区域生态环境、促进区域可持续发展提供了保障。

2）循环性。循环经济是煤炭主体功能区生态化的一大特性，主要体现在以"资源—产品—再生资源"闭环模式取代过去"资源—产品—废弃物"开环模式。具体到企业层面，即原煤生产企业在生产过程中产生的废弃物和废弃能量可作为化工企业的生产原料用于生产。这就形成了由多个循环链条组成的循环网络，从而实现资源的循环利用和经济效益最大化。同煤塔山模式即典型的封闭循坏模式，见图 5-19（郝建成，王成彪，2011）。

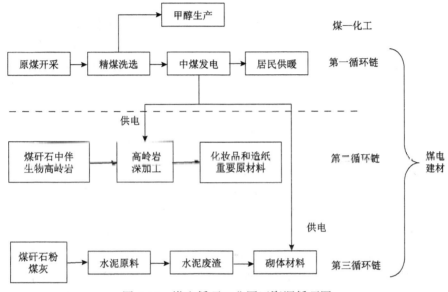

图 5-19　塔山循环工业园区资源循环图

3）减物质化与非物质化。根据生态经济学的观点，在不损害生产效率和消费质量的前提下，在生态经济系统的输入端，减少煤炭及其伴生资源，通过提升煤炭资源综合利用率，最大限度地降低系统熵值。而在生态经济系统的输出端，通过改善产品的使用形态和模式，提高最终产品的使用效率，以最少的资源消耗，获得最大的经济效益。贯穿于生产、流通、消费始终的减物质化与非物质化使得煤炭主体功能区生态经济系统的经济子系统成为区域生态化过程中的关键。

3. 社会子系统生态化特性

1）政策导向性。作为一个复合生态系统，煤炭主体功能区的发展有其内在动力机制。与资源、环境等要素相比，政策引导无疑是煤炭主体功能区发展的首要动力因素。为实现煤炭主体功能区的生态化，政策引导必须贯穿始终——在政府的直接引导下，通过协调资源、环境、人力资源、技术、资金等因素，完成煤炭主体功能区规划到生态化建设发展。煤炭产业是煤炭主体功能区的支柱产业，受到煤炭资源开采与利用的制约。从目前的现实情况分析，由于政策缺位，煤炭企业的污染、资源的浪费导致生产成本低于生态治理修复成本，资源浪费、排放超标、过度开采等问题难以避免；同时，产品严重同质化及区域内煤炭企业间的恶性竞争使煤炭开采量无法控制在合理的动态范围之内，有限、宝贵的煤炭储备资源破坏严重。而要解决上述问题，只能通过完善资源、环境、生态等方面的立法，强化政策引导与激励，如实施生态足迹评价、推广生态补偿机制等。

2）和谐性。煤炭主体功能区社会子系统的和谐性主要体现在其与自然子系统、经济子系统关系的相互协调上。第一是人和自然环境的和谐，包括大气、水资源、土地资源、生物圈及矿产资源等自然生态因子，生态过程，以及生态服务功能的自然生态和谐；第二是人和社会生产、流通、消费、还原和调控方式的经济生态和谐；第三是社会的技术、体制、文化等在时、空、量、构、序层面的系统生态管理方法的和谐。要实现社会子系统的和谐，就要处理好自然与社会、结构与功能、局部与整体、机会与风险间的共轭关系。

3）发展性。作为煤炭主体功能区社会子系统的基本组成部分，组织、体制、知识、文化和技术都具有发展的特性，煤炭主体功能区的生态化建设根据这些基本要素的发展得以逐步完善，具体表现在两方面：从社会子系统的主体来讲，行政组织、经济组织的行政、经营能力逐步提升，使区域内的各类资源得到有机整合及高效利用；而社会子系统的客体——体制、知识、文化和技术，在主体的推动下会在一定时期内得到不同程度的发展。同时主客体之间在各自发展的过程中相互影响、相互促进。

4）文化支撑性。生态文化、价值观作为煤炭主体功能区社会子系统中的一部分，对于整个区域生态化建设起着至关重要的支撑性作用。首先，其价值体现在能够从根源上推动不科学的经济发展到可持续发展的理念更新，其作用是积极的，效果是长期的；其次，生态文化、价值观在制度层面的体现主要在于通过行政手段的强制性和引导性对整个煤炭主体功能区复合生态系统产生的积极作用，同时根深蒂固的生态化观念有利于建立科学的长效机制，并促进其发挥长期作用；最后，其行为层面的价值则表现为区域内个体行为的广泛性——在生态化理念建立与长效机制施行的双重作用下，煤炭主体功能区中所有个体，即整个区域内所有从业者和居民，他们的行为对所在煤炭主体功能区的生态化建设具有积极的作用和意义。

第六章　煤炭富集区发展战略模式
比较分析

本书认为，当前我国煤炭富集区发展战略主要有煤炭企业集团化、煤炭产业集群化和煤炭主体功能区三种组织模式。严谨系统地分析、研究和甄别三者之间的联系与区别，是科学制定与构建煤炭富集区发展战略的关键环节。

第一节　三种发展战略模式的耦合性分析

耦合原意是指两个或两个以上的系统或要素，通过各个子系统之间的相互依赖、相互影响、相互协调、相互促进的良性互动而联合起来的现象。我们将这一概念推广到经济学领域，即两种或两种以上的经济行为或现象之间通过各子系统之间良性互动，相互依赖、相互促进、相互协调，共同发挥作用促进经济发展的现象称为耦合。

因此，煤炭企业集团化、煤炭产业集群化和煤炭主体功能区的耦合关联，是指通过两两之间各种耦合元素之间的交叉融合，相互影响、相互作用，促进煤炭企业、煤炭产业和区域经济协调发展的现象，我们将此定义为煤炭企业集团化与煤炭产业集群化、煤炭主体功能区与煤炭产业集群化的时空耦合。

一　煤炭主体功能区（煤炭富集区）与煤炭产业集群化的耦合性分析

传统经济增长模式下，资源型区域经济弱势与资源产业强势，是我国资源富集地区面临的普遍性问题，如山西作为国家重要的煤炭能源基地，在我国国民经济中占有举足轻重的地位，但山西煤炭产业显著发达与区域经济发展水平的明显落后是两个并存的客观现实，二者之间极不相称，表明煤炭产业集群区域经济效应弱于产业效应。在低碳经济、绿色经济的时代背景下，基于可持续发展视角，探究资源型产业与资源富集区的和谐共生、转型发展新模式，具有重大的现实意义。

依据国家"十二五"规划的战略指导思想，在推进煤炭产业与煤炭富集区协调发展的结合点上，煤炭产业集群成为"十二五"时期及中长期推动我国大型煤炭基地与煤炭资源富集区建设，促进煤炭工业低碳转型，实现煤炭产业与煤炭富集区和谐共生发展的创新型组织模式。因此，通过对煤炭产业集群和煤炭富集区经济发展耦合效应的研究，促进煤炭产业集群和煤炭富集区经济发展合理匹配和良性耦合，充分发挥煤炭产业集群竞争优势，推动煤炭产业与煤炭富集区经济协调可持续发展，具有重大的理论价值和现实意义。

产业集群作为一种产业组织模式与区域经济发展密切相关，二者的关系是经济学者长期重点关注的问题，主要包括三个方面：①产业集群有利于推动区域经济的增长；②产业集群加剧区域间经济发展的差距；③产业集群与区域经济存在交互耦合关系。国内外针对煤炭产业集群与煤炭富集区之间的关系研究甚少，大多是将两者分开讨论。关于煤炭产业集群的研究主要涉及以下三个方面：①煤炭产业集群的定义及典型特征；②基于生态学和低碳经济视角的煤炭产业集群模式研究；③运用层次分析法与灰色关联理论对煤炭产业集群竞争力的研究。国外关于煤炭富集区的研究主要涉及区域内自然资源与经济发展关系。Davis（1995）认为资源可以促进经济的增长；Papyrakis 和 Gerlagh（2007）认同"资源诅咒"现象的普遍存在不利于经济的发展；Mehlum 等（2006）认为资源的丰富程度与经济发展没有必然的联系。国内关于煤炭富集区的研究主要包括以下几个方面：①煤炭富集区资源与经济增长的关系；②不同因素对煤炭富集区经济发展的影响；③煤炭富集区的可持续发展与资源利用；④煤炭富集区经济发展方式转型。关于煤炭产业集群与煤炭富集区的代表性研究有，高延鹏和吕贵兴（2009）指出资源型产业集群能够促进区域经济的增长，体现资源富集区的竞争优势；王峰正和郭晓川（2007）指出资源型产业集群是推进资源富集区发展的重要力量；张弛和尚婷（2011）指出黑龙江经济发展过程中出现的结构性、体制性、动力性的问题阻碍资源型产业集群的发展。上述研究多是基于单向静态作用的假定，忽视产业集群与区域经济发展的双向动态联动效应。

1. 耦合机制

煤炭产业集群作为推动煤炭产业及其相关产业发展的新型战略组织模式，推动了煤炭富集区经济的可持续发展，同时煤炭富集区经济发展又为煤炭产业集群的发展提供资源保障和基础设施服务，两者相互促进，共生发展。因此，可以将两个子系统的相互影响关系定义为耦合关系。煤炭产业集群与煤炭富集区经济发展的耦合关系是二者的子系统之间相互作用、相互制约的结果。二者的耦合关系（图6-1）主要体现在以下两个方面。

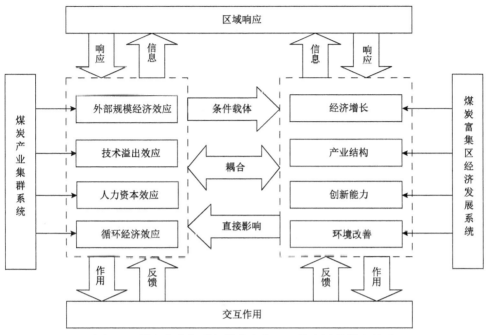

图 6-1　煤炭产业集群与煤炭富集区经济发展的耦合关系

1）煤炭产业集群发挥外部规模经济效应、技术溢出效应、人力资本效应、循环经济效应促进煤炭富集区经济发展。集群的外部规模经济效应是指集群内企业之间通过分工合作，充分发挥自身的比较优势，降低生产要素成本，吸引劳动力、资本向集群区域集聚，增加劳动力与资本的数量，提高生产效率，促进经济增长。由于集群的外部规模经济效应，使得集群的行业产值在全国所占的比重较大，对区域 GDP 贡献率高，因此，选取行业对 GDP 的贡献率、地区行业产值占全国行业产值比重来反映集群外部规模经济效应的大小。集群的技术溢出效应是集群企业由于专业化的分工合作，使得企业进行科技研发后所取得的新成果会自动扩散到整个集群，从而降低集群整体技术的创新成本，同时也提升整个区域的创新能力。集群的技术溢出效应无法直接衡量，因此我们选用行业技术创新能力作为衡量指标，包括行业 R&D 经费投入与占行业年产值比重、行业新产品产值占行业年产值比重、行业科技人员占行业从业人员比重。根据美国经济学家舒尔茨的人力资本理论，人力资本是指存在于人体之中的具有经济价值的知识技能和体力等的因素之和。集群的人力资本效应是指由于劳动力市场的知识溢出效应存在，企业之间存在激烈竞争，人力资本生产效率提高，更容易增值，能创造更多的价值。同时，由于集群的集聚效应，更多企业进入集群区域，带来更多的就业机会。因此，选取地区行业雇员占全国行业雇员比重、地区行业人均产值占全国行业人均产值比重、就业吸纳率等指标衡量集群的人力资本效应。集群的循环经济效应是由于上述三种集群效应,一方面,充分发挥煤炭产业竞争优势,横向延伸产业链,各类生产要素向现代化的农业、工业与服务业转移,培育新的区域主导产业,逐步摆脱区域经济发展对资源的依赖性,推动煤炭富集区产业结构不断演化;另一方面,建立"资源—产品—消费—再生资源"循环发展模式,推动煤炭产业低碳转型,促使煤炭富集区经济发展由"高开采、高消耗、高排放、低利用"的粗放型的发展模式向"低开采、低消耗、低排放、高利用"的集约型的发展模式转变。因此,选取消费弹性系数、资源回采率来衡量。

2)煤炭富集区经济发展为煤炭产业集群效应发挥奠定基础。一方面,煤炭富集区为集群发展提供所需的自然资源、经济资源与基础设施,为集群发展提供所需的条件;另一方面,煤炭富集区经济发展、产业结构调整、创新能力提升直接影响集群效应发挥。

2. 耦合度与耦合协调度模型

借鉴物理学中的耦合概念,煤炭产业集群与煤炭富集区经济发展之间的耦合关系可以解释为二者相互作用、相互影响的非线性关系总和。设变量 $u_i(i=1,2,\cdots,m)$ 是"煤炭产业集群-煤炭富集区经济发展"系统序参量,可以得到多个系统的耦合度模型

$$C_n = \left\{(u_1,u_2,\cdots,u_m)/\Pi(u_i+u_j)\right\}^{\frac{1}{n}} \qquad (6\text{-}1)$$

式中,C_n 表示某个系统的耦合度值,其取值范围为 $C \in [0,1]$,本书中取值 $n=2$。耦合度的划分标准如表 6-1 所示。

表 6-1 耦合度划分标准

耦合度值 C	$0 < C \leqslant 0.3$	$0.3 < C \leqslant 0.5$	$0.5 < C \leqslant 0.8$	$0.8 < C \leqslant 1$
耦合水平	低水平耦合	颉颃	磨合	高水平耦合

单纯依靠耦合度指标在有些情况下会导致判断结果产生误导,下面引入协调度模型,可以更好地评判二者交互耦合的协调程度。其计算公式为

$$D = (C \times T)^\varepsilon \quad T = aU_1 + bU_2 \qquad (6\text{-}2)$$

式中,D 表示耦合协调度;C 表示耦合度;T 表示二者的综合调和指数,它反映了二者的整体协调效应或贡献;U_1 和 U_2 分别表示煤炭富集区经济发展子系统与煤炭产业集群子系统的发展水平;ε、a、b 为待定参数,ε 在实际应用中一般取 0.5,a、b 的取值取决于二者的相对程度。煤炭产业集群不是促进煤炭富集

区经济发展唯一的组织模式，因此本书取 $a=0.6$，$b=0.4$。耦合协调度 D 的取值范围为 $D\in[0,1]$，评价标准如表 6-2 所示。

表 6-2　耦合协调度评价标准

序号	耦合协调度	协调等级	序号	耦合协调度	协调等级
1	0.00~0.09	极度失调	6	0.50~0.59	勉强协调
2	0.10~0.19	严重失调	7	0.60~0.69	初级协调
3	0.20~0.29	中度失调	8	0.70~0.79	中级协调
4	0.30~0.39	轻度失调	9	0.80~0.89	良好协调
5	0.40~0.49	濒临失调	10	0.90~1.00	优质协调

3. 耦合关系的实证分析

（1）评价指标体系与权重的确定

根据功效函数对数据进行标准化处理，考虑到数据的可获得性，取样本中对应指标的最大值与最小值作为基础序参量的上下限，并且采用均方差赋权法确定指标的权重，最终确定的指标体系与指标权重见表 6-3。

表 6-3　煤炭产业集群与煤炭富集区经济发展耦合度评价指标体系

子系统	一级指标	二级指标	指标权重
煤炭富集区经济发展	经济增长	GDP 总量/万元	0.076 92
		人均 GDP/元	0.078 64
		单位 GDP 能耗/万吨标准煤	0.086 56
	产业结构	第二、第三产业比重/%	0.064 82
		制造业产值占 GDP 比重/%	0.085 48
		高技术产业产值占 GDP 比重/%	0.067 45
	创新能力	技术市场交易额/万元	0.083 61
		R&D 活动人员占区域就业人员比重/%	0.084 91
		新产品开发经费占科技活动经费比重/%	0.098 43
		能源投入产出效率	0.074 82
	环境改善	工业废水排放达标率/%	0.072 23
		工业废气排放量/亿标立方米	0.056 97
		工业固体废弃物综合利用率/%	0.069 16
煤炭产业集群	外部规模经济效应	行业对 GDP 的贡献率/%	0.087 28
		地区行业产值占全国行业产值比重/%	0.109 1

续表

子系统	一级指标	二级指标	指标权重
煤炭产业集群	技术溢出效应	行业 R&D 经费投入占行业年产值比重/%	0.106 0
		行业新产品产值占行业年产值比重/%	0.129 8
		行业科技人员占行业从业人员比重/%	0.099 3
	人力资本效应	地区行业雇员占全国行业雇员比重/%	0.097 25
		地区行业人均产值占全国行业人均产值比重/%	0.083 56
		就业吸纳率/%	0.102 4
	循环经济效应	消费弹性系数	0.077 61
		资源回采率/%	0.107 7

（2）实证结果分析

根据耦合度与耦合协调度的理论模型，选取来源于 2001~2012 年《中国统计年鉴》《山西统计年鉴》、山西省科学技术厅统计数据、山西省煤炭工业厅等统计网站的相关数据，分别计算煤炭富集区经济发展综合序参量 U_1、煤炭产业集群综合序参量 U_2、耦合度 C、耦合协调度 D，结果见表 6-4。

表 6-4　煤炭产业集群与煤炭富集区经济发展耦合度与协调度

年份	U_1	U_2	C	D	耦合协调程度	耦合阶段
2000	0.1652	0.2729	0.4847	0.2700	中度失调	颉颃
2001	0.1779	0.2578	0.4915	0.2600	中度失调	颉颃
2002	0.2481	0.2964	0.4980	0.3000	轻度失调	颉颃
2003	0.3041	0.4288	0.4927	0.4300	濒临失调	颉颃
2004	0.4028	0.4135	0.5000	0.4100	濒临失调	颉颃
2005	0.4597	0.5541	0.4978	0.5000	勉强协调	颉颃
2006	0.5045	0.5946	0.4983	0.5900	勉强协调	颉颃
2007	0.6046	0.5724	0.4998	0.5700	勉强协调	颉颃
2008	0.7193	0.6220	0.4986	0.6200	初级协调	颉颃
2009	0.6320	0.4556	0.4934	0.4600	濒临失调	颉颃
2010	0.7474	0.5707	0.4955	0.5700	勉强协调	颉颃
2011	0.8694	0.5858	0.4904	0.5900	勉强协调	颉颃

从表 6-4 可知，2000~2011 年山西煤炭产业集群与区域经济发展耦合度处于颉颃阶段，可以看出，二者的耦合协调程度处于较低水平。

同时，二者的耦合协调程度总体上呈现出上升趋势，但是整体处于较低水平，其演化过程大致分为两个阶段：第一阶段（2000~2004 年），二者的耦合协调度从 0.2700 增加到 0.4100，协调程度从中度失调转变为濒临失调，主要原因是亚洲金融危机导致煤炭需求大幅度减少，从一定程度上降低了区域经济增长对煤炭产业集群的依赖程度，间接地表现为二者耦合协调度的缓慢增加。第二阶段（2004~2011 年），这一阶段二者的耦合协调度从 0.4100 增长到 0.5900，协调程度从濒临失调到勉强协调，主要是由于 2004 年后山西省部分地区开始煤炭资源的重组与整合工作，以及 2005 年山西省对煤炭产业采取"治乱、治本、治散"等措施，一定程度上缓解煤炭资源的过度开采与区域经济增长之间的矛盾，为进一步增强煤炭产业集群与区域经济发展的协调程度奠定基础。2006 年，山西省正式开始煤炭整合及兼并重组工作，截至 2015 年底，山西省煤矿数量由 2005 年的 4392 座减少到 1078 座。总体而言，濒临失调与勉强协调所占年份比较多，山西省煤炭产业集集群与区域经济发展处于较低的协调层次，也正说明对于当前煤炭产业集群存在的问题，急需实施煤炭产业集群的升级与转型。

4. 遴选耦合效应的主要影响因素

本书利用灰色关联技术进一步遴选出煤炭产业集群与煤炭富集区经济发展相互作用的最主要因素，构成系统评价的指标体系。首先从二者的基础指标入手，构建如下关联度模型

$$\gamma_i(j) = \frac{\min\limits_i \min\limits_j \left| Z_i^X - Z_j^Y \right| + \xi \max\limits_i \max\limits_j \left| Z_i^X - Z_j^Y \right|}{\left| Z_i^X - Z_j^Y \right| + \xi \max\limits_i \max\limits_j \left| Z_i^X - Z_j^Y \right|} \tag{6-3}$$

$$\gamma_{ij} = \frac{1}{n} \sum_{j=1}^{n} \gamma_i(j) \quad (i = 1, 2, \cdots, s; \ j = 1, 2, \cdots, m) \tag{6-4}$$

式中，Z_i^X 和 Z_j^Y 分别是煤炭产业集群与煤炭富集区经济发展指标的标准化值。ξ 为分辨系数，一般取值 0.5。γ_{ij} 为两类指标之间的灰色关联度。n 为样本数量，既可以取时间序列数据求得变量间的时序变化规律，也可以取截面数据求得变量间的空间作用关系。

同时，根据求得的 γ_{ij} 值得到一个 $s \times m$ 的灰色关联矩阵 $[\gamma]$。它反映了二者关联的关系，通过比较各关联度 γ_{ij} 的大小可以分析出煤炭产业集群系统中哪些因素与煤炭富集区经济发展关系密切，哪些因素对煤炭富集区经济发展的贡献不大。式（6-4）中，若 $\gamma_{ij} = 1$，则说明煤炭产业集群系统的某一指标 Z_i^X 与煤炭富集区经济发展指标 Z_j^Y 关联性强，并且 Z_i^X 和 Z_j^Y 的变化规律完全相同；若 $0 < \gamma_{ij} < 1$，则说明 Z_i^X 与 Z_j^Y 之间存在关联性，并且 γ_{ij} 越大，二者的关联性越强，

反之亦然。在灰色关联矩阵的基础上分别按照行或列求其平均值[式（6-5）]，这样可以根据其取值大小及其对应值域范围分别遴选出前者对后者最主要的影响因素和后者对前者最主要的制约因素。

$$
\begin{cases}
\gamma_i = \dfrac{1}{m}\sum_{j=1}^{m}\gamma_{ij} & (i=1,2,\cdots,s;\ j=1,2,\cdots,m) \\[2ex]
\gamma_j = \dfrac{1}{s}\sum_{i=1}^{s}\gamma_{ij} & (i=1,2,\cdots,s;\ j=1,2,\cdots,m)
\end{cases}
\tag{6-5}
$$

采用灰色关联方法，计算二者的关联矩阵，见表 6-5，在煤炭产业集群指标中，行业科技人员占行业从业人员比重、资源回采率、消费弹性系数，即煤炭产业集群的技术溢出效应和循环经济效应与区域经济发展的关联性最为显著；行业新产品产值占行业年产值比重、行业 R&D 经费投入占行业年产值比重、地区行业人均产值占全国行业人均产值的比重对区域经济发展的影响次之。行业科技人员占行业从业人员比重能够反映煤炭产业集群整体的创新能力。资源回采率、消费弹性系数是衡量集群由"高开采、高排放、低利用"粗放型增长方式向"低开采、低排放、高利用"集约型增长方式转变的指标。表 6-5 的数据表明集群技术溢出效应与循环经济效应对煤炭富集区经济可持续发展起着显著的作用，影响其耦合的效果。

表 6-5　山西省煤炭产业集群与区域经济发展的关联矩阵

指标	Y_1	Y_2	Y_3	Y_4	Y_5	Y_6	Y_7	Y_8	Y_9	Y_{10}	Y_{11}	Y_{12}	Y_{13}	平均值
X_1	0.4902	0.4943	0.5698	0.6905	0.6536	0.4970	0.4877	0.4684	0.6025	0.7415	0.6581	0.6818	0.5920	0.5867
X_2	0.6277	0.6272	0.6231	0.7274	0.7202	0.5587	0.6124	0.6032	0.6857	0.6716	0.6592	0.5804	0.6798	0.6444
X_3	0.7153	0.7127	0.6795	0.5565	0.5704	0.8296	0.7457	0.7339	0.6855	0.5817	0.5717	0.4228	0.6236	0.6484
X_4	0.6303	0.6405	0.7226	0.7288	0.7667	0.5278	0.6525	0.6326	0.7362	0.5509	0.6581	0.5541	0.7225	0.6557
X_5	0.9031	0.9220	0.8283	0.6962	0.7375	0.6754	0.8883	0.8705	0.7267	0.5621	0.6719	0.5403	0.7697	0.7532
X_6	0.5778	0.5769	0.6123	0.6558	0.6140	0.6008	0.5607	0.5794	0.6023	0.6787	0.5997	0.6424	0.6248	0.6097
X_7	0.6469	0.6472	0.7008	0.7201	0.6620	0.5449	0.6181	0.6076	0.6859	0.6343	0.6380	0.6061	0.7101	0.6478
X_8	0.5413	0.5354	0.4735	0.4966	0.4656	0.6773	0.5560	0.5438	0.4387	0.6287	0.5040	0.6199	0.5193	0.5385
X_9	0.6434	0.6506	0.7172	0.7728	0.7749	0.4947	0.6291	0.6196	0.6477	0.7168	0.6303	0.6299	0.7274	0.6657
X_{10}	0.8131	0.8314	0.8110	0.6895	0.6972	0.6299	0.8785	0.8087	0.7622	0.5789	0.6889	0.5187	0.8437	0.7347
平均值	0.6859	0.6638	0.6738	0.6734	0.6662	0.6036	0.6629	0.6468	0.6753	0.6345	0.6180	0.5796		0.6183

在煤炭富集区经济发展指标中，GDP 总量对煤炭产业集群的影响最显著，二者的关联程度为 0.6859；区域 GDP 总量会影响集群的规模、群内企业相关配套设施的建设，同时由 X_5 行可以看出，GDP 总量与行业科技人员占行业从业

人员比重的相关系数为 0.9031，说明当某个地区 GDP 达到一定标准，才能够具备较强的集聚效应，吸引更多的资源，才能使集群更好地发挥集聚效应和规模效应。此外，第二、第三产业比重，制造业产值占 GDP 比重也是制约集群效应发挥的重要因素。煤炭富集区产业结构过于单一，过度依赖资源开发，导致非煤产业发展严重滞后于煤炭产业发展，而煤炭产业集群实质是煤炭产业与非煤产业的互利共生，因此，区域产业结构严重制约集群效应的发挥。技术市场交易额、新产品开发经费占科技经费比例与集群发展的关联度分别为 0.6629、0.6753，也是影响集群发展的重要因素。

5. 结论及建议

（1）结论

结合耦合度模型、耦合协调度模型，建立煤炭产业集群与煤炭富集区经济发展的耦合效应评价模型，对二者的耦合效应进行综合分析，采用灰色关联分析法遴选出二者耦合效应的主要影响因素。结果表明：2000~2011 年，山西省煤炭产业集群与煤炭富集区经济发展耦合度处于颉颃阶段，处于较低水平，耦合协调度从中度失调转变为勉强协调，呈现上升趋势，但是整体水平较低，表明二者匹配度低，耦合效应未能得到发挥。同时，集群的技术溢出效应与循环经济效应是促进煤炭富集区经济可持续发展的重要因素，而煤炭富集区的经济增长水平、产业结构也是制约集群发展的重要因素。

（2）建议

基于煤炭产业集群和煤炭富集区经济发展耦合效应分析，提出促进两者耦合效应的政策建议，如下。

从宏观层面出发，第一，当地政府根据地缘性资源优势，优先制定发展煤炭产业集群的战略规划，按照"产业链带动产业群，产业群带动产业基地"的发展思路，着力打造与全球产业链相衔接的产业集群化的区域经济发展模式；第二，政府制定科学有效的煤炭产业集群政策与法规，弥补市场机制的不足，优化煤炭产业集群与煤炭富集区经济发展相协调的环境；第三，优化产业结构，大力发展非煤产业，将资源优势转化为集群优势，逐步转变经济发展方式。

从微观层面出发，一方面，积极构建以科研机构与大学为基础的载体，以集群企业为网络节点，以产业集群为核心的区域创新环境和网络体系，提升煤炭企业的技术创新和技术转移能力。首先，煤炭企业要加大对新产品与新生产技术的资金投入；其次，推广新产品与新技术的应用，提高技术的转化效率；最后，培育具有多技能的复合型人才。另一方面，煤炭企业建立完善的环境监测与评估体系，强化煤炭产业与煤炭富集区可持续发展的发展理念。

二 煤炭企业集团化与煤炭产业集群化的耦合性分析

按照《煤炭工业"十一五"发展规划》"培育大型煤炭企业集团"和《煤炭工业发展"十二五"规划》"实施主体功能区战略"要求，结合煤炭产业强资源依赖性、强地缘根植性和强路径锁定性等基本特征，煤炭企业集团化和煤炭产业集群化成为提升国家煤炭富集区竞争优势和煤炭产业核心竞争力的两种重要发展战略模式。对这两种发展战略模式进行比较研究很有理论价值和现实意义。

胡汉辉等（2005）基于中间性组织理论，对产业集群与企业集团两种组织模式进行了比较研究，但他们在研究过程中是以苏南地区的产业发展实践为依据，所以在文章中没有凸显现代企业集团跨地区跨国家的特征及多元化发展的趋势，具有一定的局限性。刘涛和张广兴（2009）从同质性和异质性两个方面对企业集团化和企业集群化进行了比较研究，并分析了二者相互的演进共生关系，认为二者是辩证统一的，并不存在孰优孰劣，应当将两种路径结合起来。杜龙政和熊妮（2008）基于中小企业集群和大企业集团互动的视角，引入混沌理论中分形的概念分析集群式创新产生的内在原因及传播机理，并提出集群式创新的实施机制。杜龙政等（2005）从行为生态学的角度将产业集聚区分为企业集团和企业集群，并通过典型案例分析指出产业集聚区的两次转型同时也是二者共同进化的发展过程。高峰（2006）从创新和企业组织结构的角度分析了服务经济下企业集团与企业集群的演进与互动发展，并结合全球价值链提出了全球服务经济下企业集团与企业集群互动发展的路径。

相关资料显示，国外关于集团化和集群化比较研究的成果甚少，而国内的研究成果多是基于企业层面进行企业集团与企业集群的研究，而非基于煤炭产业特性和生命周期理论。本书认为煤炭企业集群是煤炭产业集群成长期的典型表现形式，煤炭产业集群化是煤炭产业集聚演变成熟的典型形态，而目前基于产业层面对企业集团化和产业集群化进行比较研究的成果鲜见。因此，对煤炭企业集团化和煤炭产业集群化展开比较分析，不仅有利于加深对大型企业集团与产业集群的理论认识，而且有利于煤炭产业结合地缘优势和自身特性选择适合的发展战略模式，并为各级政府制定相关经济政策提供借鉴。

从我国区域产业的发展实践来看，企业集团化和产业集群化在许多方面都有自己特定的组织优势，已成为区域产业发展的两种主导模式，本书从异质性和同质性两个方面分析企业集团化和产业集群化两者的内在差异与联系，明确我国区域产业成长中有效组织模式的选择问题。

（一）煤炭企业集团化和煤炭产业集群化的耦合性分析

笔者认为煤炭企业集团化和煤炭产业集群化的耦合关联，就是在煤炭产业发展过程中，二者通过各种耦合元素相互影响、相互作用的非线性关系总和。在此将这种非线性关系总和定义为煤炭企业集团化与煤炭产业集群化时空耦合。

1. 耦合系统的建立

企业集团化和产业集群化在适用范围，支撑条件，空间格局，资源配置机制，组织结构，运行模式，组织协调效率，组织属性，目的一致性，社会、环境效益十个方面存在着异同点；而且煤炭企业集团化具有跨地区或跨国经营、资本结构多元化、成员企业协作竞争、市场结构垄断性的特征，煤炭产业集群化具有跨区域性、政府关联性、地理根植性、生命周期性的特征。在此将企业集团化和产业集群化之间的异质性和同质性定性为煤炭企业集团化与煤炭产业集群化时空耦合系统的两个子系统，煤炭企业集团化和煤炭产业集群化之间的耦合关联就是两个子系统间通过这十个关键因素相互作用、相互影响而形成的。当二者耦合一致并处于良性互动状态时，耦合系统表现为正涌现，促进煤炭产业发展效应增强；当二者关系失调并彼此抵消时，耦合系统表现为负涌现，使煤炭产业发展效应减弱，甚至产生负效应。图6-2所示为煤炭企业集团化与煤炭产业集群化时空耦合系统。

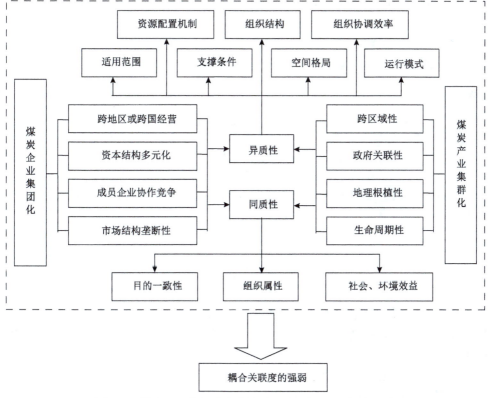

图 6-2　煤炭企业集团化与煤炭产业集群化时空耦合系统

2. 耦合关联度模型

（1）功效函数

设变量 $u_i(i=1,2)$ 是煤炭企业集团化与煤炭产业集群化时空耦合系统的序参量，u_{ij} 为第 i 个序参量的第 j 个指标，其值为 u_{ij} ，其中当 $i=1$ 时，$\beta_{ij}(j=1,2,\cdots,7)$ ，当 $i=2$ 时，$j \in \{1,2,3\}$ ；α_{ij}、β_{ij} 是系统在稳定临界点处的上序参量值和下序参量值。煤炭企业集团化与煤炭产业集群化时空耦合系统中子系统对系统有序的功效函数 u_{ij} 可表示为

$$u_{ij}=\begin{cases}\dfrac{x_{ij}-\beta_{ij}}{\alpha_{ij}-\beta_{ij}} & u_{ij}\text{具有正功效}\\[3mm]\dfrac{\alpha_{ij}-x_{ij}}{\alpha_{ij}-\beta_{ij}} & u_{ij}\text{具有负功效}\end{cases}\qquad（6-6）$$

式中，$u_{ij} \in (0,1)$ ，表示变量 x_{ij} 对耦合系统的功效贡献大小，反映了各指标对目标实现的满意程度。当 u_{ij} 趋向于 0 时功效最差，最不满意其贡献度；当 u_{ij} 趋向于 1 时功效最优，最满意其贡献度。

（2）耦合度函数

根据物理学中容量耦合系数模型，得到多维系统相互作用的耦合度函数，即

$$C_n=2\left\{\frac{\prod\limits_{i=1}^{n}u_i}{\prod\limits_{i=1}^{n}\left(u_i+u_j\right)}\right\}^{\frac{1}{n}}\qquad（6-7）$$

因此，可以直接得到煤炭企业集团化与煤炭产业集群化时空耦合系统的耦合度函数，即

$$C_2=2\left\{\frac{u_1u_2}{\left(u_1+u_2\right)\left(u_2+u_1\right)}\right\}^{\frac{1}{2}}\qquad（6-8）$$

式中，耦合度值 $C_2 \in [0，1]$ ，并且根据耦合度值的大小将煤炭企业集团化与煤炭产业集群化的时空耦合发展分为三个阶段：①第一阶段，当 $C=0$ 时，耦合度极小，此时煤炭企业集团化与煤炭产业集群化时空耦合系统内子系统之间以及各子系统内部要素之间都处于无关联状态，整个系统呈现负涌现，并趋向无序结构发展。②第二阶段，此时 $0<C<1$ ，根据耦合系统的时空发展过程将该阶段

分为四个阶段。当 $0<C≤0.3$ 时，煤炭企业集团化与煤炭产业集群化的耦合发展处于较低水平，我们称该阶段为煤炭企业集团化与煤炭产业集群化时空耦合系统的初始阶段，此时煤炭企业集团和煤炭产业集群在沿着各自特有的发展轨道演进的同时，也打破了各自发展的组织结构界限，并在某些方面初步进行一定程度的交流；当 $0.3<C≤0.5$ 时，煤炭企业集团化与煤炭产业集群的耦合发展处于颉颃时期，我们称该阶段为煤炭企业集团化与煤炭产业集群化时空耦合系统的发展阶段，该阶段内煤炭企业集团和煤炭产业集群感受到突破组织结构界限进行交流合作所带来的利益，并加强了彼此间的联系和交流，耦合系统处于快速发展时期，并开始形成一定的空间经济梯度；当 $0.5<C≤0.8$ 时，煤炭企业集团和煤炭产业集群的耦合发展处于磨合时期，我们称该阶段为煤炭企业集团化与煤炭产业集群化时空耦合系统的磨合阶段，在该阶段内煤炭企业集团和煤炭产业集群之间的耦合发展越过了其发展拐点（ $C>0.5$ ），二者之间通过互动学习和模仿，吸收彼此的优势，促使二者进一步渗透和交融，并开始良性耦合；当 $0.8<C<1$ 时，煤炭企业集团和煤炭产业集群的耦合发展步入成熟期，我们称该阶段为煤炭企业集团化与煤炭产业集群化时空耦合系统的成熟阶段，该阶段内煤炭企业集团和煤炭产业集群相得益彰、互相促进，耦合系统不仅在量的方面有明显的突破，在质的方面也有很大程度的提高，煤炭企业集团和煤炭产业集群实现了高水平耦合发展。然而在现实经济发展中，由于政府政策的干预或某些突变因素，二者有可能退化到以前的耦合阶段。③第三阶段，当 $C=1$ 时，耦合度最大，此时煤炭企业集团化与煤炭产业集群化时空耦合系统内子系统之间以及各子系统内部要素之间达到良性共振耦合，整个系统呈现正涌现，并趋向新的有序结构发展。

根据前文对企业集团化和产业集群化的对比分析，笔者认为企业集团化和产业集群化的对立性和统一性代表了二者之间的一种互斥力和吸引力，使二者在沿着各自特有的发展轨道进化演进的同时，促使二者的组织边界在竞争过程中不断变动，甚至相互叠加和渗透，通过互动学习和模仿，吸收彼此的竞争优势，或者二者之间通过一定的联系实现合作，建立一种互补关系，从而驱动二者打破各自的组织特性实现螺旋上升的发展过程，如图6-3所示。

（二）煤炭企业集团化和煤炭产业集群化的相互转化关系

企业集团化和产业集群化作为提升国家与煤炭富集区竞争优势和煤炭产业核心竞争力的两种重要发展战略模式，代表了世界经济发展的潮流，共同演绎着区域经济发展的方向。企业集团化与产业集群化在横向平行的市场结构与纵向层级的企业结构的相互渗透与融合中形成，代表了一种纵横交错的产业组织网络化结构，并表现出相对的稳定性和一定的效率性。然而，从产业演进的生态性看，虽然企业集团和产业集群组织形态在一定的时空结构条件下相对稳定，但它们在辩证统一中演绎着动态平衡与发展，会在一定时期的特定区域内相互转化，如图 6-4 所示。

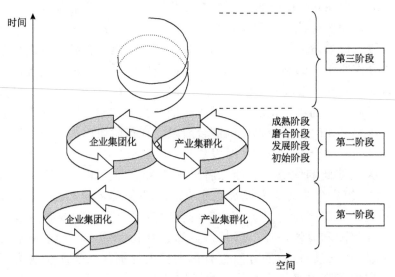

图 6-3 煤炭企业集团化与煤炭产业集群化时空耦合系统演化轨迹图

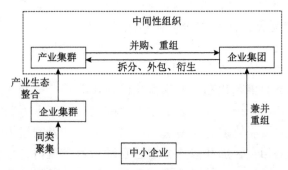

图 6-4 企业集团化和产业集群化发展战略模式相互转化关系图

产业集群内虽多以弹性专精的中小企业为主，但作为企业代表的大型企业集团，往往能作为核心企业，在产业集群的形成过程中发挥了重要的集聚作用。而且随着产业集群专业分工的细化和规模经济效应的扩大，集群所产生的技术溢出效应增大，企业创新步伐加快，竞争日益激烈，一些弱势企业会受到少数优势企业的排挤而逐渐被淘汰，同时这些优势企业为了进一步扩大产业集群所带来的规模经济效益、范围经济效应和乘数效应等，进行不间断地兼并、重组或强强联合，实现横向的产品差别化和纵向的生产工序差别化，逐步形成竞争寡头进而演化成大型的企业集团。

在产业成长过程中，企业集团会通过分拆、外包、衍生和产业生态整合逐步转化为产业集群。企业集团虽具有多种技术、多种产品和广阔的市场，然而随着集团横向跨度的扩大及规模的进一步扩张，集团管理层次增加，导致集团有限资源的分散，造成管理运营成本增加，从而降低协同收益，监督、协调机制不到位造成资产流失，业务过于分散，影响主业务的发展，导致核心竞争能力下降，集团内部交易成本上升，使整体业绩受到影响。行业规范、市场规则等法律性契约的不断建立和完善使谈判费用下降，市场交易更加规范，而且随着科技进步和信息技术的发展，信息交流成本降低、技术溢出效应加大，从而驱使外部交易成本下降。当内部交易成本超过外部交易成本时，集团内部企业机制和市场机制的平衡会被打破，集团就有可能缩小边界，将原来的一些业务分拆或外包，会同衍生企业通过产业生态整合而转化为产业集群。处于临近区域的企业，尤其是煤炭企业具有地域根植性、资源禀赋性等特点，不能迁移，在分拆后会在原来合作的基础上加深彼此之间的联系，进而发展成产业集群。

（三）结论与建议

在区域产业发展过程中，企业集团化和产业集群化作为当前世界经济发展中实现市场资源优化配置和生产要素有效重组的两种主流战略模式，对于推动煤炭产业结构升级、提升煤炭企业与产业核心竞争力和促进社会经济发展具有巨大作用。二者同为中间性组织，共同追求利益最大化，是两种有效且相对稳定的产业组织模式，但由于适用范围、支撑条件、空间格局、资源配置机制、组织结构、运行模式、组织协调效率等方面存在差异，企业集团化和产业集群化在促进区域经济的发展及国民财富的增长方面有着各自的适用性，二者在同质性与异质性的辩证统一中演绎着区域经济发展的方向。虽然企业集团和产业集群组织形态在一定的时空结构条件下相对稳定，但它们具有一定的耦合性，在辩证统一中演绎着动态平衡与发展，会在一定时期的特定区域内相互转化，并且呈现出一种螺旋上升的演进过程。在实际应用中，应当根据区域产业行业的特点，按照市场经济发展的规律及内外部环境进行科学分析和规划，通过合理的政策引导和有效的治理方式选择合适的产业组织模式，推动区域产业及经济的发展。我国多煤、少油、缺气，煤炭产业是我国目前的主要能源供给产业，在我国工业化发展阶段起着主导性作用，煤炭产业发展的好坏直接关系着我国经济发展的优劣快慢。在煤炭富集区选择合适的煤炭产业发展战略模式，必须根据煤炭产业的地域根植性、资源禀赋性等特点，打破地域、行业和所有制界限，结合区域发展环境，做出有效选择。

第二节　煤炭主体功能区、企业集团化与产业集群化的比较分析

一 煤炭主体功能区和煤炭产业集群化的比较分析

基于煤炭产业、煤炭产业集群和煤炭富集区的特质性，煤炭主体功能区和煤炭产业集群无疑是顺应我国煤炭富集区科学发展的两种重要战略模式。在推动煤炭富集区产业结构优化、社会经济环境协调发展等方面，两者具有异曲同工和殊途同归的作用效能。分析梳理两者之间的相互联系与区别，对有效强化彼此补充和深度融合，构建符合地缘优势和自身特性的发展战略模式，具有重要的现实与理论意义。

（一）煤炭主体功能区和煤炭产业集群化的异质性分析

1. 作用对象不同

煤炭主体功能区的作用对象是特定区域，按照区域资源环境承载能力、现有开发密度和未来发展潜力进行区域划分，服务于区域的合理空间布局，引导功能要素有序流动，主体功能清晰，服务对象明确，战略功效不外溢。

煤炭产业集群化的主要作用对象是煤炭和煤基相关产业，通过集聚效应形成增值网络，实现向企业（微观对象）和区域（宏观对象）的价值扩散共享。需要注意的是，由于煤炭产业集群内部企业主要是资源密集型和劳动密集型企业，集群效应还是主要体现在煤炭富集区内部。

2. 管控主体不同

煤炭主体功能区的决策及其实施主体是政府，是一种规制强势型区域发展战略模式。政府通过减免税费、增加公共产品等政策杠杆，使区域内相关企业获得增值利益，促进区域社会、经济、环境等多种要素流动。

煤炭产业集群则受到市场因素和政府因素的双重管控作用，包括市场竞争机制、区域资源禀赋和政府规制等。对产业集群而言，市场作用主要包括区域资源要素、技术扩散、地区消费偏好等，政府作用则体现在引导调控发展方向、优化外部环境等方面。

3. 资源配置模式不同

煤炭主体功能区的资源配置方式主要是政策和行政指令，资源配置对象主

要以财政资本、税收收入和公共产品为主，资源配置渠道主要依托各级政府体系。总体而言，煤炭主体功能区战略资源配置模式，更多地体现了计划经济色彩，灵活性和弹性不足。

煤炭产业集群化的资源配置则主要依赖于市场机制的调节作用。群内企业行为更多取决于市场，因此其配置资源的渠道更多样，空间更广阔，但交易费用也相对较高，交易风险也较大。与煤炭主体功能区相比，市场化为主导的资源配置模式为煤炭产业集群化带来更多的变通性。

4. 组织结构不同

煤炭主体功能区的管理主体是政府，管控载体是各级政府机构，因此其组织结构是一种多层级组织形式，通常由 3～4 个层次构成：决策层由各级政府组成，职能层涉及若干政府职能管理机构，实施层则由若干个经营单位、研究单位及其他协作单位构成。因此，煤炭主体功能区发展主要取决于政府影响。

煤炭产业集群本身是基于生产链、供应链和价值链而形成的企业集合体，群内企业基于市场利益和市场规则相互协作和相互交易，成员企业与各级政府机构之间保持法律上的平等关系，对外形成共同有机体。同时，煤炭核心企业和产业在实际经营运行过程中，对煤基和非煤基企业与产业，起着引领性和主导性作用。因此，虽然煤炭产业集群呈现的是一种松散的企业集合体，但在组织结构上也表现出点—线—轴型组织结构特征。

5. 运行机制不同

煤炭主体功能区的运行机制类似于企业集团，其组织结构呈现出直线职能制特征，内部运行主要是通过行政计划指令，运行主导者是政府组织，相关政府职能部门和实施单位要围绕政府决策开展活动。

煤炭产业集群实行的则是市场化运行机制，群内所有企业都是集群运行的载体，按照市场规律与规则进行各类经营活动。但需要强调两点：一是集群核心企业在集群运行中的引领作用；二是集群整体利益和集群文化也会对集群运行产生重要影响。

6. 监督机制不同

煤炭主体功能区具有的行政性组织模式和运行机制，决定了其内部一般都设有专门的监督保障机构,保障其内部信息和指令能够及时准确得到传达反馈，有利于提高信息与指令的传递效率，监督效果比较好。

煤炭产业集群是基于市场利益链形成的自由集合体，群内不存在规制性的约束主体和约束力量，一般没有独立的监督机构，更多是群内企业自发组成的协会组织承担着一定的监督功能，由于是借助于政府机构及群内企业的自发监督，监督成本相对较高，监督机制较为薄弱。

（二）煤炭主体功能区和煤炭产业集群化的同质性分析

1. 载体对象具有一致性

煤炭主体功能区和煤炭产业集群化是煤炭富集区的两种不同发展战略模式，虽然在管控主体、组织结构、资源配置、作用对象及运行机制等诸多方面存在明显差异，但服务对象具有一致性，都是煤炭富集区内的企业和产业。

无论是煤炭主体功能区战略，还是煤炭产业集群化战略，其运行的微观载体都是煤炭企业、煤基企业和其他相关组织机构，运行管理效率主要取决于上述企业机构之间的组织效率和协同效率。因此，两种发展战略模式实施的起点都是要提高煤炭富集区内企业活力，实施的难点都在于增强企业间的协同度与合作度，实施的微观目标都是提升煤炭及相关企业的经营实力与发展水平。

2. 实现路径具有相似性

煤炭主体功能区的组织结构是以政府为核心的多层级的直线职能型，煤炭产业集群则是点—线—轴型组织结构。正是两种发展战略模式看似明显不同的组织模式，使得煤炭主体功能区和煤炭产业集群化两种战略模式具有了实现路径的相似性。第一是"点"的相似性，我国煤炭资源、煤炭企业及煤炭产业的"国有化"属性，决定了煤炭主体功能区和煤炭产业集群战略的规划与实现，政府是共同的关键动力源，在两种发展战略模式设计到实现的全过程中起着引领和主导作用；第二是"线"的相似性，两种发展战略模式的运行载体都指向企业、产业和区域，并呈现出企业—产业—区域线性化特征，在战略制定、战略实施与战略控制的各阶段，切入点是企业，关键点是产业，落脚点是区域；第三是"轴"的相似性，具体表现为煤炭企业—煤炭产业—煤炭富集区，无论是煤炭主体功能区战略还是煤炭产业集群战略，大型煤炭企业和煤炭产业在煤炭富集区可持续发展进程中都扮演着不同层面的主导角色，发挥着主导核心功能。

3. 目标结果具有统一性

煤炭主体功能区与煤炭产业集群战略作为我国煤炭富集区当前实施的重要战略模式，都是以科学发展观为指导，依托于绿色经济、低碳经济、信息经济、知识经济及循环经济等共同的理论基础。两种战略都致力于提升区内企业和产业的经营实力与发展水平，提升企业和产业效率和核心竞争力，追求产业布局与结构的合理性，推动区内企业、产业和区域的共同发展，实现煤炭富集区内企业、产业和区域的多赢共赢，实现经济发展、环境保护与社会文明建设的协调健康发展。

煤炭主体功能区与煤炭产业集群化同质性与异质性的研究分析表明，两者之间存在相互制约、相互促进和相互统一的辩证关系，在特定的适宜的环境条件下，两种发展战略模式可以有机融合，实现最优耦合效应。在理论研究和实践应用方面，切记不能割裂煤炭主体功能区与煤炭产业集群之间的对立性和统一性。

⼆ 煤炭企业集团化和煤炭产业集群化的比较分析

从我国区域产业的发展实践来看，企业集团化和产业集群化在许多方面都有着自己特定的组织优势，已成为区域产业发展的两种主导模式，本小节从异质性和同质性两个方面分析煤炭企业集团化和煤炭产业集群化的内在差异与联系，不仅有利于加深对企业集团与产业集群的理论认识，而且有利于煤炭产业结合地缘优势和自身特性选择适宜的发展战略模式，为煤炭产业的发展提供理论依据。

（一）煤炭企业集团化和煤炭产业集群化的异质性分析

1. 适用范围不同

企业集团化是企业间通过兼并、重组、战略联合，形成一个在生产技术、业务范围、市场竞争中紧密联系的企业组织，是企业内涵有机性和外延规模性的质变。企业集团化涉及多产业领域，扩大了企业原有边界，其内部企业经济实力雄厚，规模庞大，是规模经济要求高的上游产业比较理想的组织形态，是大企业发展的理想模式，而关乎国家命脉的垄断性行业及重化工行业等技术密集型行业易于形成企业集团。

煤炭产业集群化是在煤炭富集区域内，大量联系密切的企业及相关支撑机构依据技术关联、资源关联、市场关联、产业关联等内在因素，在特定外部环境条件推动下，通过集聚效应而形成的具有共性和互补性的有机联合体，各种相关行为主体相互依存形成一个完备的价值增值网络。由于集群内部企业的规模和实力有限，产业集群主要形成于资源密集型、劳动密集型及生产过程可分性较强的产业，是中小企业理想的发展模式，但集群内也不乏大型的企业集团。

2. 支撑条件不同

企业集团化的形成主要受非市场因素（如政府政策及企业战略）的影响，代表了一种强势经济。政府为了提高国家经济实力而对市场经济进行政策引导，促成大企业间的强强联合。而且在一些规模经济效应突出的行业，很多企业为了减少交易费用和组织管理费用，获得更大的外生利益，通过以产权转移为特征的股份制改造、企业协商并购等实现产业规模上的横向扩张、产业链条上的纵向延伸，进而实现产业多元化发展。

煤炭产业集群化的形成和发展受市场因素和非市场因素的双重影响，包括市场自发的竞争机制、区域资源禀赋条件和政府政策等。产业集群是规模报酬递增带来的外部经济的产物，一般主要是在市场机制下，由区域资源要素特点、技术特征及扩散性质、地区消费偏好和市场变化及区域文化影响和决定，但受区域比较优势和其他因素影响。政府在引导、调控产业集群合理有序发展，创造有利于创新的良好外部环境，以及防止产业集群退化甚至走向衰退等方面，都起到了十分重要的作用。

3. 空间格局不同

企业集团化具有异地性和多元化特征，其规模一般较大且经济实力雄厚，其发展战略在于生产和销售的分散化，在于对外扩张，因此多进行跨地区或跨国经营，通过在各个地区或国家建立分厂或分部，控制当地市场，获取高额利润。也不乏同一区域内的企业组建成的大型企业集团。同时企业集团涉及产业行业领域广，多进行多元化生产经营，以分享多行业的利润，分散经营风险。

煤炭产业集群化强调地域关联和产业关联，具有一定的经济地理特性，是一定区域内经济活动的空间集聚，表现为生产经营活动相关企业和支持机构的"扎堆"现象，通过区域集聚带来生产成本的降低及群内各种配套服务的健全，由此形成正外部经济效应和规模经济效应，既保持了成员企业各自灵活多变、反应敏捷的特点，又能形成群体规模，克服企业个体在市场竞争中无法应对的风险，以实现区域经济协调发展。因此，产业集群化在于地域根植性、市场开拓性、最大限度地发挥比较优势。

4. 资源配置机制不同

企业集团化运行主要依靠内部行政命令，煤炭产业集群化多依赖市场信号。

大型煤炭集团偏向于企业组织形式，具备层级组织的优势，拥有比较完整的命令链，能够较为快捷地落实集团的相关政策。行政命令取代部分竞争协作，有效调节集团内部资源配置及生产交易，避免资源闲置和浪费，减少集团内部交易费用，增加利润，但大型集团内部组织越多，在扩大企业原有边界、降低交易费用的同时，其管理费用也会越多。

煤炭产业集群比较接近于市场组织，其行为也带有更多的市场烙印，产业集群内的资源配置及生产交易主要依靠市场机制的调节作用，因而交易费用相对较高。但产业集群内的生产经营活动主要依靠政府、中介机构及各企业间的监督，因此管理费用会相对较少，并且产业集群化有利于企业组织变革、收缩活动范围以集中于它更具效率的核心业务，因而可以转移相关成本风险。

5. 组织结构不同

首先，组织形式不同。企业集团是以资本、产权等为主要联结纽带的母子公司为主体，以集团章程为共同行为规范的集团公司、子公司、参股公司及其他成员企业或机构共同组成的具有一定规模的企业法人联合体。企业集团并不具备企业法人资格，是一种多层级组织形式，通常由四个层次构成：核心层，是一个具有母公司特征，可能包括若干事业部或分公司，并从事多样化经营的集团公司，是一个具有法人资格的经济实体；控制层，是由若干个被集团公司控股的子公司及其孙公司组成的公司群；参与层，若干个由集团公司或子公司参股的经营单位或研究单位；协作层，是那些以协议、合同等契约方式与核心层、控制层和参与层企业保持长期生产、配套、技术协作的单位。由于自身结构的强组织性，企业集团的发展方向受到核心层企业的权威性影响甚至无形控制。

产业集群是在某个产业领域内互相联系的、在一定区域内集聚的企业和相关机构集合体，它包括对竞争起着重要作用的、相互联系的企业实体，经常向上延伸至供应商、向下延伸至销售渠道和客户，并侧面扩展到辅助性产品的制造企业，以及与技能技术和投入相关的产业公司，还包括提供专业化培训、科研、信息和技术支持的政府和其他机构。产业集群成员企业和各级政府机构之间基本是平等的关系，共同构成一个有机体，并不存在共同承认的固定层级组织结构，是联合舰队。

其次，内部联结纽带上的差异。企业集团往往是以资本、产权或其他契约方式为主要联结纽带，具有一定的法律约束力，各成员企业之间建立的是一种强制信任关系，内部企业间相互持股、参股，在生产、技术、资金、人力等生产要素方面相互渗透、紧密联系，形成具有多层次内部组织结构的利益共同体，相互依附，共同抵御市场风险。因此，企业集团是一个半开放性的系统组织，其成员企业的独立性受到一定限制，进入和退出集团都有较高的壁垒。

产业集群内的成员企业由于地理邻近，其经济活动大多贯穿于地缘、血缘、人员交往等形成的社会关系网络中，企业间主要依靠信任和承诺等非契约性方式联系，体现出一种市场化关系，相互间联系也较为灵活、松散，由于没有共同的、固定的层次组织结构，成员企业拥有较大的独立性，产业集群本身基本没有进出壁垒，因而其进出成本较低。集群内部常见的联结模式有以价值链为主导的联结模式，以市场竞争合作为主导的联结模式，以公共性投入、生产要素共享或互补为主导的联结模式。

6. 运行模式不同

1）运行主体不同。企业集团由于组织结构的特殊性，其内部运行机制主要是层级组织计划命令性，因此其运行主体主要是集团的核心企业，处于非紧密层的企业要围绕核心企业战略目标开展生产经营活动。而煤炭产业集群内的独立法人实体企业作为集群的核心，构成了集群内的核心系统，是集群的运行载体，所以产业集群的运行主体是群内所有企业，它们影响着集群的整体发展方向。同时，作为集群分工合作产物的中介组织和政府机构则共同构成集群的辅助系统，保证群内企业的紧密联系，促进分工合作，避免群内某些企业为追求自身利益采取有违集群整体利益的行为。

2）运行机制不同。关于运行机制的比较，可以从以下两个方面进行分析。

第一，竞合方式不同。企业集团化由于强资金纽带的作用及内部行政命令的调节方式，集团内各企业必须遵循集团的发展战略目标，在行政协调部门的引导下围绕此目标展开有效的分工合作，共同生产和经营。但其内部的企业大多是独立的法人实体，有其自己追求的企业利益，不可能无偿地将其利益转移给集团内的其他企业，集团内各企业间仍然存在一定的交易费用。而产业集群内企业主体的多元化和目标多样化，以及以市场为导向的调节方式，必然导致集群内企业为追求自身利益最大化而展开激烈的竞争，同时由于产业集群给群内企业提供了共同的资源市场、配套服务和基础设施，降低了成本费用，群内企业能够专攻于产业增值链中最擅长的环节，维持一种垂直分工、水平竞争的状态，从而形成一种自我催化和激励的"正和博弈"竞合机制，促进产业集群的良性发展。

3）监督机制不同。企业集团内部一般设有专门的行政协调机构协调各层级的关系，能够及时准确地传达行政命令和进行信息反馈，促进信息的传递与交流；拥有强有力的监督控制体系，保证集团整体沿着正常轨道运行，避免资源浪费和资产流失，监督效果比较好。而煤炭产业集群由于没有强制约性的联系纽带，监督机制较为薄弱，往往借助于中介组织、政府机构及群内企业的自发监督，监督效果比较差，监督成本比较高，因而集群内企业的非集群行为往往比较突出。

7. 组织协调效率不同

由于有不同的组织结构和运行机制，企业集团和产业集群在经济规模、资源配置等方面表现出不同的组织协调效率。

在经济规模方面，企业集团易于取得规模经济效应，获得成本优势，从而提高产业集中度，在某一领域形成垄断势力；产业集群的集体行为和有效的专业化分工合作容易取得外部范围经济效应和乘数效应。在资源配置方面，企业集团可以通过自身实力或技术联合，有效组织大规模的研究和开发活动，并提高技术标准，保持集团组织对知识、技术的垄断权；易于吸引、培养高素质的专业人才，为高素质人才提供有效激励；可以通过集团企业上市发行股票直接融资，或利用集团信誉向金融机构间接融资。产业集群内部企业与中介机构、科研院所之间容易形成知识网络，为隐性知识在企业间的迅速传播搭建平台，具有很强的知识溢出效应，而且产业集群内的竞合机制有利于推动知识创新；

集群内易形成共同的人才资源市场，产生磁场效应，在促进专业人才的本地供给和流动的同时，吸引优势人力资源的加入；容易吸引国外直接投资，建立共同信贷担保基金，并通过群内金融机构等获得间接融资。

（二）煤炭企业集团化和煤炭产业集群化的同质性分析

1. 同属于中间性组织型发展战略模式

企业集团化和产业集群化都是为应付市场失灵与企业内部组织失灵的一种制度性创造。企业集团和产业集群都是介于市场组织与科层级企业组织之间的一种空间经济组织形式，是市场和企业按照不同组合方式构成的相对稳定的网络化组织，它融合了市场价格机制的竞争性和科层级组织权威机制的计划协调性的优点，比市场组织稳定，比科层组织灵活，能有效降低交易费用与组织费用之和，促进效益最大化、效率最优化，通过一定的联系纽带突破企业内部资源专用的局限性，共享企业外部资源，有力地拓展了企业可利用资源的范围。中间性组织的动态协调机制能够快速应对环境变化和市场需求，准确、及时地根据需求变化高效地配置资源，组织有效的分工与合作，快速地满足需求变化，表现出特有的组织柔性。

2. 同致力于提升企业和产业效率及竞争力

企业集团化和产业集群化作为两种独特的产业组织形式，在培育企业核心业务、促进产业升级与提升产业竞争力的过程中起着重要作用。首先，企业集团和产业集群内部企业通过某种纽带有机地整合为一体，形成有相当垄断力的组织体系，在有效提高企业经济绩效的同时，极大地发挥整体优势，实现规模经济，加大产业集中度，提高产业的整体竞争力。其次，通过多样化联系和交互式合作，形成一种良好的自强化机制，促进分工协作和专业化的发展，大大提高生产经营效率，降低生产成本和交易费用，优化资源配置。同时，这种高精度的专业化分工的生产方式非常有利于内部企业之间的学习与交流，从而有力地促进技术创新和知识扩散，促进资源整合，使得每个企业都能及时更新设备、采用新工艺，调整投入要素组合，从而提高企业整体的生产率和产出量，吸引先进技术、优势资本和劳动力等经济资源的加入，促进产业升级。最后，企业集团与产业集群通过形成的关系网络将众多的市场主体相联结，建立新型的竞争合作关系，在不同企业之间通过技术、产品、资金或市场等环节上的分工、合作、交流或授权，带来规模效应、范围效应和乘数效应，提高企业自身及整体实力的同时，实现产业结构与布局的合理性。

3. 共同追求资源节约、环境保护与经济发展共赢

企业集团与产业集群都倡导与社会、环境和谐发展的战略模式，因此都应以科学发展观为指导，遵循循环经济、低碳经济的理念，按照"减量化、再利用、资源化、再循环"原则，通过构建"加工—升值—再加工—再升值"的价值增值网络，把经济活动组成一个"资源—产品—再生资源"的反复式流程，实现以企业为核心的小循环、区域层面的中循环和整个社会的大循环。经济增长是国家实力和社会财富的体现，煤炭企业集团与煤炭产业集群不仅要重视增长数量，更应追求改善质量，提高经济效益的同时，节约能源，保护环境，改变传统的生产和消费模式，实施清洁生产和文明消费，实现资源的循环利用和可持续发展，逐步形成中国特色的循环经济、绿色经济发展模式，推进资源节约型与环境友好型、低碳导向型社会的建设。

企业集团化与产业集群化在同质性与异质性的辩证统一中演绎着动态平衡与发展。从本质上来看，企业集团化与产业集群化都是中间性组织形式，具有共同的本质属性，同时又各自具有不同的组织特征。夸大企业集团化与产业集群化的对立性和统一性的任何一方面，都不利于理论发展和实践应用。

（三）煤炭企业集团化和煤炭产业集群化的进化博弈分析

国内外关于企业集团化和产业集群化已有研究成果中，在研究方法上多运用经典博弈论模型。经典博弈理论以博弈参与者完全理性为假设前提，然而在现实经济生活中博弈参与者之间存在着显著差异，因此这个完全理性假设是难以满足的。

笔者认为分析企业未来发展战略选择行为更适宜用有限理性前提的进化博弈模型，这将意味着参与者会受到其所处环境中各种确定性或随机性因素的影响，往往不会很快找到最优策略，而是在不断调整和改进的动态过程中使博弈达到均衡状态。近年来，国内外关于进化博弈基础理论的研究并不多见，主要是通过实证研究验证前人的理论和应用研究。Daniel 等（2005）运用进化博弈理论研究了基于市场时序的出价战略。Mauro 等（2006）通过实证研究验证了 Binmore 和 Samuelson 提出的演化漂移和均衡选择模型。Zagonari（2009）运用进化博弈理论研究了旅游业教育与培训的问题。张洪潮和何任（2010）运用进化博弈理论研究了非对称企业合作创新的策略选择问题及影响合作创新的关键因素。在前人相关研究的基础上，本书运用进化博弈理论对煤炭企业集团化战略和煤炭产业集群化战略进行比较研究，通过构建煤炭企业进行战略选择的进化博弈模型，分析煤炭富集区内煤炭企业进行企业集团化和产业集群化战略模式选择的进化稳定策略和演化机制，为政府和企业制定对策提供依据。

1. 进化博弈模型假设及建立

（1）进化博弈模型假设

一定煤炭富集区域内共有 N 个煤炭企业，在经过一段较长时期的发展之后，企业间形成了一定的关系网络，为谋求进一步发展，现区域内煤炭企业面临着两种合作战略选择，即企业集团化和产业集群化，而区域内企业也因为战略选择不同分为两种倾向。现假设 A、B 为区域内最具有代表性的两个煤炭企业，在企业 A、B 分别做出选择之后，倾向于企业 A 战略选择的企业个数为 n，则倾向于企业 B 战略选择的企业个数为 $N-n$，煤炭企业 A、B 独立生产时的正常收益分别为 R_1、R_2。我们认为企业集团化和产业集群化是两种配置资源的方式，并假设这两种方式都可以将区域内一定的资源转化为同等价值的产品，并且这些产品可以创造等量的收益 P，并且认为这两种方式的优劣势表现为企业集团化和产业集群化中生产交易的成本费用差异。由于存在有限理性等产业区（本书认为产业集群化将形成一个产业区）内交易费用昂贵，但产业区内主要依靠政府、中介机构及各企业间的监督，因此管理费用会相对较少；而企业集团内部生产交易主要依靠行政命令的调节作用，因此企业集团内交易费用相对较少，管理费用相对昂贵。为便于分析，现假设企业集团内的管理费用为 M，产业区内的交易费用为 T；在选择战略一致的情况下，A 企业的经济实力决定了其在收益中所占比例为 S（$0<S<1$），则 B 企业在收益中所占比例为 $1-S$；当选择战略不一致时，倾向于煤炭企业 A、B 战略选择的企业个数占总数的比例决定了企业 A、B 的收益比例，即此时企业 A 所占收益比例为 $\dfrac{n}{N}$，则企业 B 所占收益比例为 $\dfrac{N-n}{N}$。由于企业集团和产业区内企业都具有强烈的依附关系，即都具有进出壁垒，因而进出成本较大，此处认为进出成本相等。

假设的主要指标及其含义如表 6-6 所示。

表 6-6 主要指标及其含义

指标	含义
R_1	企业 A 独立生产时的正常收益
R_2	企业 B 独立生产时的正常收益
P	区域内一定的资源转化的收益
M	企业集团内的管理费用
T	产业区内的交易费用
S	当采用策略一致时，A 企业在收益中所占比例
N	区域内企业总数
n	倾向于企业 A 战略选择的企业个数

由于信息的不完全和博弈双方的有限理性,博弈的战略组合如表 6-7 所示。

表 6-7　企业 A、B 战略选择博弈策略组合

		企业 B	
		企业集团化	产业集群化
企业 A	企业集团化	(企业集团化,企业集团化)	(企业集团化,产业集群化)
	产业集群化	(产业集群化,企业集团化)	(产业集群化,产业集群化)

双方博弈的得益矩阵如表 6-8 所示。

表 6-8　企业 A、B 战略选择博弈得益矩阵

		企业 B	
		企业集团化	产业集群化
企业 A	企业集团化	$R_1 + SP - M$,　$R_2 + (1-S)P - M$	$R_1 + \dfrac{n}{N}P - M$,　$R_2 + \dfrac{N-n}{N}P - T$
	产业集群化	$R_1 + \dfrac{n}{N}P - T$,　$R_2 + \dfrac{N-n}{N}P - M$	$R_1 + SP - T$,　$R_2 + (1-S)P - T$

假设煤炭企业 A 选择企业集团化战略的概率为 x,则选择产业集群化战略的概率为 $1-x$;煤炭企业 B 选择企业集团化战略的概率为 y,则选择产业集群化战略的概率为 $1-y$;其中 x、$y \in [0, 1]$。

(2)进化博弈模型的建立

根据企业 A、B 战略选择博弈得益矩阵(表 6-8)建立进化博弈模型。

企业 A 对于选择企业集团化的纯策略期望得益:

$$U_{A1} = y(R_1 + SP - M) + (1-y)\left(R_1 + \frac{n}{N}P - M\right)$$

企业 A 对于选择产业集群化的纯策略期望得益:

$$U_{A2} = y\left(R_1 + \frac{n}{N}P - T\right) + (1-y)(R_1 + SP - T)$$

企业 A 对于选择企业集团化和产业集群化的混合策略期望得益:

$$\overline{U}_A = xU_{A1} + (1-x)U_{A2}$$

则企业 A 采取战略的复制动态方程:

$$
\begin{aligned}
F_{A(x)} &= \frac{\mathrm{d}_x}{\mathrm{d}_t} \\
&= x(U_{A1} - \bar{U}_A) \\
&= x(1-x)(U_{A1} - U_{A2}) \\
&= x(1-x)\left[2P(S-\frac{n}{N})y + \frac{n}{N}P - SP + T - M\right]
\end{aligned}
\qquad (6\text{-}9)
$$

企业 B 对于选择企业集团化的纯战略期望得益：

$$
U_{B1} = x\left[R_2 + (1-S)P - M\right] + (1-x)(R_2 + \frac{N-n}{N}P - M)
$$

企业 B 对于选择产业集群化的纯战略期望得益：

$$
U_{B2} = x(R_2 + \frac{N-n}{N}P - T) + (1-x)\left[R_2 + (1-S)P - T\right]
$$

企业 B 对于选择企业集团化和产业集群化的混合战略期望得益：

$$
\bar{U}_B = yU_{B1} + (1-y)U_{B2}
$$

则企业 B 采取战略的复制动态方程：

$$
\begin{aligned}
F_{B(y)} &= \frac{\mathrm{d}_y}{\mathrm{d}_t} \\
&= y(U_{B1} - \bar{U}_B) \\
&= y(1-y)\left[2P(1-S-\frac{N-n}{N})x + \frac{N-n}{N}P - (1-S)P + T - M\right]
\end{aligned}
\qquad (6\text{-}10)
$$

（3）进化稳定战略的稳定性及其因素分析

1）企业 A 的进化稳定性及其因素分析。

令 $F_{A(x)} = 0$，则 $x^* = 0$，1 或 $y^* = \frac{1}{2} + \frac{T-M}{2P(\frac{n}{N}-S)}$，即企业 A 的复制动态方

程有两个不动点，也就是可能的稳定状态点，$y^* = \frac{1}{2} + \frac{T-M}{2P(\frac{n}{N}-S)}$ 为鞍点。

由前面的假设可知 P、N、S 均为常数，此外令 $T-M=a$，$\frac{n}{N}=\alpha$，$\frac{N-n}{N}=\beta$，

则 $\alpha + \beta = 1$，且 α，$\beta \in [0, 1]$，我们称 $\frac{a}{P}$ 为费用差额收益率。

当 $y=\dfrac{1}{2}+\dfrac{T-M}{2P(\frac{n}{N}-S)}$ 时，$F_{A(x)}\equiv 0$，意味着所有的 x 都为稳定状态，与此

相对应的复制动态相位图如图 6-5 所示。

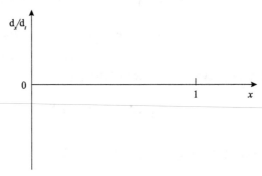

图 6-5　$y=\dfrac{1}{2}+\dfrac{T-M}{2P(\frac{n}{N}-S)}$ 时的复制动态相位图

当 $y\neq\dfrac{1}{2}+\dfrac{T-M}{2P(\frac{n}{N}-S)}$ 时，对 $F_{A(x)}$ 求导得

$$F'_{A(x)}=\frac{\mathrm{d}_{F_{A(x)}}}{\mathrm{d}_x}=(1-2x)\left[2P(S-\alpha)y+\alpha P-SP+a\right] \qquad (6-11)$$

根据进化稳定战略的性质要求 $\dfrac{\mathrm{d}_{F_{A(x)}}}{\mathrm{d}_x}<0$，现对 $\alpha-S$ 及 α 的大小情况进行

分析：

若 $T<M$，$S<\alpha<S-\dfrac{a}{P}$，则 $\alpha<-P(\alpha-S)$，所以 $\dfrac{a}{P(\alpha-S)}<-1\Rightarrow\dfrac{a}{2P(\alpha-S)}<-\dfrac{1}{2}$

$\Rightarrow\dfrac{1}{2}+\dfrac{a}{2P(\alpha-S)}<0$；若 $T>M$，$S-\dfrac{a}{P}<\alpha<S$，则 $a>-P(\alpha-S)$，所以 $\dfrac{a}{P(\alpha-S)}<-1$

$\Rightarrow\dfrac{a}{2P(\alpha-S)}<-\dfrac{1}{2}\Rightarrow\dfrac{1}{2}+\dfrac{a}{2P(\alpha-S)}<0$，则恒有 $y>\dfrac{1}{2}+\dfrac{a}{2P(\alpha-S)}$ 成立，$F'_{A(0)}>0$，

$F'_{A(1)}<0$，即 $x^*=1$ 为进化稳定战略。并且当 $T<M$ 时，$NS<n<N\left(S-\dfrac{a}{P}\right)$；当 $T>M$

时，$N\left(S-\dfrac{a}{P}\right)<n<NS$。博弈结果为：如果企业 B 只会选择企业集团化战略，

有限理性的企业 A 会选择企业集团化战略，那么在这种情况下，当产业区内的

交易费用小于企业集团内的管理费用时，区域内有 $\left(NS,N\left(S-\dfrac{a}{P}\right)\right)$ 个企业

倾向于企业 A 的战略选择；当产业区内的交易费用大于企业集团内的管理费用时，区域内有 $[N(S-\dfrac{a}{P}),NS]$ 个企业倾向于企业 A 的战略选择。此时的复制动态相位图如图 6-6 所示。

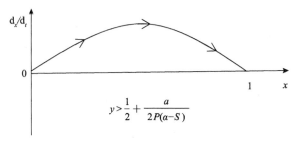

图 6-6 $\dfrac{1}{2}+\dfrac{a}{2P(\alpha-S)}<0$，$y>\dfrac{1}{2}+\dfrac{a}{2P(\alpha-S)}$ 时的复制动态相位图

若 $T>M$ 且 $\alpha>S+\dfrac{a}{P}$，或 $T<M$ 且 $\alpha<S+\dfrac{a}{P}$，$\dfrac{a}{P(\alpha-S)}<1 \Rightarrow \dfrac{a}{2P(\alpha-S)}<\dfrac{1}{2} \Rightarrow \dfrac{1}{2}+\dfrac{a}{2P(\alpha-S)}<1$；若 $T>M$ 且 $\alpha<S-\dfrac{a}{P}$，或 $T<M$ 且 $\alpha>S-\dfrac{a}{P}$，$-1<\dfrac{a}{P(\alpha-S)} \Rightarrow -\dfrac{1}{2}<\dfrac{a}{2P(\alpha-S)} \Rightarrow 0<\dfrac{1}{2}+\dfrac{a}{2P(\alpha-S)}$。由此可得，当 $T>M$ 且 $\alpha>S+\dfrac{a}{P}$ 或 $\alpha<S-\dfrac{a}{P}$，或者 $T<M$ 且 $\alpha<S+\dfrac{a}{P}$ 或 $\alpha>S-\dfrac{a}{P}$ 时，$0<\dfrac{1}{2}+\dfrac{a}{2P(\alpha-S)}<1$，即产业区内的交易费用和企业集团内的管理费用大小并不能完全决定参与者的战略选择，有限理性的参与者在考虑交易费用和管理费用大小的同时，会考虑自己的收益分配率大小。

当 $y>\dfrac{1}{2}+\dfrac{a}{2P(\alpha-S)}$，即 $\dfrac{1}{2}+\dfrac{a}{2P(\alpha-S)}<y\leqslant 1$ 时，$F'_{A(0)}<0$，$F'_{A(1)}>0$，即 $x^*=0$ 为进化稳定战略。博弈结果为：企业 B 选择企业集团化战略的概率超过一定值时，有限理性的企业 A 会选择产业集群化战略。此时的复制动态相位图如图 6-7 所示。

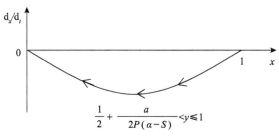

图 6-7 $\dfrac{1}{2}+\dfrac{a}{2P(\alpha-S)}<y\leqslant 1$ 时的复制动态相位图

当 $y<\dfrac{1}{2}+\dfrac{a}{2P(\alpha-S)}$ ，即 $0\leqslant y<\dfrac{1}{2}+\dfrac{a}{2P(\alpha-S)}$ 时，$F'_{A(0)}>0$，$F'_{A(1)}<0$，即 $x^*=1$ 为进化稳定战略。博弈结果为：企业 B 选择企业集团化战略的概率低于一定值时，有限理性的企业 A 会选择企业集团化战略。此时的复制动态相位图如图 6-8 所示。

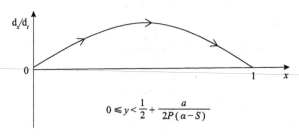

图 6-8　$0\leqslant y<\dfrac{1}{2}+\dfrac{a}{2P(\alpha-S)}$ 时的复制动态相位图

若 $T>M$ 且 $S<\alpha<S+\dfrac{a}{P}$ ，或 $T<M$ 且 $S+\dfrac{a}{P}<\alpha<S$，$\dfrac{a}{P(\alpha-S)}>1\Rightarrow\dfrac{1}{2}+\dfrac{a}{2P(\alpha-S)}>1$ ，则恒有 $y<\dfrac{1}{2}+\dfrac{a}{2P(\alpha-S)}$ 成立，$F'_{A(0)}>0$，$F'_{A(1)}<0$，即 $x^*=1$ 为进化稳定策略。并且当 $T>M$ 时，$NS<n<N\left(S+\dfrac{a}{P}\right)$；当 $T<M$ 时，$N\left(S+\dfrac{a}{P}\right)<n<NS$。博弈结果为：无论企业 B 选择何种战略，有限理性的企业 A 都会选择企业集团化战略，那么在这种结果下，当产业区内的交易费用大于企业集团内的管理费用时，区域内有 $[NS,\ N\left(S+\dfrac{a}{P}\right)]$ 个企业倾向于企业 A 的战略选择；当产业区内的交易费用小于企业集团内的管理费用时，区域内有 $[N\left(S+\dfrac{a}{P}\right),\ NS]$ 个企业倾向于企业 A 的战略选择。此时的复制动态相位图如图 6-9 所示。

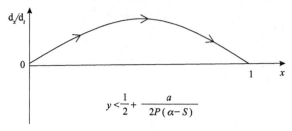

图 6-9　$\dfrac{1}{2}+\dfrac{a}{2P(\alpha-S)}>1$，$y<\dfrac{1}{2}+\dfrac{a}{2P(\alpha-S)}$ 时的复制动态相位图

2）企业 B 的进化稳定性及其因素分析。

令 $F_{B(y)}=0$，则 $y^*=0$，1 或 $x^*=\dfrac{1}{2}+\dfrac{T-M}{2P(\dfrac{N-n}{N}+S-1)}$，即企业 B 的复制动

态方程有两个不动点，也就是可能的稳定状态点，$x^*=\dfrac{1}{2}+\dfrac{T-M}{2P(\dfrac{N-n}{N}+S-1)}$ 为

鞍点。

当 $x=\dfrac{1}{2}+\dfrac{T-M}{2P(\dfrac{N-n}{N}+S-1)}$ 时，$F_{B(y)}\equiv0$，意味着所有的 x 都为稳定状态。

此时的复制动态相位图如图 6-10 所示。

图 6-10 $x=\dfrac{1}{2}+\dfrac{T-M}{2P(\dfrac{N-n}{N}+S-1)}$ 时的复制动态相位图

当 $x\neq\dfrac{1}{2}+\dfrac{T-M}{2P(\dfrac{N-n}{N}+S-1)}$ 时，对 $F_{B(y)}$ 求导得

$$F'_{B(y)}=\frac{d_{F_{B(y)}}}{d_y}=(1-2y)\left[2P(1-S-\beta)x+\beta P-(1-S)P+T-M\right]\quad（6-12）$$

根据进化稳定战略的性质要求 $\dfrac{d_{F_{B(y)}}}{d_y}<0$，现对 $1-S-\beta$ 及 α 的大小情况进行

分析：

若 $T<M$ 且 $1-S<\beta<1-S-\dfrac{a}{P}$，或 $T>M$ 且 $1-S-\dfrac{a}{P}<\beta<1-S$，则 $\dfrac{a}{P(\beta+S-1)}<-1\Rightarrow$

$\dfrac{1}{2}+\dfrac{a}{2P(\beta+S-1)}<0$，则恒有 $x>\dfrac{1}{2}+\dfrac{a}{2P(\beta+S-1)}$ 成立，$F'_{B(0)}>0$，$F'_{B(1)}<0$，即 y^*

=1 为进化稳定战略。并且当 $T<M$ 时，$N(1-S)<N-n<N(1-S-\dfrac{a}{P})$；当 $T>M$ 时，$N(1-S-\dfrac{a}{P})<N-n<N(1-S)$。博弈结果为：如果企业 A 考虑选择企业集团化战略，有限理性的企业 B 会选择企业集团化战略，那么在这种结果下，当产业区内的交易费用小于企业集团内的管理费用时，区域内有 $[N(1-S),N(1-S-\dfrac{a}{P})]$ 个企业倾向于企业 B 的战略选择；当产业区内的交易费用大于企业集团内的管理费用时，区域内有 $[N(1-S-\dfrac{a}{P}),N(1-S)]$ 个企业倾向于企业 B 的战略选择。此时的复制动态相位图如图 6-11 所示。

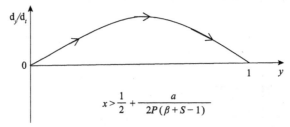

图 6-11　$\dfrac{1}{2}+\dfrac{a}{2P(\beta+S-1)}<0$，$x>\dfrac{1}{2}+\dfrac{a}{2P(\beta+S-1)}$ 时的复制动态相位图

若 $T>M$ 且 $\beta>1-S$ 或 $\beta<1-S-\dfrac{a}{P}$，或 $T<M$ 且 $\beta<1-S$ 或 $\beta>1-S-\dfrac{a}{P}$ 时，则 $-1<\dfrac{a}{P(\beta+S-1)}\Rightarrow 0<\dfrac{1}{2}+\dfrac{a}{2P(\beta+S-1)}$；若 $T>M$ 且 $\beta<1-S$ 或 $\beta>1-S+\dfrac{a}{P}$，或 $T<M$ 且 $\beta>1-S$ 或 $\beta<1-S+\dfrac{a}{P}$，则 $\dfrac{a}{P(\beta+S-1)}<1\Rightarrow\dfrac{1}{2}+\dfrac{a}{2P(\beta+S-1)}<1$。由此可得，当 $T>M$ 且 $\beta<1-S-\dfrac{a}{P}$ 或 $\beta>1-S+\dfrac{a}{P}$ 时，或者当 $T<M$ 且 $\beta>1-S-\dfrac{a}{P}$ 或 $\beta<1-S+\dfrac{a}{P}$ 时，$0<\dfrac{1}{2}+\dfrac{a}{2P(\beta+S-1)}<1$，即产业区内的交易费用和企业集团内的管理费用大小并不能完全决定参与者的战略选择，有限理性的参与者在考虑交易费用和管理费用大小的同时，会考虑自己的收益分配率大小。

当 $x>\dfrac{1}{2}+\dfrac{a}{2P(\beta+S-1)}$，即 $\dfrac{1}{2}+\dfrac{a}{2P(\beta+S-1)}<x\leqslant 1$ 时，$F'_{B(0)}<0$，$F'_{B(1)}>0$，即 $y^*=0$ 为进化稳定战略。博弈结果为：企业 A 选择企业集团化战略的概率超过一定值时，有限理性的企业 B 会选择产业集群化战略。此时的复制动态相位图如图 6-12 所示。

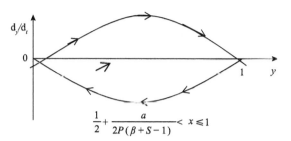

图 6-12 $\dfrac{1}{2}+\dfrac{a}{2P(\beta+S-1)}$ <x≤1 时的复制动态相位图

当 $x<\dfrac{1}{2}+\dfrac{a}{2P(\beta+S-1)}$，即 $0\leq x<\dfrac{1}{2}+\dfrac{a}{2P(\beta+S-1)}$ 时，$F'_{B(0)}>0$，$F'_{B(1)}<0$，即 $y^*=0$ 为进化稳定战略。博弈结果为：企业 A 选择企业集团化战略的概率低于一定值时，有限理性的企业 B 会选择企业集团化战略。此时的复制动态相位图如图 6-13 所示。

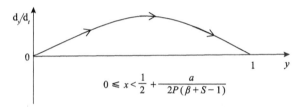

图 6-13 $0\leq x<\dfrac{1}{2}+\dfrac{a}{2P(\beta+S-1)}$ 时的复制动态相位图

若 T>M 且 $1-S<\beta<1-S+\dfrac{a}{P}$，或 T<M 且 $1-S+\dfrac{a}{P}<\beta<1-S$，则 $\dfrac{a}{P(\beta+S-1)}>1$ $\Rightarrow \dfrac{1}{2}+\dfrac{a}{2P(\beta+S-1)}>1$，恒有 $x<\dfrac{1}{2}+\dfrac{a}{2P(\beta+S-1)}$ 成立，$F'_{B(0)}>0$，$F'_{B(1)}<0$，即 $y^*=1$ 为进化稳定战略。并且当 T>M 时，$N(1-S)<N-n<N(1-S+\dfrac{a}{P})$；当 T<M 时，$N(1-S+\dfrac{a}{P})<N-n<N(1-S)$。当 T>M 时，$N(1-S)<N(1-S+\dfrac{a}{P})$；当 T<M 时，$N(1-S+\dfrac{a}{P})<N(1-S)$。博弈结果为：无论企业 A 采用何种战略，有限理性的企业 B 都会选择企业集团化战略，那么在这种结果下，当产业区内的交易费用大于企业集团内的管理费用时，区域内有 $[N(1-S)，N(1-S+\dfrac{a}{P})]$ 个企业倾向于企业 B 的战略选择；当产业区内的交易费用小于企业集团内的管理费用时，

区域内有$[N(1-S+\frac{a}{P}), N(1-S)]$个企业倾向于企业 B 的战略选择。此时的复制动态相位图如图 6-14 所示。

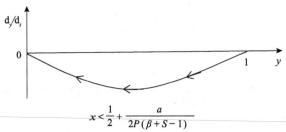

$$x < \frac{1}{2} + \frac{a}{2P(\beta+S-1)}$$

图 6-14　$\frac{1}{2}+\frac{a}{2P(\beta+S-1)}>1$，$x<\frac{1}{2}+\frac{a}{2P(\beta+S-1)}$ 时的复制动态相位图

将图 6-6、图 6-8、图 6-9、图 6-11、图 6-12、图 6-13 在同一坐标图中表示，即可得到企业 A、B 博弈动态过程的平面相位图，如图 6-15 所示。

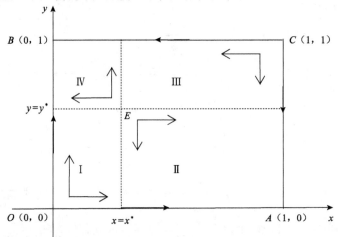

图 6-15　企业 A、B 博弈动态过程平面相位图

图中鞍点 E 将图分为四个区域Ⅰ、Ⅱ、Ⅲ、Ⅳ，各区域的大小取决于得益矩阵所决定的鞍点值的大小。在区域Ⅱ内，系统将收敛于平衡点 A；在区域Ⅳ内，系统将收敛于平衡点 B；在区域Ⅰ、Ⅲ内，系统将收敛于何种状态取决于点 $A(1,0)$、$B(0,1)$ 与鞍点 E 相连的折线所确定的临界线，图 6-16 为企业 A、B 进化博弈动态轨迹示意图。

由图 6-16 可以看出，点 $O(0,0)$、$C(1,1)$ 为不稳定源出发点，点 E 为鞍点，点 $A(1,0)$、$B(0,1)$ 为进化稳定状态，即当产业区内的交易费用大于企业集团内的管理费用，并且当采用战略不一致时企业在收益中所占比例与采用战略一致时企业在收益中所占比例之差大于费用差额收益率，或者当产

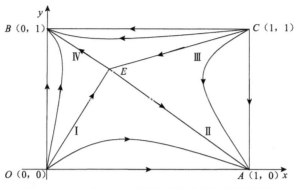

图 6-16　企业 A、B 进化博弈动态轨迹示意图

业区内的交易费用小于企业集团内的管理费用，并且当采用策略不一致时企业在收益中所占比例与采用战略一致时企业在收益中所占比例之差小于费用差额收益率时，企业可能选择产业集群化战略，也可能选择企业集团化战略，至于选择哪种战略取决于对方企业采取企业集团化战略的概率。因此，产业区内的交易费用和企业集团内的管理费用的大小并不能完全决定参与者的战略选择，有限理性的参与者在比较交易费用与管理费用多少的同时，会考虑自己的收益分配率大小。

将图 6-4 和图 6-9 在同一坐标图中表示，则可得到企业 A、B 的动态进化轨迹示意图，如图 6-17 所示。

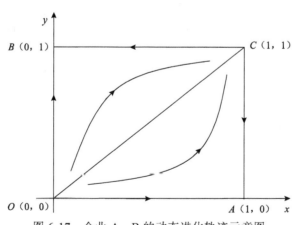

图 6-17　企业 A、B 的动态进化轨迹示意图

如图 6-17 所示，点 $O(0,0)$ 为不稳定源出发点，点 $A(1,0)$、$B(0,1)$ 为鞍点，点 $C(1,1)$ 为进化稳定状态。在本书的假设条件下，图 6-17 表示当产业区内的交易费用大于企业集团内的管理费用，并且企业在采用战略不一致时所占的收益比例大于采用战略一致时所占的收益比例，而小于采用战略一致

时所占的收益比例与费用差额收益率之和时；或者当产业区内的交易费用小于企业集团内的管理费用，并且企业在采用战略不一致时所占的收益比例大于采用战略一致时所占的收益比例与费用差额收益率之和，而小于采用战略一致时所占的收益比例时，无论另一方采取何种战略，有限理性的参与者都会选择企业集团化战略，并且区域内部分企业会倾向于该企业的战略选择，从而经过长期发展使整个区域进化形成企业集团。

（4）数值算例与分析

为了更直观地说明前文对煤炭企业选择战略模式过程中企业战略进化稳定性的分析，本书将以煤炭企业 A 为算例，分析其战略的进化稳定性，并运用 MatLab 7.0 软件模拟其战略的动态进化过程。

1）设战略选择博弈得益矩阵表 6-8 中各参数值分别为：$R_1 = 50$，$R_2 = 40$，$P=20$，$M=8$，$T=10$，$S=0.5$，$N=100$，$n=70$，则 $0 < \dfrac{1}{2} + \dfrac{T-M}{2P\left(\dfrac{n}{N}-S\right)} = 0.75 < 1$。

若 $y > 0.75$，本例取 $y = 0.8$，则煤炭企业 A 所选战略随时间变动的动态进化过程如图 6-18 所示。从图 6-18 可见，各企业集团化战略初始概率下，煤炭企业 A 选择企业集团化战略的概率最终都将收敛于 0，且收敛速度随初始概率的增大而减慢，即当煤炭企业 B 选择企业集团化战略的概率 $y>0.75$ 时，煤炭企业 A 最终将选择产业集群化战略；若 $y < 0.75$，本例取 $y = 0.5$，则煤炭企业 A 所选战略的动态进化过程如图 6-19 所示。从图 6-19 中可见，各企业集团化战略初始概率下，煤炭企业 A 选择企业集团化战略的概率最终都会收敛于 1，且收敛速度随初始概率的增大而加快，即当煤炭企业 B 选择企业集团化战略的概率 $y<0.75$ 时，煤炭企业 A 最终将采取企业集团化战略。

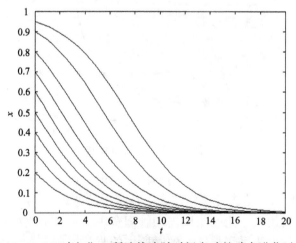

图 6-18　y=0.8 时企业 A 所选战略随时间变动的动态进化过程图

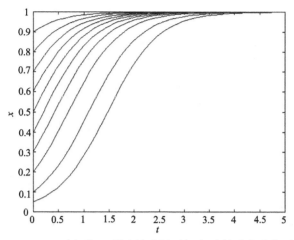

图 6-19　$y=0.5$ 时企业 A 所选战略随时间变动的动态进化过程图

2）将战略选择博弈得益矩阵中的参数进行调整，设 $M=6$，$n=60$，其余各参数同 1）中设置，此时 $T>M$ 且 $S<\dfrac{n}{N}<S+\dfrac{T-M}{P}$，则企业 A、B 的战略选择博弈得益矩阵如表 6-9 所示。

表 6-9　企业 A、B 战略选择博弈得益矩阵

		企业 B	
		企业集团化	产业集群化
企业 A	企业集团化	（54，54）	（56，38）
	产业集群化	（52，42）	（50，40）

从表 6-9 中可知，无论企业 B 采取何种战略，企业集团化战略都为企业 A 的占优战略；同样，无论企业 A 采取何种战略，企业集团化战略都为企业 B 的占优战略。因此，在本案例中，（集团化，集团化）为纳什均衡，是进化稳定战略。

（5）进化博弈模型分析结果

在经济全球化背景下，一定的煤炭富集区域内的煤炭企业为促进自身的发展，会在综合考虑各种因素的前提下选择有利于自身的战略决策。

1）在本书的假设条件下，有限理性的参与者在进行战略选择时，不仅比较产业区内的交易费用和企业集团内的管理费用的多少，而且会将企业在战略选择后的经济收益分配比例考虑在内，以追求利益最大化。

2）当产业区内的交易费用大于企业集团内的管理费用，并且当采用战略不一致时企业在收益中所占比例小于采用战略一致时企业在收益中所占比例，

而大于采用战略一致时企业在收益中所占比例与费用差额收益率之差，或者当产业区内的交易费用小于企业集团内的管理费用，并且当采用战略不一致时企业在收益中所占比例大于采用战略一致时企业在收益中所占比例，而小于企业采用战略一致时在收益中所占比例与费用差额收益率之差时，其中的一个参与者只会考虑选择企业集团化战略，而有限理性的另一个参与者也会选择企业集团化战略。如果产业区内的交易费用大于企业集团内的管理费用，并且企业在采用战略不一致时所占的收益比例大于采用战略一致时所占的收益比例，而小于采用战略一致时所占的收益比例与费用差额收益率之和时，或者当产业区内的交易费用小于企业集团内的管理费用，并且企业在采用战略不一致时所占的收益比例大于采用战略一致时所占的收益比例与费用差额收益率之和，而小于采用战略一致时所占的收益比例时，无论另一方采取何种战略，有限理性的参与者都会选择企业集团化战略。

3）企业在进行战略选择时，会同时受到参与博弈的另一方企业战略选择概率的影响，即当产业区内的交易费用大于企业集团内的管理费用，并且当采用战略不一致时企业在收益中所占比例与采用战略一致时企业在收益中所占比例之差大于费用差额收益率，或者当产业区内的交易费用小于企业集团内的管理费用，并且当采用战略不一致时企业在收益中所占比例与采用战略一致时企业在收益中所占比例之差小于费用差额收益率时，企业可能选择产业集群化战略，也可能选择企业集团化战略，至于选择哪种战略取决于对方企业采取企业集团化战略的概率。

收益最大化是博弈双方战略选择的根本依据，然而我们在支持煤炭企业追求自身利益增长的同时更重要的是促进煤炭富集区经济的整体发展，从而实现整个区域经济水平的提升。

第三节　煤炭富集区发展战略模式选择原则

一　有利于传承煤炭资源及开发的现实基础和优势

20 世纪 80 年代末期以来，在国家西部大开发战略推动下，山西、陕西、内蒙古、贵州、新疆、宁夏等煤炭富集区步入了快速发展轨道，催生建成了神华集团、中煤能源集团、山西焦煤集团、陕西煤业化工集团、内蒙古伊泰集团、神华宁夏煤业集团、甘肃靖远煤业集团等一大批大型煤炭企业集团，并已成为我国煤炭产业的主导力量。

"鱼儿离不开水，花儿离不开秧"，煤炭富集区离不开煤炭资源，离不开煤炭企业，离不开煤炭产业。基于我国经济新常态、能源结构调整与环境规制等现实要求与压力，煤炭富集区发展战略规划既要有创新驱动，又要有坚持与传承，对区内煤炭企业和煤炭产业坚持不抛弃、不放弃、要扬弃，通过对其生态化、低碳化、信息化和知识化转型改造，充分利用其现有资源优势、规模优势、产业优势及强辐射作用，实现煤炭富集区创新驱动发展、协调科学发展和可持续发展。

二 有利于融合企业集团化、产业集群化和主体功能区优势

企业集团化、产业集群化和主体功能区三种煤炭富集区发展战略模式，都有自己特定的组织优势和鲜明特色，特别是在组织结构和动力机制方面，企业集团化依托行政与市场双轮驱动和金字塔形组织结构，产业集群化主要依靠市场力量和基于分工合作的网络型组织结构，而主体功能区则主要依靠政府主导和基于功能循环替代的矩阵式组织结构。

从煤炭富集区煤炭产业公共属性的客观现实出发，区域内煤炭产业发展战略模式选择应该尽量兼顾企业集团化、产业集群化和主体功能区三种典型组织模式的优势和特点，既要抓牢"煤炭企业"这个核心点，又要建好"企业—产业—区域"这条关键线，还要突出"煤炭企业—煤炭产业—煤炭富集区"这条中心轴，构建一种企业、产业和区域协调发展，核心企业、优势产业和其他产业和谐共生的创新型战略组织模式。

三 有利于体现以市场为导向的良性竞合关系

我国煤炭富集区发展战略的根本目标是推动区域社会、经济、环境的协调健康科学发展，基本任务是建立一种能够高效利用区域资源优势，有效推动绿色、低碳发展的新型战略模式。基于上述认知，无论选择煤炭主体功能区、煤炭产业集群化还是煤炭企业集团化，也无论三种模式存在何种异同，煤炭富集区发展战略规划要充分遵循市场经济发展规律，立足于我国煤炭产业的现实基础及特质性，以市场主导、政府引导为基石，有利于体现规模经济的基本诉求，有利于体现知识经济、低碳经济、生态经济和循环经济的时代要求。通过延伸煤炭产业链实现水平分工，通过煤炭供销市场引导形成垂直分工，进而形成纵横交错的网络分工合作形式，各企业之间能够通过市场主导构成既竞争又合作的良性关系，实现煤炭富集区企业、产业和区域的"创新发展、协调发展、绿色发展、开放发展、共享发展"。

四 有利于区域产业结构优化

煤炭富集区发展战略设计必须突出区域特色,充分体现依托煤炭资源富集和煤炭产业发达的比较优势,以煤炭产业生态知识型转型发展为切入点,以煤炭产业转型升级带动区域产业结构调整,优化区域产业结构,提升煤炭富集区核心竞争力,构建形成煤炭富集区在国际和国家发展格局中的区域特点和竞争优势。

煤炭富集区发展战略新模式,前期应体现鼓励支持劳动密集型产业集群建设的设计方向,以煤炭生产行业为基础,促进煤炭再加工业等煤基产业共同发展;长期规划则要转向适应当代可持续发展要求的生态知识型煤炭产业集群的发展思路,应充分放大煤炭产业集群的集聚效应,着力推动煤炭富集区非煤产业的协同发展。从路径关联性视角看,首先推动区域大型煤炭企业集团化发展建设,其次以之为核心载体打造特色煤炭产业集群,最后是依托资源型产业集群,发展区域特色煤炭经济,促进产业结构升级,全面提高煤炭富集区核心竞争力。

五 有利于优势产业和区域协调均衡发展

传统发展模式下,煤炭产业强势和煤炭富集区弱势共生共存,是众所周知的普遍现象。在当前日益强调绿色发展、低碳发展、可持续发展和科学发展的现实背景下,煤炭产业和煤基产业传统生产模式所衍生的高污染、高排放和高风险等外部效应,对煤炭富集区社会经济环境的协调均衡发展造成了严重影响,提出了严峻挑战。

实现煤炭产业和煤炭富集区的协调均衡发展,是煤炭富集区发展战略新模式设计必须面对和破解的突出问题之一。本书认为,产业和区域和谐共生发展是基本规律,煤炭产业和煤炭富集区也不例外。思路决定出路,细节决定成败,煤炭富集区发展战略新模式必须有创新思路和创新方法,应着力把握好两方面:一是煤炭富集区域发展规划要充分重视和体现煤炭产业的战略地位,不仅要提要求,而且要促发展;二是煤炭产业发展规划要突出强调区域效应,不仅经济效益要过硬,环境效益、社会效益都要硬。

第四节　煤炭富集区发展战略模式评定

依据本书对煤炭富集区发展环境分析（第四章）,煤炭企业集团化与煤炭产业集群化以及煤炭主体功能区与煤炭产业集群化的耦合对比研究（第六章第一、二节），以煤炭富集区发展战略模式选择原则（第六章第三节）为标准，基于现有三种典型战略模式进行全面综合考量评定，本书认为，构建生态知识型煤炭产业集群是煤炭富集区发展战略模式的最优选择。

一　综合对比分析

根据本章第二节的研究分析结果，煤炭主体功能区与煤炭产业集群化的同质性主要体现在载体对象一致性、实现路径相似性和目标结果统一性三方面，异质性则主要体现在作用范围、管控主体、资源配置模式、组织结构、运行机制和监督机制六方面。

煤炭企业集团化与煤炭产业集群的同质性主要表现在目的、组织属性和社会环境效应三方面的趋同性，异质性则体现在资源配置机制、组织结构、组织协调效率、适用范围、支撑条件、空间格局和运行模式七方面。

综合上述比较结果，拟选取管控主体、作用范围、资源配置模式、组织结构、运行动力、监督机制、协调效率、空间格局、目标目的和载体对象十个方面，对煤炭企业集团化、煤炭主体功能区、煤炭产业集群化三种典型战略模式进行综合比较分析（表 6-10）。

表 6-10　煤炭企业集团化、煤炭主体功能区与煤炭产业集群化的比较分析

序号	比较因素	煤炭企业（国有）集团化	煤炭主体功能区	煤炭产业集群化
1	管控主体	政府/行业	政府	市场/政府
2	作用范围	区内为主，区外为辅	区内	区内/区外
3	资源配置模式	政府为主	政府为主	政府/市场
4	组织结构	事业部制/金字塔结构	直线职能制/矩阵式结构	点线轴/轮轴圈层结构
5	运行动力	市场/计划	政府指令	市场为主，计划为辅
6	监督机制	政府行业	政府	市场为主，计划为辅
7	协调效率	中	低	高
8	空间格局	区内为主，区外为辅	区内	区内为主，区外为辅
9	目标目的	企业效益最大化	区域效益最大化	企业效益最大化/区域效益最大化
10	载体对象	企业	企业/产业	企业/区域

二　发展模式评判

煤炭富集区生态环境破坏日益加剧，PM10、PM2.5 常态性超标、雾霾天气大量出现、生活用水污染等生态问题，严重影响着区域正常生产生活秩序，是当前我国煤炭富集区面临的最为影响民生和最为突出的问题。着力推进煤炭企业和煤炭产业转型发展，改变资源依赖和要素投入型传统生产方式，实施生态化和知识化升级改造，将会成为政府、行业和企业的唯一选择。

基于上述分析认知，拟增加生态知识型煤炭产业集群模式，加上既有煤炭企业集团化、煤炭产业集群化和煤炭主体功能区三种典型模式，共四个评价对象，以煤炭富集区发展战略选择原则为依据，选择现实基础优势利用度、各利益主体协调度、各运行主体协同度、模式优势集成度、市场化导向和生态知识化导向六项评价指标，参照战略规划评价 QSPM 模型，建立战略模式综合评判矩阵，对四个评价对象进行综合评定（表 6-11）。

表 6-11　煤炭富集区发展战略模式综合评判

评价指标	煤炭企业集团化	煤炭产业集群化	煤炭主体功能区	生态知识型煤炭产业集群
现实基础优势利用度	较强	强	强	强
各利益主体协调度	弱	较强	较弱	较强
各运行主体协同度	较弱	强	较强	强
模式优势集成度	较弱	强	较强	强
市场化导向	弱	强	弱	强
生态知识化导向	较强	较强	强	强

根据上述评判结果，生态知识型煤炭产业集群模式最优。

三　结果分析

本书认为，生态知识型煤炭产业集群体现出如下优势。

（一）有利于煤炭富集区现实优势的继承利用

20 世纪末期以来，在国家中部崛起和西部大开发战略推动下，我国煤炭富集区煤炭资源的开发利用进入快速发展期，在山西、陕西、内蒙古、新疆、贵州等中西部煤炭富集省份，发展形成了一批大型煤炭企业集团，如神华集团、中煤能源集团、中国大唐集团煤业公司、山西焦煤集团、陕西煤业化工集团、华亭煤业集团、神华宁夏煤业集团、内蒙古伊泰集团、内蒙古平庄煤业集团、内蒙古蒙发煤炭公司、内蒙古汇能煤电集团、甘肃靖远煤业集团等。经过数十年发展，这些企业中已经有几家年产上千亿吨、收入上千亿元的"煤炭航母"，构成西部煤炭产业主导力量，对区域煤炭资源合理开发起着关键作用。

对于煤炭富集区生态知识型煤炭产业集群的形成及发展，上述大型煤炭企业集团将承担"点线轴"中的"点"，是"轮轴圈层"型组织结构的核心原点，是主导力，也是拉动力。充分利用现有大型煤炭企业集团既有的规模优势、区域优势和强辐射作用，是生态知识型煤炭产业集群建设的必然选择。

（二）有利于各类战略模式特点的集成融合

从我国主要煤炭富集区区域经济和煤炭产业国有化的客观现实考虑，区域发展战略应该最大化融合现有煤炭企业集团化、煤炭主体功能区两种战略模式的优势与特点，构建一种产业和区域协调发展、优势产业和其他产业和谐共生的复合型战略组织模式。

生态知识型煤炭产业集群的运行，主要依靠市场力量和基于分工合作的网络型组织结构，区别于煤炭企业集团化的行政与市场双轮驱动和金字塔形组织结构，也有别于煤炭主体功能区的政府主导和矩阵式组织结构，其"有核——大型国有煤炭企业集团""有平台——煤炭富集区政府""市场化"的特点，使得其能够有效集成融合煤炭企业集团化和煤炭主体功能区的动力优势，形成"政府+市场"的双重动力驱动，更好地保证了信息指令在网络渠道的传播效率，更有利于提高各类主体的执行效能，从一定程度上保证了煤炭资源管理、煤炭市场的公共性和保障性。同时，群内企业基于市场导向的多种关联关系，进行合理分工协作，保证了市场效率。

（三）有利于形成煤炭企业间的良性竞合关系

21世纪初期是我国煤炭工业的快速发展期，煤炭资源开发整体规划缺位和管理机制不完善，造成了利益驱动的多元化主体无序开发，形成区内煤炭企业"小、散、乱"格局，加之传统生产模式下煤炭产业链短，产品相对单一，而且同一区域煤炭产品同质化严重，相互压价，恶性竞争，衍生出明显的"市场拥挤效应"。

生态知识型煤炭产业集群是煤炭产业集群的一种具体类型，是煤炭产业集群适应时代发展要求的特色现实形态，也是点线轴/轮轴圈层形组织结构，核心圈层的大型煤炭企业集团在产权上彼此独立，并基于追求组合型规模经济的诉求，依据循环经济、低碳经济与生态经济的技术方法，实施安全、清洁、高效、绿色和集约生产，将会明显延伸原有的煤炭产业链，显著扩大煤炭生产消费的产品体系，有效促进以煤炭产业链为基础的水平分工（煤基）和以煤炭供销市场为引导形成的垂直分工（非煤基），助力纵向一体化和横向一体化，推动形成纵横交叉和紧密联结的分工合作网络。在上述各个过程中，煤炭富集区内各企业之间，以市场为主导，构成既竞争又合作的良性关系。

（四）有利于推动煤炭富集区产业结构的调整优化

"一煤独大"型区域产业结构是传统区域增长模式导致的必然结果，是当前我国煤炭富集区实施"调结构、稳增长、促改革、惠民生"面临的最大问题。传统发展模式不仅会导致煤炭产业的不可持续，而且煤炭产业在煤炭富集区拥有资源配置的优先权，减少和压缩了非煤产业的资源投入，形成了对非煤产业的"挤出效应"。

生态知识型煤炭产业集群作为煤炭产业集群适应时代发展要求的特色现实形态，推动煤炭产业集群的生态化和知识化建设是其发展的内在要求。在这一过程中，以煤炭供销市场为引导形成的垂直分工（非煤基）相比以煤炭产业链为基础的水平分工（煤基），将会成为重点和突破点，将会有力拉动煤炭富集区科技类、环保类、信息类等非煤企业的形成发展，有效提升非煤产业专业化水平与规模生产能力，有效促进煤炭富集区内贸易增长，有利于煤炭富集区产业结构优化升级和转型发展。

（五）有利于促进煤炭产业和煤炭富集区的协同发展

煤炭产业强势与煤炭富集区弱势，是我国煤炭富集区普遍和长期存在的现象。当前，煤炭产业自身面临着"去产能、去库存、去杠杆与降成本"、人员分流等现实棘手问题，而且其传统"三高"生产方式的"三期叠加"效应明显增强，对煤炭富集区转型发展提出了更加严峻的挑战，煤炭产业与煤炭富集区协同发展的阻力更大，难度更大。

一方面，生态建设和知识型发展是煤炭产业集群发展的重点方向，推动了勘探技术、采掘技术、装备技术、电子信息技术、生态修复技术等多维度科技创新，促进了煤炭企业和煤炭产业由资源依赖型向创新驱动型的生产方式转变，促进了粗放型发展向质量内涵式发展的演进，有利于煤炭产业做大做强。另一方面，煤炭产业生态知识化发展，将会有效减少传统开发方式所带来的土地塌陷、水土流失、空气污染等生态环境问题，有效缓解人企纠纷、政企矛盾等社会问题，有效解决煤炭富集区当前社会经济环境的突出问题，促进煤炭产业和煤炭富集区的协同发展。

第七章

煤炭富集区煤炭产业集群化研究

第一节 煤炭产业集聚成因

基于既往相关研究成果，结合煤炭产业特质性，本书认为煤炭产业集聚原因，可以归纳为三方面要素，即资源要素、主体要素和环境要素，如图 7-1 所示。

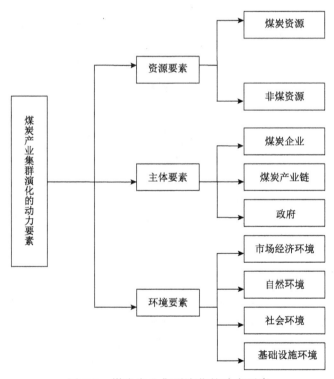

图 7-1 煤炭产业集群演化的动力要素

一 资源要素

煤炭产业集群形成初期，首先要考虑资源禀赋问题，这就注定资源要素将成为煤炭产业集群形成时一个不可回避的非常重要的诱因。资源要素在本书中主要包括煤炭资源和非煤资源两大部分。其中，煤炭资源在煤炭企业集群的形成及发展中影响较大。而随着社会迅速发展和科技的不断进步，非煤资源在产业集群形成与发展中扮演着越来越重要的角色，无论是在煤炭产业集群中还是在科技产业集群中都起着关键性的作用。

（一）煤炭资源

利用资源优势来发展区域经济是产业集群形成的原始动力。煤炭产业集群从煤炭资源的开采起步，依托煤炭资源的开采利用，逐步产生、发展、成长起来，煤炭资源占据着主体核心地位。煤炭产业集群一方面依赖于煤炭资源而呈现地理区域方面的集中，一方面又围绕着煤炭资源的开发、利用、加工等而表现出竞合关系。煤炭产业集群是基于煤炭资源的产业群体，对煤炭资源有着特殊的依赖性，这也就决定了在集群发展过程中，煤炭资源条件是其最基础、最根本的，失去了煤炭资源的支持，集群也就变成了无源之水、无本之木。具体而言，煤炭资源在煤炭产业集群发展中的影响主要体现在以下几个方面。

1. 煤炭储量与分布

一个地区的煤炭资源的富集程度，直接决定着煤炭资源的开发、利用并逐步形成煤炭企业集群的可能性，这是集群形成的前提条件。煤炭产业对煤炭资源有着特殊的直接依赖性，煤炭资源的原产地性使煤炭企业更多地依靠和集中于煤炭资源富集地区。我国煤炭资源丰富，截至2015年底，全国共有煤炭探矿权1770个，登记面积9.76万平方千米；采矿权9480个，登记面积5.81万平方千米。全国探明煤炭资源储量为1.57万亿吨，其中煤炭基础储量2440.10亿吨，预测资源量38 796亿吨，资源探明率约40%。

我国煤炭储量虽然丰富，但地区分布很不平衡。华北地区煤炭资源储量占全国煤炭资源储量的59.98%，西北地区占15.07%，西南地区占9.54%，华东地区占7.38%，东北地区占4.02%，中南地区占4.01%，如图7-2所示。从总体上看，经济落后地区煤炭储量较为丰富，经济较发达地区煤炭资源相对贫乏。因此，煤炭生产企业也多数集中于我国北部地区及西部地区。煤炭资源储量越大，其供给数量和规模就越大，那么该地区的煤炭企业就会越多，同时也会更直接地拉动更多相关产业（如煤化工、煤矸石、电力、建材等产业）的发展，逐步形成煤炭企业集群。煤炭企业集群是依赖于煤炭资源而生存的，如果煤炭资源储量不足，就无法对煤炭企业产生吸引力，更无法为煤炭企业集群的可持续发展提供足够的保障。

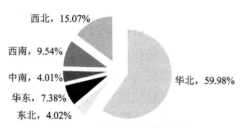

图 7-2　煤炭资源分布图

资料来源：《中国统计年鉴 2016》

2. 煤炭种类和质量

除了煤炭资源的储量外，煤炭资源的种类和质量也是影响煤炭企业集群形成和发展的一个基本条件。煤炭种类越齐全，煤质越好，对煤炭企业集群的形成特别是长期的发展就越为有利。

（1）煤炭种类及其分布情况

我国煤炭资源不仅数量大而且煤种齐全，但各煤种数量和地理分布差异较大。概括而言，煤炭可以分为炼焦用煤和非炼焦用煤，如图 7-3 所示。全国煤炭资源储量中，炼焦用煤约有 4171.08 亿吨，占煤炭资源储量的 26.63%，高于世界平均水平，但相对有限，其中强黏结性焦煤和肥煤合计仅占炼焦煤储量的约 36%，属于稀缺性的，炼焦用煤还受灰、硫、磷等有害成分及可选性影响，所以炼焦用煤资源储量中真正可做炼焦配煤的不足 1/2。炼焦用煤在地理分布上更为不均衡，其主要分布在晋陕蒙和华东地区，两区占全部炼焦用煤的75.6%，山西省探明储量占全国的 55.35%。各大区中炼焦用配煤的煤类赋存也很不匹配，如东北就缺肥煤和瘦煤，华东缺焦煤和瘦煤，中南缺气煤和肥煤，西南缺气煤和肥煤，甘肃、宁夏、青海、新疆缺肥煤和瘦煤。

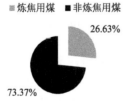

图 7-3　煤种比例图

资料来源：国家安全生产监督管理总局官方网站

全国煤炭资源储量中，非炼焦用煤 11 492.02 亿吨，占煤炭资源储量的

73.37%。低变质烟煤，包括弱黏煤、不黏煤、长焰煤，它们占非炼焦用煤的58.2%，其次是褐煤和无烟煤。非炼焦用煤的各煤种在地理分布上也极不平衡。无烟煤主要分布在山西和贵州两省，其次是河南和四川。其中，山西448.00亿吨，占中国无烟煤保有资源储量的39.6%；贵州326.80亿吨，占中国无烟煤保有资源储量的28.9%。无烟煤主要分布在山西阳泉、晋城矿区和贵州的织金、纳雍、毕节、大方等矿区。而东北、西北区无烟煤则很贫乏。主要作为非炼焦用煤的低变质烟煤（弱黏煤、不黏煤与长焰煤）主要分布在山西、陕西、内蒙古、甘肃、宁夏、青海、新疆等地，它们占97.0%，而晋北、蒙西、陕北、宁东和新疆地区又是其主要分布区。褐煤主要分布于蒙东和滇西南地区，两地占88.0%。表7-1反映了晋中煤炭基地西山煤电（集团）公司的煤种情况。

表7-1　西山煤电（集团）公司煤种情况

矿井（公司）	白家庄矿业公司	杜儿坪矿	西铭矿	官地矿	西曲矿	镇城底矿	马兰矿	东曲矿	斜沟矿
煤种	贫瘦煤	贫煤 瘦煤 贫瘦煤	瘦煤 贫瘦煤	无烟煤 焦煤 瘦煤 贫瘦煤 贫煤	焦煤	肥煤 焦煤	肥煤	焦煤 瘦煤 贫煤	气煤 焦煤 中黏煤

资料来源：西山煤电（集团）公司

（2）煤质情况

我国煤炭成煤环境多种多样，成煤期地质背景也很复杂。煤中的灰分普遍较高，一般在15%～25%。小于10%的特低灰煤大约有1500亿吨，约占煤炭资源储量的15%，且主要分布于陕北和内蒙古鄂尔多斯的侏罗纪煤田中，其次分布于山西大同和宁夏的侏罗纪煤田中；大于30%的富灰和高灰煤，大约有1000亿吨，约占煤炭资源储量的10%，主要分布于晋北和京西的石炭二叠纪煤田中，其次分布于南方晚二叠纪和三叠纪的部分煤田中，如江西三叠纪的洛市矿区、湖南三叠纪的资兴矿区等。

煤中硫分的含量与成煤时的沉积环境密切相关，为内陆河、湖相沉积的煤，硫分一般小于1.5%，如北方的侏罗纪煤田的煤层，两淮、平顶山等地的二叠纪石盒子组的煤层，华北地区二叠纪山西组煤层等；成煤环境为海陆交互或过渡相的煤层，硫分一般在2%～5%。例如，北方石炭二叠纪的太原组煤层、华南晚二叠纪龙潭组煤层；浅海相沉积的煤层，硫分可高达6%～10%，如广西合山矿区晚二叠纪煤层，湖北早二叠纪梁山组煤层。

我国煤炭资源储量中，以中高热值和高热值煤为主，低热值和中低热值煤则很少。干燥无灰基高位发热量（Qgr，daf）大于 31 兆焦/千克（7413.34 大卡/千克）占煤炭资源储量的 94.2%，原国有重点煤矿煤炭收到基低位发热量（Qnet，ar）大于 21 兆焦/千克（5021.94 大卡/千克）的煤占煤炭资源储量的 92.6%。

通过上述对我国煤种与煤质的介绍不难发现，晋陕蒙地区的炼焦用煤储量较大，非炼焦用煤中较好的无烟煤（原煤灰分 15%～20%，硫分 1%左右，发热量 29～34 兆焦/千克）主要分布在阳泉、晋城的山西组煤层和宁夏汝箕沟；被誉为天然精煤的低变质烟煤（灰分一般在 10%以下，硫分小于 1%）主要分布在陕北榆林神木和内蒙古东胜的侏罗纪煤层、大同地区（精弱黏煤）和鄂尔多斯盆地（优质不黏结煤）。正是拥有了众多煤种和优质的煤质，上述地区的煤炭产业集群才得以较早地形成并迅速发展壮大。

3. 煤炭开采成本与效率

对煤炭企业而言，其从事煤炭资源开采活动的首要目的是获取利润，正是追逐利润的心态和目标才把众多煤炭企业及其相关支撑配套性企业集中在煤炭资源富集区，逐步形成煤炭企业集群。利润的获取与成本有着必然的联系，如果煤炭资源开采成本太高，导致企业无利可图，那么集群就失去了其生存与发展的基本条件与动力；相反，煤炭资源开采成本越低，煤炭企业的收益就越大，煤炭资源富集区对企业的吸引力和对集群发展的推动力就越大。这里的煤炭资源开采成本不仅包括由煤炭资源自身性质和质量带来的成本，也包括由煤炭资源产权制度安排带来的煤炭资源价格、税费成本，同时还包括开发利用活动造成的环境成本。

降低煤炭资源开采成本，在很大程度上依赖于开采效率的提高。开采效率的提高，不仅可以减少企业的货币成本，同时可以减少非货币成本（时间成本、精力成本等）。效率一方面与开采的技术设备、制度安排、管理效率等因素密切相关，另一方面与煤炭资源自身的性质和质量分不开。

4. 煤炭开发程度

煤炭产业集群的形成及发展状况，不仅受制于一个地区煤炭资源的储量、种类、质量、煤炭资源开采成本和效率，还取决于煤炭资源的可开发程度。煤炭资源的开发深度和范围大小，影响着煤炭产业集群发展的广度和深度，即在通常情况下，煤炭产业集群的发展程度与煤炭资源的开发程度会呈现出一种同向发展的关系。在煤炭资源开发初期，集群区域的煤炭企业数量较少，规模较小，开采设备不齐全，煤炭产业集群的发展速度较为缓慢，随着开发的深入，会有越来越多的煤炭企业及相关配套企业出于追逐利润的目标而跟进，这时候集群区域内，不仅企业数量增多，同时市场扩大趋于完善，产业机构完善，产业规模扩大，煤炭产业集群的发展速度明显加快。随着时间的推移，煤炭资源开发殆尽，趋于枯竭的时候，煤炭产业集群的发展速度会越来越慢，退出集群的企业会越来越多，集群规模会变得越来越小，开始进入衰退期，如果不及时采取相关措施，抓住转型机会，那么集群面临的就是一种灭亡的危险。

（二）非煤资源

煤炭资源是集群形成的基础，在集群发展过程中扮演着极其重要的角色。而随着科学技术的进步和社会日新月异的发展，一些非煤资源，如人力资源、经济资源及社会资源等在煤炭企业集群中发挥的作用也越来越大，成为集群发展必不可少的因素。

首先，煤炭企业的经营管理者凭借自身的聪明才智、人际关系网络和开拓创新精神推动了煤炭企业的建立，从而带动了煤炭企业集群的形成与发展。其次，煤炭企业的一线工人在煤炭企业集群的发展过程中也发挥了极其重要的作用。同时集群区域内的煤炭企业的人力资源结构状况也会直接影响到煤炭企业的经营效果。同样，以西山煤电（集团）公司为例，西山煤电（集团）公司职工的学历、年龄及所在行业的结构都比较合理，这也是促进西山煤电（集团）公司快速发展，成为山西焦煤集团的核心企业的重要原因。因此，为了维持集群的健康长远发展，政府一方面应加大投资力度提高经营管理者的整体素质，做好后备力量的储备工作，另一方面应从生活、医疗、教育、安全等方面为煤炭企业工人提供足够的保障。同时，在一定程度上，相关的经济资源和社会资源在煤炭企业集群发展过程中会产生很重要的影响。例如，资本是否充足、基础设施是否完善及当地区域的公共服务是否健全等都会影响到集群形成和发展的程度。关于基础设施条件和社会条件对煤炭企业集群的影响，本书将会在环境要素内容中进行详细的阐述。

二 主体要素

煤炭产业集群是在煤炭资源的基础上发展起来的煤炭产业的集合体，是由众多相互合作、相互竞争的煤炭企业及相关辅助企业组合而成的以煤炭产业为核心的产业联合体。煤炭企业、煤炭产业链和政府是煤炭产业集群的三大主体要素。

（一）煤炭企业

煤炭企业是煤炭企业集群的基本构成要素，其发展速度和规模将会直接影响到煤炭企业集群的发展状况。假设在集群区域内，有 n 个煤炭企业，m 个辅助企业。那么，集群的收益就会受到煤炭企业的利润和相关企业的利润的共同影响。三者之间的关系可以用公式表示如下：

$$I = \sum_{i=1}^{n} RE_i + \sum_{j=1}^{m} RE_j = \sum_{i=1}^{n}(P_iQ_i - F_i - V_iQ_i - T_i) + \sum_{j=1}^{m}(P_jQ_j - F_j - V_jQ_j - T_j) \quad （7\text{-}1）$$

式中，I 代表煤炭产业集群收益，RE_i 代表煤炭企业利润，RE_j 代表相关辅助企业利润，P 代表产品价格，Q 代表产品数量，F 代表企业固定成本，V 代表产品单位变动成本，T 代表营业税金及其他附加费用。不难看出，煤炭企业的运营效率越高，其所获得的利润就越高，那么就会为煤炭企业集群的发展提供更广阔的空间。而煤炭企业的利润又会受到煤炭产品的价格与数量、煤炭企业的固定成本和可变成本，以及营业税金等因素的影响，即上述因素也将间接地影响到煤炭企业集群的整体发展。煤炭企业通过相互竞争、相互合作，逐渐形成高强度的专业化分工，形成一个紧密结合的企业集合体，推动着煤炭企业集群的不断发展。

（二）煤炭产业链

煤炭产业集群由相互关联的煤炭产业及配套产业组成，相互关联的产业构成了煤炭产业集群的主体部分。在分工细化与外部规模经济的作用下各煤炭生产企业、上下游企业及其辅助企业等在地理空间上的集聚，形成了煤炭产业链。煤炭产业链由上游供应链、下游供应链和辅助供应链三个环节构成。上游供应链主要由材料设备供应商、基础设施建筑商、采购商、管理部门、财务部门等组成；下游供应链主要由煤炭运输公司、煤炭经销商及煤炭用户（电厂、化工企业、建材企业、冶金企业等工业用煤大户）组成；辅助供应链包括物流业、旅游业、餐饮业等行业，如图 7-4 所示。由此不难看出，煤炭产业集群着眼点虽是以煤炭生产为主，但更加注重煤炭企业的技术升级与技术改造方面，开发出高附加值产品，从而创造出更多的新型企业。

相对于其他产业集群而言，煤炭产业集群对产业间配套性要求更高，这一点从式（7-1）中也不难看出，相关辅助企业在煤炭企业集群发展过程中扮演着非常重要的角色，其发展情况也会直接影响到煤炭企业集群的收益。相应地，这些企业和组织的经营状况也会直接影响到煤炭企业的利润，以及集群的收益。

所以，煤炭产业链越完整，上、下游环节越健全，企业之间合作共享程度越高，对煤炭企业及煤炭企业集群的长期发展就越有利。就拿晋中煤炭基地的西山煤电（集团）公司而言，其煤炭、电力、焦化、机电修造、建筑建材、商贸服务业实力雄厚。集团有 21 对生产矿井，核定生产能力 4206 万吨/年；9 座选煤厂，总洗选能力为 5790 万吨/年；9 座发电厂，装机容量 327 万千瓦；3 座焦化厂，总产能 640 万吨/年。2015 年，西山煤电（集团）公司原煤产量 4750 万吨，精煤产量 1861 万吨，焦炭 547 万吨，发电量 120.89 亿千瓦时，实现销售收入 785 亿元，企业资产总额 904.87 亿元。

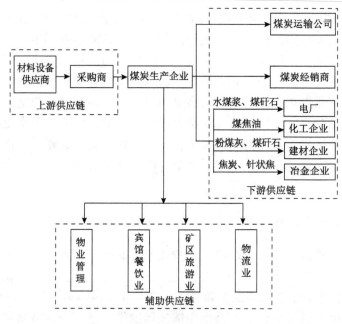

图 7-4　煤炭产业链

（三）政府

政府是煤炭产业集群发展过程中的一个重要的主体，发挥着非常重要的作用，其行为会对集群的形成和发展产生深远影响。煤炭产业集群的形成与发展在很大程度上离不开政府的支持和约束，对政府的依赖性很强。一方面，煤炭产业作为国家基础性产业，其发展直接关系到国民经济命脉，因此，煤炭企业大多数是由国家直接管制或控制的；另一方面，煤炭资源属于国有资源，煤炭企业对煤炭资源的开采受到国家相关法律法规的约束和限制。因此，从煤炭资源开采到煤炭产业集群的形成与发展，都离不开政府的规划和培育。

为了保证煤炭资源合理有序地开采，为了煤炭产业集群的健康成长，政府应该进行相应的制度安排，并采取积极的调控措施，如政府可以在集群的孕育期有计划地出台优惠政策，招商引资等。在集群发展演化过程中，为了规范煤炭企业的市场行为、指导集群的发展方向、引导集群的发展速度、保障市场经济的公平有序，避免个别企业的"搭便车"行为导致整个产业集群瓦解情况的出现，政府应为集群营造一种安全、法治、公平、诚实守信的市场环境和产业环境。对晋中煤炭基地的西山煤电（集团）公司而言，煤矿企业兼并重组进程对加快出台资源整合相关政策起到了推动作用。2008年，山西省政府陆续下发了《山西省人民政府关于加快推进煤矿企业兼并重组的实施意见》《关于煤矿企业兼并重组所涉及资源采矿权价款处置办法》《山西省煤矿企业兼并重组流程图》等一系列推进煤矿企业兼并重组的相关规定。2011年，西山煤电（集团）公司在"十二五"规划中强调，通过3～5年的改扩建使新增产能达到5000万吨。这些政策文件的出台，标志着在未来一段时期内，以煤炭企业兼并重组为基础的产业结构调整和优化升级将成为山西省煤炭工业发展的主旋律，也是煤炭基本建设工作需要把握的重心。这也从另一个侧面说明，企业政策的制定和完善给企业带来压力和动力，为企业的经营活动提供了明确的方向，对企业经营战略的制定起到了积极作用。

三 环境要素

环境为煤炭产业集群主体——煤炭产业和煤炭企业发展提供了一个广阔的平台，煤炭富集区内的市场经济环境、自然环境、社会环境和基础设施环境等，都会对煤炭产业集群的形成发展产生影响。

（一）市场经济环境

煤炭产业集群作为现代市场经济的产物，其形成及演化发展都要受制于特定的市场经济环境。一方面，煤炭企业生产运营过程中的机器设备、工作人员、原材料等都来源于市场，如果没有市场提供这些基本的生产资料，煤炭企业的建立和发展就无从谈起，从而更不会产生产业集群；另一方面，煤炭企业加工生产出来的产品最终都要流通到市场，只有把煤炭相关产品销向市场，产品的使用价值才能得以实现，煤炭企业才能从交易中获得报酬和利益。市场的开放程度、规模大小及运作效率将直接影响到煤炭企业的经营效果，进而影响到煤炭产业集群的发展。本书主要以市场需求和专业化两个方面为例，分析市场经济环境对煤炭企业集群的影响效果。

1. 市场需求

煤炭企业集群作为一个主要由煤炭产业构成的产业集合体，其追求的目标是实现利润最大化。而利润最直接的来源便是市场，只有当市场上有足够的消费需求时，煤炭企业的产品才能销售出去，为企业创造财富和利润。因此可以说，充足的市场需求是煤炭企业集群发展的诱导力量。

当市场上出现了对煤炭产品的需求后，为了满足这种需求，少数煤炭企业开始逐渐进入需求区域加工生产煤炭产品，在满足市场需求的同时追逐利润。当初进入该区域的煤炭企业获得了丰厚的利润以后，其他煤炭企业就会及时跟进，在低成本、低风险的经营条件下，分享利润。一些相关的支撑配套性企业也会顺势进入该区域，为主体生产企业提供相应的服务和支持。与此同时，开始进入的企业也会扩大生产规模，进一步满足市场上日益增加的需求量。随着时间的推移，市场环境不断变化，市场需求不断增加，市场规模不断扩大，进入该区域的企业会越来越多，逐步形成结构完整的产业体系，此时，煤炭企业集群的趋势开始逐步显现。像大同的煤炭产业集群、神华新疆准东煤炭产业集群、永城煤化工产业集群的发展轨迹，充分显示了市场需求对煤炭产业集群形成的重要作用。

同时，随着煤炭企业和辅助性企业的数目不断增多，相互之间的竞争就会不可避免地愈演愈烈，各个企业为了占有更多的市场份额，就会不断改进生产工艺，提高生产效率，提高服务水平，甚至在一定程度上为了壮大实力，一些企业可能会结成战略联盟，提高整体竞争实力，以对抗有威胁的竞争者。众所周知，发展是无止境的，随着规模和实力的壮大，集群内煤炭企业必然会实施市场扩张战略，有可能出现从本地到全国跨区域的发展趋势。市场需求的扩大又会进一步吸引更多企业加入，这样煤炭产业集群的规模就会不断扩大，实现更快发展。

2. 专业化

为了满足市场上多样化的需求，煤炭企业开始改变原有的生产方式，即出现专业化分工和业务外包，即煤炭企业从原来的独立完成整个生产流程转变为只关注核心生产流程，而把一些非核心生产流程外包给其他企业去完成。这就实现了生产过程的分解，即实现了生产的专业化。同时，接手非核心生产流程的企业开始大量出现，而且这些企业会集中出现在原煤炭企业的附近，因为这样的选择一方面可以降低交易费用和交通运输费用，另一方面可以实现与煤炭企业及时的沟通与联系，以保障信息传递的通畅性和及时性。在这些企业当中，有一些可能本身就是从原煤炭主体生产企业中分化出来的。专业化的出现，导致原来的同类煤炭生产企业的横向集聚开始转变为围绕煤炭主体生产企业的纵向集聚。

伴随着生产的专业化，销售专业化也开始出现，如专业化市场的出现。专业化市场在煤炭企业集群发展过程中也起到了非常重要的作用。它以较低的交易成本取代了原来的组织交易制度，为组织市场上的各种参与者之间的沟通和交流减少了空间和时间的阻隔，为其之间的交易提供了一个广阔的发展平台，缩短了产销之间的距离。专业化市场所具有的信息集聚功能和专业化优势，促进了煤炭产业集群的进一步演化发展。

（二）自然环境

自然环境是人类社会赖以生存与发展的物质基础，而每个地区的自然环境又各有不同。因此，不同地区围绕着自身独特的自然环境特征，形成了各种类型的产业集群。例如，农业产业集群和航空产业集群就对气候有着特殊的依赖性，因此该类型集群主要集中分布在气候条件良好的区域。同样的，煤炭产业集群的形成与发展对当地的煤炭资源储量、煤种和煤质、地质条件、水质条件及气候条件等有着很强的依赖性。前文已经分析了煤炭资源对煤炭企业发展的重要性，而当地的气候和地质条件将直接影响到煤炭资源的储量和质量，水资源的储量和质量也是关系到煤炭企业生产运营效果的一个非常重要的因素。

（三）社会环境

煤炭产业集群从形成到演化发展离不开特定的社会环境，当地的风俗习惯、人文环境、历史文化等因素在很大程度上影响着煤炭企业集群的发展方向和发展速度。像具有本地化特色的风俗习惯、规范和准则，由于根植于当地的社会历史背景，具有不可移植性、不可模仿性，这就决定了建立在这些社会人文环境基础上的煤炭产业集群同样很难模仿和复制。煤炭产业集群在当地根植性文化的影响下不断演化和发展。

另外，基于本地化的行为主体之间的社会网络在煤炭产业集群的形成和演化过程中也扮演着非常重要的角色。社会网络有着很强的连接作用，尤其是体现在煤炭企业活动和煤炭资源分配上。一方面，它有助于促进煤炭企业之间的合作，更好地实现资金的拆借，技术、信息等资源的共享，以及采购与销售的同步性；另一方面，它实现了空间内煤炭企业的非正式联合，既可以保持煤炭企业经营的灵活性，又可以促使煤炭企业实现规模化经营，提高运营效率，延伸煤炭产业链，从而带动煤炭产业集群的发展。

（四）基础设施环境

对于煤炭产业集群而言，煤炭产量大，运营任务重，产业链上企业多，这就决定了其发展在很大程度上依赖于顺畅便捷的交通和信息网络等基础设施环境。基础设施包括交通、通信、城市管网、电力等公共设施。完善的基础设施可以节约煤炭企业运营成本，保障煤炭企业运行的经济性。例如，发达的通信可以保证煤炭企业及时与外部环境进行沟通，获取更多有价值的信息；便利的交通能够降低煤炭企业的运输成本；健全的管网可以保障煤炭企业物流和信息流的畅通等。如果基础设施建设跟不上煤炭企业集群发展的步伐，就会限制集群规模的扩张。

在煤炭产业集群这个大系统里，三大动力因素所发挥的作用是不同的。煤炭企业发展及煤炭产业集群的形成演化都离不开煤炭资源，如果没有充足的煤炭资源做支撑，一切发展都将无从谈起。主体要素是煤炭产业集群发展的主导力量，控制并不断协调着集群的发展速度、发展方式和发展方向，煤炭企业与产业链上的上、下游企业和组织共同构成煤炭产业网络，在政府政策作用下控制和影响煤炭产业集群的产生和发展。环境要素为煤炭产业集群的生存和发展提供了广阔的空间。正是在三大动力要素的相互作用下，煤炭产业集群才得以迅速成长和发展。具体的构成及作用方式如图 7-5 所示。

四 鄂尔多斯盆地煤炭产业集聚成因

引导鄂尔多斯盆地煤炭产业集聚的因素主要有两大类：一类是内部推动因素，主要包括煤炭产业特征、煤炭资源禀赋、集聚优势引导、发展规模及空间、人文和企业家精神等；另一类是外部环境因素，主要包括市场供需、国家与区域产业布局、国家能源安全等。

（一）内部推动因素

1. 煤炭产业特征

煤炭产业特征，如风险度、利润率、产业成长时间及产业技术等的稳定状态，会在很大程度上影响煤炭产业经营者在利润和风险之间的博弈行为，也会映射鄂尔多斯盆地煤炭产业集聚发展，对盆地煤炭产业集聚产生深远影响。毋庸置疑，从当前煤炭产业技术发展的客观现实分析，主流开采和综合利用技术相对稳定可靠，有利于煤炭产业链纵向延伸和相关产业的横向发展，促进鄂尔多斯盆地煤炭产业集聚形成。

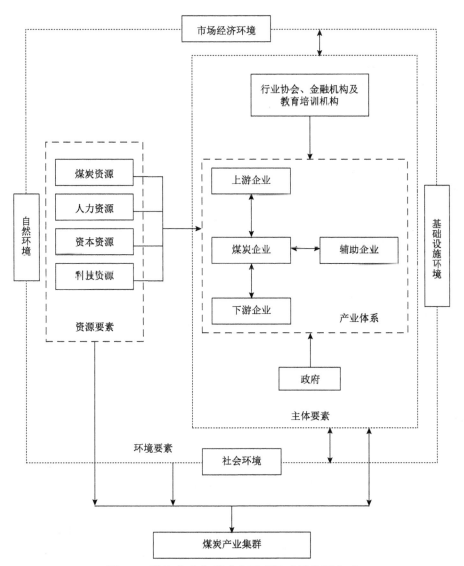

图 7-5 煤炭产业集群动力要素构成及作用方式

2. 煤炭资源禀赋

丰富的煤炭资源是鄂尔多斯盆地煤炭产业集聚的物质基础。煤炭资源禀赋是煤炭产业地理集中的基本作用力之一。经普查预测，鄂尔多斯盆地仅埋藏在地下 2000 米以内的煤炭资源就达 19 752.78 亿吨，其中埋藏深度小于1000 米的煤炭储量达 6561 亿吨。整个鄂尔多斯盆地除极少数的局部地区外，到处都蕴藏着煤炭资源。而且煤层层数多、埋藏浅、地质条件好，宜于大规模机械化开采。如此丰富的煤炭资源是促进鄂尔多斯盆地煤炭产业集聚的巨大力量。

3. 集聚优势引导

产业集聚所带来的规模经济、集聚外部性、知识溢出效应等优势,是推动鄂尔多斯盆地煤炭产业集聚的重要因素。

1) 规模经济。各类煤炭生产运营组织机构在鄂尔多斯盆地集聚,大大便利了其生产运作活动。首先,通过交通运输、通信设备、给排水、供热与供电等基础设施和服务设施的集中建设和使用,节省了运输费用,降低了单个企业的建设费用,缩短了组织机构的建设周期。其次,通过同类企业间地理位置相互毗邻容易建立较稳固的交易合作关系,而且相毗邻的企业长期地面对面交流,可以节省空间间隔距离大所产生的大量交易招待费用,同时也提高了达成交易的概率,加快产品服务的流通和资金的周转。再次,同类企业的集聚度越大,广告效应越明显,越能吸引市场眼球,从而降低广告成本,并且容易形成某一领域的专业性市场。最后,在鄂尔多斯盆地煤炭产业集聚区,市场信息流通快,买主和卖主都比较集中,企业能够及时、准确地了解市场运行情况,从而较合理地安排组织煤炭开采和储存,在空间上实现资源的快速流动和优化配置。

总之,鄂尔多斯盆地煤炭产业的不断集聚,可以获得可观的规模经济效益。这种集聚在市场供需、劳动力供给、基础设施和服务体系建设、企业协同合作和资源综合开发利用等方面都带来相当大的规模优势,同时还可以促使鄂尔多斯盆地煤炭企业运营总成本节约和总利润空间的增大。

2) 集聚外部性。集聚外部性,即集聚外部效应。先进入鄂尔多斯盆地的煤炭企业在生产运营过程中会产生一定的经济外部效应。这种外部效应可以为后进入的煤炭企业创造优越的生产运作所必需的基础设施与公共服务设施、价格低廉的技能劳动力资源市场、快速的中间产品获得渠道和人才资源的充足供给。同时,跟进企业可以充分利用该煤炭企业在鄂尔多斯盆地的知名度,这种正面的外部性能使自己无须经过广告推销就能获得一定的市场份额。正是由于新进入企业能够获得原有煤炭企业集聚所带来的正外部性,它们才不断地在原有企业的周围集聚,从而形成鄂尔多斯煤炭产业集聚。

以神华集团为例来说明。1995 年,经国务院批准,神华集团有限责任公司(简称神华集团)正式注册成立。集团以煤炭开采销售为基础,经过十几年发展,逐步形成铁路、电力、港口、航运、煤炼油与煤化工为一体的特大型能源企业。截至 2015 年底,神华集团总资产约 9314 亿元,在册员工约 20.8 万人,拥有 54 个投入生产的煤矿,拥有便利的运输条件,其中包括 2155 千米的自营铁路、

2.7 亿吨吞吐能力的港口和煤码头及拥有 40 艘船舶的航运公司，并且拥有总装机容量达 7851 万千瓦的已投运的电厂。2015 年，神华集团完成商品煤销售 4.01 亿吨，煤炭销售量 4.85 亿吨，供电 3171 亿千瓦时，自营铁路煤炭运量达到 3.64 亿吨，港口吞吐量 1.76 亿吨，主营业务收入 2364 亿元，获得利润总额高达 318 亿元。

神华集团和鄂尔多斯市携手，共同向国家有关部门申请开发利用鄂尔多斯市新街地区大规模整装优质煤田，建设新的亿吨级煤炭生产基地，同时进行煤炭资源综合开发，配套建设电力、铁路、煤化工等项目。显然，神华集团在鄂尔多斯带来了巨大的外部效应，使其他企业主动集聚在其周围，促进了鄂尔多斯盆地煤炭产业集聚。

3）知识溢出效应。知识溢出是地区经济增长的一个决定性因素，那么外溢范围就成为影响地区经济能否快速持续发展的重要因素。Keller（2000）通过工业化国家 R&D 支出对本国产生的影响，探讨了技术扩散的距离特征。他认为，技术知识是地区化而不是全球化的，因为来自国外的知识溢出效应随着距离的增加而降低。随着距离的增加，知识溢出效应将逐渐降低，这就决定了企业生产运作活动的地区化或区域化。

不难想象，在鄂尔多斯盆地煤炭产业集聚区，现代化煤炭开采技术、清洁生产技术、煤炭气化液化技术等先进科技在神华集团等大型煤炭企业集团的成功运用，为集聚区内其他煤炭企业起到了示范和样板作用，促进了先进技术在整个产业和区域的推广，并由于地理毗邻，传播效率高，进一步提高了知识溢出效率，增强了知识溢出效应。

4. 发展规模及空间

煤炭企业发展的规模、数量及空间是鄂尔多斯盆地煤炭产业集聚的必要条件。鄂尔多斯盆地煤炭企业规模及相关企业数量，直接决定了盆地煤炭产业集聚度，而企业间的磨合度、企业吸纳新技术的能力和企业发展的空间，则是鄂尔多斯盆地煤炭产业集聚后不断推陈出新、提升产业综合竞争力的决定性因素。

鄂尔多斯市 2010 年已形成 5 个年销售收入超百亿元的企业，包括伊泰集团、汇能煤电集团公司、鄂绒集团、伊东煤炭集团、亿利资源集团，在此基础上，还通过兼并重组再培育了满世煤炭集团、特弘煤电集团、蒙泰煤电集团、乌兰煤炭集团、神东天隆集团 5 个百亿元企业。这些大规模煤炭企业的产生，为鄂尔多斯盆地煤炭产业集聚提供了更加坚实的基础。

5. 人文和企业家精神

当地人文和企业家精神是形成产业集聚的一个活性因素。在几乎同样的资源和配置环境条件下，有的地区能形成产业集群，有的地区却没有。自然资源、运输便利程度、规模经济、外部性、知识溢出效应、市场供需、国家规划政策等因素，是促进产业集聚的必备因素，而在特定环境条件下，人文和企业家精神却起决定性作用。例如，集聚区核心企业领导人所具备的企业家精神和领导素质，往往成为吸引其他企业集聚的关键因素，这种现象在工业化程度不高的国家或地区表现得尤为明显。

鄂尔多斯当地的工商传统、人文环境和企业家精神是形成煤炭产业集聚优势不容忽视的催化因素。企业家的创业精神融合了当地历史传统和现代竞争理念。鄂尔多斯煤炭产业的快速发展和集聚，是与区域传统创业精神紧密相连的。

（二）外部环境因素

1. 市场供需

促进产业集聚和发展的关键因素之一便是市场需求和供给。随着我国经济发展和市场结构的不断变化，煤炭产业逐步向专业化分工的方向发展。目前，鄂尔多斯盆地已初步形成规模化的煤炭产销市场，在日益激烈的市场竞争中，盆地内煤炭企业在遵循市场规律的前提下，通过市场推动专业化分工协作，提升专业化水平，促进了企业良性竞合关系和产业集聚的形成。鄂尔多斯煤炭产业集聚现象与市场机制密不可分。

2. 国家与区域产业布局

国家与区域产业布局是促进鄂尔多斯煤炭产业集聚的政策性气候因素。国家与区域布局政策是地方政府制定产业发展方向，实行产业结构调整的依据。在一定程度上，国家重点扶持和发展的产业更容易迅速集聚起来。

20世纪末期以来，鄂尔多斯盆地作为我国能源"聚宝盆"，在国家西部大开发战略、国家能源战略西移等政策推动下，已成为当前和中长期我国最主要的能源生产和调出区之一。《国民经济和社会发展第十二个五年规划纲要》在第十一章第二节的"优化能源开发布局"中强调：统筹规划全国能源开发布局和建设，建设鄂尔多斯盆地、内蒙古东部地区、西南地区、山西和新疆五大国家综合能源基地。

国家与区域产业布局的种种政策和战略，必将成为鄂尔多斯盆地煤炭产业集聚的有力推动因素。

3. 国家能源安全

能源安全问题关系到国家经济安全。鄂尔多斯盆地煤炭产业是涉及我国西部陕西、内蒙古、甘肃、宁夏和中部山西5省份的跨区域企业集聚体，是我国未来30年能源供应的主要承载者,是中国煤炭资源分布的地理中心及开发利用的经济中心，已探明煤炭储量占全国的 39%，2010 年国家规划的 14 个大型煤炭基地中 6 个与之有关。适应国家"十二五"及中长期发展的战略要求，促进盆地煤炭产业集聚科学演进和产业跨越式发展，塑造我国独具特色的绿色能源"增长极"，对保障国家能源安全具有巨大的现实价值。

第二节　煤炭产业集聚程度

在产业集群化理论研究与实践发展中，产业集聚度始终是衡量和反映产业集群成熟度、集群与区域互动关系的重要指标。产业集聚水平并非越高越好，合理的产业集聚水平依赖于其对经济影响的大小、集聚经济的变动规律、产业集聚的驱动因素等，深入研究这些问题的首要前提是对产业集聚程度进行精确测度。

一　产业集聚度测度方法

全球经济一体化背景下，产业集群化已成为世界范围内优化资源配置，提升产业与区域核心竞争力的典型战略模式。在产业集群化理论研究与实践发展中，产业集聚度始终是衡量和反映产业集群成熟度、集群与区域互动关系的重要指标。

既有的关于产业集聚度测度方法的研究，按照时间序列和测度指标内容大致划分为三个阶段。

（一）第一代测度方法

第一代产业集聚度测度方法主要包括产业集中度、H 指数和空间基尼系数。产业集中度通常用在规模上处于前几位企业的生产、销售、资产、职工的累计数量占整个市场的生产、销售、资产、职工总量的比重来表示。该指标反映了产业地理集中的具体地区。然而，产业集中度存在一些不足之处：产业集中度只反映了企业规模分布的一个方面，它只说明最大的几个企业某产业在总体中的份额，而忽略了其余企业的规模分布情况。由于上述原因，很少有学者用这个指标来测度产业集聚情况，有时可将它作为一个辅助指标。H 指数是衡量产业集聚程度的重要指标，它反映了在不考虑地区规模的情况下，经济活动的地理分布的绝对集中度。如果所有经济活动都集中于一个区域，那么 $H=1$，如果经济活动平均分布在各个区域，则 $H=1/n$。在实际分析中经常用赫芬达尔-赫希曼指数的倒数作为产业多样化的一个测度指标。但是，赫芬达尔-赫希曼指数无法反映具体的产业组织状况及区域差异，在表示产业空间集聚度时可能得出与实际情况不符的结论。空间基尼系数主要是通过比较某个地区某一产业的就业人数占该地区该产业总就业人数的比重与该地区全部就业人数占全国总就业人数的比重的差异程度，来反映某一产业在地域上的集聚差异程度。该方法的价值在于简便直观（可以很方便地把空间基尼系数转化成非常直观的图形），系数越高，表明集聚值越大，即产业在地理上愈加集中。这种方法虽然简单，但是仍有缺陷，它并没有考虑到具体产业组织和区域差异。

（二）第二代测度方法

第二代产业集聚度测度方法主要包括 E-G 指数法和 M-S 指数法。麻省理工学院经济学教授 Ellison 和 Glaeser 对空间基尼系数这一计算方法提出异议，他们认为空间基尼系数大于零并不意味着产业在空间上有集聚现象，因为空间基尼系数没有考虑到企业规模差异。为此，Ellison 和 Glaeser（1997）提出了新的产业集聚度指数（E-G 指数）。目前，越来越多的经济学家开始使用 E-G 指数来测度产业的集聚度。这种方法用到了某区域全部从业人员数占全国总从业人员数的比重和某行业中某个企业的从业人员人数占该行业全国从业人员数比重这两种赫芬达尔-赫希曼指数，是一种相对可行的测度区域产业集聚度的指数。Maurel 和 Sedillot（1999）肯定了 Ellison 和 Glaeser 的研究成果，并基于 Ellison 和 Glaeser 的模型进行了略微改造，两者的主要区别在原始的产业集中度的衡量上。

（三）第三代测度方法

第三代产业集聚度测度方法主要是 Duranton-Overman 无参数回归模型。传统的产业集聚度测度方法基本上都是以行政单元为基础，仅描述单一空间尺度上的经济活动区位模式，这些行政单元通常规模差异很大，这种基于行政单元计算的产业地理集中或集聚指数可能会误导人们对产业空间模式的判断。为了克服传统测度方法的问题，Duranton 和 Overman（2005）引入了基于距离和企业数据的产业集聚度测度方法——Duranton-Overman 无参数回归模型。但对于我国来说，数据采集方面存在的困难影响了该方法的使用。

（四）国内关于产业集聚度测度的相关文献

梁琦（2003）首次利用空间基尼系数方法计算了中国工业的区位基尼系数，

涉及中国工业的 24 个行业、30 个行政区划单位及中国制造业中的 171 个行业。吴学花和杨蕙馨（2004）等利用产业集中度指标、空间基尼系数、赫芬达尔-赫希曼指数来综合判断中国 20 个两位数制造业门类的集聚程度和主要集聚地区，并对实证结果做了分析。路江涌和陶志刚（2006）采用 E-G 指数测量了 1998～2003 年我国制造业在不同空间层次的集聚程度。

二 煤炭产业集聚度的测度

煤炭产业的特质性导致既有产业集聚评价方法对其并不适用；本书依据煤炭产业自身特征，结合我国当前煤炭富集区与煤炭产业发达地区发展状况，参考 E-G 指数设计思路，构建了煤炭产业集聚度测度模型。

根据 Ellison 和 Glaeser 的研究思路，假设企业的区位选择不是独立的，那么企业选择某个区位是为了利用区位内的自然优势，如接近原材料，或者从与之相邻的企业中得到好处。下面从企业地理临近的溢出效应出发，导出衡量产业地理集聚度的测度模型。假设 N 为某个产业内的企业数，z_1，z_2，$\cdots$，z_N 表示每一个企业的就业人数占该产业就业人数的比重。M 为区域个数，x_1，x_2，$\cdots$，x_M 表示每一个区域就业人数占全国就业人数比重。区域 i 中的产业就业人数比重为 $S_i = \sum_{j=1}^{N} z_j u_{ji}$，其中企业 j 位于区域 i，则 $u_{ji}=1$，否则为 0。u_{ji} 是非独立的伯努利变量，有 $P(u_{ji}=1)=x_i$。任何两个企业区位选择的相关性可用 γ 表示，那么有 Corr$(u_{ji}, u_{ki})=\gamma$，$j \neq k$，γ 也可以表示产业内信息溢出效应的强度。在这种情况下，两个企业位于同一区域 i 的概率为 $P(i, i)=E(u_{ji}u_{ki})=$ Corr$(u_{ji}, u_{ki})+E(u_{ji})E(u_{ki})=\gamma x_i(1-x_i)+x_i^2$。两个企业位于任何相同区域的概率 $P=\sum_i P(i,i)=\gamma\left(1-\sum_i x_i^2\right)+\sum_i x_i^2$。为了估计 γ，Ellison 和 Glaeser 首先引入了总体地理集中指数，即由某个产业的区域比重与所有产业的区域比重推导出来的，$G_{E\text{-}G} = \dfrac{\sum_i (s_i - x_i)^2}{1 - \sum_i x_i^2}$，在此基础上得到 γ 的估计公式，如下

$$\gamma_{E\text{-}G} = \frac{G_{E\text{-}G} - H}{1 - H} = \frac{\dfrac{\sum_i (s_i - x_i)^2}{(1 - \sum_i x_i^2)} - H}{1 - H} \tag{7-2}$$

式中，$H = \sum_j z_j^2$。

　　然而，Ellison 和 Glaeser 在设计 E-G 指数时研究对象为传统的制造业，与本书的研究对象煤炭产业有所区别：①煤炭产业空间分布的不均衡性。某种优势资源的集聚，往往决定区域经济的产业布局，形成以该种资源为背景的主导产业。煤炭产业的加工对象是地下所赋存的煤炭资源。煤炭资源空间分布的不均衡，造成了煤炭产业的不均衡格局。制造业属于全国性产业，与煤炭产业的分布特征有明显的不同。②煤炭产业属于资源型产业的一种，其性质决定了煤炭产业进入门槛比较高，对技术和资本的要求高于劳动密集型产业，其规模效应必须在产量达到一定规模后才能出现。如今的煤炭企业生产方式有了大幅度改善，由手工作业和半机械化为主转变为机械化、现代化为主，科技进步明显加快，一些重大的煤炭共性、关键技术攻关取得突破性进展，国有重点煤矿采掘机械化程度由改革开放初期的 30%提高到 2007 年的86%，全员效率由每工不足 1 吨提高到 4.599 吨，生产效率大幅度提高。因此，在测量煤炭产业集聚程度时，应当重新考虑研究范围的选取问题和数据的选取问题，煤炭产业区域分布不均衡，如果完全运用测量制造业的方法进行评价，对产业的整体反映会脱离局部的实际，测量的结果也会发生偏差而失去应有的意义。同时，不能简单地以就业人数来反映煤炭企业的规模。针对以上问题，本书根据 E-G 指数的研究思路，并结合煤炭产业自身的特性，设计了一种煤炭产业集聚度测度模型，其公式如下

$$\gamma_{煤炭} = \frac{G_{煤炭} - K}{1 - K} = \frac{\dfrac{(S - X)^2}{(1 - X^2) - K}}{1 - K} \tag{7-3}$$

式中，G 煤炭为煤炭产业总体地理集中指数；S 表示煤炭产业的区域比重，S的表达式为 $S = \dfrac{研究区域煤炭总产量}{全国煤炭总产量}$；$X$ 表示所有产业的区域比重，X 的表达式为 $X = \dfrac{研究区域总就业人数}{全国总就业人数}$；$K$ 为企业频度，与赫芬达尔-赫希曼指数表达的意思类似，用 $\left(\dfrac{区域内煤炭企业数}{该区域面积} \div \dfrac{全国煤炭企业数}{全国总面积} \div 100 \right)^2$ 来表示，该指标可以衡量煤炭产业的地理分布情况。$\left(\dfrac{区域内煤炭企业数}{该区域面积} \div \dfrac{全国煤炭企业数}{全国总面积} \div 100 \right)^2$ 是为了使数据具有可比性。

三 鄂尔多斯盆地煤炭产业集聚度测度

（一）数据来源

本小节将煤炭产业作为研究对象，主要数据来源于《中国煤炭工业年鉴》和《中国统计年鉴》工业部分及国家统计局等相关统计网站。具体说明如下：①在时间范围的选取上，由于以前年度数据缺失，本书选取了 1995～2008 年共 14 年的数据；②在区域范围的选取上，包括山西、陕西、内蒙古、宁夏和甘肃五个省份。

（二）计算分析

1. 研究区域介绍

鄂尔多斯盆地地跨陕甘宁蒙晋五省份，故又称陕甘宁盆地，面积约 32 万平方千米，外围被秦岭、六盘山、贺兰山、大青山及吕梁山所环绕。盆地有多套含煤层系，煤炭资源极为丰富，埋深 2000 米以内的煤炭资源总量达 19752.78 亿吨,盆地煤炭资源占全国煤炭资源总量的约 35.45%,位居我国含煤盆地之首。

2. 鄂尔多斯盆地煤炭产业集聚度计算分析

根据式（7-3），我们以鄂尔多斯盆地煤炭产业为例，计算该区域煤炭产业集聚度。相关数据与计算结果见表 7-2、表 7-3。

表 7-2　鄂尔多斯盆地周边五省份及全国煤炭企业数量　　单位：个

年份	山西	内蒙古	陕西	甘肃	宁夏	全国
1995	272	99	92	19	56	2299
1996	272	95	91	21	57	2288
1997	283	94	99	21	58	2286
1998	287	93	98	21	55	2279
1999	276	128	103	23	57	2337
2000	280	126	105	24	57	2342
2001	285	126	106	24	57	2319
2002	336	136	107	30	56	2223
2003	343	136	108	30	56	2249
2004	342	142	106	31	54	2216
2005	343	144	107	30	55	2175
2006	354	129	108	30	55	2119
2007	388	134	110	30	57	2143
2008	489	220	111	50	65	2330

表 7-3　鄂尔多斯盆地及周边五省份煤炭产业集聚度　　　　单位：%

年份	鄂尔多斯盆地	山西	内蒙古	陕西	甘肃	宁夏
1995	7.5881	4.9045	0.1334	0.0437	0.0026	0.0145
1996	7.2964	4.6208	0.1368	0.0433	0.0026	0.0138
1997	7.6573	4.1751	0.2039	0.0432	0.0029	0.0272
1998	7.3166	4.4596	0.2271	0.0478	0.0025	0.0254
1999	3.8789	2.0830	0.1654	0.0492	0.0024	0.0301
2000	1.9504	0.7092	0.1679	0.0463	0.0012	0.0286
2001	5.1418	2.1439	0.2046	0.0405	0.0020	0.0317
2002	3.7392	0.8771	0.2228	0.0378	0.0026	0.0307
2003	3.9471	0.5074	0.3098	0.0224	0.0030	0.0807
2004	11.4611	3.2495	0.8436	0.1133	0.0037	0.2546
2005	12.8860	3.5020	1.0263	0.1594	0.0033	0.2639
2006	14.3798	3.6728	1.2290	0.2370	0.0037	0.1242
2007	16.3605	4.0536	1.5774	0.2761	0.0033	0.1213
2008	18.1353	3.4011	2.4001	0.3486	0.0039	0.1226

　　鄂尔多斯盆地在 1995～1998 年的煤炭产业集聚度没有发生较大变化，保持在 7.5%左右（图 7-6）。这一时期，随着我国市场化改革逐步推进，国家对煤矿的管理逐步由车间式管理向企业式管理方向转变，煤炭企业逐渐拥有了更多的自主经营权。1993 年国家决定放开煤炭价格，同时取消中央财政对统配煤矿的补贴，使煤炭生产企业拥有了充分的经营权和定价权，这也标志着煤炭企业开始向市场经济过渡。1995 年，国民经济快速发展，促进了地方和乡镇煤矿发展，煤炭产量大幅度增加，全国乡镇煤矿产量增量占同期全国煤炭产量增量的93.5%，这也是这一时期煤炭产业集聚度保持在一个相对较高水平的原因。但是由于国家对煤矿建设投资不足，市场需求并未大幅度增加，煤炭产业仍处于低速发展阶段，多数国有重点煤矿仍处于亏损状态。

　　1998 年之后煤炭产业集聚度大幅度下降，从之前的 7.3166%降至最低点时的1.9504%，究其原因在于：亚洲金融危机导致煤炭需求大幅度减少，煤炭企业经历了"煤价暴跌""有煤无市"的尴尬时期，绝大多数企业陷入困境，关停倒闭，此时一些企业不得不考虑并入实力雄厚的大型企业，从而导致产业集聚度的下降。1998～2000 年，煤炭企业发展陷入低谷期。2001 年初，受国家宏观经济形势的影响，特别是重点用煤行业的形势好转，煤炭产业发展出现转机，进入超常规快速发展阶段，煤炭产业集聚度也有所提高，上升了约 3 个百分点，煤炭企业数量有所增加，大量资金涌入煤炭产业。以山西省为例，中国人民银行太原中心支行 2005 年对外公布的调研报告显示，2001～2004 年，每年约有 40 亿元现金从省外流入山西省中小煤矿。此时市场需求的好转，吸引了大批新企业进入该煤炭资源富集地区，促使该区域集聚度得以回升。但是，这一时期煤炭安全事故频发，严重影响了煤炭产业的发展速度，导致产业集聚度并未继续提高。

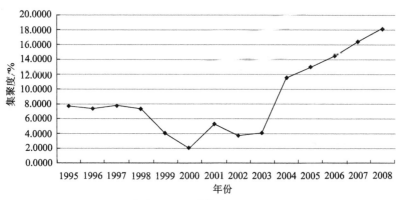

图 7-6　鄂尔多斯盆地煤炭产业集聚度变化趋势

　　自 2005 年开始全国煤炭需求量趋于平稳，煤炭市场结束了超常规发展阶段，同时不断发生的煤炭生产安全事故迫使政府下定决心对煤炭产业进行改革。依照"资源整合、关小上大、能力置换、联合改造、淘汰落后、优化结构"的发展思路，对小煤矿实施资源整合联合改造，减少矿点数量，扩大单井规模，增强安全保障程度；鼓励和支持国有重点煤炭企业和地方国有骨干煤矿采取收购、兼并、控股、参股等多种形式用以整合、改造地方乡镇煤矿，组建和发展大型煤炭企业集团。这一阶段由于政策性因素的影响，大型企业兼并重组，落后企业被淘汰，煤炭产业进入集团化发展模式，因此为煤炭企业的发展提供了良好的环境，煤炭产业集聚度开始大幅度提升，2005～2008 年的集聚度分别为12.8860%、14.3798%、16.3605%、18.1353%。

　　3. 鄂尔多斯盆地周边五省份煤炭产业集聚度计算分析

　　从图 7-7 可以看出，除山西省外，其余四省份煤炭产业集聚度均有不同程度的增长，总体呈上升趋势。从增长幅度看，内蒙古煤炭产业集聚度平均增长水平远远高于其他四省份，说明随着该地区煤炭资源优势的不断加强，该地区煤炭产业进入了一个高速发展阶段，煤炭企业在相关资源富集区域的数量大幅度增加，如东胜和准格尔等地区。山西煤炭产业集聚度的变化呈现出了三个不同的阶段：1995～1998 年、1999～2003 年和 2004～2008 年。集聚度波动幅度较大，主要是受市场需求和政府相关政策的影响。其余三省份虽然保持上升趋势，但是变化不大。从集聚度的高低来看，虽然山西省煤炭产业集聚度波动很大，但是该区域集聚度明显高于其他四省份；内蒙古发展速度较快，大有赶超山西之势，其余三省份集聚度处于一个较低水平，与山西和内蒙古差距较大。

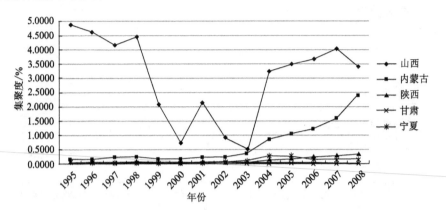

图 7-7　鄂尔多斯盆地周边五省份煤炭产业集聚度变化情况

　　综上所述，鄂尔多斯盆地煤炭产业集聚度总体呈上升趋势，山西部分和内蒙古部分的集聚现象比较明显，市场需求和政府相关政策是导致该地区集聚程度变化的主要原因。而甘肃部分、陕西部分和宁夏部分的集聚度较低。因此，今后该地区的发展应该以甘肃部分、陕西部分和宁夏部分的煤炭产业发展为重点，并适度调控山西部分和内蒙古部分的煤炭产业发展速度。

第三节　煤炭产业集聚效应

一　微观层面集聚效应（群内企业）

　　本书认为，微观层面的煤炭产业集聚效应是指煤炭产业集聚对群内企业的影响。一般来看，集聚对群内企业所带来的微观影响主要体现在以下几个方面。

（一）有利于降低群内企业交易成本

　　交易成本一般包括搜寻成本和谈判成本。为了获得准确、可靠的市场信息，企业往往需要付出很高的代价。随着煤炭富集区煤炭产业集聚发展，煤炭产销规模市场逐步形成，群内企业通过简单的信息搜寻，便可大致掌握煤炭产品及其他产品的价格行情，有效降低信息搜寻成本。集聚使得相关企业地理位置临近，能够实现信息共享，信息传播距离短、失真度小、速度快、效率高，减少索引成本；同时，企业间的信任度逐渐增加，建立起合作关系，在谈判过程中的报价真实性较高，使谈判费用较低，从而使谈判成本降低。交易成本的降低，使得盆地内企业间的合作更为紧密。

（二）有利于提升群内企业竞争力

产业集聚达到一定规模后，群内竞争日益激烈，按照"优胜劣汰"的市场规律，管理完善、技术先进、竞争能力强的企业得以继续生存并进一步发展，从而提高企业核心竞争力，促使企业规模经济效应向更高层次扩展。

（三）有利于建立稳定的企业竞合关系

煤炭富集区煤炭产业集聚，必然引起规模经济效应。一方面，群内企业可以共享交通、通信等基础设施；同时，规模经济会推动内部分工与协作，使专业化水平不断提高。处于勘探、开采、加工等煤炭产业链各环节的企业，相互联系不断加强，加强了煤炭供应链上下游企业之间、煤炭企业与相关产业企业之间的稳定关联，有利于群内企业之间形成良性竞合关系。

（四）有利于提升煤炭企业内部规模经济效应

煤炭企业内部规模经济效应是指企业内部规模扩大而引起的生产、管理等的效率提高，产品成本降低，从而给产业和区域带来的利益影响。随着生产规模的扩大、劳动分工的专业化，勘探、开采、加工等煤炭产业链各环节的联系将随之加强，产业整体生产效率得到提高。

二 中观（产业）层面集聚效应

本书认为，中观层面的煤炭产业集聚效应是指煤炭产业集聚对群内产业的影响。一般来看，集聚对群内产业所带来的中观层面影响主要体现在以下几个方面。

（一）有利于煤炭主产业链的纵向延伸

随着煤炭产业集聚，生产规模不断扩大，煤炭生产和综合利用的分工专业化日益加深，出现了专门从事煤炭勘探、开采、加工、销售等的不同类型的煤炭企业，使上游企业与下游企业紧密联系在一起，形成一个紧密联系而又相互独立的价值链，有效促进了煤炭富集区内煤炭产业链的纵向延伸，有效提高了煤炭产业整体实力，显著增强了煤炭产业在集群中的支配和领导功能。

（二）有利于煤炭产业集群网络结构完善

随着煤炭产业集聚内部和外部规模经济的产生，带动了集聚区周边资本、市场、人才等资源向集聚区聚拢，辐射效应和扩散效应明显增强，围绕着煤炭产业，与之相关的辅助产业和企业逐步集聚壮大，企业间联系逐步增多，因煤炭产业集聚而相互联结的各个产业和经济主体，其市场效率不断提高，形成了一定的市场效应。这种市场效应表现在：一是以人才为代表的要素市场集聚。多产业的集聚与发展，形成了巨大的要素市场，导致人才、资金、品牌等要素集聚；二是促进非煤产业发展和集群网络完善。煤炭产业规模化发展，需要大量专业化辅助产业为之提供物资、技术、金融等方面的保障，稳定的煤炭市场需求带动了集聚区机械、建材、物流配送、金融、技术咨询、通信、绿化等相关产业的发展。上述产业紧密围绕煤炭产业，通过资本、技术、市场等纽带相互交织、相互联系、相互依存，形成完善的煤炭产业集群网络结构。

三 宏观（区域）层面集聚效应

本书认为，宏观层面的煤炭产业集聚效应是指煤炭产业集聚对区域经济的影响。一般来看，煤炭产业集聚会给区域经济带来一定的外部规模经济效应，外部规模经济效应与产业集聚之间存在相互推动作用。鄂尔多斯盆地煤炭产业集聚的宏观效应主要体现在以下几个方面。

（一）有利于创建区域品牌

当特定煤炭富集区煤炭产业集聚到一定程度时，伴随着煤炭产销市场的巨大影响力，煤炭富集区的区域品牌效应就会产生。随着区域品牌知名度的不断提升，区域整体品牌影响力逐步提升，导致外部消费者进行购买活动时，往往会优先考虑煤炭富集区内的企业和产品，从而使之获得巨大的无形资产。

（二）有利于优化煤炭富集区产业结构

煤炭产业集群是以煤炭产业为主导的多产业聚合体，从规模经济发展的一般规律分析，除煤炭开采和主要煤炭加工业务外，其他业务均可实施外包战略。同时，出于对本地市场易进入性的考虑，区域内原已存在、与煤炭产业能够产生有机关联的当地产业和企业，一般会优先进入集群网络中，并依托煤炭产业所带来的规模化市场优势，获得丰厚的溢出效应。同样，当地政府可以充分利用行政和行业管理优势，紧密结合地缘经济特色，充分利用煤炭产业集群所形成的资金、区域品牌等优势，培育和发展盆地农牧业、房地产业、现代服务业等其他产业，围绕煤炭这一区域优势产业，优化区域产业结构，带动区域经济整体发展。

（三）有利于提供煤炭富集区知识溢出效应

知识是一种非排他的公共用品，具有"溢出效应"。处于产业集聚地的企业，可以通过正式和非正式形式，如互相参观学习、理论探讨等交流沟通，有利于提高技术传播和企业效率。煤炭及相关产业在煤炭富集区集聚，一方面加强了群内企业的相互接触和了解，产生多方面知识溢出与共享，促进了区域经济增长；另一方面又加速了整个区域内思想、知识、生产技术的信息流动与扩散，这种溢出效应又在一定程度上吸引了更多的企业，这些企业为了获得外溢收益而趋于集中，促使区域产业进一步集聚及合作。

（四）有利于煤炭富集区城市化建设

随着煤炭企业及煤炭相关企业在煤炭富集区的集聚，集聚区总体经济规模（人口、收入、产出、财富等）会不断扩大，外部规模经济效应不断增强。在集聚区内，交通运输、邮电通信、文化教育等基础设施日益完善，进一步带动了人力、信息、商业和金融服务业等要素和产业集中，推进了集聚区的城市化发展。

第四节 煤炭产业集群生命周期

一 产业集群生命周期

国外学者关于产业集群生命周期的研究可以追溯到 20 世纪 80 年代末期。意大利学者 Bruso（1990）等认为产业集群自发形成的作用要强于政府的计划或干预，以政府干预的时间为分界点，提出了产业集群发展的两个阶段，将第一阶段定义为集群自我发展阶段；将第二阶段定义为自我发展和政府干预复合型阶段，这一阶段政府向产业集群提供多种多样的社会化服务，干预集群成长。克鲁格曼（Krugman，1991b）等认为企业集群成长过程存在某种生命周期形态，一个典型的集群成长周期主要包括形成期、增长期、饱和或转型期、衰退期、解体或复兴成长期五个阶段。波特（1998）等将产业集群生命周期分为三个阶段，即诞生、发展、衰亡，并分析了集群解体的原因。Tichy（1998）等提出了产业集群发展的生命周期理论，他们认为产业集群可以分为新兴阶段、成长阶段、成熟阶段和衰退阶段。还有学者认为不同集群有不同的演化轨道，但都存在着生命周期形态，包括萌芽期、快速发展期、走向顶峰期及成熟期。

国内学者在产业集群生命周期方面也做了许多研究。例如，王缉慈（1998）、盖文启（2002a/b）以区域创新网络演进过程将集群演化阶段分为网络形成阶段、网络成长与巩固阶段、网络逐渐完善的高级阶段。魏守华（2002）结合集群竞争优势发展演变过程，将发生期、成长期和成熟期三个阶段定义为产业集群的一个生命周期，比较分析集群在发生期、成长期和成熟期的特征，归纳分析集群的动力机制及动力机制对集群的促进作用。蔡宁和杨闩柱（2003）将诞生、成长、成熟和衰退定义为产业集群的一个生命周期。盖文启将初期形成、成长和成熟三个阶段定义为产业集群的一个生命周期。陶一山和姚海琳（2006）从产业集群的两个特性——空间集聚性、产业联系性两个维度出发，将集群演化过程划分为三个阶段，即侧重于地理集聚但未形成产业分工联系的集群—地理集聚并形成产业分工联系的产业集群—空间扩展且有产业分工联系的产业集群，并在上述理论研究的基础上探讨了制约集群演化的因素和集群演化的动力机制。赵海东和吴晓军（2006）依据集群动力机制差异和演进，将集群划分为企业集聚阶段、产业集聚阶段、结网阶段、植根阶段、发展极阶段五个阶段。

从国内外研究情况来看，关于产业集群生命周期的研究成果较多，但针对煤炭产业集群生命周期的研究却甚少。煤炭产业作为我国重要的基础产业，其集群形式在形成与发展过程中也表现出典型的生命周期特征。

二 煤炭产业集群生命周期

本书基于煤炭产业特质性，从组织网络和区域空间结构视角，认为煤炭产业集群会经历"集聚现象——点状分布期""企业集群——点线结合期""产业集群——网状分布期""城市化转型——网络重组期"四个阶段。

煤炭产业集群生命周期是指煤炭产业集群从出现到资源枯竭导致煤炭相关企业完全退出社会经济活动所经历的时间与过程。与其他产业集群相似，煤炭产业集群也要经历由成长到衰退及转型的演变过程，而且每一阶段都与不同的社会、经济和政治行为相关联。

资源依赖性和政府关联性决定了煤炭产业集群生命周期的明显性和独特性。根据煤炭产业发展规律,煤炭产业发展一般都会经历资源勘探、矿区规划、基本建设、生产经营、成熟蜕变、衰亡及转型等过程。结合上述煤炭产业发展过程,本书依据区域空间结构和组织网络理论,将煤炭产业集群生命周期相应地划分为"集聚现象——点状分布期""企业集群——点线结合期""产业集群——网状分布期""城市化转型——网络重组期"四个阶段。

产业集群不同于单个产业,也不同于单个企业,更不同于某一产品,因为集群是某个产业(主体产业)与相关产业、机构在某一地理空间上的有机结合。相比较而言,产业集群生命周期更趋近于群内企业的生命周期。因此,以下关于煤炭产业集群生命周期各阶段的特征概括,主要从集群内企业关联性及集聚效应的角度分析。

(一)集聚现象——点状分布期

该阶段是产业集群生命周期的初级形态和新生阶段。在此期间,少数煤炭采掘型企业在煤炭资源富集区开始煤炭生产,并依托煤炭资源赋存充分、开发成本低廉、区域基础设施改善、市场需求旺盛等优势,更多煤炭企业(开采)相继跟进,造成大量同质化煤炭企业集中于该区域。随着企业规模经济发展,专业化人力资源、专业化服务和产品销售市场逐步形成,区域和产业品牌效应逐渐增强,初步显现空间集聚形态,经济集聚效应开始出现。但是此阶段区域吸引力比较弱,集群竞争力较弱,生产要素由外围向极点集聚的极化效应不是很强烈,集群中的煤炭企业之间并没有形成常态的、忠诚的信任关系,企业间分工协作关系不强,尚未出现以产业链或价值链为基础的纵向联系,也没有形成相互配套的产业链,还未形成严格意义上的产业集群,也不具备集群所具有的各种优势与特征。这时的煤炭企业集聚仅仅只是空间上的集中布局,企业之间的产业关联还基本处于一种松散状态,不存在协同作用,也不可能产生集群效应,因此在空间结构上呈现出典型的点状分布形态。这一时期群内企业以煤炭企业为主,从事煤炭生产前期准备工作,包括地质勘探、矿区设计规划、主体工程建设、辅助设施与配套工程建设,如图 7-8 所示。

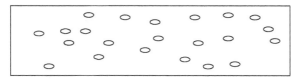

图 7-8 煤炭产业集群点状分布阶段模型

（二）企业集群——点线结合期

该阶段是煤炭产业集群自我强化、不断成长的阶段，是煤炭产业集群生命周期的第二阶段。经过"集聚现象——点状分布期"的发展，煤炭产业集聚区内企业的内外部规模经济和辐射效应增强，群内资本、技术和信息等经济要素流动加快，以煤炭生产企业为核心节点的煤炭产业链逐步形成，煤炭产业集群规模迅速扩大，集聚效应得到体现。在核心企业强大辐射和扩散作用下，按照煤炭产业链逐渐形成专业化分工格局，在专业化分工基础上，煤炭企业迅速增加，企业间呈现出竞合现象；同时，企业相互之间开始通过有组织的活动（如展览会、各种论坛）及非正式交流进行横向联系。

这一时期，政府行为和外部环境也构成影响集群发展的主要力量。随着煤炭企业大量集聚，煤炭产品及相关产品产量急剧增加，交通线（由铁路、公路、水运、航空等组成）、通信线（由各种通信设施组成）、能源供给线（由各种能源设施组成）、给排水线（由各种水利设施组成）等各种关联线应运而生。这些线由相邻煤炭企业的扩散通道联结而成，作为沟通枢纽起到了联结和促进作用，这些线之间往往在功能上是互补的，它们相互联结，相互补充，共同完成群内经济活动。"线"不能脱离煤炭企业而单独存在，同时"线"又把不同规模的煤炭企业相互连接起来，并且使得这些企业沿着若干扩散通道不断向外扩散经济要素，形成新集聚。显而易见，以政府为主导的集聚区基础环境建设会对该阶段煤炭产业集聚发展产生重要影响，也有助于提高群内企业适应环境和利用环境资源的能力。

尽管煤炭产业集群在该阶段发展速度快，增长率较高，但经济实力还较为脆弱，没有形成核心竞争力。这一时期也是煤炭企业生产经营的初期阶段，企业集中于煤炭资源开采，专业化程度高，规模经济效应逐渐显露；同时，非煤产业初见端倪，并且只是以服务和劳务为主，如图7-9所示。

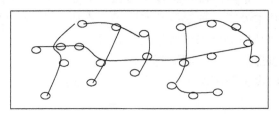

图 7-9　煤炭产业集群点线结合分布阶段模型

（三）产业集群——网状分布期

煤炭产业集群经过"集聚现象——点状分布期"和"企业集群——点线结

合期"两个阶段的演化发展，初步形成不同规模等级的增长极和发展轴，开始步入成熟阶段。这一时期，以煤炭生产企业为核心的煤炭产业开始显现整体优势，在集群产业格局中处于支配和领导地位；同时，围绕煤炭产业，其他业务链也得以完善，群内呈现出点（增长极——大型煤炭企业集团）、线（包括煤炭产业链、信息产业链、人才供应链、科研产业链等）、面（煤炭集聚区）为一体的典型网络式空间结构形态，形成明显的辐轴式产业网络结构。

该阶段，煤炭产业集群具备了比较完整和相互配套的产业链体系，集群的规模、市场、从业人员等方面基本达到均衡状态，群内产业之间、企业之间形成了稳定良性的竞合关系，从而拥有较强的集群竞争力；同时，以核心煤炭企业的分工协作为基础，建立特色网络式产业结构，通过重点建设点轴与其腹地之间的综合网，将生产能力和经济能量传播到更广的范围，进而促进区域经济一体化。

需要强调的是，考虑到资源有限性、市场有限性、竞争制约性、煤炭储存局限性等因素，为谋求长远发展，在该时期要"未雨绸缪"，把大力推进非煤产业发展纳入集群整体规划中，树立"以煤为主、多种经营、综合开发、多元发展"的指导思想，实施"煤与非煤并重并举"战略，全面启动和发展非煤产业项目，为煤炭产业集群下阶段的转型发展奠定基础，如图 7-10 所示。

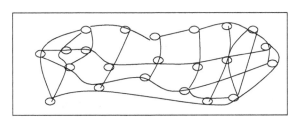

图 7-10　煤炭产业集群网状分布阶段模型

（四）城市化转型——网络重组期

该阶段是煤炭产业集群生命周期的最后阶段。进入成熟阶段后期，集聚区内煤炭资源开始枯竭。作为集群网络结构核心节点的大型煤炭企业集团，随着生产经营形势日渐衰退，集聚力和辐射力减小，逐步失去支配和领导能力；作为煤炭产业集群核心轴线的煤炭产业链，其延伸能力减弱，产业链逐步缩短，关联协调的主导功能逐步消失，随着核心节点退出，集群网络结构断裂崩溃。随着煤炭企业和煤炭产业链的衰退，煤炭产业集群开始步入转型重组阶段。这一时期，煤炭产业集群走向以非煤产业集群为主导的阶段，在政府推动和政策引导下，开始集中财力、物力和人力等资源，利用煤炭产业集群前期所创造的资本、品牌等优势，结合地缘经济和自身特点，大力投资和发展优势非煤产业，如机械制造、旅游、纺织、物流、化工、建材、房地产开发等，重点培育新型核心企业和核心产业，形成新的系统网络结构，实现集聚区由煤炭产业集群向其他产业集群的平稳过渡，如图7-11所示。

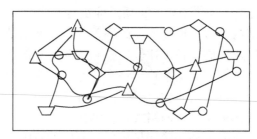

图 7-11　煤炭产业集群网络重组阶段模型

第五节　煤炭产业集群组织结构

结合我国煤炭富集区煤炭资源、煤炭产业的现实状况和发展趋势，笔者认为煤炭产业集群是寡头垄断型集群、有核式网络型集群、自我发展与政府规划复合型集群。

一　寡头垄断型集群

寡头垄断型集群从煤炭富集区煤炭生产与销售市场结构角度反映了其组织特征，表明煤炭富集区煤炭产业集群是产业集中度相对较高的集群类型。以鄂尔多斯盆地煤炭产业集群为例，首先，盆地内神华神东煤炭集团、陕西煤业化工集团、神华宁夏煤业集团、内蒙古伊泰集团、内蒙古蒙发煤炭公司、甘肃靖远煤业集团等大型国有企业集团，在山西、陕西、内蒙古、甘肃、宁夏等省份的煤炭生产市场、销售市场中占据着很大份额，在各自省份处于寡头垄断地位。其次，从图7-6鄂尔多斯盆地煤炭产业集聚度变化趋势中可以看出，鄂尔多斯盆地煤炭产业集聚度 1995 年为 7.5881%，2008 年演变为 18.1353%，集聚度呈现出日益提高趋势。鄂尔多斯盆地煤炭产业的上述发展趋势，符合我国"十二五"期间提出的煤炭生产主要依靠大型现代化煤矿、大型煤炭企业集团和大型煤炭基地的产业政策，有利于煤炭集约化发展，有利于煤炭产业结构优化调整。

二 有核式网络型集群

有核式网络型集群从煤炭富集区中煤炭产业集群内的企业组织结构角度揭示了其特征。例如，鄂尔多斯盆地煤炭产业集群是以神华神东煤炭集团、陕西煤业化工集团、神华宁夏煤业集团、内蒙古伊泰集团、内蒙古蒙发煤炭公司、甘肃靖远煤业集团等大型国有企业集团为核心节点的众多独立企业构成的网络系统，集群内企业间以竞合关系联结，呈现出以上述大型煤炭企业集团为主导的层级组织结构，通过其辐射作用提升集群竞争力，有效解决我国煤炭产业整体竞争力薄弱的问题。

三 自我发展与政府规划复合型集群

自我发展与政府规划复合型集群从煤炭产业集群演化动力机制角度揭示了其特征，从鄂尔多斯盆地煤炭产业集群历史发展过程及趋势不难看出，鄂尔多斯盆地煤炭资源大规模开发利用的顺利进行，一方面源于盆地良好的资源禀赋，另一方面源于西部大开发等国家战略或政策的积极推动和重点扶植。另外，从煤炭产业集群生命周期和演化规律判断，鄂尔多斯盆地煤炭产业由现在的企业集群状态向产业集群的演化，将更加依赖于政府力量的引导与推动。这种类型的划分，有利于正确认识鄂尔多斯盆地煤炭产业集聚现状，客观定位其所处的演化阶段，为政府有针对性地制定相关产业政策提供理论借鉴。

第六节　煤炭产业集群网络模式

网络由节点及节点之间的连线构成，节点和节点之间的连接是网络的基本构成要素。产业集群作为一种新型的经济发展战略模式，是一个具有配套合作关系的复杂的网络系统，它由一群在地理上相对集中且又相互联系的不同经济主体构成，各经济主体本身可以被看作网络结构的节点，而经济主体之间存在的资金、技术、知识、信息及中间产品的广泛联系则可以描述成网络中节点之间的连接。因此，产业集群与网络结构之间存在着很好的对应关系，运用网络结构的分析方法对产业集群进行研究比以往单纯强调产业集群的空间地理接近或专业化分工更为合适。

近年来对于网络结构的研究，统计物理学中用于刻画网络结构特性的度量工具及分析指标被大规模地应用于其中，诸如度、度分布、平均最短路径、集散系数等。这些用于网络研究的分析方法一方面强调组成网络的各个节点之间的关系分析，另一方面注重各个因素相互作用的协同效应研究。这些分析网络结构的技术手段对研究产业集群网络的内在属性同样适用，因此，本书基于上述网络分析方法对煤炭产业集群进行研究。

一 煤炭产业集群组织网络及其特征

煤炭产业集群是在原有煤炭产业基础上，在分工细化与外部规模经济的作用下各煤炭企业及相关企业在地理空间上集聚而成的，它通常是以煤炭生产企业为核心，以上游的投入提供商及下游的运销商、深加工厂商等企业为次核心，配套教育、科研机构，相关技能与技术培训机构，相关政府机构，以及行业中介等起辅助、支撑性作用的机构（以下简称侧面延伸机构）而组成的一个柔性生产系统（表7-4）。

煤炭产业集群并非只是煤炭企业及相关联机构简单的地理位置上的空间集聚，而是一个根植于地方文化，受资源环境及政府政策影响较大的社会经济网络组织。首先，煤炭产业集群对煤炭资源具有高度依赖性，其发展主要依托于矿产资源的采掘及初加工，其主导核心企业的分布具有明显的资源指向性，主要聚集在煤炭资源丰富的地区，集群企业的地理集聚特征又进一步促使集群具有了明显的社会文化特征（即根植性特征）；其次，由于矿产资源是不可再生资源，其储备量是有限的，矿业的发展必然存在一个从出生到衰亡的周期，而煤炭产业集群由于受对煤炭资源的高度依赖性作用，也会表现出明显的周期性特征；再次，受煤炭行业特殊技术性要求影响，煤炭产业集群中无论是上游的投入提供商，还是下游的深加工厂商及侧面延伸机构都不同程度地呈现出煤炭行业的专业化、技术化特征；最后，无论是何种类型的产业集群都具有网络化特征，核心煤炭生产企业通过与纵向上、下游企业的供应链合作及与侧面延伸机构之间产生横向合作协同关系，集群内通过不断的知识扩散及"溢出"，共同构成一个有机的、信息不断流动更新的交互式网络组织。

二 煤炭产业集群网络组织结构

煤炭产业集群网络组织结构与中卫型的集群结构很相似，它通常以煤炭生产企业为核心，以上、下游企业及侧面延伸机构为外围，形成一个类似中卫型集群结构的网络状组织结构。在网络组织的内部，煤炭生产企业作为集群网络中的典型集散节点，与网络中的其他节点之间通过不同的作用关系形成不同的连接，并由此产生出不同的子网络。一方面，它与上、下游企业之间构成以供应链关系为主的供销关系子网；另一方面，则与辅助、支撑性机构之间形成以服务、支撑作用为主的合作关系子网。集群中各个子网内部及子网之间相互交织，共同组成水平连接与垂直连接共存的柔性一体化网络组织。整个网络组织通过相互制约、相互协同共同完成煤炭相关产品的生产、加工、销售及供应，其集群网络组织结构如图 7-12 所示（张洪潮和靳钊，2011），企业（机构）分类如表 7-4 所示。

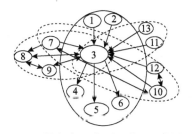

图 7-12 煤炭产业集群网络组织结构图

箭头表示集群网络节点的连接方向；虚线图表示以服务、支撑作用为主的合作关系子网；实线图表示以供应链关系为主的供销关系子网

表 7-4 企业（机构）分类

企业（机构）类型	具体内容
上游企业	煤炭材料、设备、生产服务等投入提供商（1），基础设施建设商（2）
核心企业	煤炭生产企业（3）
下游企业	煤炭运销商（物流公司等）（4），煤炭深加工厂（煤炭洗选加工厂、电厂、焦化厂、钢铁厂、煤化工厂等）（5），煤炭开采废物利用厂（水泥厂等）（6）
侧面延伸机构	相关的政府管辖机构（煤炭工业局、煤炭管理局等）（7），金融机构（银行等投融资机构）（8），行业协会（煤炭工业协会等）（9），学校（高等院校、煤炭职业技术学院等）（10），相关的技能与技术培训机构（煤炭安全技术培训中心、煤炭职业教育学会等）（11），科研机构（煤炭科学研究所、煤炭化学研究所等）（12），新闻媒体（网站、出版社等）（13）

第七节　煤炭产业集群竞争力评价

国外学者较早关注到产业竞争力的分析问题，通过对具体产业的研究，形成了一系列具有代表性的研究成果和创新方法。例如，Vidal 等（2011）结合德尔菲法和层次分析法（AHP）的优点，构造了对项目复杂性的评价模型，以提高项目管理绩效。21 世纪初，产业集群越来越成为提高我国产业效率和国际竞争力的重要载体。近年来，国内学者在评价煤炭产业竞争力的研究中取得了一

定成果，如张洪潮和靳钊（2011）参考 E-G 指数设计思路，不仅构建了煤炭产业集聚度模型，而且对鄂尔多斯盆地煤炭产业的发展程度进行了科学测度，认为市场需求和政府对煤炭企业改革力度加大是鄂尔多斯盆地煤炭产业集聚程度呈现上升趋势的主要原因；詹宏宇和刘倩（2011）利用钻石模型对山西煤炭产业竞争力进行了研究，认为山西省煤炭产业提升竞争力的关键因素在于生产要素和相关支柱产业潜力的挖掘；金英姬和靖丽（2011）以 GEM 模型的分析框架为基础，结合资源、设施、本地市场、外地市场、供应商和辅助行业、企业结构六方面的 32 个指标，构建了黑龙江省煤炭产业集群竞争力的层次评价模型，结论显示黑龙江煤炭产业集群竞争力高于国内平均水平，但落后于有的省份的发展水平，与世界水平更是相距甚远；孙慧等（2011a）以 GEM 模型为基础构建了新疆煤炭产业集群竞争力影响因素的评价指标体系，通过德尔菲法和AHP 相结合的算法，从定性和定量两个方面对新疆煤炭产业集群竞争力的影响因素进行分析评价，并从煤炭产业一体化、煤炭产业集群基础设施环境及地方煤炭企业的培养等方面提出了相关建议。

现有文献已取得了很多有意义的结论，对本书有很大的启发作用。钻石模型和 GEM 模型虽然便于掌握影响煤炭产业集群发展的关键因素，但在反映产业集群内部的协作关系上存在不足。鉴于煤炭产业集群竞争力评价存在结构变动性大、边界比较模糊等特征，本书引入 DHGF 集成法，运用定性分析和定量计算等方法，力图更深层次地揭示影响煤炭产业集群竞争力的内部因素及模糊现象的本质。

━ 煤炭产业集群竞争力评价的特性

煤炭产业集群作为资源型产业集群的一种，对资源禀赋依赖性强，依托于煤炭产业集群周边基础设施环境，并受到地区经济、政治和文化的影响。本书从静态和动态两方面对煤炭产业集群竞争力的特性进行分析。

1）煤炭资源禀赋评价分析。煤炭资源禀赋是煤炭产业集群形成、发展和衰退的决定性因素，构成了煤炭产业集群竞争力的最重要指标。煤炭资源禀赋不仅要考虑煤炭资源储量，还要考虑煤炭资源质量、采掘难易程度及集群所在地理位置。

2）公共环境评价分析。公共环境作为煤炭产业集群竞争力的支撑性因素，不仅影响到产业集群发展的外部环境，而且决定了其发展方向和总体规划，其中包括煤炭产业集群所在区域的基础设施条件、地区政策及当地社会经济文化环境。

3）煤炭产业集群产业结构评价分析。煤炭资源的开发与利用形成了煤炭产业集群的主产业链，而相关辅助、支撑产业或机构不仅是集群的有机组成部分，还在拓宽产业链条和衍生新产品等方面具有一定作用。其中，电力、化工、钢铁和建筑等行业为煤炭开发利用企业提供需求保障，而煤机制造业和相关科研机构则为其优质发展提供有力支撑。因此，评价集群整体竞争力不仅要对煤炭开发利用企业和相关辅助、支撑产业或机构的发展现状进行准确评价，还要对集群整体产业结构合理性进行科学评价。

4）煤炭产业集群内产业关联性评价分析。集群作为一个由多种产业形成的复杂有机整体，产业之间通过产品的供需关系，形成一种相互影响、互为前提条件的联系，这种联系的程度将很大程度上决定产业集群的竞争能力。因此，评价煤炭产业集群竞争力不仅包括外在的物质层面的评价，也需囊括相关产业之间关联程度等软要素的评价，如区域间企业合作程度等。

5）煤炭产业集群的产出评价分析。产业集群是超出了一般产业范围的概念，是一定地理范围内多个产业相互融合的共生体。因此，煤炭产出规模并不能成为评价特定区域内煤炭产业集群竞争力的唯一标准，还应综合考虑产业集群内涉煤产业的发展状况及其协作程度。

二 研究方法

DHGF 集成法是综合了德尔菲法、AHP、灰色关联分析法和模糊评判法的优势，以物理-事理-人理（WSR）系统方法为指导的系统信息评价方法。

（一）DH 模型构建

采用德尔菲法与专家讨论法相结合的形式，构建评价模型的指标集，以此为基础，运用 AHP 确定评价指标和权重，构建评价指标体系。

结合以往文献研究，构建煤炭产业集群竞争力评价指标体系可以从基础环境竞争力、企业竞争力和市场竞争力三个方面来考虑，而每个方面又包含了若干影响因素。基础环境竞争力包含煤炭资源禀赋及开采能力、基础设施完备性和区域政策环境三个影响因素；企业竞争力包含资源投入规模（企业规模）、投入资源效率（企业效率）、整体战略规划（可持续性）、创新发展能力（企业创新）及地区经济条件（区位条件）；市场竞争力包含区域煤炭生产规模、煤炭市场需求、高端人才引进规模、规模以上企业数量（市场集中度）及区域间企业合作程度（协调能力）。这 3 个方面、13 个因素共同构成了煤炭产业集群竞争力评价指标体系。确定评价指标体系之后，采用德尔菲法对专家意见进行问卷调查,调查问卷设计采用利克特五点量表,调查问卷包含 3 个纬度共 35 个小项,以利用 AHP 确定指标权重。

本书利用 MatLab 软件对每一层判断矩阵求最大特征值及特征向量,并以此对每一层判断矩阵进行一致性检验,求得最终组合权重,如表 7-5 所示。

表 7-5　煤炭产业集群竞争力评价

目标层 A	准则层 B_i（权重）	指标体系 O_i（权重）	组合权重
煤炭产业集群竞争力评价	基础环境竞争力 B_1（0.6348）	煤炭资源禀赋及开采能力 O_1（0.7612）	0.4832
		基础设施完备性 O_2（0.1662）	0.1055
		区域政策环境 O_3（0.0726）	0.0461
	企业竞争力 B_2（0.2872）	资源投入规模 O_4（0.1048）	0.0301
		投入资源效率 O_5（0.1048）	0.0301
		整体战略规划 O_6（0.2362）	0.0678
		创新发展能力 O_7（0.3560）	0.1022
		地区经济条件 O_8（0.1982）	0.0570
	市场竞争力 B_3（0.0780）	区域煤炭生产规模 O_9（0.0683）	0.0053
		煤炭市场需求 O_{10}（0.1093）	0.0085
		高端人才引进规模 O_{11}（0.3192）	0.0249
		规模以上企业数量 O_{12}（0.1840）	0.0144
		区域间企业合作程度 O_{13}（0.3193）	0.0249

（二）GF 模型构建

1）确定评价样本矩阵。假设有 r 位专家参与评分,我们可以得到专家评分样本矩阵 D。

$$D = \begin{bmatrix} d_{11} & d_{12} & \cdots & d_{1n} \\ d_{21} & d_{22} & \cdots & d_{2n} \\ \vdots & \vdots & & \vdots \\ d_{r1} & d_{r2} & \cdots & d_{rm} \end{bmatrix}$$

2）确定评价等级 V。基于测度理论确定信息系统综合评价标准集合:$V = \{V_1, V_2, \cdots, V_m\}$

3）根据评价等级 V,按照类比方法,取得客观阈值,设定白化权函数,并求得 d_{1i} 属于第 j 类评价等级的权重 $f_j(d_{ij})$。

4）利用评价指标的权重，计算目标层 A 属于每个灰类的灰色统计数 n_{ij} 和总灰色统计数 n_i。其中，$n_{ij} = \sum_{i=1}^{r} f_j(d_{1i})$，$n_i = \sum_{j=1}^{m} n_{ij}$。

由灰色统计数 n_{ij} 和 n_i 的比值确定第 i 个指标在第 j 类评价等级的灰色权，即 $r_{ij} = \dfrac{n_{ij}}{n_i}$，由此得到煤炭产业集群竞争力评价的单因素模糊评判矩阵 R。

5）由组合加权矩阵 W 和单因素模糊评判矩阵 R 复合运算得到模糊综合评判矩阵 B，其中元素 $b_i = \sum_{i=1}^{n} W_i r_{ij}$。

6）由模糊综合评判矩阵 B 和评价等级 V 相乘得到综合评价结果 Z，Z 值越大说明煤炭产业集群竞争力越强。

三 算例分析——山西煤炭产业集群竞争力评价

山西煤炭资源丰富，全省含煤面积 6.2 万平方千米，占全省土地面积的 39.5%，境内已探明煤炭资源储量 2662 亿吨，且品种齐全，煤质优良，是我国典型的资源型地区及我国重要的能源和原材料供应基地。

（一）山西省煤炭产业集群竞争力计算分析

1. 建立专家评价矩阵

本书以山西煤炭产业集群竞争力为研究对象，通过专家打分的形式对指标体系中的 13 项指标进行评价。具体打分说明如下：规定分值范围为 1~10 分，1 分为极差，10 分为非常好，专家根据实际情况对煤炭产业集群的各个指标进行评分。得到专家评价矩阵。其中 d_{1i} 表示第 1 位专家对第 i 个指标 O_i 的评分，如表 7-6 所示。

表 7-6 专家评价矩阵

d_{1i}	O_1	O_2	O_3	O_4	O_5	O_6	O_7	O_8	O_9	O_{10}	O_{11}	O_{12}	O_{13}
E_1	9	7	8	6	7	8	7	7	8	7	6	8	7
E_2	8	6	7	8	6	7	6	6	9	8	8	9	8
E_3	9	7	7	7	7	8	6	7	8	8	7	8	7
E_4	9	7	8	9	7	8	7	8	9	8	7	8	8

续表

d_{1i}	O_1	O_2	O_3	O_4	O_5	O_6	O_7	O_8	O_9	O_{10}	O_{11}	O_{12}	O_{13}
E_5	9	7	6	9	7	7	8	6	9	8	8	9	7
E_6	9	8	7	8	6	8	7	6	8	7	8	9	8
E_7	9	7	8	7	7	8	7	7	8	6	7	8	7
E_8	8	6	8	6	6	7	7	6	8	7	6	8	7
E_9	9	7	7	8	7	7	7	7	8	7	7	8	7
E_{10}	9	7	8	7	7	8	6	7	8	7	6	8	8

2. 确定评价等级

根据测度理论，确定评价等级为 4 个，故 $m = 4$，分别为优、良、中、差。打分范围定为 0～10 分，如表 7-7 所示。

表 7-7　评价等级表

评价等级	优	良	中	差
等级标度	[9, 10)	[7, 9)	[5, 7)	[2, 5)

其标准集合 $V = \{9, 7, 5, 2\}$

3. 确定评估灰类

选取评价等级的分数作为阈值，取得以下白化权函数，如图 7-13 所示。

第一类（优），灰数 $\otimes \in [9, \infty)$；第二类（良），灰数 $\otimes \in [0, 7, 14]$；第三类（中），灰数 $\otimes \in [0, 5, 10]$；第四类（差），灰数 $\otimes \in [0, 2, 4]$。

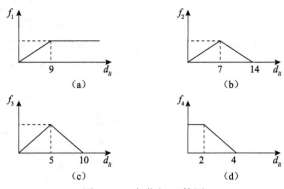

图 7-13　白化权函数图

4. 计算灰色统计值及单因素模糊评判矩阵

利用上述公式，计算第 i 个指标在属于第 j 类评价等级的灰色统计值 n_{ij} 和

n_i。再由二者的比值计算单个指标在每个等级的模糊权重，并得到单因素模糊评判矩阵

$$R = \begin{bmatrix} r_{11} & r_{12} & r_{13} & r_{14} \\ r_{21} & r_{22} & r_{23} & r_{24} \\ \vdots & \vdots & \vdots & \vdots \\ r_{131} & r_{132} & r_{133} & r_{134} \end{bmatrix} = \begin{bmatrix} 0.4987 & 0.3789 & 0.1224 & 0 \\ 0.3272 & 0.4083 & 0.2645 & 0 \\ 0.3804 & 0.3790 & 0.2406 & 0 \\ 0.3779 & 0.3952 & 0.2269 & 0 \\ 0.3232 & 0.4032 & 0.2736 & 0 \\ 0.3771 & 0.4084 & 0.2145 & 0 \\ 0.3394 & 0.3988 & 0.2618 & 0 \\ 0.3273 & 0.3957 & 0.2770 & 0 \\ 0.4338 & 0.3948 & 0.1714 & 0 \\ 0.3557 & 0.4075 & 0.2368 & 0 \\ 0.3394 & 0.3988 & 0.2618 & 0 \\ 0.4441 & 0.3921 & 0.1638 & 0 \\ 0.3554 & 0.4198 & 0.2248 & 0 \end{bmatrix}$$

5. 计算结果

由组合加权矩阵 W 和单因素模糊评判矩阵 R 复合运算，求得模糊综合评判矩阵 $B = (b_1, b_2, b_3, b_4) = WR$，其中 $b_i = \sum_{i=1}^{13} W_i r_{ij}$，$j = 1, 2, 3, 4$，由此得到 $B = (0.4221, 0.3903, 0.1886, 0)$

由模糊综合评判矩阵 B 和评价等级矩阵 V^T 复合运算求得综合评价结果 $Z = BV^T = 7.4690 \in [7,9)$。

（二）山西省煤炭产业集群竞争力综合评价结果分析

由以上计算结果得出结论：山西省煤炭产业集群竞争力综合评价为良好，与实际情况基本相符。对要素（O_i）组合权重和单因素模糊评判矩阵分析如下。

1）从基础环境竞争力因素看，资源禀赋及开采能力和基础设施完备性构成了煤炭产业集群的支撑要素，组合权重分别为 0.4832 和 0.1055。对于 O_1 来说，山西省在第一类和第二类评价等级的权重分别为 0.4987 和 0.3789，说明山西省煤炭资源禀赋及开采能力在中等偏上水平；对于 O_2 来说，山西省在第一类和第二类评价等级的权重分别为 0.3272 和 0.4083，说明山西省煤炭产业集群的基础设施完备性处于中等水平。为了进一步提高煤炭产业集群竞争力，必须在

完善煤炭产权制度、提高煤炭资源利用率等方面提出针对性政策建议。

2）从企业竞争力因素来看，煤炭企业的创新发展能力（O_7）构成了煤炭产业集群竞争力的支撑要素，组合权重为 0.1022。对于 O_7 来说，山西省在第一类和第二类评价等级的权重分别为 0.3394 和 0.3988，说明山西省煤炭企业的创新发展能力处于中等水平。因此，煤炭企业和政府部门应加大高端人才和高新技术的引进力度，保证煤炭企业创新能力的来源。

3）从市场竞争力因素来看，高端人才引进规模（O_{11}）和区域间企业合作程度（O_{13}）构成了煤炭产业集群的主要维持要素，组合权重均为 0.0249。对于 O_{11} 来说，山西省在第一类和第二类评价等级的权重分别为 0.3394 和 0.3988，说明山西省煤炭企业高端人才引进规模和区域间企业合作程度处于中等水平；对于 O_{13} 来说，山西省在第一类和第二类评价等级的权重分别为 0.3554 和 0.4198，说明山西省处于中等水平。因此，山西省提升煤炭产业集群竞争力不能单纯依靠提高产业集中度，扩张企业规模，还必须通过拓宽企业合作渠道、改善企业合作模式，利用政策性引导为企业构建更为广阔的合作平台，提升人才引进质量和规模，以促进企业间关系的良性发展和竞争力的提升。

四 结论

基于 DHGF 集成法构建的煤炭产业集群竞争力评价模型，是依据 WSR 方法论的原理，结合实际情况，解决复杂模糊的信息系统项目评价问题，继而以山西省煤炭产业集群为例，进行的综合评价。结果显示，DHGF 集成法在评价煤炭产业集群竞争力方面，准确度较高，符合研究需要。结论如下。

1）煤炭产业集群竞争力评价是一个综合了定性和定量分析的复杂模糊的信息系统评价问题，DHGF 集成法既发挥了经典方法的优势，也相应控制和弥补了单个方法的缺点，是被实践证明了的准确可行的评价方法。

2）该方法综合了 AHP、灰色关联分析法和模糊评判法，与以往方法相比，克服了主观性过强和方法单一的缺点，而且 DHGF 集成法可以普遍用于处理含有灰元、层次较多的模糊评价问题。

3）DHGF 集成法在煤炭产业集群竞争力评价研究领域是一个创新的方法，但在数据的选择和评价模型精准度分析等方面仍然存在需要改进的空间，希望在以后的研究中继续进行完善。

第八章 煤炭富集区生态知识型煤炭产业集群发展战略模式研究

国家"十二五"规划明确提出发展现代产业体系、提高产业核心竞争力的战略思想，为我国产业集群进一步发展提供了更广阔的实践平台。在我国工业化和城镇化进程逐步加快的现实背景下，煤炭产业和煤炭富集区面临着保证能源稳定供给和低碳发展的双重压力，传统"高碳"型发展模式所衍生的日益严重的环境恶化及资源耗竭等问题，已不能适应知识经济与低碳经济的时代要求。充分把握利用知识经济时代的先进成果和科技优势，培育和发展煤炭产业集群，一方面有助于煤炭企业发挥资源优势，实现大规模、高效率开发，变资源优势为经济优势；另一方面也是国家"十二五"规划区域发展战略实施的有力推手。促进煤炭产业集群化发展，成为提升煤炭产业和煤炭富集区核心竞争力的重大现实问题。

第一节　生态知识型煤炭产业集群概念界定

一　生态知识型煤炭产业集群概念

从系统科学和生态学视角分析，生态知识型煤炭产业集群是一个具备自然生态循环特征的自组织系统，其中一个种群要素产生的"废弃物"被当作另一个种群要素的"营养物"， 各种群之间通过物质交换、能量传递、信息共享联结形成有机统一体，以达到煤炭产业集群系统能源和物质消费的最优化。在这个生态系统中，种群之间相互利用、相互制约、共同发展，从而实现集群经济效益和环境效益的"双赢"。生态知识型煤炭产业集群是国家大型煤炭基地和煤炭富集区适应知识经济与低碳经济时代要求的必然选择，它强调集群生态系统与社会系统、自然系统的和谐均衡发展。

二 生态知识型煤炭产业集群的内涵

生态知识型煤炭产业集群基于可持续发展目标的实现，以立足煤、延伸煤、超越煤的发展理念，形成共享资源、产品、信息、技术等的产业种群共生组合，并与当地自然和社会基础条件相融合,寻求一种资源利用高效化、废弃物排放最少化、生态环境损害最小化的发展模式。生态知识型煤炭产业集群包括煤基型产业种群和非煤基型产业种群，各种群相互依赖、互相衔接、循环往复，共同构成物质闭路循环、能量多级利用、信息有效共享的集群系统，最终形成资源节约型、环境友好型、低碳导向型的煤炭产业集群。

所谓煤基型产业种群就是在煤炭富集区域，以具有典型垂直一体化特征的大型煤炭企业集团为组织基础，以煤炭资源为核心联结要素，具有线性相关关系的众多企业集聚体。它们是集群可持续发展的核心和关键。

所谓非煤基型产业种群就是凭借煤基型产业种群在区域发展中的辐射效应和扩散效应，结合地缘优势形成的具有非线性相关关系的众多企业的集中与集聚体，为集群发展提供了基本的衣食住行保障，是集群发展必不可少的活力源泉，它们为整个集群的可持续发展提供了物质基础和智力支持。

第二节　生态知识型煤炭产业集群的基本特征

一 多样性

生态知识型煤炭产业集群的多样性（又称差异性），包括微观多样性、中观多样性和宏观多样性三个层次。微观多样性是指煤炭产业集群内各个企业在知识、资产、技术、组织结构、组织文化、经营理念等方面的差异性；中观多样性是指集群内同质产业种群之间的差异性，表现为同质产业种群特征的多样化和数量；宏观多样性是指集群内异质产业种群之间的差异性，表现为集群内异质产业种群特征的多样化和数量。生态知识型煤炭产业集群的多样性是集群生存与发展的基础和前提，它不仅直接为集群提供物质资源，具有巨大的经济价值，而且为集群稳定持续发展提供了难以估量的间接价值。

二 系统性

煤炭产业集群系统中各个种群处于不同的地位，种群之间通过物质、能量、信息和技术等的交换直接或间接联结起来，集群内各种群在有序状态下生存，具有一定的营养结构和群落层次，集群内各种群单位相互依存、相互合作，共同构成有机的煤炭产业集群系统。

三 低碳性

煤炭产业集群的低碳性是指群内各种群之间，在物质、信息、能量等的循环过程中，所体现的低消耗、低污染、低排放的"低碳化"特征。煤炭产业集群各种群之间，通过资源、能量、信息、技术的共享利用，形成资源、能量、信息、技术的交换网络；在各种群内部，通过协调采购、生产、技术、设计、营销等与环境管理的关系，实行生态设计，采用绿色工艺，进行清洁生产。从而实现物质流、能量流、信息流、资金流等周而复始地运转。通过低能耗、低污染、低排放为基础的低碳运行模式，一方面使生态知识型煤炭产业集群系统更好地融入生态系统，实现对生态环境的保护；另一方面有助于降低集群生产成本，增强竞争力和可持续发展能力。

四 可持续性

生态知识型煤炭产业集群的可持续发展应该既满足经济发展的需要，又满足人类在生态与环境方面的需要；既满足当代人的需要，又不对后代人满足其需要的能力构成危害，使煤炭资源的消耗维持在一个相对适宜的速度，以便当这种资源使用代价特别昂贵时，人类有足够的时间向可替代性资源转移。可持续发展要求通过集约化开采，尽可能减少资源浪费，提高资源回采率；通过环境治理，尽可能减少对集群内土地资源、水资源的破坏和浪费；通过产业链延伸，提高废弃物和煤伴共生品的利用率；通过技术进步，充分挖掘既定的煤炭资源中的"附加价值"，实现煤炭产业集群系统中资源的可持续利用。

第三节　生态知识型煤炭产业集群建设的必要性

一 资源制约性

煤炭资源是我国的基础性能源资源，煤炭工业承载着经济发展、社会进步和民族振兴的历史重任。然而，煤炭资源是一种耗竭性非可再生资源，一旦被开采利用，资源的实物形态将永远消失。在加快全面建设小康社会进程中，保持经济持续快速增长，资源消费的增加是难以避免的，如果继续沿袭传统"三高一低"的发展模式，以资源的大量消耗实现工业化和现代化，必然会加快煤炭资源枯竭的速度。2008年初我国南方雨雪冰冻灾害中电煤极度紧张的现实就充分表明了这一点，再次给我们敲响了警钟。为了减轻经济增长对资源供给的压力，面对严峻的资源制约形势，必须寻求珍惜资源，促进资源持续高效利用的对策。由此可见，发展生态知识型煤炭产业集群战略模式是缓解煤炭资源约束矛盾，实现可持续发展的必然选择。

二　生态制约性

煤炭资源在国民经济和社会发展中起着对能源体系的支撑作用，煤炭的开采和利用为人类带来了繁荣与进步，但同时我们也必须清醒地认识到现有煤炭企业的经营模式大都属于环境污染型的非可持续发展模式，以往先污染后治理、先低端后高端、先粗放后集约的发展模式引发了高能耗、高污染、高排放的一系列非生态性问题，也对人类环境产生了各种有害的影响。随着社会的进步与发展，人类越来越认识到环境对人类生存的重要作用，1997年京都会议进一步明确了大力改善生态环境是世界各国的共同责任，世界许多国家都将环境保护作为一项基本国策，因此对煤炭企业的发展也提出了越来越严厉的要求。在低碳经济的大背景下，以低能耗、低污染、低排放为目标的生产模式要求煤炭富集区的发展应将"保持良好的生态环境"作为基本的约束条件，通过制度创新、组织创新、技术创新、结构升级、新能源开发等多种手段，最大限度地减少对环境的危害，提高能源利用效率，建设生态文明大型煤炭基地。因此，基于低碳经济时代的要求，构建生态知识型煤炭产业集群发展模式势在必行。

三　政策导向性

《煤炭工业发展"十二五"规划》明确提出，"十二五"期间是构建新型煤炭工业体系，实现煤炭工业健康发展的重要时期，煤炭工业总体发展目标是：开发布局明显优化，资源配置及勘查规范有序；煤炭生产以大型煤炭企业、大型煤炭基地和大型现代化煤矿为主，实现重特大事故大幅度减少，安全生产形势明显好转；资源综合利用和循环经济较快发展，采煤沉陷区治理取得较大进展，矿区生态环境明显改善；棚户区改造基本完成，职工生活质量进一步提高。国家煤炭产业政策或战略指导，为我国现有大型煤炭基地和煤炭富集区的发展提供了广阔的实践平台。因此，充分把握利用知识经济时代的先进成果、科技优势及国家"十二五"规划提供的难得契机，培育和发展生态知识型煤炭产业集群发展战略模式，为我国大型煤炭基地和煤炭富集区实现社会、经济、环境协调发展与可持续发展提供强有力的现实选择。

四　市场导向性

随着中国加入 WTO，经济社会全球化进程不断加快，能源市场进一步开放，对于我国大型煤炭基地来说，这既是机遇又是挑战。我国现有煤炭企业发展模式，既不利于参与国内外煤炭企业的竞争，又不利于各企业的长远发展。近年来，世界各大国煤炭巨头占有煤炭资源，产业发展呈现多元化的特点，既有煤炭生产，也有销售渠道建设、物资流通、科技研发等，而且还充分利用其国际渠道在全球范围内为其配置资源。在跨国煤炭巨头以控制中国市场为目标的强大攻势下，国内一些产业已失去控制权的事实也为煤炭产业敲响了警钟：如果我国不能迅速培育出一批规模大、实力强、技术水平高、具有核心竞争力、能与国际巨头抗衡的大型煤炭基地，国内煤炭资源便存在被跨国煤炭巨头控制的危险，这对我国国民经济的发展造成了极大的威胁。通过发展生态知识型煤炭产业集群战略模式，可以实现煤炭企业间的强强联合，优势互补，集中优质资源，努力提高我国煤炭企业在国内外市场上的影响力和整体竞争力。

五　经济驱动性

煤炭资源在人类社会经济发展过程中一直起着重要作用，围绕煤炭资源开发形成的重化工业已经成为工业化进程的支柱性力量。煤炭工业的发展，一方面为我国带来了可观的经济利益，另一方面使煤炭资源变得越来越稀缺，环境污染也越来越严重，使企业及其整个国民经济付出了昂贵的生态代价和社会成本，造成了经济发展与资源环境制约的瓶颈问题。经济发展与资源环境发展的不平衡态势，迫使我们做出历史性的战略选择，这就是要转变企业传统发展战略，实行生态知识型煤炭产业集群发展战略，转变高碳型增长方式。由此看来，生态知识型煤炭产业集群战略模式是我国大型煤炭基地实现集约型经济增长，提高经济效益与质量的有效途径。

六　科技支撑性

国家"十二五"规划提出要增强科技创新能力。坚持自主创新、重点跨越、支撑发展、引领未来的方针，增强共性、核心技术突破能力，促进科技成果向现实生产力转化。加快推进国家重大科技专项，深入实施知识创新和技术创新工程。把科技进步与产业结构优化升级，增强原始创新、集成创新和引进消化吸收再创新能力，在现有能源资源等领域取得新突破。国际上先进的煤炭气化和液化技术、洁净燃煤技术等有了不同程度的开发与应用，我国通过自主研发和引进国外先进技术取得了相当进展，现有煤炭产业的科技创新已初具规模。科学技术的进步推动着煤炭科技的进步和创新，基于知识经济时代和科技发展的要求，生态知识型煤炭产业集群发展模式成为实现我国大型煤炭基地和煤炭富集区科学发展的重要选择。

第四节　生态知识型煤炭产业集群战略设计的理论依据

一　研究前沿动态

（一）生态学视角下产业集群的国外研究状况

Henderson（1986）提出群落是占有一定空间的多种生物种群的集合体，这些不同生物种群彼此间相互作用，使群落比单独一个种群存在时更加稳定。但群落不是任意物种的随意组合，群落的性质是由组成群落的各种生物的适应性，以及这些生物彼此之间的相互关系，如竞争、捕食和共生等所决定的。

产业集群的企业构成及企业间关系与生态群落有类似之处。集群中企业的弹性、学习创新、合作竞争等的特征构成了集群总体的特征。集群中企业间的供求关系、社会网络关系等使处于相同或不同产业的企业结合在一起，促成了集群的稳定性，为集群的区域营销构造了基础平台。所以，分析生态群落的构成，将有助于对产业集群形成机理进行研究。

Fotopoulos 和 Spenee（2001）提出产业集群的发展还受制于集群内企业的数量和规模，若企业太少、企业规模太小，尤其是核心企业的数量和规模达不到产业链生成的基本门槛，那么这类企业就不能有效吸引更多的同类企业、配套企业和相关支持机构进驻。产业链发育迟缓、集群发展缓慢的区域，对区域经济的带动作用十分有限。但集群内企业过多，会使土地、市场、人才、技术、信息、供应链等有限资源的稀缺性加剧，企业之间竞争激烈，利润下降。这时，一些有能力的企业开始迁出集群所在地，集群竞争力下降，造成当地经济、社会发展动力减弱。如果把某个集群看作是自然界中的一个种群，那么描述生物种群密度与存活率关系的"阿利规律"同样适用于产业集群，即在一定条件下，当集群内企业密度（数量）处于适度大小时，集群增长最快，密度太低或太高，都会对集群生长起抑制作用。

Ottaviano 等（2002）认为集群是有生命的组织，在集群生命周期的不同阶段，集群会有不同的表现。大多数传统产业集群，如灯饰、五金、服装、家电等产业集群，其生产过程和产品已趋于标准化，同类产品竞争激烈，利润下降，研发和市场等因素成为企业进一步发展的瓶颈。这表明这些集群已达到成熟阶段，这一阶段的集群政策重心是鼓励集群扩大开放，使之主动参与更大范围内的分工与合作，加大对集群的研发投入，制定科学合理的科技创新和科技成果产业化的激励机制，建立集群信息网络和交流平台，打破企业瓶颈，帮助集群寻找新的增长点。高新技术产业集群还处于集群的幼年阶段，产业链尚在发育之中。这一阶段的集群政策重心在于根据各产业特色，构建专业化服务平台，支持配套企业发展，促进分工和专业化，进一步降低企业经营成本，以吸引更多企业集聚。

（二）产业集群生态化发展的国内研究状况

近年来，国内关于产业集群生态化的研究大多集中在集群内各系统之间的和谐稳定发展，探讨了产业集群生态化的一般模式和发展对策。

陈柳钦（2005）提出，产业生态化是依据产业自然生态有机循环机理，在自然系统承载能力内，对特定地域空间内产业系统、自然系统与社会系统之间进行组合优化，充分利用资源，消除环境破坏，协调自然、社会与经济的持续发展。产业生态化是一个渐进过程，是产业的反生态性特征日趋削弱、生态性特征逐渐加强的过程。产业生态化作为获取和维持可持续发展的一种实践手段，旨在倡导一种全新的、一体化的循环模式，即经济系统和环境系统具有高度的统一性，两个系统内各组成部分之间相互依存、不可分割。同时，产业生态化认为物质和能量的总体循环贯穿于从原材料开采到产品生产、包装、使用及废料最终处理的全过程。

刘天卓和陈晓剑（2006）以生态学中的种群成长动态模型作为分析基础，运用生态模拟的方法，从环境负载容量、种群规模、内在成长机制、生命繁衍策略、种群间的关系五个方面讨论产业集群的生态特征。成娟和张克让（2006）依据生态学、环境科学、系统科学等学科的基本原理和集聚经济的经济学理念，从产业集群生态化模式的建构形态、社会驱动因素及具体实施措施三个方面，为产业集群生态化的发展提供理论框架和具体建议。成伟（2006）基于循环经济理论，构建了产业集群生态化的一般模式，并与社会基础条件相融合，充分挖掘产业群落所产生的内生资源，建立良性循环的产业集群化过程。在生态化过程中，产业的发展以自然系统承载能力为限，对特定空间中的集群产业系统、自然系统和社会系统进行耦合优化，以实现特定区位中经济、社会、生态三者之间的整体协调与和谐发展。

李辉和李舸（2007）借助生态学的方法和理论，从对比产业集群与生物群落的相似性入手，提出了产业集群的生态特征表现在宏观和微观两个层面。宏观特征表现为整体性和新生特性、综合性和有机关联性；微观特征表现为具有一定的种类组成、具有一定的结构、具有一定的动态特征、形成一定的群落环境。王海杰（2007）认为产业集群将是发展区域性循环经济的载体，二者间的耦合点是产业集群的生态化，其实现途径是建立循环经济工业园体系，并且组建虚实兼顾的柔性循环网络。为此，应发挥政府和企业两个主体的作用，还应着力构建集群中介组织，降低企业间的交易费用。

吴飞美（2008）认为产业集群生态化要以循环经济作为理论导向，注重与当地自然条件和社会基础条件相融合，以集群环境的承载能力为限，来确定产业集群的构成要素和组织构架，将产业系统中的参与者加以协调组装，并挖掘产业群落所产生的内生资源，建立物质、能量、生态的良性循环，维护产业生态系统的稳定。产业集群生态化过程由四个部分构成，即产业集群环境建设、产业集群参与者组装、产业生态网络配置、产业集群生态系统自我调节机制，这四个部分相辅相成，缺一不可。

吴松强（2009）基于产业生态化和循环经济理论，提出集群生态化强调资源的循环利用，鼓励企业间相互交换副产品，通过结网建立企业间的产业共生关系，从而实现集群经济效益和环境效益的"双赢"。集群生态化是集群可持续发展的必然选择，它强调集群这样一个产业系统与社会系统、自然系统间的和谐与均衡发展。陈宇菲等（2009）基于企业仿生学理论，认为产业集群生态系统结构是"一个宏观中观微观相渗透、纵向横向相交错、动态静态相结合的网状结构"。产业集群生态系统结构的各个层面，始终存在着物质流、能量流和信息流之间的交换互转，即为系统生态演替提供充足的物质和能量的过程，体现出外部环境条件和资源因子与产业集群生态系统形成的供给支持或生态制约关系。金贤锋等（2009）从广义协同视角重新考虑产业集群生态化，并认为以可持续发展为根本目标的产业集群生态化，应该包括产业集群与自然环境的协同进化、产业集群内部组分间协同进化两个方面，前者主要体现为以物质闭环流动为核心的循环体系构建，后者则体现为产业集群内企业在资源使用中的现实综合适应和进化策略。

（三）煤炭产业（产业集群）生态化国内研究现状

刘峰和王永生（2006）认为产业生态管理是矿区可持续发展的新范式，提出矿区实现产业生态管理的途径是构建生态产业链结构。席旭东（2006）提出煤炭矿区生态产业链结构具有从低级到高级，从简单到复杂，由链状耦合结构到链与链之间横向耦合形成的网状结构，由链与网、网与网之间相互作用耦合形成的多维立体复杂网状结构的特征，并认为煤炭矿区生态产业链结构具有多种功能。

郭军（2007）提出通过煤矸石的资源化利用、煤矿塌陷土地资源的治理及发展旅游休闲业来促进煤炭生态产业发展的基本思路及实现途径。魏振宽等（2007）认为转变经济增长方式、发展生态经济是煤炭企业，更是煤炭行业可持续发展的重要保证，提出矿区生态产业链主要通过纵向延伸和横向耦合方式进行构建。

战彦领和周敏（2008）认为煤炭产业链整合可围绕二种类型的资源，在垂直、水平、混合三个层面展开，并结合煤炭企业的实际，提出股权并购型、战略联盟型、产业集聚型三种产业链整合的基本模式。唐成（2008）提出把建设生态文明放在煤炭工业可持续发展战略的突出位置，通过转变经济发展方式来实现煤炭资源节约和矿区环境保护。王茂春和罗琴（2008）通过分析贵州省煤炭生产现状及贵州省煤炭资源特点，提出构建符合贵州实际的贵州省煤炭产业循环经济发展模式，即基于煤炭产业集群、资源综合利用和生态保护与环境治理的循环经济发展模式。陈亚飞（2008）认为应将煤化工产业纳入全社会循环经济体系中统筹规划，通过规范煤化工用煤、煤化工多联产和废弃物的再循环利用等生产环节以实现社会层面的大循环，最终实现煤化工产业发展的园区化、基地化。

武春友和吴荻（2009）通过对产业集群生态化内涵的探讨，提出了产业集群生态化发展模式，并结合山东新汶煤炭产业集群的实践，提出专业性生态辐射层、过渡性生态辐射层和松散性生态辐射层的煤炭产业集群生态化的发展模式。曹代工（2009）提出煤炭生态工业园的功能规划，通过纵向与横向产业链相互耦合来实现煤炭生态工业园物质流、能量流和信息流循环利用，促进煤炭工业的产业结构优化，经济、社会和环境的协调发展。

二　主要理论依据

（一）产业生态学理论

1. 产业生态学内涵

产业生态学最早是20世纪80年代物理学家 Robert Frosch 等模拟生物的新陈代谢过程和生态系统的循环所开展的"工业代谢"研究，他们在《可持续工业发展战略》（*Sustainable Industrial Development Strategy*，1989 年发表于 *Scientific American*）一文中首次提出"产业生态系统"的概念，并受到广泛关注。1997 年，由耶鲁大学和麻省理工学院联合出版了全球第一本关于产业生态的学术期刊——《产业生态学》（*Industrial Ecology*），标志着产业生态学作为一门真正意义上的学科为学术界所接受。产业生态学是运用生态学的基本规律，基于物质流和能量流的分析，研究如何通过产品的制造者、消费者和废料处理者的协作，以及如何通过对工业活动，尤其是工业设施设计的改变，使产业转向健康的（即环境友好的）发展模式。它是在可持续发展思想推动下，在传统的自然科学、社会科学和经济学等多学科相互交叉和综合的基础上发展起来的一门研究可持续能力的新兴科学。

2. 产业生态学层次

产业生态学原理涉及三个层次。

宏观上，它是国家产业政策的重要依据，即围绕产业发展，如何将生态学的理论与原则融入国家法律、经济和社会发展中，以促进国家及全球尺度的生态安全和经济繁荣。

中观上，它是部门和地区生产能力建设及产业结构调整的重要方法论基础，通过生态产业将区域国土规划、城市建设规划、生态环境规划和社会经济发展规划融为一体，促进城乡结合、工农结合、环境保护与经济建设结合。

微观上，它为企业提供具体产品和工艺的生态评价、生态设计、生态工程与生态管理方法，它涉及企业的竞争能力、管理体制、发展战略、行动方针，包括企业的绿色核算体系、生态产品规格与标准等。

（二）知识经济理论

1. 知识经济内涵

知识经济是人类知识，特别是科学技术方面的知识积累到一定程度，以及知识在经济发展中的作用扩大到一定阶段的产物。1996 年经合组织发表了题为"以知识为基础的经济"的报告，该报告中所述的知识，包括人类迄今为止所创造的一切知识，最重要的部分是科学技术、管理及行为科学知识。知识经济是以知识为基础的经济，是建立在知识和信息的生产、分配与使用基础之上的经济。知识经济是以知识资源为基础的一种经济形态，是一种以知识为主导的经济。

2. 知识经济特征

知识经济与传统的工业经济和农业经济相比，具有明显不同的特征，知识经济是一种可持续经济。首先，知识经济与传统的经济形态，特别是与工业经济的一个重要区别是传统经济对自然资源的高度依赖。随着这些自然资源逐渐耗竭和稀缺性的增强，使用这些资源的成本将大大增加，人类发展的可持续性将受到严重影响。而知识经济是一种自然资源节约型经济，知识经济的发展虽然不是完全不需要自然资源，但其发展更主要地依赖于知识成本，知识作为一种重要的经济资源，一旦产生就不会因为使用而被消耗。其次，知识经济是一种物质资源替代与节约型的经济，大量知识在生产过程中的应用不仅替代和节约了稀缺的自然源，而且能够替代和节约几乎所有类型的物质资源，科学技术知识和经济管理知识的有效应用能大大地提高各种物质资源的利用效率，优化社会要素的组合，降低经济发展对稀缺性物质资源的依赖程度，从而有利于经济的持续发展。最后，知识经济是一种资源开发型经济，随着人类社会所拥有的自然和社会知识的迅速增加，人类对自然和社会的认识进一步深化，人类将开发更多更经济的物质资源，或发现已有物质资源的新用途。

（三）循环经济理论

1. 循环经济内涵

"循环经济"一词是美国经济学家 K.博尔丁于 20 世纪 60 年代中期在《宇宙飞船经济学》一文中提出生态经济学时谈到的，他受当时发射的宇宙飞船启发来分析地球的经济发展。循环经济即物质闭环流动型经济，是指在人、自然资源和科学技术的大系统内，在资源投入、企业生产、产品消费及其废弃的全过程中，把传统的依赖资源消耗的线性增长的经济，转变为依靠生态型资源循环来发展的经济，它强调最有效地利用资源和保护环境，表现为"资源—产品—再生资源"的经济增长模式。

2. 循环经济原则

循环经济的核心内涵一般包括三个原则，即 $3R$ 原则：减量化（reducing）原则、再利用（reusing）原则和资源化（recycling）原则。其中，减量化原则属于输入端方法，旨在减少进入生产和消费流程的物质量；再利用原则属于过程性方法，目的是延长产品的服务周期和强度；资源化原则是输出端方法，通过把废弃物再次变成资源以减少最终处理量。

减量化原则是指在经济活动的源头就注意节约资源和减少污染物，要求用较少的原料和能源投入，达到既定的生产或消费目的。通过管理技术的改进和清洁生产技术，提高资源利用率，减少污染物排放，尽可能地减少进入生产、消费过程的资源总量和废弃物的排放总量。

再利用原则就是以废弃物利用最大化为目标，尽可能多次及尽可能运用多种方式实现废弃物的转化，有效延长产品的服务周期和强度。生产的产品可以被多次反复有效使用，最终的废弃物可作为资源进入下一个生产环节，从而提高资源利用率。

资源化原则要求生产出来的产品在完成其使用功能后，能重新变成可以利用的资源而不是无用的垃圾，以扩大资源供给、减少垃圾最终处理量。通过不断循环利用，提高资源的利用率和环境同化能力，以生态产业链为发展载体，以生产为重要手段，通过对废弃物的多次回收、多级资源化和良性循环，实现废弃物的最少排放和对环境的最小影响。

（四）可持续发展理论

1. 可持续发展内涵

1987 年，以挪威前首相 G.H.布伦特兰为首的联合国世界与环境发展委员会发表了一份报告——《我们共同的未来》，首次提出可持续发展概念，标志着可持续发展理论的诞生。1992 年在巴西里约热内卢召开了联合国环境与发展会议，把可持续发展作为人类迈向 21 世纪的共同发展战略，会议通过了《21世纪议程》，标志着将可持续发展战略由概念落实为全球的行动，成为人类走向更加美好未来的重要里程碑。

可持续发展是指既满足当代人的需要，又不对后代满足其自身需要的能力构成危害的发展。在具体内容方面，可持续发展涉及可持续经济、可持续生态和可持续社会三方面的协调统一，要求人类在发展中讲究经济效率、关注生态和谐和追求社会公平，最终达到人的全面发展。这表明，可持续发展虽然缘起于环境保护问题，但作为一个指导人类走向 21 世纪的发展理论，它已经超越了单纯的环境保护范畴。它将环境问题与发展问题有机地结合起来，已经成为一个有关社会经济发展的全面性战略问题。

2. 可持续发展基本原则

可持续发展是一种新的人类生存方式。这种生存方式不但要求体现在以资源利用和环境保护为主的环境生活领域，更要求体现到作为发展源头的经济生活和社会生活中去。贯彻可持续发展战略必须遵从一些基本原则。

1）公平性原则。可持续发展强调发展应该追求两方面的公平：一是本代人的公平即代内平等。可持续发展要满足全体人民的基本需求和给全体人民机会以满足他们要求较好生活的愿望。二是代际公平即世代平等。要认识到人类赖以生存的自然资源是有限的。本代人不能因为自己的发展与需求而损害人类世世代代满足需求的条件——自然资源与环境。要给世世代代以公平利用自然资源的权利。

2）持续性原则。持续性原则的核心思想是人类的经济建设和社会发展不能超越自然资源与生态环境的承载能力。这意味着，可持续发展不仅要求人与人之间的公平，还要顾及人与自然之间的公平。资源和环境是人类生存与发展的基础，离开了资源和环境，就无从谈及人类的生存与发展。可持续发展主张建立在保护地球自然系统基础上的发展，因此发展必须有一定的限制因素。

3）共同性原则。鉴于世界各国历史、文化和发展水平的差异，可持续发展的具体目标、政策和实施步骤不可能是唯一的。但是，可持续发展作为全球发展的总目标，所体现的公平性原则和持续性原则，则是应该共同遵从的。要实现可持续发展的总目标，就必须采取全球共同的联合行动，认识到我们的家园——地球的整体性和相互依赖性。

（五）生态学理论

生态系统是指在一定空间内，生物成分（生物群落）和非生物成分（物理环境）通过物质循环、能量流动和信息传递形成的一个功能整体。

生态系统是一个不断演化的动态系统，在外界环境与能量供应相对稳定的情况下，向着物种组成多样化、结构复杂化和功能完善化的方向发展，直到达到成熟状态。当生态系统的结构和功能处于相对稳定的时候，生物之间、生物与环境之间高度适应，相互协调，种群结构与数量比例稳定，能量和物质输入输出大致相等，这种状态就是生态平衡。生态系统具有自我调节功能。

人类社会不同于生物群落，它是以人的行为为主导，以自然环境为依托，以物质和能量流动为命脉，以社会体制为经络的人工生态系统，即社会-经济-自然复合生态系统。人与资源、环境矛盾的产生，是由于自然生态系统中各个成分之间关系的失调。人既是生态系统的成员，受一般自然规律的制约，又是支配生态系统的最积极、最活跃的因素，人一旦认识和掌握生态系统的科学规律，就能建立具有更好的生态效益与经济效益的新系统，形成新的生态平衡。

第五节　生态知识型煤炭产业集群战略设计的基本原则

煤炭富集区是我国未来二三十年乃至更长时期的能源"聚宝盆"和经济增长极，充分利用区域资源禀赋优势、区位优势、产业优势、政策优势及后发优势，遵循知识经济、信息经济、低碳经济的基本规律和时代要求，依托循环经济、可持续发展理论，以科学发展观为指导，以煤炭产业等资源型产业、盆地及周边区域可持续发展为基本目标，实现社会、经济和环境的和谐发展，打造产业发达、区域繁荣、环境优美的新型能源基地，是煤炭富集区煤炭产业发展战略模式选择的现实要求和基本目标。

一 生态知识型煤炭产业集群战略设计的指导思想

（一）实现集群内资源有效利用

生态知识型煤炭产业集群战略模式要求把集群中的物质、能量保存在整个系统中，通过物质、能量的闭路循环，实现废物资源化、能量梯级利用。抓住资源开采、生产消耗、废物产生三个重要环节，全面提高资源综合利用水平，建立资源综合利用认证项目和督察制度，实现集群内资源的有效利用。

（二）保持集群内经济平稳较快发展

生态知识型煤炭产业集群发展模式要求科学分析判断经济运行走势，正确把握煤炭产量、价格、结构三者之间的关系，确定"以需定产保平衡、以价定销保收益、调整结构保市场"的经营策略，充分挖掘集群内其他产业种群的经济发展优势，加强各种群间的经济合作与发展，努力实现整个集群系统的经济平稳较快发展。

（三）有效保护集群生态环境

面对日趋强化的资源环境约束，必须增强危机意识，树立绿色、低碳发展理念。按照建设环境友好型社会的要求，集群环境保护的重点要从被动治理转向污染防治与生态恢复并重，切实加大矿区生态保护与治理力度，加快构建资源节约、环境友好的生产方式与消费模式。健全激励和约束机制，研究建立集群生态环境恢复补偿机制，明确企业和政府的责任，加大生态环境保护和治理投入，逐步使集群环境保护和治理步入良性循环的轨道。

（四）突出以人为本的发展理念

我们要加快发展，实现全面建设小康社会的目标，根本出发点和落脚点就是要坚持以人为本，这就要求我们在发展过程中不仅要追求经济效益，还要讲求生态效益；不仅要促进经济增长，更要不断改善人们的生活条件，不断提高人民群众的生活水平和生活质量。同时要认真制定和落实惠民政策，始终把维护职工权益和改善民生作为以人为本理念在集群内的具体体现，促进保民生工作的有效实施。

二 生态知识型煤炭产业集群战略设计的总体目标

基于产业集聚效应及产业集聚与产业增长、区域发展的互动关系，鄂尔多斯盆地煤炭产业集群化发展战略的实施，将会对鄂尔多斯盆地及周边地区的社会经济带来巨大影响和改变，突出体现在对产业（煤炭产业等）、区域（盆地涉及的晋陕蒙甘宁部分地区）可持续发展能力的全面提升。

生态知识型煤炭产业集群战略目标的设计，应该充分考虑集群内和集群外两个层次。第一层面从集群自身发展层面分析，全面贯彻落实科学发展观，以优化资源利用方式为核心，以提高资源生产率和减少污染物排放为目标，以技术创新和制度创新为动力，科学组织生产，努力增加煤炭产量；强基固本，加强隐患排查治理；加强煤基多联产、循环多元的产业种群的发展，壮大煤炭与相关产业种群的协调发展；加大科技创新力度，在增强跨越发展动力上下功夫；推进和谐集群建设，在保民生上下功夫；加强自身建设，在提升管理水平上下功夫。在生产、流通、消费、回收等环节落实生态化和知识化理念，建立以集群为主体、以种群为主导、以生态为主题、以技术创新为主线的煤炭产业集群系统。第二层面从集群外主要利益相关者角度进行设计。所谓煤炭产业集群利益相关者，是指集群在外部环境中受集群决策和行动影响的任何相关者。生态知识型煤炭产业集群不仅要实现集群自身的发展目标，还要考虑到集群利益相关者的利益。合理开发节约资源，实现资源代际公平利用；加强集群的污染物综合治理及预防，减少对集群所在区域环境的破坏；保持煤炭产量的稳定增长，保证集群所在区域煤炭交易市场的平稳发展；保持集群内经济平稳快速发展，促进集群所在区域经济的发展。因此，本书的战略目标划分为总体目标、产业目标和区域目标三个主要方面。

（一）总体目标

利用资源禀赋优势、政策优势和后发优势，利用现代技术、知识、信息等先进成果，大力推进煤炭富集区以煤炭产业集聚为代表的资源型产业集聚向以煤炭产业集群为代表的资源型产业集群的科学演化与转变，以生态知识型煤炭产业的开发与建设为主体，合理规划煤层气、石油、铀等共伴生资源产业的协同开发。同时，紧密结合煤炭富集区能源产业集群的产业链和产业网络的结构特征，合理、充分利用既有比较优势，按照循环经济和新型工业化等的要求，积极培育与煤炭资源型产业集群紧密关联、和谐共生的机械制造、建材建筑、现代物流、电子信息、现代畜牧、现代农林、纺织服装等辅助产业，形成煤炭富集区科学、和谐的产业结构，建设生态知识型能源经济圈，推动和促进能源主体功能区的建设步伐；建设产业空间布局合理、区域经济结构和谐、经济环境与社会效益相协同的资源节约型、环境友好型的煤炭富集区，形成新的具有多优势、多产业、多辐射的中西部"增长极"。

（二）产业目标

加快煤炭产业低碳转型，实施煤炭等资源清洁和低碳生产与开发，以循环经济为指导，加快大型煤炭企业和其他大型资源型企业集团化建设，构筑以大型煤炭企业集团为核心节点的有核型煤炭产业集群，促进煤炭、煤层气、天然气、石油、铀等资源有序、高效、清洁开发。以煤质空间分布格局为基点，同步规划建设煤层气产业集群、石油产业集群、物流产业集群及装备制造业产业集群等，使大型煤炭企业集团和产煤区形成特色突出、相互支撑、有序竞争的产业格局，实现煤炭产业低碳转型和可持续发展，培植体现区域地缘优势的非资源型产业，为区域城市化转型发展奠定产业基础。

（三）区域目标

适应知识经济、信息经济、绿色经济、低碳经济的时代发展趋势，积极贯彻落实党中央和国务院提出的"十二五"区域总体发展战略和主体功能区战略，以"调结构、稳增长、促改革、惠民生"为指导思想，促进煤炭富集区的社会发展、经济进步和环境保护相协调，促进煤炭产业、煤基产业和辅助产业的有机联结，构建煤炭主体功能突出、优势特色明显、产业布局合理、产业结构和谐、经济结构科学的发展模式，开创煤炭富集区"既有金山银山，也有绿水青山"的新局面。

第六节　生态知识型煤炭产业集群系统构成

生态知识型煤炭产业集群系统由煤基型产业种群系统和非煤基型产业种群系统两大产业种群系统构成,煤基型产业种群系统是集群发展的基础和核心,非煤基型产业种群系统为集群的发展提供了必要的物质保障和智力支持。

一　煤基型产业种群系统构成要素

（一）优势种产业种群——煤炭采掘业种群

优势种一般指优势度最大或较大的种，在群落中占据重要地位，常常在很大程度上决定着群落内部环境条件，对其他种群的生存与发展施以最大影响。优势种能有效控制群落中物质循环和能量流动，对群落结构和群落环境形成具有明显的控制作用，如果把群落中的优势种去除，将导致群落性质和环境的变化。

煤炭资源储量丰富、开发成本低廉是煤基型产业种群的关键性竞争优势，依托资源比较优势，煤炭采掘业种群成为集群中密度最大、对环境影响最直接的产业种群，占据基础和主导地位，对整个系统的发展具有控制作用。因此，本书将煤炭采掘业种群作为煤基型产业种群的优势种产业种群加以研究。

（二）关键种产业种群——热电和煤化工产业种群

关键种是指一些珍稀、特有、庞大的、对其他物种具有不成比例影响的物种，在群落中占据中心地位，它们的消失或削弱会引起整个群落和生态系统发生根本性变化。关键种有两个显著特点：一方面它的存在对于维持生态系统群落的稳定性和多样性具有决定性作用；另一方面同群落中其他物种相比很重要，但又是相对的。

煤基型产业种群中的热电和煤化工产业种群，使用和传输物质最多、能量流动规模最为庞大，带动和牵制着其他产业种群的发展，对煤基型产业种群的稳定持续发展起着至关重要的作用，是集群内的链核，也是建设和发展产业共生链的关键，具有不可替代的作用。因此，本书认为热电和煤化工产业种群是煤基型产业种群的关键种产业种群。

（三）伴生种产业种群——静脉产业种群等

伴生种是指那些在群落中经常出现，对群落影响不起决定作用，优势度较小的种群。伴生种不能用来区分群丛，它虽然在群落中处于非优势地位，但其适应性广泛，可与其他物种构成种群耦合关系，是群落中的重要成员。

在煤基型产业种群中，伴生种产业种群依托优势种产业种群和关键种产业种群提供的各种优势条件，如资源优势、资金优势、技术优势、品牌优势及人才优势等，逐步形成了群内的建材、净水、冶金、陶瓷、造纸、机械制造、物流产业、静脉产业（以保护环境为前提，以节约资源为目的，运用先进技术，实现垃圾回收利用和再资源化利用的资源再生利用产业种群）等产业种群。虽然这些产业种群不占主导地位，但他们直接或间接以优势种和关键种产业种群提供的物质、能量为牛，对整个集群生态化和可持续发展具有不可替代的作用。因此，本书将上述产业种群作为煤基型产业种群的伴生种产业种群加以研究。

二 非煤基型产业种群系统构成要素

（一）农业产业种群

农业产业种群包括种植业和养殖业产业种群，农业产业种群是集群中最基本的物质生产部门，为集群的发展提供衣食之源、生存之本，是煤基型产业种群和非煤基型产业种群存在与发展的必要条件，是支撑煤炭产业集群系统不断发展与进步的保障。

（二）知识产业种群

知识产业种群包括大学及科研机构产业种群，大学及科研机构产业种群是集群创新的智力团体，集群中的各企业与大学及科研机构合作可以促进知识、科研成果的转化和应用，提高企业竞争力，同时也促进大学及科研机构与社会相结合，研究、开发适合经济发展与社会生活的产品。

（三）政府公共服务产业种群

政府公共服务产业种群主要是为煤炭产业集群成长和发展制定引导政策，为集群中的各种群提供公共设施及服务，从外部环境促进集群发展。煤炭产业集群需要在政府公共服务产业种群的直接引导下，依托政策优势，优化组合集群的原材料、资金、人力资本、信息、技术等因素，通过科技创新实现企业间协同竞争，促进集群的优化升级。政府公共产业种群是集群系统发展的主要动力因素。

（四）服务业产业种群

服务业产业种群包括服装、房地产、餐饮及金融机构等产业种群，服装、房地产、餐饮等产业种群为集群职工的生产生活提供必要的衣食住行条件，金融机构为群内各企业融资等提供服务。

第七节　生态知识型煤炭产业集群网络模式

一　生态知识型煤炭产业集群共生链

生态知识型煤炭产业集群共生链，是实现各种群间物质、能量交换的过程，是煤炭产业集群不断发展的源泉。通过共生链发展，可以加强种群间联系，增加系统内物质与能量的交换，使得集群生态系统更加和谐，有利于提高整个系统的效率和效益，形成生态链良性循环。集群共生链包括物质流动共生链、能量流动共生链和信息流动共享链三种形式。

（一）物质流动共生链形式

物质流动共生链形式是指实现上游种群的废弃物或副产品被下游种群作为原材料的过程，是集群内各种群之间通过物质传递和供应，以及废弃物或副产品而建立的产业共生链，如图 8-1 所示。

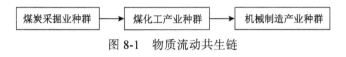

图 8-1　物质流动共生链

（二）能量流动共生链形式

能量流动共生链形式包括热能、电能的梯级利用。有效的能量利用是减少费用和环境负担的重要战略，在煤基型产业种群内，通过构筑能量循环利用的生态产业链，进行"能量层叠"梯次利用，既可以节约能源，又可以提高能源利用效率，如图 8-2 所示。

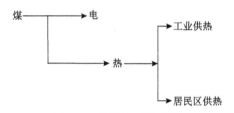

图 8-2　能量流动共生链

（三）知识流动共享链形式

知识流动共享链形式包括信息、技术和知识等的自由流动和溢出。信息自由流动，促进集群内各种群之间的技术转移，提供学习机会。第一，集群内各种群间通过生产交易关系建立起来的相互信任关系和企业在社会中建立起来的个人关系加速促进信息的传播，使集群内的企业获益。第二，同质种群间众多相关企业聚集在一起，现场参观和面对面的交流变得更加容易和频繁，使工艺技术改进和产品创新的信息迅速传播，从而出现一种企业之间相互模仿、互相竞争的局面。这种局面可以有力地推动整个产业的生产管理、技术装备及产品质量的不断改善和升级，同时为创新提供了更多的机会，有利于形成新的商机。信息、技术和知识等的自由流动使得各种信息、技术和知识在集群内得到有效传播，形成知识溢出效应，从而促进企业技术进步和产品创新，推动产业集群的发展壮大。

❷ 生态知识型煤炭产业集群网络共生模式

网络共生模式是由多个种群依据生态学原则而相互结合形成的具有一定群落结构的共生网络系统。第一层次为优势种产业种群，第二层次为关键种产业种群，第三层次为伴生种产业种群，各种群间通过共生链进行物质循环交换、能量梯次传递。该模式强调资源利用、经济增长、环境保护的和谐发展，以最大限度地利用进入系统的物质和能量，提升集群系统运行质量和效益。

煤基型产业种群由优势种、关键种和伴生种等产业种群子系统构成。从关键种产业种群分析，依靠群内丰富的煤炭资源和发达的煤炭采掘业，通过配建热电产业种群，利用煤矸石、煤泥建设低热值电厂，将有污染的一次能源转变为清洁的二次能源，为各种群提供动力保障的同时，将热电副产品配送其他产业种群；以煤炭、煤层气和共伴生矿物为原料，进行深度加工，建立煤化工产业种群，提高煤炭利用效率，增加煤炭产品附加值。从伴生种产业种群分析，在煤炭采掘业优势种群和热电与煤化工关键种群的协同辐射作用下，这些优势种和关键种产业种群所产生的副产品、环境友好型产品和廉价能源，通过建材产业种群、机械制造产业种群、造纸厂产业种群、冶金产业种群、净水厂产业种群、静脉产业种群等伴生种产业种群进行消化、吸收、利用。例如，通过配建建材产业种群，利用热电产业种群的电力和热量、利用矿井水把煤矸石、粉煤灰进行加工用来造砖、制水泥，既节省了土地资源，解决了令人头痛的固体废弃物问题，又变废为宝，保护了环境，一举数得。同时，通过静脉产业种群，将煤基型产业种群内各种群生产和消费过程中产生的废物，转化为可重新利用的资源和产品，实现各类废物的再利用和资源化。

非煤基型产业种群由农业产业种群、服务业产业种群、政府公共产业种群和知识产业种群构成。农业产业种群是生态知识型煤炭产业集群的物质基础，服务业产业种群是生态知识型煤炭产业集群的基本保障，政府公共服务产业种群是生态知识型煤炭产业集群的政策引导，知识产业种群是生态知识型煤炭产业集群的智力支持。非煤基型产业种群是煤炭产业集群发展必不可少的活力源泉，对生态知识型煤炭产业集群的发展具有重要的支撑作用。

生态知识型煤炭产业集群的生态网络系统，是一个资源交换型和信息开放型的动态系统，具有单个要素种群自身所没有的新特性和功能，有利于产业集群自身升级和区域竞争优势培育，如图8-3所示。

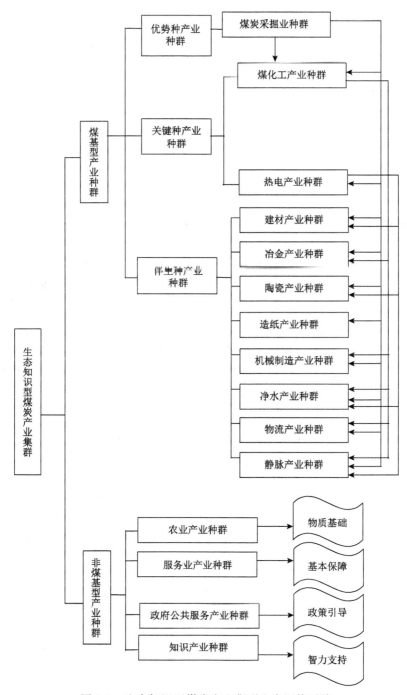

图 8-3 生态知识型煤炭产业集群生态网络系统

第八节　生态知识型煤炭产业集群系统运行机制

在生态知识型煤炭产业集群系统中，各种群分工协作，各司其职，各取所需。种群内部通过综合运用清洁生产、环境设计、生态技术开发、资源回收利用和污染控制等手段实现生态化和知识化生产；种群之间基于产业共生链的有机衔接，形成物质集成、能量集成、知识集成的相互关联、共生依存的产业共生体系。

一 生态知识型煤基型产业种群系统分析

在生态知识型煤基型产业种群系统中，优势种产业种群——各大煤炭生产矿井，代表煤炭生产发展方向，反映产业集群区域资源优势和产业实力；关键种产业种群——坑口电厂、热电厂、焦化厂和煤化工企业等，支撑优势种产业种群竞争优势，与之配套和协作；伴生种产业种群——神华集团、山西焦煤集团、陕西煤业化工集团、神华宁夏煤业集团、内蒙古伊泰集团、甘肃靖远煤业集团等大型煤炭企业集团所属物资供应、后勤服务等为煤炭生产和加工服务的直属服务企业单位，由优势种产业种群和关键种产业种群衍生而来。

二 生态知识型非煤基型产业种群系统分析

生态知识型非煤基型产业种群系统，主要由农业产业种群、知识产业种群、政府公共服务产业种群和服务业产业种群组成，共同构成煤炭产业集群的支撑系统，包括现代特色农业企业、煤炭科研院所、相关大学、相关行政部门等相关企事业单位，为煤炭产业集群发展提供了物质保障和智力支持。

三 生态知识型煤炭产业集群运行机制

在煤基型产业种群核心系统中，优势种产业种群代表生产制造专业方向，反映产业集群所在区域的资源优势和经济实力；关键种产业种群支撑优势种产业种群竞争优势，与之配套和协作；伴生种产业种群是由优势种产业种群和关键种产业种群衍生而来的，是集群持续稳定发展的物质基础。非煤基型产业种群支撑系统为集群的发展提供了强有力的物质保障和智力支持。生态知识型煤炭产业集群中各种群通过生态辐射,实现了煤基型产业种群核心系统-非煤基型产业种群支撑系统各种群间的生态绑定，促进了煤炭产业集群系统生态架构体系效率的提升，如图 8-4 所示。

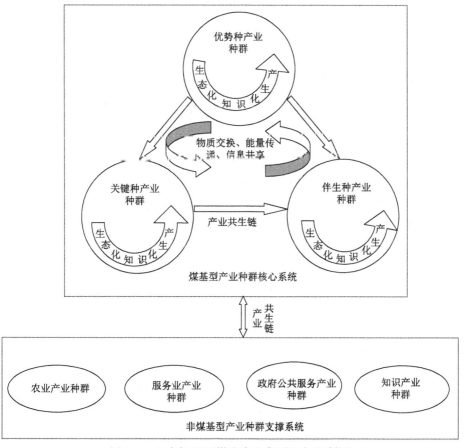

图 8-4　生态知识型煤炭产业集群运行机制图

第九章

煤炭富集区生态知识型产业集群化战略的相关政策研究

一般认为产业集群是在市场机制作用下，企业、辅助机构和支持结构自发发展的结果。在实践过程中，政府在产业集群的形成与发展过程中起着重要的作用，政府制定相关政策促进产业集群的培育、发展和升级，对产业集群的发展起着引导和促进作用。

针对煤炭产业集群不同的发展阶段，政府对产业集群发挥的作用不同。产业集群处于萌芽期时，产业要素趋向于某个区域带有偶然性。政府应该能够发现和识别正在形成的产业集群，通过优惠政策，吸引相关产业要素的进驻，奠定产业集群形成的基础，创造产业集群发展的条件；当产业集群处于成长期时，政府首先要在完善优惠政策的同时，加强对资源使用的监管，避免疯狂的开采和恶性竞争，其次进行区域营销，为产业集群的发展提供品牌支持，最后提供服务，强化专业化产业集群的优势；产业集群处于成熟期时，政府制定各项政策规范产业集群，构建集群的共同理念，依据当地的比较优势和竞争优势，推动产业集群创新；产业集群处于衰退期时，政府应引导产业集群内外合作关系的建立，防止产业集群萎缩。

西部地区拥有资源优势、地缘优势和区位优势，市场经济欠发达，仅靠市场不能充分有效地实现资源配置，所以单纯依靠市场机制，产业集群的发展是不可能实现的，必须运用政府的力量发展产业集群，逐步培育起本地的产业集群网络，从而获得更高的生产效率和持续的竞争优势。

政府在培育资源型产业集群时需要遵循以下原则：一是依据当地的资源禀赋和竞争优势确立资源型产业集群的发展目标，如西部的石油化工产业集群、有色金属产业集群等；二是确定产业发展战略要考虑区域的协调发展和集群空间的合理布局，充分发挥区域内的资源优势；三是充分挖掘民族文化传统，增强民族文化传统的功能。

第一节 宏观政策建议

一 法规政策建议

政府作为一种外部权威力量，为保障西部煤炭产业集群模式的顺利实施，就要采取因时、因势而异的政策，制定有利于集群形成与发展的法规政策。地方政府应该从集群跨区域发展与整体观念角度出发，积极制定一些相应的法规政策。

产业集群的跨区域发展是以集群内企业的跨区域发展为基准点，将传统的单区域的产业集群扩展为多区域的产业集群网络。从产业集群跨区域发展的角度出发，政府应制定消除区域间要素流动壁垒的政策法规，实现产业集群的跨区域发展，如加强基础设施建设的政策法规，为产品和要素的跨区域流动创造便利的条件，签订政府间的协议，消除产品和要素流动的政策壁垒。同时，实施促进区域间合作机制建立的法规政策，保证各区域政府利益的均衡；建立政府间的协调机制，分配利益、协调矛盾、统一决策；建立公共生产服务平台，服务于跨区域的产业集群。

从产业集群整体观念出发，政府制定统一的要素的市场准入政策法规、环境保护政策法规、资源使用政策法规等：①种群要素市场的准入政策法规是指各种群的开发准入制度，提高生态知识型煤炭产业集群各种群的准入门槛。例如，对优势种产业种群——煤炭采掘业种群而言，需要建立煤炭资源勘探、开发准入制度，提高煤炭行业的市场准入门槛，完善对开办煤炭企业条件的规定。②环境保护政策是以建设资源节约型和环境友好型产业集群为重要着力点，积极贯彻保护环境的基本国策，从源头上控制或减少污染环境行为的发生。基于国家陆续推出的《水污染防治法》《矿产资源法》《环境保护法》，结合煤炭主体功能区的实际污染种类、污染现状等，健全生态环境监管区域法规，加快建立生态补偿机制。例如，对于煤炭采掘业种群来说，对煤炭生产等项目实施相对严格的环境影响评价，将其作为发放煤炭生产许可证、煤炭经营许可证和采矿许可证的前置程序。同时要进一步细化煤炭产业集群系统中各种群"三废"排放量等定量化的考核指标，使保护生态环境的法律法规朝着具体化、标准化、规范化和可操作化的方向发展。资源使用的法规政策包括资源的综合利用和资源的有偿使用法规政策，所以各区域政府应该制定相应的措施，鼓励开展资源综合利用的投资，促进资源良性循环式利用，同时加快建立完善资源有偿使用的法规政策。例如，对于煤炭采掘业产业种群而言，要完善现行的资源税和煤炭资源补偿费的规定，资源税的课税数量应将核定回采率考虑包括在内，煤炭资源补偿费要以经过合理评估的煤炭价格作为依据，以此来促进开发者提高煤炭资源回采率，提高资源的综合利用程度，强化对煤炭资源的有效保护和合理开发利用。

二 经济政策建议

为推动西部煤炭产业集群的发展，相关部门要落实现有的鼓励和优惠政策，运用经济手段，发挥经济杠杆的作用，推进西部煤炭产业集群的长期健康运行。主要的经济手段和政策如表 9-1 所示。

表 9-1　经济手段和政策的类型及项目

类型	细目列举
明确产权	所有权：土地、矿产等资源的所有权 使用权：许可证、开发权、管理权等
建立市场	排污许可证交易、配额交易、土地使用许可证交易等
税收	污染税、原料税、消费税、租金和资源税、土地使用税等
收费	排污费、用户费、市场准入费、管理收费、资源//环境补偿费等
财政金融	财政补贴、软贷款、优惠利率、周转金、生态环境基金、绿色基金等
责任制度	违规违章等的法律责任、环境资源损坏责任等
债券与抵押	土地开垦债券（如采矿等）、废物处理债券

经济政策可以产生两方面的作用：一是激励作用，各种有利于西部煤炭产业集群发展的经济制度的建立和实施，可以鼓励集群中的各企业进一步采取更加合理的措施，实现更好的发展；二是约束作用，一系列促进煤炭产业集群发展的经济制度的合理制定和有效实施，将迫使集群中各企业放弃不合理的生产活动方式。

制定经济政策措施时应充分考虑煤炭产业集群的固有经济特点，为煤炭产业集群发展提供良好的经济环境。例如，运用税收优惠、财政补贴等经济杠杆，鼓励各集群内部企业对生产的不合格产品和剩余物料的再利用等环境友好型活动，对随意丢弃、填埋和焚烧行为则征收高税率，同时要考虑区域发展的差异，均衡各地区的税收，促进产业集群的跨区域发展；对于专业处理废物或废旧产品等的静脉产业种群，给予财政补贴和奖励；鼓励煤炭产业集群产业链跨区域延伸项目的发展，建议有关部门对此项目采取鼓励性措施——给予政策性贷款，按国民经济总产值的一定比例放贷，设置此项目专项资金；申请政府、公共部门和有关基金会对西部煤炭产业集群的建设提供资金援助，如高新技术开发资金、生态环境基金、国家环保专项资金等；区域政府制定相关优惠政策，吸引外资，寻求各种资金渠道，与发行债券、集资入股、吸引合作伙伴投资、个人贷款等多种方式相结合，进行流动发展，提高集群系统内各种群的自身输血功能。

三 科技政策建议

科学技术是第一生产力，知识经济已成为人类社会发展的必然趋势，知识技术对集群的作用是不言而喻的，其特点是以知识、专利、智力、专有技术等无形资产投入为主。先进的科学技术对于西部煤炭产业集群跨区域整体性的发展是至关重要的。

从整体发展角度来看，当地政府及相关部门要加强科教投入，依托煤炭产业集群系统，有效整合产业集群内部研发力量，并充分利用集群中系统知识力量的优势，构筑技术发展、进步和创新的支撑体系，促进西部煤炭产业集群技术进步，把科学技术由潜在生产力转化为现实生产力。

从产业集群跨区域发展的角度看，首先，各区域政府相关部门要为产业集群间技术知识交流提供广阔的公共服务平台，加强集群系统中及集群系统间技术知识的交流与合作，加快共性技术和关键技术的推广、应用和创新；其次，各区域政府要加大对煤炭产业集群科研费用的投入比例，建立集群内技术研发创新投资基金，鼓励集群系统中的技术研发创新活动；最后，鼓励区域间的集群互相引进新技术，支持各个区域的集群进行各种形式的合作或通过校企联合等方式，吸引高校、科研机构和社会网络的技术装备力量，提高煤炭产业集群生产运作质量、效率和产品档次，开发出拥有自主知识产权的核心技术，变科技成果为生产力，从而为西部煤炭产业集群的可持续发展提供科技支撑和保障。

四 文化政策建议

政府及相关部门一是要大力加强素质教育和认知文化建设，培育生态理念，建立有一定权威性的生态文化建设管理和协调机制，促进煤炭产业集群生态文明程度和人口素质的显著提高；二是区域政府之间加强关于产业集群跨区域发展方面的文化交流。煤炭富集区政府应加强对公众与企业的低碳环保宣传教育工作，弘扬生态文化，使公众与集群系统内各主体理解生态知识型产业集群的内涵，了解构建生态知识型煤炭产业集群的重要性；在媒体舆论的引导下，建立生态文化建设的社会和舆论监督机制，引导消费者优先采购经过生态设计或通过环境标志认证的产品，培养消费者生态价值观和生态消费观，通过影响其道德观念、价值观念等来激发集群中各主体的生态理念，从而引发和强化煤炭产业集群中各种群的环境友好型行为。同时，集群内的企业要有实施"走出去"战略的意识，引导产业集群的跨区域发展，不断开辟区域外市场。

第二节　产业政策建议

一　优化产业结构

走优化调整集群的产业结构，以煤炭产业发展为基础，同时积极发展非煤产业集群的产业多元化发展道路。由于区域产业发展的不平衡性，煤炭产业集群应与其他区域的非煤产业集群在技术、人才、知识等方面加强交流，促进区域间产业结构的优化。延伸非煤基型产业链，形成以煤炭产业为核心的产业体系，同时积极发展非煤基型产业种群，包括农业、服务业、政府公共服务、知识等产业种群，为生态知识型煤炭产业集群的形成提供支持条件。在集群系统中，依据专业化、科学化、规模化的指导原则面向市场，以避免产业结构趋同，认真研究市场现状和发展前景，依托煤炭产业集群系统中的各种优势条件，通过资源优化配置，积极开拓和发展市场先导型相关产业种群，投资市场前景好的新型产业种群，调整产业布局，优化产业结构。

二　提高产品质量

西部煤炭产业集群要获得可观的经济利润，就要充分利用市场配置资源的基础性作用，不断提高产品质量，使其提供的产品和服务符合顾客需求。以顾客为中心，积极关注客户和市场当前的和未来的需求，并把它们转化为对产品质量的要求，同时建立以区域间统一质量管理为中心的科学管理体系；注重技术改造和技术创新能力，大力开展技术工艺优化，加快研究开发新产品；建立区域间产品的销售网络，为产品在区域间的流动提供便利条件，使煤炭产业集群提供的产品和服务在市场竞争的环境中赢得顾客的满意和期望，努力提升集群形象，为煤炭产业集群发展提供品牌支持。

三　规范竞争秩序

促进西部煤炭产业集群的协调发展，需要建立自由竞争和公平竞争的市场秩序，为区域间、集群间共生协调机制的形成、发展创造条件。首先，集群内部建立自我监督机制，表现形式不是击败对方，而是积极寻求相应途径，减少由竞争给双方带来的损失，建立集群间互补、合作、协作、联盟等新型竞争关系，尽可能避免恶性竞争及投机行为，使集群间由单纯的竞争转向竞争与合作，同供应商、顾客，甚至与竞争对手或潜在竞争对手建立战略联盟，以谋求长期共存协作，实现"双赢"共存的格局。同时区域政府建立监督机制，规范产业集群内部企业竞争行为，规范竞争秩序，提高集群系统的生存能力和盈利空间，推动煤炭产业集群长期健康发展。

四　建立共享机制

相关行业协会要依托集群系统的比较优势，加快建立煤炭产业集群系统的信息与知识共享系统和技术咨询机构，及时向集群中的各种利益主体发布有关技术、管理和政策等方面的信息，开展信息咨询、技术推广、知识转化应用、宣传培训等各种形式的活动，同时积极构建区域间的煤炭产业集群系统中各企业的信息与知识沟通共享平台，使信息在区域间的传递更加畅通，从而使处于不同区域的煤炭产业集群可以充分交流经验和弥补不足，以便促进煤炭产业集群系统更加合理地配置资源，节约集群的人力、物力成本，提高技术创新能力、加强区域间的合作与交流等。

第三节　企业政策建议

一　健全企业内部管理制度

企业管理制度是现代企业管理制度对企业管理活动的制度安排，是企业成员在企业生产经营活动中共同遵守的规定和准则的总称，包括企业的人事制度、生产管理制度、民主管理制度等一切规章制度。按照建立现代企业制度的要求，建立、健全企业内部管理制度。企业是集群中经济活动的主体，也是资源消耗、废物产生、创造经济效益的载体，企业要树立经济、社会、环境协调发展的意识，在利润目标和环境目标之间寻求最佳平衡点。加强资源消耗定额管理、生产成本管理、全面质量管理，建立部门岗位责任制，完善计量、统计核算制度，建立激励约束机制，完善各项考核制度。

加强企业内部管理，是企业自身的需要，也是企业面对市场风险与挑战的需要，企业只有根据自身实际情况，制定适宜的内部管理制度，并严格遵循实施，才能持续、稳定、健康地发展。

二 加强企业人力资源建设

人力资源是企业的创业之本和发展之源，是企业的第一财富。西部煤炭产业集群内各企业的发展，必须有相关领域的专门人才及更高层次的综合人才，这些人才不仅要能够运用技能、技术支持新业务的经营发展，还要掌握足够的技能以建立企业的竞争优势。要紧紧围绕集群系统内各企业的战略目标，在战略管理人才、科技开发人才、市场营销人才、电力和煤化工等相关产业的专业人才等方面加大引进和培养力度。

第一，加强人力资源的激励和培训机制建设。按照现代企业制度的要求，加大内部人事制度改革力度，形成良好的育人、用人机制。必须重视三个方面：重视对现有工作人员和管理人员的教育和培训，使之成为一种制度和规范性活动，通过各种专业性质的短期课程，训练、强化内部人员的业务能力，做到"人尽其才，人事相宜"；营造良好的人才成长环境，最大限度地开发和激活具有发展潜力的人员，并积极为他们提供锻炼、实践的机会，使他们自我实现的需求在与企业共同发展中得到满足；树立"注重实绩、竞争择优"的用人理念，在集群系统内的各企业内部逐步推行竞争上岗和优胜劣汰机制，完善人才培养、使用、考评机制和激励约束机制，通过竞争上岗、绩效考评等措施，使优秀的人才在竞争中得以施展才华，营造一个有利于发现人才、留住人才、优秀人才脱颖而出的环境。同时要抓好职工培训和学历教育，选派优秀员工和干部到国内著名大学深造，提高企业管理和技术人员的素质。

第二，加强区域间高层次人才的引进工作。通过区域间技术合作引进世界级的核心技术人才和高档次的金融运作专家，并建立完善的吸引外部人才的政策体系，保证集群系统内各企业发展对人才的需求。不仅要做到集群内各企业全员素质大幅度提高，还要做到能聚集一批专家学者，为集群内各企业的发展出谋划策。企业要依据区域的实际发展情况制订合理有效的人才招聘计划，拓展企业各类人才的来源渠道，主动寻求外部的可用人力资源。例如，从市场上选择具有从业经历、富有管理经验的人为企业服务；破除传统观念，打破常规，聘用、吸收对企业发展具有促进作用的优秀人才，对于促进煤炭产业集群系统内各公司的发展具有极大的推动力。

三 强化企业内部文化建设

企业文化是企业的灵魂，是实现企业制度与企业经营战略的重要思想基础，是企业活力的内在源泉，也是企业行为规范的内在约束。一个成功的企业，不但要有非常细致的管理制度，也需要一种先进的企业文化。企业文化落后比技术落后更可怕。企业文化的管理在现代企业运作中具有非常积极的作用。

首先，不同的企业文化风格引导着不同的企业经营行为，不同的企业经营战略又要求与其相适应的企业文化风格相配合。从某种意义上讲，属于企业战略要素的企业远景、核心理念、企业使命、战略目标等，同属于企业文化范畴的企业精神、经营理念、经营哲学、价值观等是相互交叉和共融的。因此，煤炭产业集群系统内各企业应将企业文化融入企业的经营战略管理的全过程，将企业经营战略管理的理念渗透到企业文化建设的各个环节，从而实现二者的共融和协调发展，从而实现经营战略管理和企业文化建设的匹配。

其次，知识管理就是需要企业建立以知识为导向的企业文化，通过创造"学习、创新、共享"的企业内部环境，建立"尊重知识、尊重人才、共享知识"的企业文化，企业员工能够共同认识到知识的价值和学习的重要性，并高度重视个人经验、专业技术和创新能力，从而为知识的交流、学习和发展创造一个良好的客观环境。实施知识管理必须要变传统的与客户、竞争对手、供应商等之间单纯的买卖关系与纯粹的竞争关系为合作伙伴关系，建立收益递增的外部网络，充分挖掘其有效资源，寻求共同发展。实施知识管理是企业获得并增强持久性的竞争优势，从而提高企业核心竞争力的必由之路。企业核心竞争力体现在三个方面，即以知识为基础的技术能力、组织管理能力及从事市场活动的能力。企业核心竞争力是企业技术水平、研究与开发能力、设计能力、生产能力、管理能力和组织能力的综合体现。实施知识管理，可以使企业技术活动、组织活动和市场活动之间通过知识流的传递相互影响、相互作用，使三者之间能够彼此协调和适应，建立起有助于企业核心竞争能力形成的关联机制。

最后，区域的企业业务往来要遵循诚实守信原则，才能营造出促进产业集群内各行业主体间协作共生的条件，促使共生机制的健康发展，为集群的可持续发展打下基础；否则，企业间彼此没有信任，彼此都不会从集群中获得好处和利益，这本身就已经失去了形成产业集群的意义，与竞争无序的早期市场没有什么差别。即使有法律来保证关系契约的履行，但这种方式引起的高额的交易费用也是各企业难以承受的。

第一节　主要研究结论

一　核心概念的定义

本书从产业经济学、区域经济学及新空间经济学视角，研究界定了煤炭富集区、煤炭产业集群、煤炭主体功能区和生态知识型煤炭产业集群四个主要概念及内涵。

（一）煤炭富集区

煤炭富集区是指煤炭资源丰度高、赋存地质条件完整性强及煤炭产业相对发达的行政区域或特定地理空间。主要有两种划分方法：第一，以煤炭资源赋存地质条件完整性和煤炭产业发达程度作为评价标准，以我国国土的特定地理空间作为研究单元，进行界定划分；第二，以煤炭资源丰度（煤炭资源基础储量）和煤炭产业发达程度作为关键衡量指标，以我国现行行政管理区（省、自治区、直辖市）作为研究单元，进行界定划分。

根据上述研究假设，按照第一种划分方法，我国现有煤炭富集区主要包括晋北、晋中、晋东、陕北、宁东、鲁西、冀中、豫西、豫北、蒙东、新东等地区，与《煤炭工业发展"十二五"规划》中我国 14 个大型煤炭生产基地基本吻合；按照第二种划分方法，我国现有煤炭富集区主要是指山西、内蒙古、陕西、贵州、新疆等省份。

（二）煤炭主体功能区

煤炭主体功能区是依据煤炭富集区的自然地理条件、煤炭资源禀赋、煤炭产业发展水平、煤炭资源储量、经济发展水平、资源环境承载力及区域发展潜力，结合国家政策支持力度及发展目标和战略布局，以煤炭主产区的煤炭产业结构科学合理化和区域协调发展为主要出发点，把煤炭产业作为该区域的主导和优势产业。在区域经济结构和产业结构中起主要支撑作用的特定地域空间，是以煤炭资源国土空间分布的非均质性、稀缺性、地域根植性等基本特征为划分依据的地理经济空间单元。

根据上述标准，从行政区划角度分析，我国煤炭主体功能区主要是指山西、内蒙古、陕西、河南、贵州、新疆、宁夏等煤炭资源富集且煤炭产业较发达的地区，更广泛地说，主要包括《煤炭工业发展"十二五"规划》中所涉及的 14 个国家级大型煤炭基地。

（三）煤炭产业集群

煤炭产业集群是以煤炭产业为核心或主导产业，与辅助、支撑产业或机构共同构成的网络系统，网络内部各个企业是相互独立的主体，彼此间通过资源、市场及社会、商业关系联结在一起，整个网络又是一个具有稳定性、循环性、开放性的多产业集合体。

基于煤炭产业集群的定义，我国主要的煤炭产业集群包括现有煤炭工业区、煤炭主产区及大型煤炭生产基地。

（四）生态知识型煤炭产业集群

从系统科学和生态学视角分析，生态知识型煤炭产业集群是一个具备自然生态循环特征的自组织系统，由煤基型产业种群系统和非煤基型产业种群系统两个子系统构成，系统内各个种群之间相互依赖、互相衔接、循环往复，共同形成系统的物质闭路循环、能量多级利用和信息有效共享机制，从而形成具有资源节约、环境友好和低碳导向特征的煤炭产业集群。

生态知识型煤炭产业集群作为一个具备自然生态循环特征的自组织系统，其中一个种群要素产生的"废弃物"被当作另一个种群要素的"营养物"，各种群之间通过物质交换、能量传递、信息共享联结形成有机统一体，实现煤炭产业集群系统的能源和物质消费最优化，在这个生态系统中，种群之间互相利用、相互制约、共同发展，从而实现集群经济效益和环境效益的双赢。

二 关于煤炭企业集团化、煤炭主体功能区和煤炭产业集群化关系的相关结论

本书基于空间经济、产业组织及耦合理论等，研究分析了煤炭企业集团化与煤炭产业集群化、煤炭主体功能区与煤炭产业集群化两两之间的同质性、异质性、耦合关系，并以山西省为例分别进行了耦合协同效应研究。

（一）煤炭企业集团化与煤炭产业集群化的同质性、异质性及耦合关系

煤炭企业集团化与煤炭产业集群化的同质性主要表现在目的、组织属性和社会环境效益三方面的趋同性；异质性则体现在资源配置机制、组织结构、组织协调效率、适用范围、支撑条件、空间格局和运行模式七方面。

（二）煤炭主体功能区与煤炭产业集群化的同质性、异质性、耦合关系及耦合协同效应

煤炭主体功能区与煤炭产业集群化的同质性，主要体现在载体对象一致性、实现路径相似性和目标结果统一性三方面；异质性则主要体现在作用范围、管控主体、资源配置模式、组织结构、运行机制和监督机制六方面。

根据耦合度与耦合协调度的理论模型，选取来源于 2001~2012 年《中国统计年鉴》《山西省统计年鉴》、山西省科学技术厅统计数据、山西省煤炭工业厅等统计网站相关数据，得出山西煤炭主体功能区与煤炭产业集群化的耦合协调结果：2000~2011 年山西煤炭产业集群化与区域经济发展耦合协调度处于颉颃阶段，可以看出，二者的耦合协调度处于较低水平。

三 关于煤炭产业集群化战略的相关结论

本书从资源经济学、产业经济学、生态学的角度，借助计量经济学、系统动力学、运筹学的方法，系统研究揭示了煤炭产业集群特质性，得出煤炭产业集群化发展模式。

（一）煤炭产业集群的系统构成

煤炭产业集群由煤炭产业、辅助产业、政府机构、金融机构、大学及科研机构构成：①煤炭产业是以煤炭开采、加工、使用为主的企业群，既包括国家控股的大型煤炭企业集团，也包括以煤炭加工利用为主的一些中小企业；②辅助产业主要是为煤炭企业服务的配套支撑企业群，既有为煤炭开采加工提供器械设备的制造业，也有为煤炭企业职工提供生活、工作便利的服务性产业等；③政府机构主要是为煤炭产业集群成长发展制定引导政策，为集群企业提供公共设施及服务，从外部环境促进集群发展；④金融机构为群内企业融资等提供服务；⑤大学及科研机构是集群创新的智力团体，企业与大学及科研机构合作可以促进知识、科研成果的转化和应用，提高企业竞争力，同时也促进大学及科研机构与社会结合，开发研究适合经济发展与社会生活的产品。这五部分形

成一个彼此交织、相互关联的有机网络系统。

（二）煤炭产业集群的生命周期

研究认为，煤炭产业集群的生命周期包括集聚现象—企业集群—产业集群—城市化转型四个阶段。在煤炭企业集聚阶段，煤炭企业按照点状结构分布，节点之间几乎没有联系；在煤炭企业集群阶段，节点间联系频繁，网络结构初见端倪，但煤炭企业核心节点的主导作用还不显著，群内企业呈现点线状分布；随着煤炭企业网络辐射能力进一步加强，节点间传播路径缩短，网络密度加大，集群网络结构趋于完善，集聚进入煤炭产业集群阶段；随着煤炭资源的枯竭，煤炭产业在集群内的核心作用逐步降低直至消亡，煤炭产业集群进入城市化转型阶段，群内具有比较竞争优势、能够体现地缘经济优势（资源优势、产业优势等）的某一个或某几个非煤产业，将借助煤炭产业集群前期所创造的品牌、资本、环境等条件，形成新的产业集群，进而推动煤炭产业集群的城市化转型。

（三）煤炭产业集聚度及其测度

基于煤炭产业集群生命周期的分析，本书依据煤炭产业的自身特征，结合我国当前煤炭富集与产业发达地区的发展状况，参考 E-G 指数设计思路，着重反映了煤炭产业空间分布的不均衡性以及其技术和资本要求高于劳动密集型产业等特征，构建了煤炭产业集聚度测度模型，创建了煤炭产业集聚度的测度方法。利用鄂尔多斯盆地煤炭产业 1995~2008 年相关数据验算其产业集聚度演变情况，结果显示，鄂尔多斯盆地煤炭产业集聚度总体呈上升趋势，鄂尔多斯盆地煤炭产业正处于煤炭产业集群生命周期的企业集群阶段。

（四）煤炭产业集群的演化动力机制

基于系统动力学理论，本书认为煤炭产业集群演化的动力机制来源于四个方面：自然资源条件、企业自身状况、集群内部结构体系和政府引导管理。这四个动力在产业集群生命周期各阶段具有不同作用：自然资源条件是煤炭企业集聚现象时期的主要动力；从集聚现象向企业集群转化过程中，煤炭企业自发动力性成为主导；在煤炭企业集群形成之后，由集聚经济推动而形成的市场动力和政府引导力，成为推动煤炭企业集群向煤炭产业集群转化的主动力；进入产业集群成熟期后，由于市场动力所固有的缺陷，政府对产业集群发展的影响力日益明显，并逐步成为推动煤炭产业集群健康有序发展的核心动力，并最终引导煤炭产业集群、煤炭富集区实现城市化转型。

四 生态知识型煤炭产业集群化战略模式

本书以煤炭产业集群的生态化和知识化为目标牵引，基于煤炭产业和生物群落的特性，从生态学视角，界定了生态知识型煤炭产业集群、煤基型产业种群和非煤基型产业种群的概念与内涵，研究揭示其特征；从系统科学视角，借鉴生物种群间的结构关系，研究得出了生态知识型煤炭产业集群的系统构成、网络共生模式及运行机制。

（一）生态知识型煤炭产业集群的特征

生态知识型煤炭产业集群具有多样性、相关性、低碳性三个基本特征。

（二）生态知识型煤炭产业集群的系统构成

生态知识型煤炭产业集群由煤基型产业种群和非煤基型产业种群两个子系统组成，煤基型产业种群由优势种产业种群——煤炭采掘业种群、关键种产业种群——煤电和煤化工产业种群和伴生种产业种群——煤机装备制造业种群等三类种群构成，非煤基型产业种群由农业产业种群、知识产业种群、服务业产业种群和政府公共服务产业种群四类种群构成。

（三）生态知识型煤炭产业集群的运行机制

在生态知识型煤炭产业集群系统中，各种群分工协作，各司其职，各取所需。种群内部通过综合运用清洁生产、环境设计、生态技术开发、资源回收利用和污染控制等手段实现生态化和知识化生产；种群之间基于产业共生链的有机衔接，形成物质集成、能量集成、知识集成的相互关联、共生依存的产业共生体系。

第二节 不足与展望

一 不足

（一）资料数据时效性方面

本书是科学技术部 2011 年国家软科学研究计划出版项目"煤炭富集区发展战略新模式"的最终成果，批准立项时间是 2012 年 7 月。由于研究周期较长，研究资料和相关数据的来源口径和来源时间不统一，而且相对滞后，这在一定程度上影响了相关研究结论的可靠性。

（二）政策研究方面

本书在政策研究方面存在两方面不足：一是没能及时融入近两年国家在生态环境治理和创新驱动方面的最新内容；二是由于对一线骨干煤炭企业深入调研不足，政策建议可行性和可操作性不强。

二　展望

（一）理论研究方面

随着近年来区域经济、产业经济、计量经济等理论的持续完善，数学计算、计算机与软件、互联网与大数据等方法工具的不断发展和应用，关于煤炭产业集聚度、集聚度与产业效率、集聚度与区域绩效、产业生态绩效、区域生态绩效等生态知识型煤炭产业集群的关键问题研究，将会取得更多和更先进的理论成果，更好地支撑煤炭产业转型发展和煤炭富集区和谐可持续发展。

（二）实践应用方面

遏制煤炭富集区生态环境持续恶化和消除煤炭产业强势与煤炭富集区弱势痼疾，是当前及中长期煤炭富集区发展面临的两大突出问题。因此，推动煤炭企业的生态化、低碳化、信息化和知识化建设，无疑将成为煤炭富集区发展建设的重点方向，成为煤炭富集区和煤炭产业发展实践的着重点和着力点。

参 考 文 献

波特 M. 1998. 竞争战略. 陈丽芳译. 北京: 中信出版社.

蔡宁, 杨闩柱. 2003. 基于企业集群的工业园区发展研究. 中国农村经济, (1): 53-59.

曹代工. 2009. 煤炭生态工业园的构建及作用分析. 煤炭经济研究, (7): 20-21.

陈继海. 2003. 集聚效应、外商直接投资与经济增长——中国数据的计量检验和实证分析. 管理世界, (8): 136-137.

陈林生, 李刚. 2004. 资源禀赋、比较优势与区域经济增长. 财经问题研究, (4): 63-66.

陈柳钦. 2005. 产业发展的集群化、融合化和生态化. 经济与管理研究, (12): 56-60.

陈涛. 2009. 德国鲁尔工业区衰退与转型研究. 吉林大学博士学位论文.

陈潇潇, 朱传耿. 2006. 试论主体功能区对我国区域管理的影响. 经济问题探索, (12): 21-25.

陈雪松. 2010. 创新产业集群生命周期的探讨. 经济界, (1): 86-88.

陈亚飞. 2008. 煤化工产业发展与矿区循环经济战略. 煤炭经济研究, (5): 25-27.

陈要立, 管洲. 2007. 资源支撑型产业群的分类和对策研究. 科技进步与对策, (7): 26-27.

陈耀. 2004. 我国产业集群发展中的缺陷. 中国纺织, (8): 78-80.

陈宇菲, 丁静, 刘志峰. 2009. 产业集群生态系统的结构、演化及其运作机制研究. 科技管理研究, (10): 396-399.

陈仲常, 章翔. 2008. 双视角下地区能源状况与经济增长关系研究——基于省际面板数据的实证分析. 经济经纬, (3): 54-57.

成娟, 张克让. 2006. 产业集群生态化及其发展对策. 经济与社会发展, 4(1): 102-105.

成伟. 2006. 基于循环经济的产业集群生态化研究——以甘肃省为例. 开发研究, 5: 70-73.

杜凯, 周勤, 蔡银寅. 2009. 自然资源丰裕、环境管制失效与生态 "诅咒". 经济地理, (2): 290-297.

杜龙政, 熊妮. 2008. 企业集团与企业集群的互动与集群式创新的实施机制. 改革与战略, 24(1): 118-120, 140.

杜龙政, 刘友金, 张玺. 2005. 企业集团与企业集群的互动和进化. 中国软科学, (4): 127-132.

段存广. 2010. 产业集群演化与生命周期研究述评. 当代经济管理, 32(8): 53-55.

范剑勇. 2003. 产业集聚与地区差异: 来自中国的证据. 中国社会科学评论, (3): 3-5.

冯智. 2011. 产业集群视角下鄂尔多斯盆地煤炭产业发展模式研究. 太原理工大学硕士学位论文.

符正平. 2002. 论企业集群的产生条件与形成机制. 中国工业经济, (10): 20-26.

傅利平, 王中亚. 2010. 资源诅咒与资源型城市. 城市问题, (11): 2-8.

高波. 2008. 陕北资源富集地区经济发展的金融支持研究. 西北农林科技大学博士学位论文.

高峰. 2006. 服务经济下企业集团与企业集群的演进与互动发展. 现代管理科学, (6): 69-70.

高新才, 何苑. 2007. 创新资源型产业发展模式 推进西部产业开发. 青海社会科学, (4):

50-55.

高延鹏, 吕贵兴. 2009. 刍议资源型产业集群与区域经济增长的关系. 商业时代, (10): 86.

高岩辉, 刘科伟, 赵西君. 2008. 从陕北地区面临的问题看资源富集区可持续发展. 干旱区资源与环境, 22(4): 45-53.

盖义启. 2002a. 创新网络——区域经济发展新思维. 北京: 北京大学出版社.

盖文启. 2002b. 论区域经济发展与区域创新环境. 学术研究, (1): 60-63.

关源良. 2010. 大力促进第三产业发展 加快经济发展方式转变——试论资源型城市转型中的产业发展战略. 中国经贸导刊, (14): 35-36.

郭军. 2007. 应重视发展矿区生态产业. 煤炭经济研究, (10): 32-33.

郭晓利. 2002. 企业集团的国际比较. 北京: 中国财政经济出版社.

韩亚芬, 孙根年, 李琦. 2007. 资源经济贡献与发展诅咒的互逆关系研究——中国 31 个省区能源开发利用与经济增长关系的实证分析. 资源科学, (6): 188-193.

郝建成, 王成彪. 2011. 循环经济视角下加快山西煤炭产业转型的对策. 中国经济导刊, (19): 49-51.

贺灿飞. 2009. 中国制造业地理集中与集聚. 北京: 科学出版社.

胡春生. 2011. 资源富集区产业转型促进模式选择及体系构建. 经济问题探索, (4): 118-121.

胡春生, 蒋永辉. 2011. 资源富集区产业转型困境: 基于发展序列比较. 资源科学, 33(4): 743-750.

胡汉辉, 周晔, 刘怀德. 2005. 地方产业成长的组织模式选择——兼论产业集群与企业集团的比较. 产业经济评论, 4(2): 116-126.

胡援成, 肖德勇. 2007. 经济发展门槛与自然资源诅咒——基于我国省际层面的面板数据实证研究. 管理世界, (4): 15-23, 171.

黄雄, 胡春万. 2007. 起源特点角度下的产业集群类型及其特征研究. 特区经济, (7): 26-27.

蒋建平. 2012. 基于灰色理论的煤炭产业集群的竞争能力评价. 煤炭技术, 31(2): 1-3.

蒋录全, 吴瑞明, 刘恒江, 等. 2006. 产业集群竞争力评价分析及指标体系设计. 经济地理, (1): 37-41.

金贤锋, 董锁成, 李雪, 等. 2009. 广义协同进化视角下产业集群生态化研究. 科技进步与对策, 26(16): 55-58.

金英姬, 靖丽. 2011. 基于 GEM 模型的黑龙江省煤炭产业集群竞争力研究. 经济师, (4): 207-209.

坎贝尔 A. 2000. 战略协同. 任通海译. 北京: 机械工业出版社: 79.

李辉, 李舸. 2007. 产业集群的生态特征及其竞争策略研究. 吉林大学社会科学学报, 47(1): 57-62.

李凯, 李世杰. 2005. 我国产业集群分类的研究综述与进一步探讨. 当代财经, (12): 93-96.

李太平, 钟甫宁, 顾焕章. 2007. 衡量产业区域集聚程度的简便方法及其比较. 统计研究, (11): 64-68.

李晓东. 2001. 英国天然气工业的改革发展及对我国的启示. 国际石油经济, 9(11): 16-21, 60-63.

李晓利, 王泽江. 2014. 基于博弈理论的煤炭富集区生态化发展决策分析. 煤矿安全, (1): 204-206.

李新春. 2002. 企业家协调与企业集群——对珠江三角洲专业镇企业集群化成长的分析. 南开管理评论, (3): 49-55.

李永胜. 2009. 资源型产业发展循环经济探讨. 煤炭经济研究, (12): 23-24.

李悦. 2010. 煤炭产业集群培育机制研究. 现代经济(现代物业中旬刊), 9(3): 136.

梁剑, 谢巧华. 2008. 资源型产业发展的制约因素分析及其对策. 市场论坛, (9): 35-36.

梁琦. 2003. 中国工业的区位基尼系数——兼论外商直接投资对制造业集聚的影响. 统计研究, (9): 21-25.

廖重斌. 1999. 环境与经济协调发展的定量评判及其分类体系. 热带地理, (2): 171-177.

刘池洋, 赵红格, 桂小军, 等. 2006. 鄂尔多斯盆地演化-改造的时空坐标及其成藏(矿)响应. 地质学报, 80(5): 618-638.

刘峰, 王永生. 2006. 产业生态管理: 矿区可持续发展的新范式. 煤炭经济研究, (6): 31-33.

刘红. 2010. 我国煤炭企业生命周期各阶段科技投入策略分析. 中国煤炭, 36(5): 37-39.

刘那日苏. 2013. 资源型区域规避"资源诅咒"的路径选择. 商业时代, (22): 129-130.

刘涛, 张广兴. 2009. 企业组织演进的两种路径选择——企业集团化与企业集群化比较研究. 经济体制改革, (1): 50-54.

刘天卓, 陈晓剑. 2006. 产业集群的生态属性与行为特征研究. 科学学研究, 24(2): 197-201.

刘通, 王青云. 2006. 我国西部资源富集地区资源开发面临的三大问题——以陕西省榆林市为例. 经济研究参考, (25): 34-37.

刘昱. 2008. 中国产业集群类型的研究进展及思考. 广东技术师范学院学报, (1): 42-45.

刘云刚. 2000. 大庆市资源型产业结构转型对策研究. 经济地理, (5): 26-29.

刘志高. 2003. 区域高新技术产业集群竞争力研究. 北京: 中国地质大学.

柳博会, 严金明. 2010. 煤炭城市农村居民点整理的驱动力与问题研究——以淮北市为例. 城市发展研究, (4): 91-94.

鲁金萍. 2009. 广义"资源诅咒"的理论内涵与实证检验. 中国人口·资源与环境, (1): 133-138.

路江涌, 陶志刚. 2006. 中国制造业区域聚集及国际比较. 经济研究, (3): 103-114.

栾贵勤, 等. 2008. 区域经济学. 北京: 清华大学出版社: 154-156.

罗勇. 2007. 产业集聚、经济增长与区域差距: 基于中国的实证. 北京: 中国社会科学出版社.

马红娟, 徐艳梅. 2006. 区域产业集群类型变迁的技术动因研究. 商业时代, (5): 67-68.

毛旭艳, 孔寅. 2011. 煤炭产业集群模式研究. 中国矿业, 20(10): 32-35.

毛蕴诗, 李新家, 彭清华. 2002. 企业集团——扩展动因、模式与案例. 广州: 广东人民出版社.

孟海. 2014. 2014 年煤炭市场运行情况分析. http://news.cqcoal.com/blank/nc.jsp?mid=48946 [2015-01-01].

孟静. 2012. 集团化企业管控模式的策略选择评价与研究. 湖北工业大学硕士学位论文.

聂华林, 李光全. 2010. 新时期西部资源型产业战略调整的目标导向与对策建议. 科技进步与对策, (9): 59-63.

齐建珍, 白翎. 1987. 煤炭工业城市要综合发展——抚顺、阜新两市经济发展对比的启示. 煤炭经济研究, (1): 9-11.

钱德勒 Jr A D. 1987. 看得见的手: 美国企业的管理革命. 重武译. 北京: 商务印书馆.

乔彬, 李国平, 杨妮妮. 2007. 产业聚集测度方法的演变和新发展. 数量经济技术经济研究, (4): 124-133.

仇保兴. 1999. 小企业集群研究. 上海: 复旦大学出版社.

任保平. 2007. 西部资源富集区新农村建设的观察与思考. 西北大学学报(哲学社会科学版), 37(3): 5-13.

任贵征. 2008. 产业集群类型与过度竞争关系研究. 沿海企业与科技, (10): 117-119.

邵帅, 杨莉莉. 2010. 自然资源丰裕、资源产业依赖与中国区域经济增长. 管理世界, (9): 26-44.

邵帅, 杨莉莉. 2011. 自然资源开发、内生技术进步与区域经济增长. 经济研究, (S2): 112-123.

沈静. 2010. 不同类型产业集群发展战略中地方政府行为的比较研究. 人文地理, (2): 125-129.

沈镭. 1998. 大庆市可持续发展的问题与对策. 中国人口·资源与环境, (2): 35-39.

沈正平, 刘海军, 蒋涛. 2004. 产业集群与区域经济发展探究. 中国软科学, (2): 120-124.

石忆邵, 厉双燕. 2007. 长三角地区三种企业集群发展模式比较研究. 南通大学学报(社会科学版), (4): 1-6.

宋梅, 刘海滨. 2006. 从莱茵-鲁尔区的改造看辽中南地区资源型产业结构升级. 中国矿业, (7): 9-12.

孙慧, 刘媛媛, 张娜娜. 2011a. 基于 AHP 的新疆煤炭产业集群竞争力评价研究. 科技管理研究, (20): 54-58.

孙慧, 张娜娜, 刘媛媛. 2011b. 基于 AHP 的新疆黑色能源产业集群竞争力评价. 软科学, 25(2): 84-88.

孙毅. 2012. 资源型区域绿色转型模式及其路径研究. 中国软科学, (12): 152-161.

唐成. 2008. 在建设生态文明中加强煤炭资源节约和矿区环境保护. 煤炭经济研究, (3): 10-12.

陶一山, 姚海琳. 2006. 产业集群的阶段性演进机制分析. 湖南大学学报(社会科学版), (6): 89-93.

涂山峰, 曹休宁. 2005. 基于产业集群等的区域经济品牌与区域经济增长. 中国软科学, (12): 111-114.

屠凤娜, 杨智华. 2007. 论产业集群的基本分类. 环渤海经济瞭望, (2): 47-50.

王诚. 2005. 资源型城市快速发展与生态环境保护的思考. 资源·产业, (6): 32-34.

王峰正, 郭晓川. 2007. 资源型产业集群与内蒙古经济发展. 工业技术经济, 26(1): 51-53.

王广凤, 张军, 刘家顺. 2004. 资源型城市产业转型与可持续发展问题的探讨//中国企业管理研究会. 东北老工业基地振兴与管理现代化研讨会暨中国企业管理研究会 2004 年年会论文集. 北京: 中国财政经济出版社: 66-75.

王贵明, 匡耀求. 2008. 基于资源承载力的主体功能区与产业生态经济. 改革与战略, (4): 109-111.

王国红, 陈大鹏, 刘颖. 2010. 有核集群产业集成化过程的演化博弈分析. 科学与科学技术管理, (9): 92-96.

王海杰. 2007. 构建生态化产业集群的途径及设计思路. 统计与决策, (23): 126-128.

王会东. 2005. 产业集群的类型与开发区建设. 经济与管理, (7): 26-27.

王缉慈. 1998. 工业地理学的全球观与经济观. 地理科学, (3): 259-263, 296.

王缉慈. 1999. 知识创新和区域创新环境. 经济地理, (1): 14.

王缉慈. 2001. 创新空间: 企业集群与区域发展. 北京: 北京大学出版社: 72.

王缉慈. 2004b. 关于地方产业集群研究的几点建议. 经济经纬, (2): 53-57.

王缉慈. 2004a. 关于发展创新型产业集群的政策建议. 经济地理, 24(4): 433-435.

王缉慈, 谭文柱, 林涛, 等. 2006. 产业集群概念理解的若干误区评析. 地域研究与开发, 25(2): 1-6.

王茂春, 罗琴. 2008. 贵州省煤炭产业循环经济发展模式探讨. 中国煤炭, (7): 28-29.

王琦, 陈才. 2008. 产业集群与区域经济空间的耦合度分析. 地理科学, 28(2): 145-149.

王如松. 2007. 生态安全·生态经济·生态城市. 学术月刊, (7): 5-11.

王闰平, 陈凯. 2006. 资源富集地区经济贫困的成因与对策研究——以山西省为例. 资源科学, 28(4): 158-168.

王伟东. 2015. 世界主要煤炭资源国煤炭供需形势分析及行业发展展望. 中国矿业, 24(2): 5-9,17.

王岩, 初春霞. 2006. 矿产资源型产业生态产业体系形成的经济机理研究. 内蒙古财经学院学报, (5): 21-25.

王昱. 2006. 试论中国沿海城市临港产业集群发展. 黑龙江对外经贸, (7): 67-69.

魏江. 2009. 中国产业集群发展报告. 北京: 机械工业出版社.

魏守华. 2002. 产业群的动态研究以及实证分析. 世界地理研究, (3): 16-24.

魏振宽, 吴刚, 朱超. 2007. 对建设煤炭生态企业的初步设想. 煤炭经济研究, (3): 19-21.

吴飞美. 2008. 基于循环经济视角的产业集群生态化探析. 东南学术, (6): 151-156.

吴勤堂. 2004. 产业集群与区域经济发展耦合机理分析. 管理世界, (2): 113-134.

吴松强. 2009. 产业集群生态化发展策略——基于循环经济的视角. 科技管理研究, (7): 400-402.

吴学花, 杨蕙馨. 2004. 中国制造业产业集聚的实证研究. 中国工业经济, (10): 36-43.

吴玉鸣, 张燕. 2008. 中国区域经济增长与环境的耦合协调发展研究. 资源科学, 30(1): 25-30.

伍柏麟. 1999. 财务管理学. 上海: 复旦大学出版社.

武春友, 吴荻. 2009. 产业集群生态化的发展模式研究——以山东新汶产业集群为例. 管理学报, 6(8): 1066-1071.

伍德 D C, 房照增. 2003. 澳大利亚煤炭工业的技术进步. 中国煤炭, (11): 61-62.

席旭东. 2006. 煤炭矿区生态经济系统中生态产业链结构与功能分析. 煤炭经济研究, (1): 23-25.

夏兰, 周钟山. 2006. 基于网络结构视角的产业集群演化和创新. 北京: 中国市场出版社.

肖敏, 谢富纪. 2006. 我国内生型产业集群的特征与类型. 科学学与科学技术管理, (12): 97-100.

欣德尔 T. 2004. 管理思想. 徐伟译. 北京: 中信出版社: 65.

徐岸峰. 2010. 集群式寡头垄断模式研究. 统计与决策, (8): 62-63.

徐康宁, 韩剑. 2005. 中国区域经济的"资源诅咒"效应: 地区差距的另一种解释. 经济学家, (6): 96-102.

徐维祥, 张全寿. 2001. 一种基于灰色理论和模糊数学的综合集成算法. 系统理论与实践, (4): 114-120.

徐维祥, 张全寿. 2009. 基于 WRS 方法论的信息系统项目评价研究. 系统工程与电子技术, (10): 4-6.

杨公朴, 夏大慰, 龚仰军. 2008. 产业经济学教程(第三版). 上海: 上海财经大学出版社: 260-265.

杨莉莉. 2008. 产业集群与区域经济协调发展研究. 哈尔滨理工大学硕士学位论文.

杨敏英. 2001. 从英国煤炭工业发展历程看我国煤炭企业的战略调整. 数量经济技术经济研究, 8(2): 9-14.

杨伟民, 秦志宏. 2005. 资源型产业集群竞争优势的动态演化路径. 内蒙古大学学报, 37(4): 90-93.

杨玉文, 李慧明. 2009. 我国主体功能区规划及发展机理研究. 经济与管理研究, (6): 67-71.

佚名. 2011. 2010 年我国煤炭行业运行态势分析. http://www.chyxx.com/industry/201102/558477DTM1.html[2011-02-20].

佚名. 2012. 2011 年我国煤炭经济运行情况分析. http://www.chyxx.com/industry/201207/C991652S5B.html[2012-08-03].

佚名. 2013. 2012 年中国煤炭行业运行情况分析. http://www.askci.com/news/201303/11/1117532465428.shtml[2013-03-11].

佚名. 2014. 2013 年煤炭经济运行基本情况. http://www.chinabgao.com/freereport/59907.html[2014-03-03].

岳娜. 2007. 资源型城市转型过程中服务业发展及空间布局研究, 首都师范大学硕士学位论文.

曾路. 2006. 民营企业产业集群生命周期研究. 中国流通经济, 20(2): 21-24.

詹宏宇, 刘倩. 2011. 基于"钻石模型"的山西省煤炭产业竞争力研究. 经济师, (3): 207-210.

战彦领, 周敏. 2008. 国内煤炭产业链整合路径与模式研究. 煤炭经济研究, (12): 21-23.

战炤磊. 2011. 产业集群对区域经济发展的双向效应——基本方式与作用机理. 技术经济与管理研究, (1): 99-103.

张弛, 尚婷. 2011. 黑龙江省煤炭产业集群与区域经济发展的实证研究. 经济视角, (9): 119-120.

张菲菲, 刘刚, 沈镭. 2007. 中国区域经济与资源丰度相关性研究. 中国人口·资源与环境, (4): 19-24.

张复明. 2011. 资源型区域面临的发展难题及其破解思路. 中国软科学, (6): 1-9.

张洪潮. 2011. 生态学视角下煤基型煤炭产业集群模式研究. 中国流通经济, (6): 69-73.

张洪潮, 冯蓓. 2011. 煤炭产业集群典型特征研究. 山西高等学校社会科学学报, (5): 31-34.

张洪潮, 何任. 2010. 非对称企业合作创新的进化博弈模型分析. 中国管理科学, 18(6): 163-170.

张洪潮, 靳钊. 2011. 鄂尔多斯盆地煤炭产业聚集程度研究. 煤炭学报, (3): 885-888.

张洪潮, 李苏. 2013. 煤炭主体功能区区域特征研究. 中国煤炭, 4(4): 5-15.

张洪潮, 李苏. 2014. 煤炭主体功能区类型划分与内生循环模式. 中国煤炭, 2(2): 21-25.

张洪潮, 王汉辰. 2015. 煤炭主体功能区生态化特性研究. 生态经济, 1(1): 114-118.

张洪潮, 王亚丽. 2011. 山西省低碳型煤炭产业集群模式研究. 煤炭经济研究, (11): 13-17.

张静萍. 2014. 新型城镇化视角下资源型城市战略性工业产业优选模型研究. 工业技术经济, (12): 40-48.

张连业. 2007. 资源型产业集群可持续发展研究. 西北大学博士学位论文.

张连业, 杜跃平. 2007. 论我国资源型产业集群的升级与转型. 陕西师范大学学报, 36(6): 88-94.

张亮亮. 2009. 自然资源富集与经济增长——一个基于"资源诅咒"命题的研究综述. 南方经济, (6): 70-80.

张米尔, 武春友. 2001. 资源型城市产业转型障碍与对策研究. 经济理论与经济管理, (2): 35-38.

张明龙, 官仲章. 2008. 产业集群突破生命周期拐点的关键. 开发研究, (6): 105-108.

张伟. 2008. 资源环境约束下西部地区矿产资源型产业发展模式研究. 改革与战略, (7): 115-117.

张伟. 2015. 英国十年后彻底与煤炭说再见. http://china.huanqiu.com/hot/2015-12/8223590. html[2015-12-21].

张新婷, 刘新艳. 2010. 产业集群动态开放创新网络系统的构建. 江苏商论, (9): 85-86.

张占仓. 2006. 中国产业集群研究及进展. 地域研究与开发, (10): 41-47.

赵公胜. 2011. 煤炭产业大型集团化和产业集群化战略模式比较研究. 太原理工大学硕士学位论文: 28-29.

赵海东. 2007. 资源型产业集群与中国西部经济发展研究. 北京: 经济科学出版社: 99-105, 198-204.

赵海东, 吴晓军. 2006. 产业集群的阶段性演进. 理论界, (6): 50-52.

赵景海, 俞滨洋. 1999. 资源型城市空间可持续发展战略初探——兼论大庆市城市空间重组. 城市规划, (8): 31-32.

中国煤炭工业协会. 2016. 2015年中国煤炭行业运行情况报告. http://www.lwzb.cn/pub/gjtjlwzb/ sjyfx/201605/t20160525_2782.html[2016-05-25].

朱传耿, 马晓冬. 2007 关于主体功能区建设的若干问题研究. 现代经济探讨, (9): 46-49.

朱海霞, 权东计. 2007. 大遗址保护与区域经济和谐发展的途径: 建立大遗址文化产业集群. 经济地理, 27(5): 747-752.

朱英明. 2003. 产业集聚论. 北京: 经济科学出版社.

朱英明. 2006. 中国产业集群的识别方法及类型划分. 决策参考, (12): 30-32.

《资源枯竭矿业城市就业问题研究》课题组. 2005. 资源枯竭矿业城市就业问题研究. 经济研究参考, (48): 2-12.

Adekoya A E. 2009. Rural and urban youth participation in community development in southwest Nigeria. Global Approaches to Extension Practices, 14(1/2): 21-28.

Annen K. 2001. Inclusive and exclusive social capital in the small-firm sector in developing countries. Journal of Institutional and Theoretical Economics, 157(2): 319-330.

Arezki R. 2007. Can the natural resource be turned into blessing? The role of trade policies and institutions. IMF working paper, No 55.

Atkinson A B. 2003. Increased income inequality in OECD countries and the redistributive impact of the government budget. Research paper 202, World Institute for Development Economics Research.

Baptista R. 1998. Clusters, Innovation and Growth: A Survey of the Literature. Oxford: Oxford University Press.

Becattini G. 1990. Industrial Districts and Interfirm Cooperation in Italy. Geneva: IILS.

Bradbury J H, St-Martin I. 1983. Winding down a quebec mining town: A case study of

Schefferville. Canadian Geographer, (2): 128-144.

Bruso S. 1990. The idea of Industrial district: Its genesis//Pyke F, Sengenberger W. Industrial Districts and Cooperation. Geneva: ILO: 187-256.

Burka P. 1996. Life after oil. Texas Monthly, (24): 117-134.

Caminati M, Innocenti A, Ricciuti R. 2006. Drift effect under timing without observability: Experimental evidence. Journal of Economic Behavior & Organization, 61: 393-414.

Cooke P. 1998. Regional Innovation Systems. London: UCL Press.

Corden W M, Neary J P. 1982. Booming sector and de-industrialization in a small open economy. Economic Journal, (92): 825-848.

Davis G A. 1995. Learning to love the dutch disease: Evidence from the mineral economies. World Development, 23(10): 1765-1779.

Drakakis-Smith D. 1990. Economic Growth and Urbanization in Developing Areas. London, New York: Routledge.

Duranton G, Overman H G. 2005. Testing for localization using micro-geographic data. Review of Economic Studies, (72): 1077-1106.

Ehrenfeld J, Gertler N. 1997. Industrial ecology in practice: The evolution of interdependence at Kalundborg. Journal of Industrial Ecology, 1(1): 67-79.

Elevli S, Demirci A. 2006. Developing of a pricing model for turkish lignite used in plants. Resources Policy, (1): 50-55.

Ellison G, Glaeser E. 1997. Geographic concentration in U.S. manufacturing industries: A dartboard approach. Journal of Political Economy, (105): 889-927.

Fotopoulos G, Spenee N. 2001. Regional variations of firm births, deaths and growth patterns in the UK, 1980-1991. Growth and Change, 32(2): 152-173.

Goodman J, Worth D. 2008. The minerals boom and Australia's resource curse. Journal of Australian Political Economy, 61(6): 201-219.

Gylfason T. 2001. Natural resources, education and economic development. European Economic Review, (45): 847-859.

Hauschildt J. 1999. Promotors and champions in innovations-development of a research paradigm. Berlin: Springer.

Henderson J V. 1986. Efficiency of resource usage and city size. Journal of Urban Economics, 19(1): 47-70.

Isham J, Woodeoek M, Pritehett L, et al. 2005. The Varieties of resource experience: Natural resource export structures and the political economic growth. The World Bank Economic Review, 19(2): 141-174.

Krugman P. 1991a. Increasing returns and economic geography. Journal of Political Economy, 99: 183-199.

Krugman P. 1991b. Trade and Geography. The MIT Press.

Krugman P. 1996. Development, Geography and Economic Theory. Cambridge: The MIT Press.

Marsh B. 1987. Continuity and decline in the anthracite towns of Pennsylvania. Annals of the Association of American Geographers, 77(3): 337-352.

Maskell P. 2005. Towards a Knowledge-based Theory of the Geographical Cluster. Oxford: Oxford University Press.

Maurel F, Sedillot B. 1999. A measure of the geographic concentration in French manufacturing industries. Regional Science and Urban Economics, (29): 575-604.

Mehlum H, Moene K, Torvik R. 2006. Institutions and the resource curse. Ge Growth Math Methords, 116(508): 1-20.

Murshed S M. 2004. When does natural resource abundance lead to a resource curse? Discussion papers.

Naulaers C, Reid. 2001. Innovative Regions? A Comparative Review of Rethondes of Evaluating Regional Innovation Potential. Brussels: European Commission.

Needham D. 2006. The Economics of Industrial Structure, Conduct and Performance. New York: St. Martin's Press.

Ottaviano G, Tabuchi T, Thisse J-F. 2002. Agglomeration and trade revisited. International Economic Review, (2): 409-435.

Papyrakis E, Gerlagh R. 2007. Resource abundance and economic growth in the United States. European Economic Review, (51): 8.

Platt R H. 2004. Toward ecological cities: Adapting to the 21st century metropolis. Environment: Science and Policy for Sustainable Development, (5): 10-27.

Reeves D M, Wellman M P, Mackie-Mason J K, et al. 2005. Exploring bidding strategies for market-based scheduling. Decision Support Systems, 39: 67-85.

Sachs J D, Warner A M. 1995. Natural resource abundance and economic growth. NBER Working Paper Series 5398, (12): 1-47.

Sachs J D, Warner A M . 1997a. Natural resource and economic development: The curse of natural resources. University of Massachusetts Press: 827-838.

Sachs J D, Warner A M. 1997b. Fundamental sources of long-run growth. American Economic Review, (2): 184-188.

Sccot A. 1988. New Industrial Space. London: Pion Press.

Schmitz H. 1999. Global competition and local cooperation: Success and failure in the sinos valley, Brazil. World Development, (9): 1627-1650.

Skene K R, Roots C. 1998. Some ecological considerations. Journal of Ecology, 86(8): 1060-1064.

Stark D. 2009. Limited genetic diversity among genotypes of enterocytozoon bieneusi strains isolated from HIV-infected patients from Sydney, Australia. Journal of Medical Microbiology, 58 (3): 355-357.

Stevens P. 2003. Resource impact: Curse or blessing? A literature survey. Journal of Energy Literature, (5): 25-59.

Stijns J P. 2006. Natural resource abundance and human capital accumulation. World Development, 34(6): 106-108.

Swarm P. 1998. Clusters in the US computing industry//Swann P, Prevezer M, Stout D. The Dynamics of Industrial Clustering. International Comparisons in Computing and Biotechnology. Oxford:

Oxford University Press:235-258.

Tichy G. 1998. Clusters: Less dispensable and more risky than ever//Steiner M. Clusters and Regional Specialisation. Londan: Pion Limited: 56-78.

Timp H G. 1998. Modelling systems of innovation: II. A Frame-work for Industrial Cluster Analysis in Regions, 26(6): 625-641.

Vidal LA, Marle F, Bocquet JC. 2011. Using a Delphi process and the analytic hierarchy process (AHP) to evaluate the complexity of projects. Expert Systems Applications, 38(5): 5388-5405.

Weber A. 1929. Alfred Weber's Theory of the Location of Industries. Friedrich C J trans. Chicago: University of Chicago Press.

Zagonari F. 2009. Balancing tourism education and training. International Journal of Hospitality Management, 28(1): 2-9.

后　记

　　本书受 2011 年度科学技术部软科学研究计划出版项目（2011GXS9 K003）资助，是该项目的最终成果。本书的主要研究内容凝聚了 2009～2015 年笔者主持的国家社会科学基金面上项目"产业聚集视角下西部煤炭产业跨区域整体发展战略研究——以鄂尔多斯盆地为例"（09BJL058）、国家社会科学基金重点项目"多维视角下采煤沉陷区复合治理研究"（14AZD093）及以笔者为第一作者公开发表的十余篇学术论文的相关研究成果。

　　本书付梓之际，我的内心激动又惶恐。想到本书汇聚了我及我的科研团队近年来的部分研究成果，现即将面世，能够为社会经济发展提供一份参考、贡献一份力量，一种价值实现的满足感和幸福感溢满心胸；同时，自我深知自身水平能力有限，面对知识水平越来越高的广大社会公众，面对底蕴深厚、多有建树的同行专家学者，对于本书能否经得起检验，我的内心又充满不安和焦虑。

　　向刘洪福教授、梁丽萍教授、王茂盛高级工程师等专家学者致敬，你们丰富的实践经验、深厚的学术造诣、无私的指导帮助，提高了本书的实践性和科学性；衷心感谢苗还利高级工程师拨冗赴难，以开阔的视野、广博的经验、唯实的精神，参与本书的整体规划，以及第一章、第三章等章节的研究；真诚感谢何耀宇博士以饱满的热情、严谨的态度，参与本书第二章、第三章和第九章的研究写作；衷心感谢李燕老师克服种种困难参与本书第五章、第六章等内容的研讨修订；衷心感谢我的研究生赵公胜、赵丽洁、李喜军、靳钊、马侃、王汉辰、卢迪、孙雨、王亚荣、王杰等，你们或与我一起全身心投入本书相关章节的研究探索，或与我并肩凝神开展全书的编审校对工作；衷心感谢科学出版社杨婵娟老师在本书内容与编排等方面给予的耐心细致的指导，以及在本书出版面临困难时真诚的帮助；衷心感谢国内外能源经济与管理领域的专家学者，你们的相关研究为本书提供了坚实的基础，拓展了我研究的视野，激发了我研究的灵感。

　　前路漫漫，学无止境！身处中华民族伟大复兴的时代，我等将奋发探索，砥砺前行！

张洪潮

2017 年 9 月